構造材料の比重・許容応力度・ヤング係数

材料名	比重	許容応力度*(長期)[N/mm²] 圧縮	引張り	曲げ	せん断	ヤング係数[N/mm²]
あかまつ	0.52	6.16	4.62	7.48	0.88	$7.8×10^3$**
ひのき	0.49	9.90	7.48	12.54	0.77	$8.8×10^3$**
すぎ	0.40	7.48	5.72	9.46	0.66	$6.9×10^3$**
鋼（SN400 $t≦40mm$）	7.86	156	156	156	90	$2.05×10^5$
普通コンクリート（$F_c=24 N/mm^2$）	2.3	8	0.73	—	0.73	$2.27×10^4$***

注* 建築基準法施行令第89条・第90条・第91条，建設省告示第1450号・第1452号・第2464号による。なお，木材は甲種構造材(2級)である。　** 繊維方向の平均値。　*** 部材に生じる力の計算用の数値。

ギリシア文字

大文字	小文字	よび方	大文字	小文字	よび方	大文字	小文字	よび方
A	α	アルファ	I	ι	イオタ	P	ρ	ロー
B	β	ベータ	K	χ,κ	カッパ	Σ	σ	シグマ
Γ	γ	ガンマ	Λ	λ	ラムダ	T	τ	タウ
Δ	δ	デルタ	M	μ	ミュー	Υ	υ	ユプシロン
E	ε,ϵ	エプシロン	N	ν	ニュー	Φ	φ,ϕ	ファイ
Z	ζ	ジータ	Ξ	ξ	クサイ	X	χ	カイ
H	η	イータ	O	o	オミクロン	Ψ	ψ	プサイ
Θ	ϑ,θ	シータ テータ	Π	π	パイ	Ω	ω	オメガ

直角三角形の3辺の比（三角比）

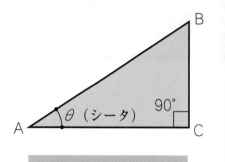

$\sin \theta$	$\dfrac{BC (高さ)}{AB (斜辺)}$	を角 θ のサインといい，$\sin \theta$ で表す。
$\cos \theta$	$\dfrac{AC (底辺)}{AB (斜辺)}$	を角 θ のコサインといい，$\cos \theta$ で表す。
$\tan \theta$	$\dfrac{BC (高さ)}{AC (底辺)}$	を角 θ のタンジェントといい，$\tan \theta$ で表す。

sin, cos, tanを まとめて三角比という。

特定の直角三角形の3辺の比（三角比）

図形	角度	sin	cos	tan
30°, 60°, 90° の直角三角形（辺の比 $\sqrt{3} : 1 : 2$）	$\theta = 30°$	$\sin 30° = \dfrac{1}{2}$	$\cos 30° = \dfrac{\sqrt{3}}{2}$	$\tan 30° = \dfrac{1}{\sqrt{3}} = \dfrac{\sqrt{3}}{3}$
45°, 45°, 90° の直角三角形（辺の比 $1 : 1 : \sqrt{2}$）	$\theta = 45°$	$\sin 45° = \dfrac{1}{\sqrt{2}} = \dfrac{\sqrt{2}}{2}$	$\cos 45° = \dfrac{1}{\sqrt{2}} = \dfrac{\sqrt{2}}{2}$	$\tan 45° = 1$
辺の比 $3 : 4 : 5$ の直角三角形（$\theta = 53.1°$）	$\theta = 53.1°$	$\sin \theta = \dfrac{4}{5}$	$\cos \theta = \dfrac{3}{5}$	$\tan \theta = \dfrac{4}{3}$

First Stage シリーズ

新訂建築構造設計概論

実教出版

目次　Contents

本書を学ぶにあたって —————— 4
1. 建築に求められる強・用・美 ……… 4
2. 建築構造設計の基本 ……… 5
3. 建築構造設計の概要 ……… 6
4. 建築構造設計にかかわる法律と専門家の役割 … 7

第1章　構造物に働く力

1 建築物に働く力 —————— 10
1. いろいろな建築物 ……… 10
2. 建築物に働く力 ……… 10
3. 力学的に見た建築物 ……… 11

2 力の基本 —————— 12
1. 力 ……… 12
2. 力の合成と分解 ……… 17
3. 力の釣合い ……… 25

3 構造物と荷重および外力 —————— 30
1. 支点と節点 ……… 30
2. 荷重および外力 ……… 32

4 反力 —————— 35
1. 反力 ……… 35
2. 反力の求め方 ……… 35

5 安定・静定 —————— 43
1. 構造物の安定・不安定 ……… 43
2. 構造物の静定・不静定 ……… 44

■ 章末問題 ……… 47

第2章　静定構造物の部材に生じる力

1 構造物に生じる力 —————— 50
1. 構造物に生じる力の種類 ……… 50
2. 部材に生じる力の求め方と表し方 …… 53

2 静定梁 —————— 56
1. 単純梁 ……… 56
2. 片持梁 ……… 66

3 静定ラーメン —————— 72
1. 片持梁系ラーメン ……… 72
2. 単純梁系ラーメン ……… 74
3. 3ピン式のラーメン ……… 75

4 静定トラス —————— 80
1. トラスの解法 ……… 80
2. トラス部材に生じる力 ……… 81

3. 節点法 ……… 81
4. 切断法 ……… 85

■ 章末問題 ……… 88

第3章　部材の性質と応力度

1 断面の性質 —————— 92
1. 断面一次モーメントと図心 ……… 92
2. 断面二次モーメント ……… 94
3. 断面係数 ……… 97
4. 断面二次半径 ……… 98
5. 断面の主軸 ……… 98

2 構造材料の力学的性質 —————— 100
1. 応力度 ……… 100
2. ひずみ度 ……… 102
3. 弾性体の性質 ……… 104
4. 材料の強さと許容応力度 ……… 106

3 部材に生じる応力度 —————— 111
1. 曲げモーメントを生じる部材 …… 111
2. 引張力を生じる部材 ……… 119
3. 圧縮力を生じる部材 ……… 120

4 梁の変形 —————— 126
1. たわみとたわみ角 ……… 126
2. モールの定理 ……… 128
3. 支点のたわみとたわみ角 ……… 132
4. 反曲点 ……… 133

■ 章末問題 ……… 134

第4章　不静定構造物の部材に生じる力

1 不静定梁 —————— 136
1. 不静定梁の解法 ……… 136

2 不静定ラーメン —————— 139
1. たわみ角法 ……… 139
2. 固定モーメント法 ……… 148
3. 長方形ラーメンの曲げモーメントとせん断力 … 155

■ 章末問題 ……… 160

第5章　構造設計の考え方

1 構造設計の概要 —————— 162
1. 構造設計 ……… 162
2. 構造設計の流れ ……… 163
3. 主要構造の耐震設計 ……… 164

2 荷重および外力の計算 —————— 166
1. 荷重および外力 ……… 166
2. 固定荷重 ……… 166

3. 積載荷重 ……… 166
4. 積雪荷重 ……… 167
5. 風圧力 ……… 168
6. 地震力 ……… 169

3 モデル化と部材に生じる力・変位計算 ———— 171
1. 主要構造の計算 ……… 171
2. 変位の計算と検討 ……… 172
3. コンピュータを使った構造計算 …… 172

4 耐震設計の二次設計 ———— 173
1. 法律による検証の分類 ……… 173
2. 層間変形角の検討 ……… 174
3. 剛性率・偏心率などの計算 ……… 174
4. 保有水平耐力計算 ……… 176

第6章 鉄筋コンクリート構造

1 鉄筋コンクリート構造 ———— 180
1. 概要 ……… 180
2. 鉄筋とコンクリート ……… 180
3. 鉄筋コンクリート部材の性質 ……… 184

2 許容応力度設計 ———— 189
1. 構造計画 ……… 189
2. 準備計算 …… 190
3. ラーメン部材に生じる力の計算 …… 195
4. 曲げを受ける梁 … 196
5. 軸力と曲げを受ける柱 ……… 202
6. せん断を受ける梁・柱 ……… 205
7. 付着・定着 ……… 211
8. スラブ ……… 215
9. 基礎 ……… 217
10. 耐震壁 ……… 220

3 極めて稀に生じる地震に対する安全性の確認 ———— 223
1. 耐震性の評価 ……… 223
2. 層間変形角・剛性率・偏心率 ……… 224
■ 章末問題 ……… 226

第7章 鋼構造

1 鋼構造 ———— 228
1. 概要 ……… 228
2. 鋼材と許容応力度 ……… 228
3. 部材と性質 ……… 231

2 許容応力度設計 ———— 233
1. 構造計画 ……… 233

2. 準備計算（荷重計算）……… 234
3. 主架構の部材に生じる力の計算 …… 237
4. 引張材の設計 ……… 242
5. 圧縮材の設計 ……… 246
6. 梁の設計 ……… 250
7. 柱の設計 ……… 254
8. 接合部の設計 ……… 260

3 極めて稀に生じる地震に対する安全性の確認 ———— 265
1. 地震力による部材に生じる力の割増し … 265
2. 保有耐力接合 ……… 265
■ 章末問題 ……… 267

第8章 木構造

1 木構造 ———— 270
1. 構造計画 …… 270

2 壁量設計 ———— 273
■ 章末問題 ……… 284

第9章 地震被害の低減に向けて

1 耐震構造 ———— 286
1. 地震被害と耐震設計のあゆみ ……… 286
2. 建築物と地震による揺れ ……… 289

2 免震構造 ———— 292
1. 免震構造のしくみ ……… 292
2. 免震構造の実例 ……… 292

3 制振構造 ———— 293
1. 制振構造のしくみ ……… 293
2. 制振構造の実例 ……… 293

4 耐震診断・耐震補強 ———— 294
1. 耐震診断の考え方 ……… 294
2. 耐震補強 ……… 294

付録 ……… 297
問題の解答 ……… 311
索引 ……… 318

本書は，高等学校用教科書「工業748 建築構造設計」
（令和6年発行）を底本として製作したものです。

目次 **3**

本書を学ぶにあたって

1　● 建築に求められる強・用・美

ローマ時代の建築家ウィトルウィウスは，建築にとって重要なこととして「強」，「用」，「美」の3点をあげている。

「強」は，この教科書で学ぶ構造の強さ[1]である。建築物を支える構造はしっかりとつくり，長い年月の使用や自然災害に耐えるようにすることが必要である。

「用」は建築物として，たとえば病院は病院，学校は学校として適した平面計画や断面計画をもち，使いやすくその機能を発揮できる計画となっていることを意味している。快適な環境・設備を確保することもその中に含まれる。

「美」は建築物の外観や内部空間の美しさ[2]である。よく検討を重ね，きめ細かく設計され，心をこめて施工された建築は美しい。すぐれた建築計画，構造計画，環境計画と建築物の美が有機的に結びつき，それが外観や内観の全体や細部の形に表現されたとき，建築は人々を感動させる。

建築物は美しく快適な空間を実現することで，その魅力を発揮することができる。しかしながら，強くしっかり長持ちするようにつくらなければ，たとえそれが役に立ち，美しくても長い期間にわたって生き残ることはできず，地震や台風などの自然災害に遭遇したさいには，もろくもくずれ去ってしまう。わたしたちは，強くしっかりと，使いやすく美しい建築をつくらねばならない（図1）。

図1　軽快に空間をつくる美しい建築構造の例（沖縄県立博物館・美術館）

[1] strength　[2] beauty

建築構造に使われる主な材料は，木材・コンクリート・鋼である。これらの材料によって作られた建築物の大きさ・重さ・かたさは，人間の大きさ・重さ・柔らかさに比べ圧倒的に大きい（図2）。人間の日々の生活は，この重さとかたさでつくられた空間に守られて営まれている。しかし，もしこの構造が，たとえば大地震などでこわれると，くずれた建築物の巨大な重さやかたさは人間の生命や生活を簡単に破壊してしまう力をもっている。

地球の重力に対して人間の暮らす空間を守ることを基本に，地震や台風などに耐えられるように，建築全体の形や内部空間を考え，柱・梁・壁・床などの大きさや厚さ，それぞれの配置を的確に決めて建築物の設計を行うことを，**建築構造設計**[1]という。

図2 大規模超高層建築物の例
（香港中環中心）

2 建築構造設計の基本

地面より柱を一本立て，おもりを支えることを考える（図3(a)）。柱が壊れないようにするためには，いろいろな太さの柱のなかから，おもりによる荷重を支えられる太さの柱を選べばよい。

しかし，一本の柱では地震がきたときに倒れてしまう。そこで，図3(b) のように，3本の柱を傾けておもりを支えることを考える。それぞれの柱の角度によって柱に生じる力は異なるため，設計した形を紙にかき，それぞれの柱に作用する力を計算しなければならない。より鉛直に近い角度でおもりを支える柱に大きな力が働くことから，この柱により太い断面を選ぶことになる。

以上のことを実際に行うためには，柱の太さだけでなく，おもりと柱のつなげ方，柱が地面にどのように力を伝えるのか，地面がその力を支えられるかなど，力が伝わっていくすべての部分について安全性を確保することがたいせつである。

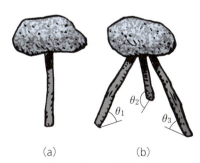

(a) (b)
図3 おもりを支える柱

[1] structural design of architectures and buildings

このことは，実際の構造設計をするときの基本であることを，しっかり意識してほしい。

3 建築構造設計の概要

　建築物の設計は，意匠・構造および設備の各設計担当者の相互の協力，および建築主（施主，発注者ともいう）との綿密な打合せのもとに進められる（図4）。建築主の要求，建築物の使用目的などの条件や，建築基準法などの法規を考慮したうえで，いくつかの設計案がつくられ，これらを比較検討していくなかから，一つの設計案にまとめていく。この過程の初期の段階で，意匠・構造および設備の各設計担当者がつくろうとしている建築物全体を大きくとらえ，前述したような建築物に影響を与える重力・地震・風圧・積雪などの力を，建築物の美しさや機能を満足しながら，合理的に地盤まで伝えるための構造のしくみについて考えることが最も重要である。

　構造計算はまず建築物に働く荷重を評価し，それを支える部分から全体を組み立てるように進めていく。このとき，絶えず全体から部分をみることも忘れないでほしい。仮定した骨組や部材に対していろいろな角度から構造計算を行い，安全性を確かめていく。安全性に不足がある場合には，柱の本数を増やしたり，部材を太くしたりして設計案を修正し，じゅうぶんな安全性が確保されるまでこの作業を繰り返す。

図4　建築物の設計打合せの例

4 建築構造設計にかかわる法律と専門家の役割

人々の安全・安心な暮らしを守るためには，極力，丈夫な建築物が建てられることが望ましいが，その建築物の施主となる個人・企業・公共が支払える建設費には限界があり，過剰な費用がかかるまでの強さや耐久性を一律に強要することはできない。

これらを考慮して，各国では建築物に必要な最低限の強さや耐久性を法律によって定め，専門家が行った設計が適切かどうかを審査する制度をもっている。わが国では，建築基準法・建築基準法施行令・国土交通省告示などによって，建築物に関する基準や制度が決められている。

建築物の設計は，専門的な知識と経験を必要とする仕事であるため，建築士法に定められる資格制度があり，これらの資格をもった建築士でなければ建築物の設計を行うことはできない。これらの専門家が行った設計が基準類に適合しているかどうか審査する制度を建築確認制度とよび，ある規模を超えた建築物の構造設計は，他の専門家による審査を受ける必要がある。

しかし，上に述べた基準類はあくまでも最低基準であり，人間がある仮定のもとに一律に定めたものである。実際の建築物が地震や台風を受けたときのふるまいは，人間の都合と関係なく自然が決定し，またその敷地の特性や気候風土の影響を強く受ける。同じ平らな地面でも，山の頂部を削った土地と沼地や海岸を埋め立てた土地では，地震の特性や建築物の挙動は大きく異なる。がけ崩れや津波，豪雪など過去にどのような被害を受けたか，敷地の気候風土をよく調べることが重要である。

また，基準を守れば建築物の被害が無くなるわけではない。施主に要求される性能に応じ，最新の技術を応用して基準法で定められた最低基準を超えた性能を提案し実現することもたいせつである。これを性能設計という。

いずれにしても，基準が実際の挙動と思わず，自然の声を感じ自ら判断することが重要である。コンピュータだけで学習した知識は実際の構造物の重さやかたさに対するスケールの感覚を失いやすい。図5のような構造実験を通じて構造物が壊れるようすを体験することや，構造模型の作製を通じてその安定性・変形を感じることは自然の声を感じる能力を育成するために重要である。コンピュータ上では設計できた形状でも，実際に建てられるかどうかはわからない。どのように建てるかの施工の知識や感性も構造設計には求められる。

 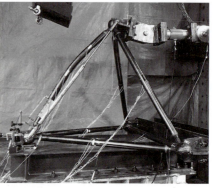

図5　大規模アリーナ屋根構造と構造実験

　自ら自然の声を聴けるようになり，さまざまな外力に対する建築物のふるまいや施工方法を把握できる構造設計者は，大きな自信と自由度をもって意匠設計者とアイデアを交換し，美しく合理的でかつ経済的な構造をもつ建築物を設計できるようになる。このような構造設計を構造デザインとよぶこともある。本書はその最初の入り口である。ぜひ，道を究めて美しく強い建築物を実現してほしい。

本書を学ぶにあたって

第1章 構造物に働く力

◎—ミュンヘンオリンピック
　スタジアム

Introduction

　建築物を設計する場合，まず日常生活でみられるいろいろな構造物を注意深く観察し，構造物の構成や形状を考える必要がある。また，力は構造物にさまざまな影響を与えるので，この力について考えることはきわめて重要なことである。

　この章では，構造物，および構造物に働く力の基本的な知識を習得し，実際の構造物を合理的に設計するうえで必要な基礎的なことがらについて学ぶ。

Chapter 1

1節 建築物に働く力

構造物は外から働く力に耐える安全なものでなければならない。
ここでは，身近にみられる構造物を注意深く観察し，力学的にどのような特徴があるかを直感的に判断できる能力を習得する。

1 いろいろな建築物

❶ structure
外からの力の働きに耐えるように，棒状や板状，場合によっては曲面状に材を組み合わせたもの。

われわれのまわりにあるさまざまな**構造物**❶の一つである建築物には，図1のように，いろいろな構成や形状のものがある。

（a）五重塔（妙成寺）

（b）超高層ビル
（あべのハルカス）

（c）大空間構造
（国立競技場）

図1　いろいろな建築物

❷ 高層ビルの構造や免震構造（第9章参照）の考え方のもとになっている。
❸ 二つ以上の材質を合わせ，たがいの短所を長所で補う構造。
❹ external force
外力については，第5章第2節荷重および外力の計算で詳しく学ぶ。
❺ dead load
❻ live load
❼ snow load
❽ wind force
❾ seismic force
❿ hydraulic pressure
⓫ earth pressure

図1(a)の五重塔に働く力は，斗やひじ木などの組手により分散されて，各骨組から地盤に伝わると考えられており，その力学的な考え方❷は図1(b)のような現代の超高層ビルにも受け継がれている。

また，図1(c)の国立競技場は，総重量2万tの大屋根を梁で支えており，鉄骨でじゅうぶんな強度を確保し，木材で地震や強風といった力を吸収するハイブリッド構造❸となっている。

2 建築物に働く力

建築物には，建築物自体の重さだけでなく，地震や台風などによるさまざまな力が働く。これらの外からの力を**外力**❹という。図2のように，外力には**固定荷重**❺・**積載荷重**❻・**積雪荷重**❼・**風圧力**❽・**地震力**❾，その他**水圧**❿・**土圧**⓫などがある。

10　第1章　構造物に働く力

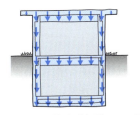
建築物自体の荷重（自重）のこと。
(a) 固定荷重

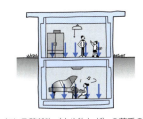
床に加わる積載物（人や物など）の荷重のこと。
(b) 積載荷重

積もった雪の荷重のこと。
(c) 積雪荷重

台風や暴風による風圧力のこと。
(d) 風圧力

地震動による建築物を揺り動かす力のこと。
(e) 地震力

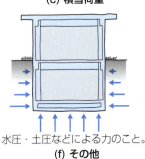
水圧・土圧などによる力のこと。
(f) その他

図2　建築物に働く力

荷重❶は，重力❷によって生じる外力である。固定荷重・積載荷重・積雪荷重は，重力によって鉛直方向に働くので**鉛直荷重**❸という。これに対して，風圧力・地震力は，重力によって働く力ではなく，風や地震により発生する力である。風圧力は，壁面・屋根面に垂直に作用する。地震時に建築物は上下・前後・左右に複雑に揺れるが，ふつうの計算では，地震力をおもに床面位置に前後方向の**水平力**❹と左右方向の水平力として作用すると考える。

❶ load
❷ gravity
❸ vertical load
❹ horizontal force
❺ frame
❻ member
❼ centroid
❽ axis of member

3　力学的に見た建築物

実際の建築物は立体的なものであるが，力学上，これを平面骨組の集まりとして扱うなど，いろいろな仮定や条件のもとに建築物の設計を進めていく。

建築物のうち，柱や梁など棒状の材で組み立てられたものを**骨組**❺といい，骨組を形成する一本一本を**部材**❻という。力学ではこれを，図3のように骨組の部材断面の**図心**❼（重心）を通る線で表示し，これを**材軸**❽という。図3は，鉄筋コンクリート構造の力学上の表現である。

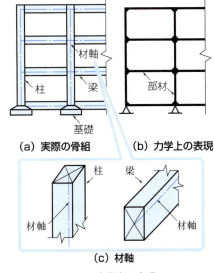

図3　力学上の表現

2節 力の基本

建築物は，大きな地震や台風の影響で，倒れたり壊れたりする場合がある。これらの被害経験を通して，建築物の安全性を確認する方法が発展してきた。ここでは，建築物をより安全なものにするために必要な，力の基本的なことがらや性質について学ぶ。

1 力

力は，静止している物体に働いて変形❶や変位❷，運動❸を起こさせたり，運動している物体に働いて，その速さや方向を変えたりする。このように物体の状態に変化を起こさせる働きを**力**❹という。また，力を表す記号には P または W や w を用いる。

ここでは，おもに静止している物体に働く力を扱う。

1 力の表し方

物体に働く力は，大きさおよび方向と向きをもつ**ベクトル**❺量なので，数値だけで示すことはできない。したがって，次のように示す。

(a) 力の3要素　力の作用を明らかに示すためには，力の大きさだけでなく，力の作用する方向と向き，および力の作用している点を表す要素が必要である。

この**力の大きさ**❻，**力の方向と向き**❼，**力の作用点**❽を**力の3要素**❾という。また，作用点を通り，力の方向に引いた直線を**力の作用線**❿という。図1は，力の3要素と力の作用線を表したものである。

❶ deformation
形が変わったり，ゆがんだりすること。
❷ displacement
位置が変わること。
❸ motion
時間とともに動くこと。
❹ force
❺ vector
❻ magnitude of force
❼ direction of force
（力の方向）
❽ point of application of force
❾ three elements of force
❿ line of force action

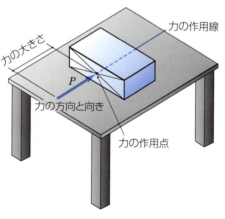

図1　力の3要素

(**b**) **力の図示**　力を図示するには，力の大きさ，力の方向と向き，力の作用点を明確にする。たとえば，力 $P = 10\,\mathrm{N}$ を図示する方法を，次の ①～③ に示す（図2）。

① 力の作用点 A を通って，力の働く方向に作用線を引く。
② ものさしを用いて，その作用線上に力の大きさに相当する長さの線分をとる。
③ その線分の先端に力の向きを示す矢印をつける。

図2のように，力の大きさを表すものさしを**力の尺度**という。

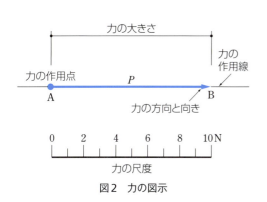

図2　力の図示

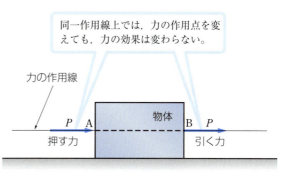

図3　力の移動性の法則

(**c**) **力の移動性の法則**　変形を考えない物体に働く力は，図3のように，力の作用点を同一作用線上の A から B に変えても，その力の効果は変わらない。これを**力の移動性**❶**の法則**という。

❶ mobility of force

(**d**) **力の単位**　力の大きさを表す単位には，N（ニュートン）や kN（キロニュートン）などを用いる。

1 N は，図1のように，摩擦のない机の上に置かれた1 kg の質量に，水平方向に $1\,\mathrm{m/s^2}$ の加速度を与えるのに必要な力であり，1 kN はその1000倍の力である。無重力空間にある質量を考えてもよい。

地球上にある物体には，つねに重力が働いている（図4）。物体に働く重力の大きさを，その物体の重さといい，重さは力の一つである。すなわち，**質量**❷m **の物体の重さ**❸W は，**重力加速度**❹g のとき式(1)で表される。

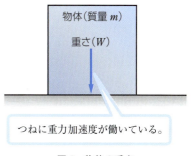

図4　物体の重さ

❷ mass
❸ weight
❹ gravity acceleration
　重力加速度は，9.806 65 $\mathrm{m/s^2}$ である。

●物体の重さ　　$W = mg$　[N，kN など]　　(1)

m：質量 [kg]　　g：重力加速度 [$\mathrm{m/s^2}$]

第2節　力の基本

図5 りんごの重さと1N

例題1 地球上における，質量0.102 kgのりんごの重さを求めよ（図5）。ただし，重力加速度は9.81 m/s²とする。

解答… 式(1)より $W = mg = 0.102 \times 9.81 = 1$ N

(e) 力の符号 同じ平面上にある力の数値計算を行うときは，力の作用点を座標軸の原点と考えて，力の方向をX軸方向・Y軸方向に分けて式をたてる。このとき，力の大きさを数値で表し，力の向きは，右向きと上向きを正（＋）とし，左向きと下向きを負（－）とする（図6，表1）。

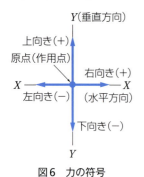

図6 力の符号

表1 力の向きと符号

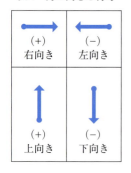

例題2 $P = 5$ Nの力を作用点Aから水平方向に図示せよ。ただし，1 Nを10 mmとする。

解答… 力の符号は正（＋）なので右向きである。また，5 Nの長さは，$5 \times 10 = 50$ mmとなり，図7のようになる。

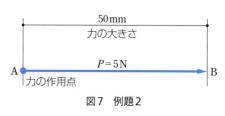

図7 例題2

問1 作用点をAとし，力の大きさが4 Nで，水平方向左向きに向かって働く力を図示せよ。ただし，1 Nを10 mmとする。

図8 問1

2 力のモーメント

ここでは，物体を回転させる力，すなわち，力のモーメントの効果について学ぶ。

(a) 力のモーメント スパナを使うとき，スパナをにぎる手の位置をナットから遠ざけるほど，楽に回転させることができる。

これはナットを回転させる能力が異なるためである。

図9(a)において，スパナの軸に直角な方向に力Pが働くと，O点を中心に回転運動が起こり，ナットが回転する。このように，物体を回転させる能力を，力PのO点に対する**力のモーメント**，または，たんに**モーメント**[1]という。

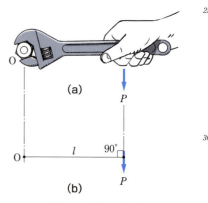

図9 力のモーメント

[1] moment

この力のモーメントの記号にはMを用い，その大きさは力の大きさPと，図9(b)のO点からPの作用線までの垂直距離lを掛けて求められ，式(2)で表す。また，単位は，(力の単位)×(長さの単位)の複合単位である。

● 力のモーメント　　$M = Pl$　[N・mm，N・m，kN・mなど]　　(2)

P：力の大きさ [N, kN など]
l：力Pの作用線までの垂直距離 [mm, m など]

また，符号は回転方向が時計回りを正(＋)，反時計回りを負(－)とし，力のモーメントの符号が正(＋)の場合，省略してよい（表2）。

表2　モーメントの回転方向と符号

問 2　次の (a)〜(d) の ( ) の中の数値を求めよ。
(a) 3 kN = ( )N　　　(b) 240 N = ( )kN
(c) 9 kN・m = ( )N・m　　(d) 2.5 kN・m = ( )N・mm

例題3　図9において，スパナにかける力の大きさを$P = 30$ N，O点からPの作用線までの垂直距離を$l = 300$ mmとしたとき，O点に対する力のモーメントMを求めよ。

解答… この力のモーメントの回転方向は時計回りで正(＋)となる。したがって，式(2)から，$M = 30 \times 300 = 9\,000$ N・mmとなる。

問 3　図10(a)〜(c)のそれぞれについて，O点に対する力のモーメントの合計を求めよ。

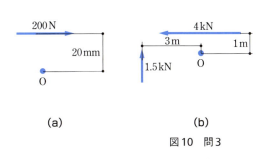

(a)　　　　　(b)　　　　　(c)

図10　問3

(b) 偶力のモーメント　きりで穴をあけるときの両手の力は，力の大きさが等しく，力の向きは反対である（図11）。

このように力の大きさと方向は同じであるが，力の向きが反対の一対の力を**偶力**[1]といい，偶力による力の効果を**偶力のモーメント**という。

図11　きりによる穴あけ

[1] couple of forces

第2節　力の基本　15

また，図12(a)のように，力の作用線が物体の図心を通る場合や，図12(b)のように，図心からの距離が等しく，同じ向きの平行な2力が働く場合には，物体は回転せずに平行移動する。しかし，図12(c)のように，図心からの距離が等しく，力の大きさと方向は同じであるが，力の向きが反対の場合には，偶力のモーメントとして働き，物体は図心を中心に回転する。

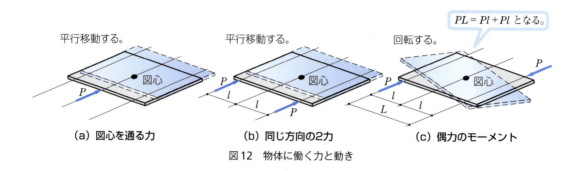

図12 物体に働く力と動き

このような偶力のモーメントの大きさは，その一方の力の大きさPと2力間の垂直距離Lを掛けて求められ，式(3)で表される。

●偶力のモーメント❶❷ $\qquad M = PL \quad [\text{N·m, kN·m など}] \qquad (3)$

P：一方の力の大きさ [N，kN など]　　L：2力間の垂直距離 [mm，m など]

偶力のモーメントの記号には力のモーメントと同じMを，単位も同じく N·mm，N·m，kN·m などを用いる。また，符号は，力のモーメントと同様に時計回りを正（＋），反時計回りを負（－）とする。

❶ 第1段階として，図心回りのモーメントとして次のように考えることもできる。
$M = Pl + (-P)(-l)$
$ = 2Pl$
$ = PL$

❷ 偶力のモーメントの大きさMは，力の大きさPと2力間の垂直距離Lが決まれば，図心の位置に関係なく$M = PL$で求められる。

例題4　図13において，力の大きさ$P = 3$ N，図心からPの作用線までの垂直距離$l = 200$ mm のとき，偶力のモーメントMを求めよ。

解答… 2力間の垂直距離Lは，
$200 + 200 = 400$ mm となる。
時計回りであるから，式(3)より，
$M = 3 \times 400 = 1200$ N·mm となる。

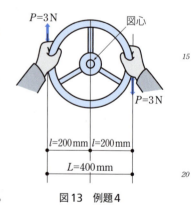

図13 例題4

問 4　図14において，力の大きさ$P = 2$ kN，図心からPの作用線までの垂直距離$l = 2$ m のとき，偶力のモーメントM [kN·m] を求めよ。

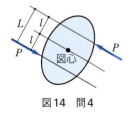

図14 問4

試してみよう　2人1組になり力のモーメントについて考えてみよう

■準備するもの（図(a)）
ストロー，クリップ，定規（30 cm）

■試してみよう
1. 定規の中心にクリップを付け，ストローを通す（図(b)）。
2. Aさんはクリップ（複数個）を好きな位置に付ける（図(c)）。
3. Bさんは定規が水平になるように，クリップを付ける（図(d)）。
このとき，Aさんとクリップの数を変えてみよう。

■話し合ってみよう
クリップの数が異なる場合でも，定規が水平になる理由を話し合ってみよう。

■計算してみよう
定規の中心をO点とし，クリップ一つを10 Nの力P，O点からそれぞれのクリップまでの垂直距離をlとして考え，O点に対する力のモーメントの合計を計算で求めてみよう。

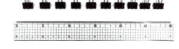

図(a)

図(b)　　図(c)　　図(d)

2　力の合成と分解

クレーンで物を吊り上げたとき，フックが受ける力は，ワイヤの張力の大きさに関係する（図15）。ここでは，このような力の合成と分解について学ぶ。

1　1点に働く力の合成と分解

一つの物体に多くの力が働くとき，これと等しい効果をもつ1力にまとめることを**力の合成**[1]，まとめた力を**合力**[2]といい，記号Rで表す。また反対に，物体に働く1力を，これと等しい効果をもついくつかの力に分けることを**力の分解**[3]，分けられたそれぞれの力を**分力**[4]といい，記号P_1, P_2またはP_X, P_Yなどで表す[5]。

力を合成したり分解したりする解法には，作図によって図上で求める**図式解法**（図解法ともいう）と，数値計算によって求める**算式解法**の二つがあり，いずれを用いて求めてもよい。以下，いろいろな場合について，合力および分力の求め方を示す。

図15　力の合成の例

[1] composition of force
[2] resultant force
[3] decomposition of force
[4] component of force
[5] 力の合成と分解は，第3項力の釣合い（p.25）を考えるときに用いる。

(a) 1点に働く力の合成　図16に示すような，2軸の交点Oを作用点とする2力 P_1, P_2 の合力 R を求める場合，図式解法と算式解法による方法がある。

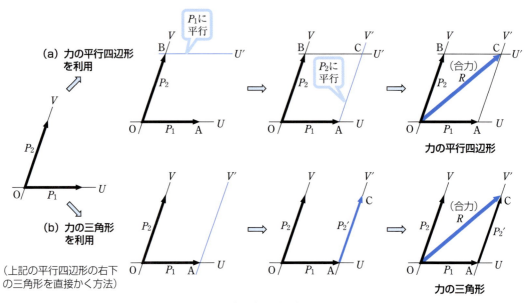

図16　力の合成（図式解法）

図式解法　次の二つの方法がある。

• **力の平行四辺形を利用する方法**　（図16(a)）

① B点から P_1 に平行な直線を引く。

② A点から P_2 に平行な直線を引き，①との交点をCとして，P_1, P_2, BC，ACを4辺とする平行四辺形をつくる。

③ 平行四辺形の対角線OCを引く。

❶ parallelogram of force

このとき，□OACBを**力の平行四辺形**❶といい，合力 R はその対角線OCとなる。その向きはO点からC点へ向かう。

• **力の三角形を利用する方法**　（図16(b)）

① P_1 をOAとする。

② A点から P_2 に平行で大きさと向きが等しい P_2'（AC）を引く。

③ O点とC点を結ぶOCを引く。

❷ triangle of force

このとき，△OACを**力の三角形**❷といい，合力 R はOCとなる。その向きはO点からC点へ向かう。

問 5　図17に示す2力の合力を，力の平行四辺形，力の三角形を用いて求めよ。ただし，100Nを10mmとする。

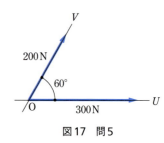

図17　問5

算式解法 図18に示すように，直交する2力P_XとP_Yの合力R（OC）の大きさは，三平方の定理により，式(4)で求める。

●2力の合力　　　$R = \sqrt{P_X{}^2 + P_Y{}^2}$　[N，kN]　　　(4)

P_X：X方向に作用する力の大きさ［N，kN］
P_Y：Y方向に作用する力の大きさ［N，kN］

また，合力Rの方向（X軸とのなす角度θ（シータ））は，式(5)から求められ，その向きは図をみて決められる。

●合力とX軸とのなす角度　　$\tan\theta = \dfrac{P_Y}{P_X}$　　(5)

P_X：X方向に作用する力の大きさ［N，kN］
P_Y：Y方向に作用する力の大きさ［N，kN］

算式解法による力の合成には，三角比❶が用いられる。

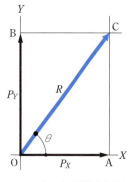

図18　力の合成（算式解法）

❶　三角比の値は前見返し3を参照すること。

例題5　図19において，力の大きさ$P_X = 3\mathrm{kN}$，$P_Y = 4\mathrm{kN}$であるとき，合力Rの大きさと，X軸とのなす角度θの値を求めよ。

解答…　合力Rの大きさは，三平方の定理から，
$R = \sqrt{3^2 + 4^2} = \sqrt{9 + 16} = 5\mathrm{kN}$
また，合力RとX軸とのなす角度θは，
$\tan\theta = \dfrac{P_Y}{P_X} = \dfrac{4}{3} \fallingdotseq 1.33$
したがって，$\theta = 53.1°$ となる❷。

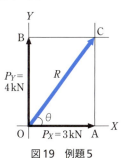

図19　例題5

❷　θの値は関数電卓を用いて求めることができる。

$\theta = \tan^{-1}\left(\dfrac{4}{3}\right) \fallingdotseq 53.1°$

(b) 1点に働く力の2力への分解　　力の分解は合成の反対である。

図式解法　図式解法は，図20に示すように2力の合成の逆を行う。次の二つの方法がある。

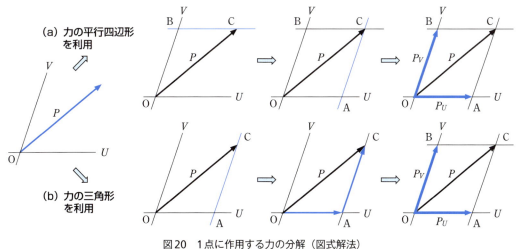

図20　1点に作用する力の分解（図式解法）

第2節　力の基本　　19

- **力の平行四辺形を利用する方法**（図20(a)）

  ① 荷重Pの終点をCとし，U軸に平行でC点を通る線を引く。

  ② 同様に，V軸に平行でC点を通る線を引く。

  このとき，$\overrightarrow{OA}$❶，$\overrightarrow{OB}$がそれぞれ，荷重Pの分力P_U，P_Vとなる。

- **力の三角形を利用する方法**（図20(b)）

  ① 荷重Pの終点をCとし，V軸に平行でC点を通る線を引く。U軸との交点をAとし，荷重Pの分力の大きさを求める。

  ② 分力の向きは，それぞれO点からA点，A点からC点へ向かう。

  ③ $\overrightarrow{AC}$をV軸に移動させる。

  このとき，図20(a)と同様になり，荷重Pの分力はそれぞれP_U，P_Vとなる。

算式解法 図21(a)において，O点に働く力Pを直交するX，Y軸上の2力にそれぞれ分解するには，力の合成と同様に三角比❷を用いる。すなわち，図21(b)のように，X，Y軸上の分力をP_X，P_Yとすれば，P_X，P_Yは式(6)で求められる。

❶ 線分の表記：以後，線分は下記のように示す。
線分OA = $\overrightarrow{OA}$

❷ 三角比は前見返し3を参照。

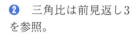

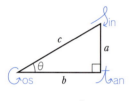

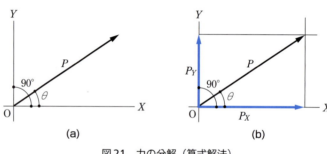

図21 力の分解（算式解法）

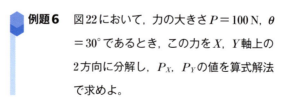

θ：X軸となす角度〔度〕

分力の符号は，X軸上では右向き，Y軸上では上向きを正（＋）とし，その逆向きをそれぞれ負（－）とする（p.14図6参照）。

例題6 図22において，力の大きさ$P = 100$ N，$\theta = 30°$であるとき，この力をX，Y軸上の2方向に分解し，P_X，P_Yの値を算式解法で求めよ。

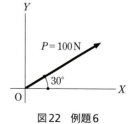

図22 例題6

解答… 式(6)から，X，Y軸上の分力をP_X，P_Yとすれば，

$$P_X = P\cos 30° = 100 \times \frac{\sqrt{3}}{2} = 50\sqrt{3} ≒ 86.6\,\text{N}\ （右向き）$$

$$P_Y = P\sin 30° = 100 \times \frac{1}{2} = 50\,\text{N}\ （上向き）$$

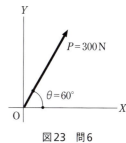

図23　問6

問 6　図23に示す力$P = 300\,\text{N}$を，図式解法および算式解法を用いて，X軸上とY軸上の2力に分解せよ。

(c) 1点に働く数力の合成　1点に多くの力が働くときの合力は，すでに学んだ2力の合成と同じ方法を繰り返し用いて求めることができる。ここでは，図式解法のみについて学ぶ。

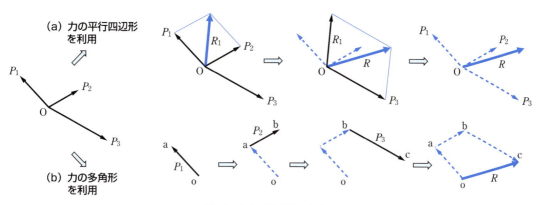

図24　1点に働く数力の合成

図24の3力P_1，P_2，P_3の合力Rは，次のように求める。

- **力の平行四辺形を利用する方法❶**　（図24(a)）
  1. 力の平行四辺形を利用して，2力P_1とP_2の合力R_1を求める。
  2. 合力R_1と残りの力P_3を合成して合力Rを求める。
  3. このRはこれら3力の合力となる。

- **力の多角形を利用する方法**　（図24(b)）
  1. o点❷からP_1に平行で，大きさと向きが等しいoaを引く。
  2. a点からP_2に平行で，大きさと向きが等しいabを引く。
  3. b点からP_3に平行で，大きさと向きが等しいbcを引く。
  4. o点とc点を結んだocは，合力Rの大きさと方向を示す。

また，o点からc点に向かう矢印は，合力Rの向きを表し，作用点はo点である❸。この場合，各力の合成の順序をかえてもその結果は同じである。この図形oabcを**力の多角形**という。

また，o点から各力をつないでできる多角形を**示力図**❹ともいう。

o点とc点が一致したときは**示力図が閉じた**といい，合力Rは0となる。このとき，それらの**力は釣り合っている**という。

❶　この方法は，力の数が多い場合，図がはん雑になり作図上の誤差も大きくなる傾向があるので注意が必要である。

❷　図24(b)のo点は紙面上の別の点に置いてもよい。

❸　本来の作用点は図のO点であるから，この合力RをO点を通るように平行移動すればよい。

❹　force polygon

第2節　力の基本

例題7 図25(a)における4力 P_1, P_2, P_3, P_4 の合力を力の多角形を用いて求めよ。

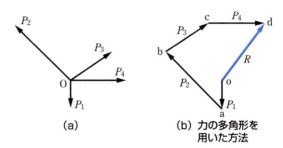

図25 例題7

解答… 図25(b)は合力 R を求めたもので，大きさは od となり，向きは o 点から d 点へ向かう。

問 7 図26に示す3力の合力を，力の多角形を用いて求めよ。ただし，1 kN を 10 mm とする。

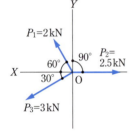

図26 問7

❶ Pierre Varignon（ピエール・ヴァリニョン）仏 1654–1722。数学者，力学者。

2 平行な力の合成と分解

ここでは，算式解法により平行な力の合成と分解について学ぶ。

(a) 平行な力の合成 図27(a)に示すような平行な2力 P_1, P_2 の合力 R を算式解法を用いて求めるには，p.23のコラムに説明するバリニオン❶の定理を用いて，次の①から③の順序で行う。

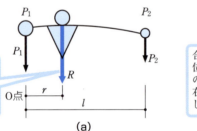
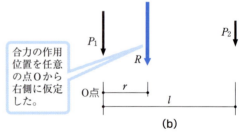

(a) (b)

図27 平行な力の合成（算式解法）

① 2力 P_1, P_2 の総和により，合力 R の大きさと向きを求める。

$R = -P_1 - P_2$ （正(＋)ならば上向き，負(－)ならば下向きとなる）

❷ O点は，計算を簡単にするため，P_1 または P_2 の作用線にとるとよい。

❸ $\sum$（シグマ）は総和を意味する記号である。

② 図27(b)のように，任意の点 O❷ を設けて，この点の左右いずれかの位置に合力 R を仮定し，O点からの距離 r をバリニオンの定理を用いて求める。すなわち，$Rr = \sum M_O$❸ から r を求める。

$$Rr = \sum M_O = P_1 \times 0 + P_2 \times l = P_2 \times l \qquad r = \frac{P_2 \times l}{R}$$

③ r の符号の正負により，合力 R の位置の確認を行う。すなわち，r が正(＋)であれば仮定どおりであり，負(－)であれば仮定と逆の位置に合力 R がくる。ここでは，右側に r を考える。

バリニオンの定理

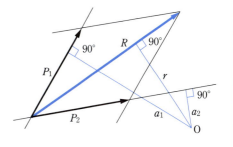

「多くの力のある1点に対する力のモーメントは、それらの力の合力のその点に対するモーメント（合力のモーメント）に等しい」これをバリニオンの定理という。

右図において、2力P_1, P_2の合力をRとし、任意の点Oから各力P_1, P_2, Rまでの垂直距離をそれぞれa_1, a_2, rとすれば、

$$Rr = P_1 a_1 + P_2 a_2 \quad \text{すなわち}, \quad Rr = \sum M_O$$

$\sum M_O$：各力P_1, P_2の任意の点Oに対する力のモーメントの総和を示す。

この定理は、2力が平行である場合や、任意の多くの力の場合でもなりたつ。

例題8 図28に示す平行な2力$P_1 = 4\,\text{kN}$, $P_2 = 6\,\text{kN}$の合力Rを算式解法で求めよ。

解答… まず、合力Rの大きさと向きを求める。

$$R = -4 - 6 = -10 \quad R = 10\,\text{kN（下向き）}$$

次に、任意の点Oと合力Rの位置を図のように仮定し、バリニオンの定理を用いて距離rを求める。ここでは、rを右側に考える。

$$10 \times r = 4 \times 0 + 6 \times 4 = 24$$
$$r = \frac{24}{10} = 2.4\,\text{m}$$

すなわち、rが正（＋）であるから、合力Rは、仮定どおりP_1の作用線上のO点から右に2.4mの位置である。

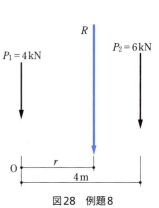

図28 例題8

問 8 図29(a), (b)に示す平行な力の合力Rをバリニオンの定理を用いて求めよ。

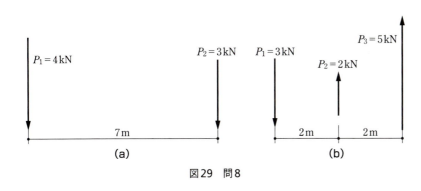

図29 問8

（b）平行な力への分解 図30に示す力Pを，それに平行な2軸A，B上の力に分解する場合，バリニオンの定理を用いて求めることができる。

A，B軸上の分力をP_A，P_Bとし，向きを仮定する（ここでは上向きに仮定する）。

次に，A軸上のO点に対して，バリニオンの定理を用いる。

$$-Pl_a = P_A \times 0 - P_B l$$

$$P_B = \frac{l_a}{l} P$$

また，$P = P_A + P_B$から❶

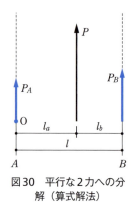

図30 平行な2力への分解（算式解法）

$$P_A = P - P_B = P - \frac{l_a}{l} P = \frac{P(l - l_a)}{l} = \frac{l_b}{l} P$$

P_A，P_Bは，上向きと仮定して求めた値が正（＋）であるので，仮定どおり上向きであり，負（－）となれば仮定と逆の下向きにすればよい。

❶ Pの分力P_AとP_Bは，距離の比例関係から求めることもできる。すなわち，

$$\frac{P_A}{P} = \frac{l_b}{l}$$

同じく

$$\frac{P_B}{P} = \frac{l_a}{l}$$

となる。

例題9 図31(a)に示す力を，平行な2軸A，B上の2力に分解せよ。

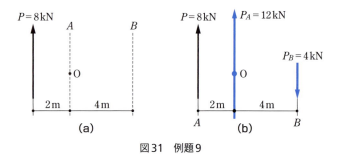

図31 例題9

解答… A，B軸上の分力をそれぞれP_A，P_Bとし，いずれも上向きに仮定する。次に，A軸上のO点に対してバリニオンの定理を用いる。

$$8 \times 2 = P_A \times 0 - P_B \times 4 \qquad P_B = -4 \text{ kN}$$

負（－）なのでP_Bは仮定した向きと逆の下向きとなる。

また，$P = P_A + P_B$から，

$$P_A = P - P_B = 8 - (-4) = 12 \text{ kN}$$

P_Aは，正（＋）なので，上向きとなる。

したがって，図31(b)のようになる。

問 9 図32に示す力$P = 300$Nを，バリニオンの定理を用いて，平行な2軸A，B上の力に分解せよ。

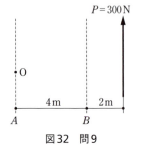

図32 問9

3 力の釣合い

綱引きで両チームの力が互角のとき,綱には大勢の引き合う力が同時に働いているが,その綱は動かない(図33)。

ここでは,いろいろな力の**釣合い**[1]についての基本的なことがらを学ぶ。

[1] equilibrium

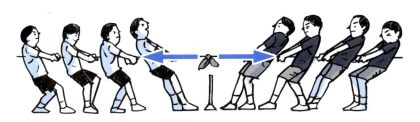

図33 力の釣合い

1 1点に働く力の釣合い

物体にいくつかの力が同時に働いていて,なお,その物体が移動も回転もしない静止の状態にあるとき,これらの力は釣り合っているという。図34(a)において,O点に働く**力の釣合条件**[2]を考えてみよう。

[2] equilibrium condition of force

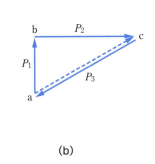

図34 1点に働く力の釣合い

(a) 図式条件 図34(a)において,3力 P_1, P_2, P_3 がO点に働いて釣り合っているものとすれば,3力の合力は0でなければならない。したがって,これを作図すれば,示力図は閉じ,図34(b)のようになる。

(b) 算式条件 図34(a)において,P_1, P_2, P_3 の3力がO点に働いて釣り合っているものとすれば,O点はX方向にもY方向にも移動しない。すなわち,合力 $R = \sqrt{(\sum X)^2 + (\sum Y)^2} = 0$ であり,それぞれの方向の力の合力は $\sum X = 0$, $\sum Y = 0$ でなければならない。

第2節 力の基本 25

したがって，1点に働く力の釣合いに必要かつじゅうぶんな条件は，次のようになる。

> ●1点に働く力の釣合条件
> ① 図式条件：示力図が閉じること。
> ② 算式条件：X軸上とY軸上の分力の総和が，ともに0になること。
>
> $$R = 0 \quad \text{または} \quad \left.\begin{array}{l} \sum X = 0 \\ \sum Y = 0 \end{array}\right\} \tag{7}$$

参考　力の尺度

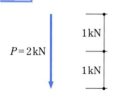

例）1 kN を 10 mm とすると，$P = 2$ kN は 20 mm となる。

例題10　図35(a)において，B点に$P = 2$ kNの力が働くとき，ロープおよび棒に生じる力N_1，N_2がいくらであれば釣り合うか。

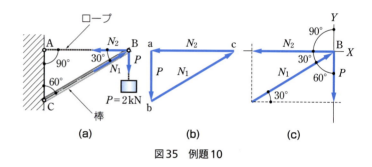

図35　例題10

解答1… 図式解法　PとN_1，N_2が釣り合うためには，図35(b)のように示力図が閉じなければならない。

① 図35(b)のように，紙面上の任意の1点aからPに等しく平行に$\overrightarrow{ab}$をとる。

② b点からN_1に平行にbc線を，a点からN_2に平行にac線を引く。

③ できあがった△abcに矢印をa→b→c→aのようにつければ，$\overrightarrow{bc}$および$\overrightarrow{ca}$は，それぞれN_1とN_2の大きさおよび方向と向きを示す。

解答2… 算式解法　まず，図35(c)のようにB点を原点とし，N_1とN_2の向きを仮定する。次に，釣合いの算式条件（$\sum X = 0$，$\sum Y = 0$）から，N_1，N_2の大きさを求める。

$\sum Y = 0$から　$-2 + N_1 \sin 30° = -2 + N_1 \times \dfrac{1}{2} = 0$

$\qquad\qquad N_1 = 4$ kN

$\sum X = 0$から　$-N_2 + N_1 \cos 30° = -N_2 + 4 \times \dfrac{\sqrt{3}}{2} = 0$

$\qquad\qquad N_2 = 2\sqrt{3} \fallingdotseq 3.46$ kN

N_1，N_2の符号の正負により，仮定した向きの確認をすると，この場合，N_1，N_2とも正（＋）であるので，仮定どおりの向きとなる。N_1は圧縮力，N_2は引張力であることがわかる。

問 10 図36において，O点で$P_1 = P_2 = 200$ Nのとき，それに釣り合う力Rを求めよ。

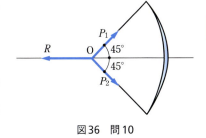

図36 問10

2 作用点の違う力の釣合い

作用点の違う力の釣合いについて算式条件を用いて考えてみよう。

図37(a)のP_1，P_2，P_3の3力が釣り合うためには，P_1とP_2の合力とP_3とは，大きさが等しく，向きが逆にならなければならない。すなわち，$R = 0$でなければならないから，$\sum X = 0$，$\sum Y = 0$であることが必要な条件である。

しかし，図37(b)のような場合は，$\sum X = 0$，$\sum Y = 0$であっても，P_1とP_2の合力とP_3とは偶力となり，$\sum M = P_3 r$となって，回転を起こして釣り合わない。

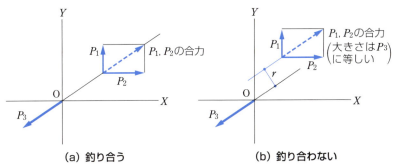

図37 作用点の違う力の釣合い

したがって，作用点の違ういくつかの力の釣合いを計算によって確かめる場合は，$\sum X = 0$，$\sum Y = 0$であると同時に，$\sum M = 0$であることも確かめなければならない。

すなわち，作用点の違う力の釣合いに必要かつじゅうぶんな条件は，次のようになる。

●作用点の違う力の釣合条件（算式条件）

合力が0であるとともに，任意の点に対する力のモーメントの総和が0になること。

$$R = 0 \begin{cases} \sum X = 0 \\ \sum Y = 0 \\ \sum M = 0 \end{cases} \tag{8}$$

例題11 図38において，棒AB上のC点に$P=8$kNの力が働くとき，棒の両端A，B点にどのような力を働かせたら釣り合うか。算式解法で求めよ。ただし，力Pの作用線とA，B点に働く力の作用線は平行とする。

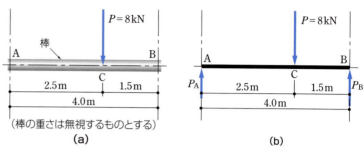

図38　例題11

解答… 図38(b)のように，A，B点に働く力P_A，P_Bを上向きに仮定する。以下，力の釣合条件を用いる。

$\sum Y = 0$から，　$P_A + P_B = 8$kN　　①

次に，B点における$\sum M_B = 0$❶から，

$P_A \times 4 - 8 \times 1.5 = 0$　$P_A = 3$kN

$P_A = 3$kNを式①に代入すると，$3 + P_B = 8$　　$P_B = 5$kN

P_A，P_Bは正（＋）なので，仮定した向きは正しい。なお，この場合，X軸方向には力がないので，$\sum X = 0$の計算は省略した。

❶ 以下，$\sum M_B = 0$の書き方で表す。

問11 図39のように，棒AB上のC点に力Pが働くとき，棒の両端A，B点にどのような力を働かせたら釣り合うか。算式解法で求めよ。ただし，A，B点に働く力は，棒ABに垂直な力とする。

問12 図40のように，棒AB上に複数の力P_1，P_2が働くとき，棒の両端A，B点にどのような力を働かせたら釣り合うか。算式解法で求めよ。ただし，A，B点に働く力は，棒ABに垂直な力とする。

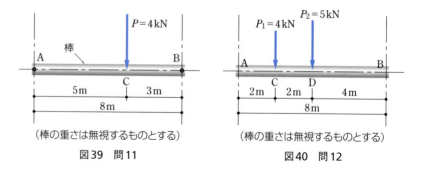

図39　問11　　　　　　　　　図40　問12

■ 節末問題 ■

1. 図41で各力のA，B点に対する力のモーメントの総和を求めよ。

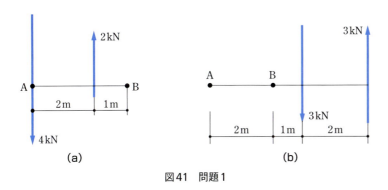

図41　問題1

2. 図42の平行な2力について以下の問いに答えよ。
(1) 合力Rを求めよ。
(2) 合力Rを，破線上の2軸に分解せよ。

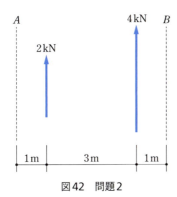

図42　問題2

3. 図43のロープおよび棒に生じる力を，算式解法で求めよ（棒の重さは無視するものとする）。

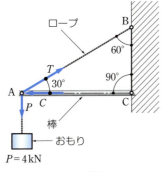

図43　問題3

第2節　力の基本　29

3節 構造物と荷重および外力

　構造物の設計は，構造物の実状に合う仮定や条件を設定して進めることがたいせつである。
　ここでは，構造物を合理的に設計するうえで必要な構造物と荷重および外力に関する基礎的なことがらについて学ぶ。

1 支点と節点

　構造物は，部材の構成や形状，またはその接合方法などから，梁・トラス・ラーメン・アーチなどに分類される（図1）。
　これらの骨組を支える点を**支点**❶といい，骨組を構成する部材相互の接合点を**節点**❷という。
　支点および節点は，構造物が安定して，しかも安全に維持されるうえでとても重要な働きをしている。

❶ supporting point
❷ node

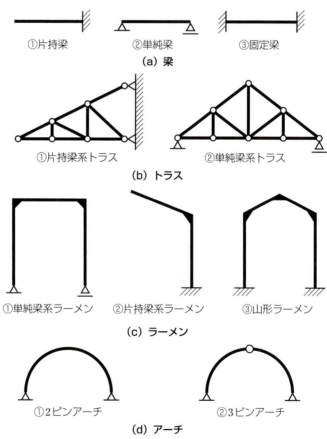

図1　各種の構造物

1 支点

構造物の骨組を支える支点には，表1の
ように**移動支点**（**ローラー支承❶**），**回転支**
点（**ピン支承❷**），**固定支点**（**固定端❸**）の3種類がある。

❶ ピンローラ支承とも
よぶ。roller support また
は pin roller support

❷ pin support

❸ fixed end

表1　支点の種類

	移動支点（ローラー支承）	回転支点（ピン支承）	固定支点（固定端）
写　真			
概念図	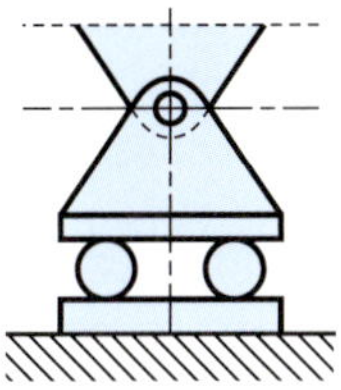	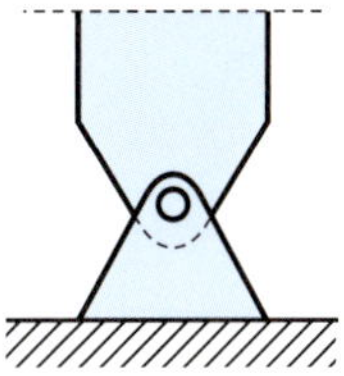	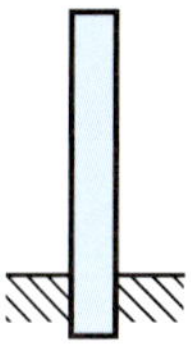
記　号	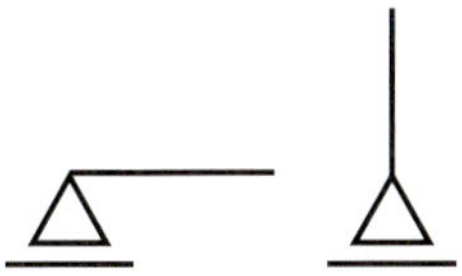	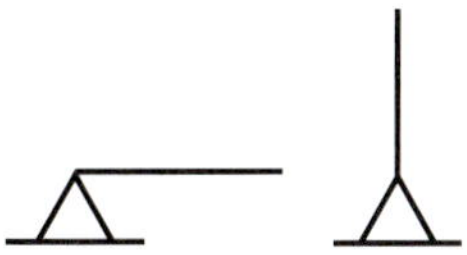	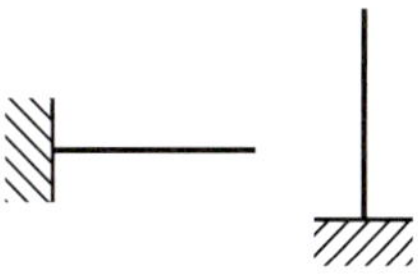
特　徴	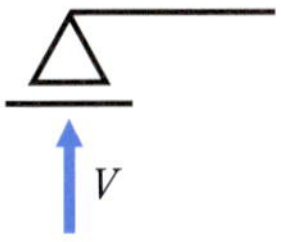 ・水平移動＝可 ・鉛直移動＝不可 ・回転＝自由 支えられる方向は1方向のみ	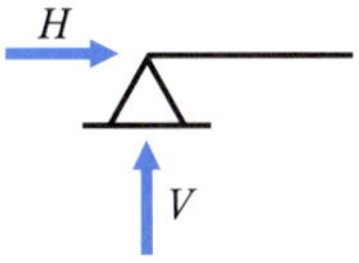 ・水平移動＝不可 ・鉛直移動＝不可 ・回転＝自由 支えられる方向は2方向	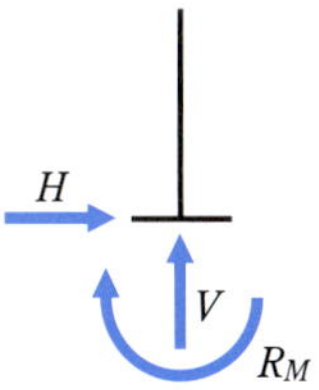 ・水平移動＝不可 ・鉛直移動＝不可 ・回転＝不可 完全に固定，回転にも抵抗

第3節　構造物と荷重および外力　　**31**

❶ pin node, hinge
❷ rigid joint

2 節点

骨組を構成する部材相互の節点には，**ピン節点❶**（滑節点）と**剛節❷**の二つがある（表2）。

表2 節点の種類

	ピン節点（滑節点）	剛節
写　真	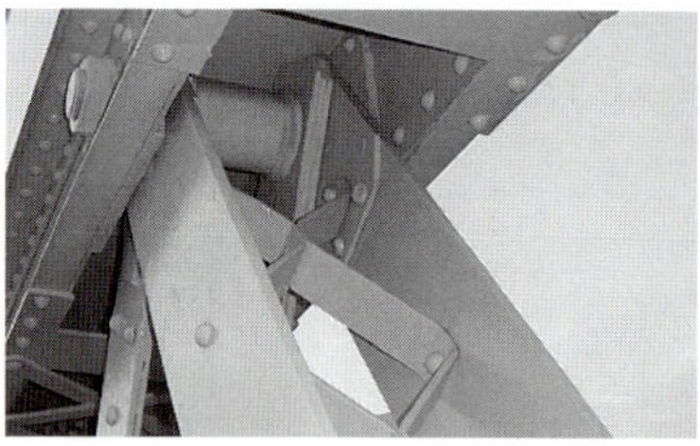	鋼構造の例 
概念図	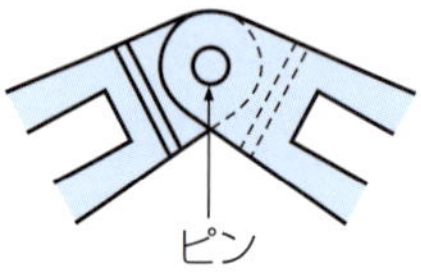 ピン	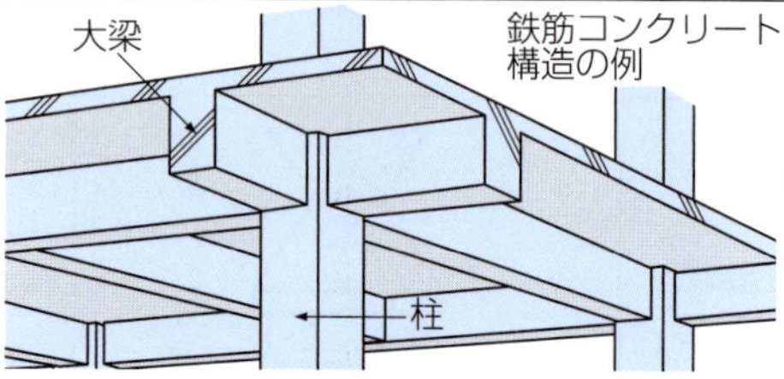 大梁　　鉄筋コンクリート構造の例　　柱
記　号	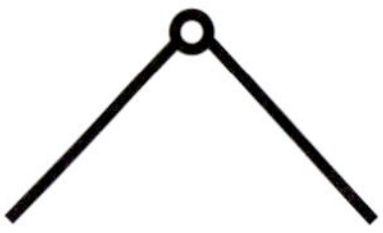	
特　徴	部材どうし，その節点上でたがいの回転は自由。節点上で部材間の角度が変化する。節点は上下左右に同じだけ移動する。**ピン**または**ヒンジ**ともいう。	部材どうし，節点上でたがいに同一の回転を起こす。節点上で部材間の角度は変わらない。節点は上下左右に同じだけ移動する。

2 荷重および外力

構造物に働く荷重および外力を矢印を用いて表す場合，その荷重および外力の働く状態をわかりやすく表示する必要がある。

ここでは，それぞれの荷重および外力の働く状態やその表示のしかたなどについて学ぶ。

1 荷重および外力の種類と表示の仕方

荷重および外力は，その働く状態から表3のように分類される。

32　第1章　構造物に働く力

表3 荷重および外力

	作用状態（特徴）	記号	単位	荷重および外力
集中荷重❶	部材の1点に集中して作用する。	P, W	N kN	
等分布荷重❷	部材に均等に分布して作用する。	w	N／m kN／m	
等変分布荷重❸	大きさが一定の割合で変化して作用する。	w	N／m kN／m	
モーメント荷重❹	部材の1点にモーメントで作用する。	M	N・m kN・m	
移動荷重❺	部材の上を移動しながら作用する。	P	N kN	

例題1 図2に示す，等分布荷重の合力の大きさと，その作用位置を求めよ。

解答… 合力の作用位置は中央で，その大きさは
$$W = 2 \times 6 = 12 \text{ kN}$$

例題2 図3に示す，等変分布荷重の合力の大きさと，その作用位置を求めよ。

解答… 合力の作用位置は分布荷重の重心位置で，その大きさは
$$W = \frac{3 \times 6}{2} = 9 \text{ kN}$$

問 1 図4(a), (b)に示す分布荷重の合力の大きさWとその作用位置を求めよ。

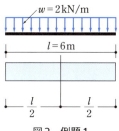

図2 例題1

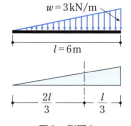

図3 例題2

❶ concentrated load
❷ uniformly distributed load
　梁の自重や積雪荷重などがその例である。
❸ uniformly varying load
　土圧・水圧などがその例である。
❹ moment
❺ moving load
　工場の天井クレーンなどによる荷重がその例である。

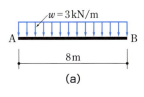
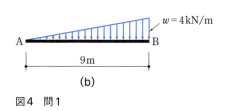

図4 問1

第3節　構造物と荷重および外力　33

2 荷重の作用のしかた

荷重の作用のしかたにはいろいろあるが，ここでは，図5を例に木構造の梁床の場合について学ぶ[1]。

梁床に働く荷重は，梁・床などの固定荷重と人間・物品などの積載荷重である。床荷重は，ふつう単位面積あたりの荷重で計算される。この荷重は直下の根太に等分布荷重として働く。

1本の根太の分担範囲は図5(b)のACDBの部分である。このうちEGHF部分の荷重は，根太を支えている小梁に根太を介して集中荷重Pとして働く。各根太から小梁に伝えられる集中荷重Pは，図5(b)のように，小梁を通して大梁に伝達される。

大梁に伝達された荷重は，さらに柱・土台・基礎へと伝わり，最終的には地盤によって支えられる。

[1] 鉄筋コンクリート構造の床荷重は第6章（p.190）で，また，鋼構造の床荷重（屋根荷重）は第7章（p.234）で学ぶ。

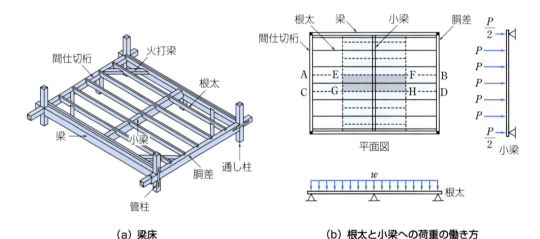

(a) 梁床　　　　　　　　　(b) 根太と小梁への荷重の働き方

図5　木構造梁床の荷重

- 節末問題 -

1. 図6(a), (b)に示す分布荷重の合力の大きさと作用位置を求めなさい。

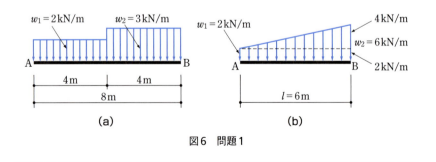

図6　問題1

4節 反力

構造物に外力が働くと，それに対応して構造物の支点に力が生じ，構造物全体は静止の状態を保つ。この支点に生じる力は，構造物に働く外力と釣り合っている。すなわち，構造物の支点に生じる力は，構造物に働く外力とともに，力の釣合条件により求めることができる。ここでは，反力とその求め方について学ぶ。

1 反力

構造物に働く外力に対応して，支点に生じる力を**反力**[1]という。

❶ reaction

すでに学んだように，支点の構造は，構造物を安全に支えるために支持部分の移動や回転を拘束している。つまり，構造物を拘束することによって反力が生じるのである。

構造物の支点に生じる反力は，外力の働きや支点の支持方法によって，図1のようになる（p.31，表1参照）。

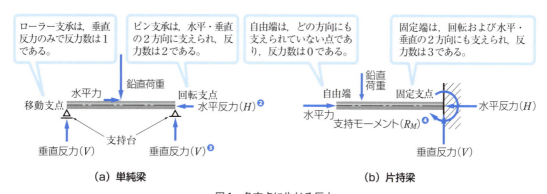

(a) 単純梁　　　　　　　　　　　　(b) 片持梁

図1　各支点に生じる反力

問1　図2の構造物の各支点の名称をかき，各支点に生じる反力数を求めよ。

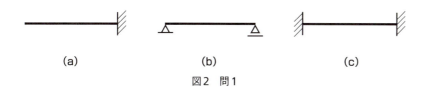

図2　問1

❷ H は horizontal reaction（水平反力）の頭文字。

❸ V は vertical reaction（垂直反力）の頭文字である。

❹ R_M は，reaction moment の頭文字である。

2 反力の求め方

構造物の反力の大きさおよび方向と向きは，外力の働きや支点の支持の方法により決まる。その求め方には図式解法と算式解法とがある。

ここでは，力の釣合条件を用いて反力を求められる構造物について考えてみよう。

実際の構造物では，一般に外力が働くと変形が生じるが，この変形量は構造物の大きさや部材の太さに比べてじゅうぶんに小さいので，変形による影響は無視するのがふつうである。

なお，水平反力と垂直反力の合力 R は，p.19の式(4)，式(5)を用いて求める。

例題 1 図3(a)に示す，単純梁のC点に集中荷重6 kNが働くとき，その支点A点，B点に生じる反力を算式解法で求めよ。

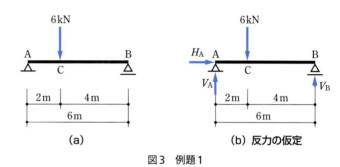

(a) ／ (b) 反力の仮定

図3　例題1

解答… 図3(b)のように，A点，B点に生じる反力を，それぞれ H_A, V_A, V_B とし，矢印でその方向と向きを仮定する。

次に，力の釣合条件より，それぞれの反力の大きさを求める。

$\sum X = 0$ から　　$H_A = 0$

（水平力がないので水平反力 H_A は生じない。以後，単純梁において，このような場合は，仮定する矢印も含めて省略する。）

集中荷重6 kNは，下向きなので負（−）となる。

$\sum Y = 0$ から　　$V_A + (-6) + V_B = 0$　　①

$\sum M_B = 0$ から　　$V_A \times 6 + (-6 \times 4) = 0$　　$V_A = 4$ kN（上向き）

$V_A = 4$ kNを式①に代入すると，

$4 + (-6) + V_B = 0$　　$V_B = 2$ kN（上向き）

計算の結果，V_A, V_B は，正（＋）となり，図3(b)で仮定した反力の向きは正しく，上向きである。

なお，反力を求めるとき，$\sum M = 0$ の計算から始めると簡単に計算できる場合が多い。

参考 それぞれの力の釣合い

$\sum X = 0$
（X方向の力の釣合い）

$\sum Y = 0$
（Y方向の力の釣合い）

$\sum M_B = 0$
（任意の一点についてのモーメントの釣合い，たとえばB点まわりのモーメントの釣合い）

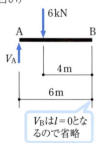

V_B は $l = 0$ となるので省略

問 2 図4(a), (b)に示す単純梁のA点, B点に生じる反力を求めよ。

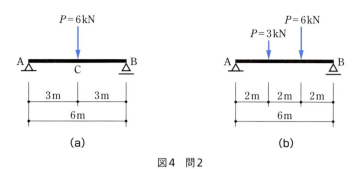

図4　問2

例題 2 図5(a)のような，等分布荷重 $w=2\,\mathrm{kN/m}$ が働く単純梁のA点, B点に生じる反力を，算式解法で求めよ。

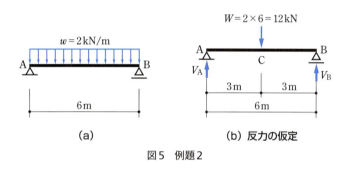

図5　例題2

解答… 等分布荷重を受ける梁の反力は，図5(b)のように，等分布荷重の合力 W が集中して働く場合に置き換えて求められる。

また，反力 V_A, V_B の向きは図5(b)のように仮定する。

$W = 2 \times 6 = 12\,\mathrm{kN}$

$\sum Y = 0$ から　$V_A + (-12) + V_B = 0$　　　①

$\sum M_B = 0$ から　$V_A \times 6 + (-12 \times 3) = 0$　　$V_A = 6\,\mathrm{kN}$（上向き）

V_A の値を式①に代入して V_B を求める。

$V_B = 12 - 6 = 6\,\mathrm{kN}$（上向き）

問 3 図6(a), (b)に示す単純梁のA点, B点に生じる反力を求めよ。

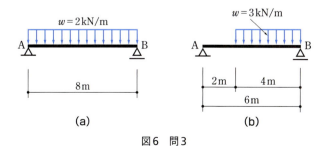

図6　問3

❶ 第4章で不静定構造物を解くときに役立つ。

例題3 図7(a)に示す単純梁のB点に，15 kN·mのモーメント❶が働くときの反力を，算式解法で求めよ。

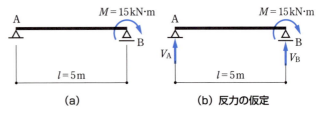

図7　例題3

解答… 反力の向きを，図7(b)のように仮定する。

$\sum M_B = 0$ から　$V_A \times 5 + 15 = 0$ ❷

$V_A = -3$ kN

負（－）は仮定と逆向きで，下向きとなる。

$\sum Y = 0$ から　$V_A + V_B = -3 + V_B = 0$

$V_B = 3$ kN（上向き）

図8に，反力❸の正しい向きを示す。

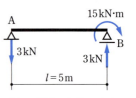

図8　反力の正しい向き

❷ モーメント荷重は，働く位置に関係なく，直接$M=0$の釣合条件式に代入する。

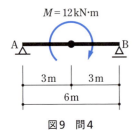

図9　問4

❸ 単純梁にモーメントが働いて生じる反力は偶力となり，その大きさは荷重の働く位置に関係なく

$V = \dfrac{M}{l}$　で求まる。

問 4 図9に示す単純梁のA点，B点に生じる反力を求めよ。

例題4 図10(a)に示す片持梁に$P=2$ kNが働くときの反力を，算式解法で求めよ。

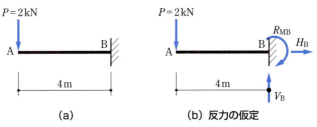

図10　例題4

解答… 図10(b)のように反力を仮定する。

$\sum X = 0$ から　$H_B = 0$（省略してよい）

$\sum Y = 0$ から　$(-2) + V_B = 0$

$V_B = 2$ kN（上向き）

$\sum M_B = 0$ から　$(-2 \times 4) + R_{MB} = 0$

$R_{MB} = 8$ kN·m（時計回り）

問 5 図11に示す片持梁のB点に生じる反力を求めよ。

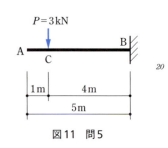

図11　問5

38　第1章　構造物に働く力

例題5 図12(a)に示すラーメンに水平力 $P=8\,\text{kN}$ が働くときの反力を，算式解法と図式解法で求めよ。

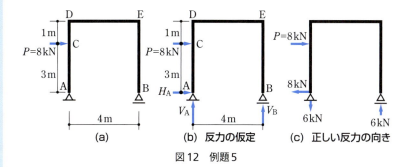

図12 例題5

解答… 算式解法　反力を，図12(b)のように仮定する。

$\sum X = 0$ から　$8 + H_A = 0$

$H_A = -8\,\text{kN}$（仮定と逆向き），よって $8\,\text{kN}$（左向き）

$\sum M_B = 0$ から　$8 \times 3 + V_A \times 4 = 0$

$V_A = -6\,\text{kN}$（仮定と逆向き），よって $6\,\text{kN}$（下向き）

$\sum Y = 0$ から　$V_A + V_B = -6 + V_B = 0$

$V_B = 6\,\text{kN}$（上向き）❶

図式解法　図13において，水平力 P と A，B 点の反力は，3力の釣合条件から1点に交わらなければならない。

① P の作用線と V_B の作用線の交点を求め，F 点とする（図13(a)）。

② F 点と A 点を結び，H_A と V_A の合力 R_A の方向を求める（図13(b)）。

③ P，R_A，V_B の3力の示力図をかき，R_A，V_B の大きさおよび向きを求める（図13(c)）。

④ R_A を X 方向，Y 方向に分解し，H_A，V_A を求める（図13(d)）。

❶ 別解
偶力のモーメントを考えると，$M = P \times 3 = H_A \times 3 = 8 \times 3 = 24\,\text{kN·m}$ となり，垂直反力の偶力モーメント
$-M = -V_A \times 4$
$ = -6 \times 4$
$ = -24\,\text{kN·m}$
となり，釣り合うことが確かめられる。

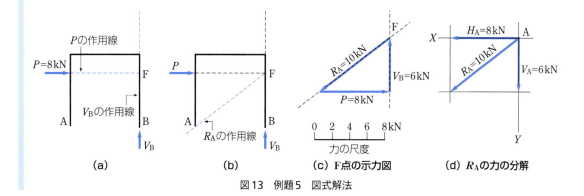

図13 例題5 図式解法

■**例題6** 図14(a)に示す片持梁ラーメンに荷重$P=8$kNが働くときの反力を算式解法で求めよ。

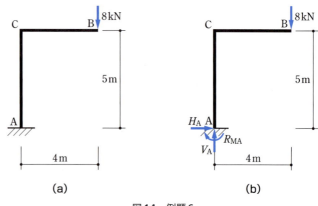

図14　例題6

解答… 片持梁ラーメンは片持梁と同じく固定支点と自由端の組合せになっており，三つの反力が生じる。形状に捉われず力の作用線と任意の点までの垂直距離を見きわめ，力の釣合条件を用いて求める。

算式解法　反力を図14(b)のように仮定する。

$\sum X = 0$ から　$H_A = 0$

$\sum Y = 0$ から　$V_A - 8 = 0$　　$V_A = 8$ kN（上向き）

$\sum M_A = 0$ から　$R_{MA} + 8 \times 4 = 0$　　$R_{MA} = -32$（仮定と逆向き）

よって$R_{MA} = 32$ kN・m（反時計回り）

■**例題7** 図15に示す3ピン式ラーメンに水平力$P=8$kNが働くときの反力を算式解法で求めよ。

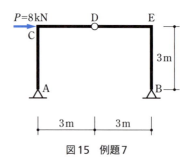

図15　例題7

解答… 3ピン式ラーメンは両側の支点が回転支点で，さらに途中の1か所をピン節点で連結している構造である。支点に生じる反力は合計4となるが，ピン節点は回転が自由なので，$\sum M = 0$になる。この条件を加えて3ピン式ラーメンの反力を求めることできる。

算式解法 反力を図16(a)のように仮定する。

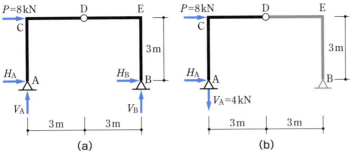

図16　考え方

$\sum X = 0$ から　$H_A + 8 + H_B = 0$　　①

$\sum Y = 0$ から　$V_A + V_B = 0$　　②

$\sum M_B = 0$ から　$V_A \times 6 + 8 \times 3 = 0$

　　$V_A = -4\,\text{kN}$（仮定と逆向き）　よって $V_A = 4\,\text{kN}$（下向き）

$V_A = 4\,\text{kN}$ を式②に代入すると，

　　$-4 + V_B = 0$　　$V_B = 4\,\text{kN}$（上向き）

図16(b)のようにピン節点Dで二つに分け，どちらか半分でモーメントを考える。

$M_D = 0$ から　$-H_A \times 3 + (-4 \times 3) = 0$（D点の左半分）

　　$H_A = -4\,\text{kN}$（仮定と逆向き）　よって $H_A = 4\,\text{kN}$（左向き）

$H_A = 4\,\text{kN}$ を式①に代入すると，

　　$-4 + 8 + H_B = 0$　　$H_B = -4\,\text{kN}$（仮定と逆向き）

よって $H_B = 4\,\text{kN}$（左向き）

問 6　図17(a)～(c)に示すラーメンに生じる反力を求めよ。

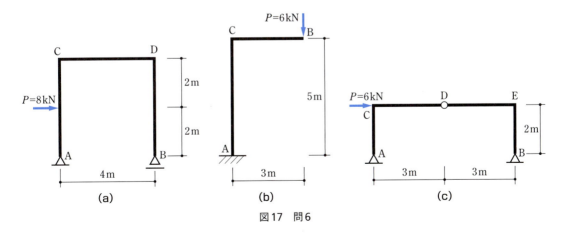

図17　問6

節末問題

1. 図18に示す構造物の反力を求めよ。

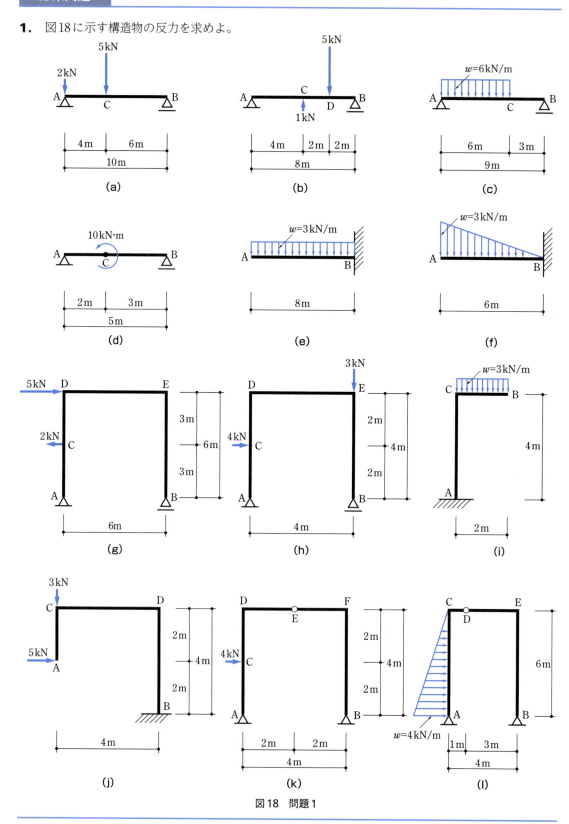

図18 問題1

5節 安定・静定

構造物に外力が働くとき，その構造物がそのまま移動したり，もとの形がくずれたりしてはならない。また，構造物には，力の釣合条件だけで反力や部材内に生じる力を求めることができるものと，できないものがある。ここでは，これらを判断するための構造物の**安定**❶・**不安定**❷，**静定**❸・**不静定**❹について学ぶ。

❶ stability
❷ instability
❸ statically determinate
❹ statically indeterminate

1 構造物の安定・不安定

構造物に外力が働いても，それに耐えられる限度まではもとの形をくずさず，かつ，大きく移動しないで，もとの位置を保つことができる構造物を**安定構造物**といい，簡単に形をくずしたり移動したりする構造物を**不安定構造物**という。

構造物が安定か不安定かは，構成された骨組の部材の数と接合法（**形の安定**），およびその支点の支持の方法（**支持の安定**）で決まる。

すなわち，図1(a)のように，四辺形の各節点がピンで接合されているときは不安定で形がくずれる（**内的不安定**）。これを図1(b)や図1(c)のようにすれば安定構造物となる。

また，図2(a)のように水平力を受けると，移動支点が水平移動して，支持が不安定となる（**外的不安定**）。これを図2(b)のようにすれば，支持が安定となる。したがって，支持の安定条件は，構造物が水平・垂直方向とも移動しないこと，および回転しないことである。一般に，支持の安定構造物は反力数が3以上でなければならない。

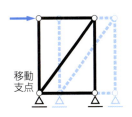

(a) 支持の不安定

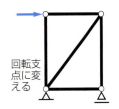

(b) 支持の安定

図2 支持の安定・不安定

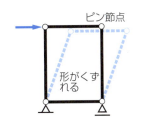

(a) 形の不安定

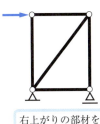

(b) 形の安定（静定）

(c) 形の安定（一次不静定）

図1 形の安定・不安定

第5節 安定・静定　43

問 1 図3に示す不安定構造物において，部材を入れるか節点の接合を変えることにより安定構造物にせよ。

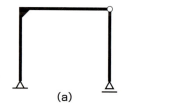
(a)

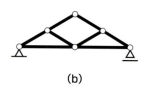
(b)

図3　問1

2　構造物の静定・不静定

　安定な構造物のうち，力の釣合条件を適用して，反力や部材に生じる力を求められるものを**静定構造物**❶という。また，力の釣合条件だけでなく，骨組を構成する部材に生じる変形なども合わせて考えなければ，反力や部材に生じる力が求められないものを**不静定構造物**❷という。不静定構造物のうち，支持の不静定を**外的不静定**といい，形の不静定を**内的不静定**という（図4）。

　静定構造物は，反力の数を一つ少なくするか，骨組の1部材を取り去るか，または，節点の接合を変えて拘束力の数を一つ少なくすることにより不安定となる。一方，不静定構造物は，反力の数を一つ少なくするか，1部材を取り去るか，または，節点の接合を変えて拘束力の数を一つ少なくしても，なお安定である。

　静定構造物になるまでに取り除いた反力数・部材数，または，剛節をピン節点に変えた数の合計を**不静定次数**❸という。

　不静定次数が多いほど，設計の時点で考えていなかった外力に対する安全性が高くなる。骨組の構成や支持状態を考察して，構造物が安

❶ statically determinate structure

❷ statically indeterminate structure

❸ degree of redundancy

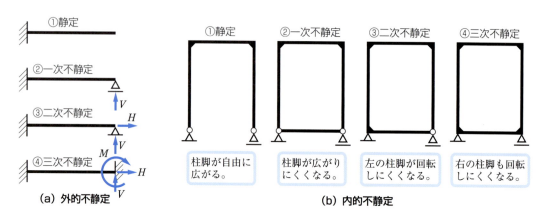

図4　不静定構造物

定か不安定か，または**静定**か**不静定**かの判別ができるようにしておくことがたいせつである。

問 2 図5に示す構造物について，支点および節点の拘束力を考えるか，部材を取り去ることにより，静定・不静定を判別せよ。

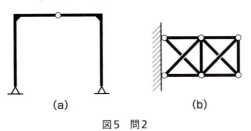

図5 問2

試してみよう　骨組をつくり不安定構造物の変形を感覚的に覚えよう

■準備するもの（図(a)）

ストロー，クリップ，スチレンボード，画びょう，テープ，カッター，カッターマット，はさみ

■不安定骨組をつくってみよう

1 ストローに2cm程の切り込みを入れ，連結する。
2 ピン節点となる部分をクリップでつなげる(図(b))。
3 固定支点はテープでストローを直接，固定し，回転支点はテープで机に固定した画びょうにストローの端をさす。

図(a)

図(b)

■試してみよう

1 不安定骨組に水平力を加えた場合，どのように骨組が変形するか予想してみよう（図(c)，(d)）。
2 実際に水平力を加え，変形のようすを確かめよう（図(e)，(f)）。

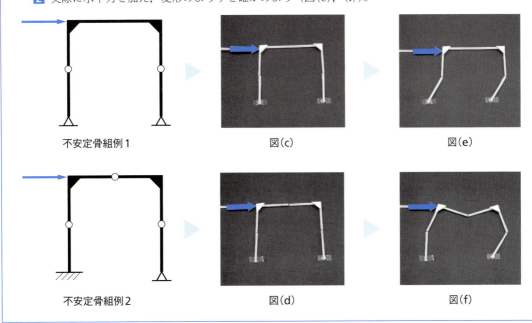

不安定骨組例1　　図(c)　　図(e)

不安定骨組例2　　図(d)　　図(f)

第5節　安定・静定

C column 判別式

構造物の安定・不安定，静定・不静定は，骨組の構成や支持状態を考察して判別するが，数式によって判別することもできる。

判別式 $m = n + s + r - 2k$

n：骨組の部材数［本］
s：反力数の総和
r：剛節接合部材数（節点のある一つの材に，剛に接合された材の数（図6））
k：骨組の支点と節点の数

この m の正負によって次のように判別することができる。

$m < 0$　**不安定骨組**（必要十分条件）
$m = 0$　**安定な骨組で静定構造物**（必要条件）
$m > 0$　**安定な骨組で不静定構造物**（必要条件）

ただし，**$m ≧ 0$ でも不安定な骨組がある**ので，力学的に観察して直感的に判定できることもたいせつである（図7）。

たとえば表1の図に示す構造物について，判別式を用いて m を求める。m の正負により安定・不安定，静定・不静定を判別すると表1のようになる。

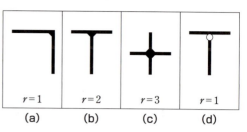

図6　剛節接合部材数

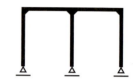

例）$m = 0$ だが，水平移動をするので $m ≧ 0$ でも不安定な骨組。

図7　不安定な骨組例

表1　判別式の計算例

図	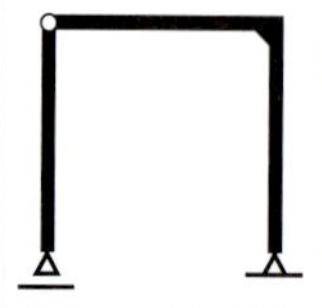	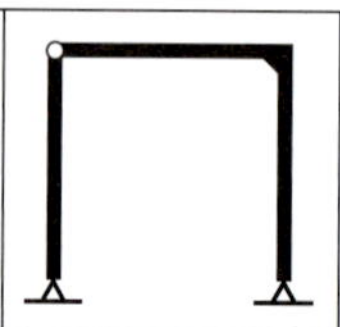		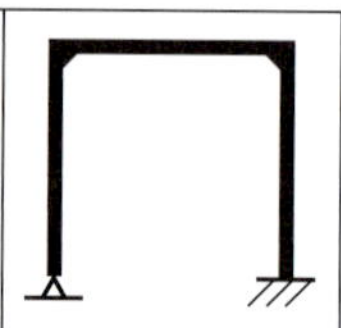	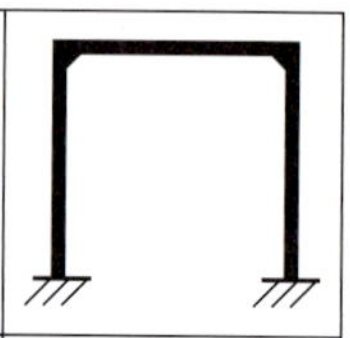
n	3	3	5	3	3
s	3	4	4	5	6
r	1	1	0	2	2
k	4	4	4	4	4
$2k$	8	8	8	8	8
m	−1	0	1	2	3
判別	不安定	安定	一次不静定	二次不静定	三次不静定

Practice 章末問題

● **1.** 図1に示すA，B，C，Dの各点の力のモーメントを求めよ。

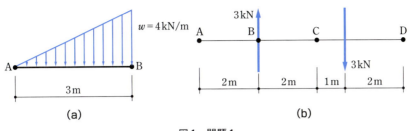

図1 問題1

● **2.** 図2に示す構造物の支点に生じる反力を求めよ。

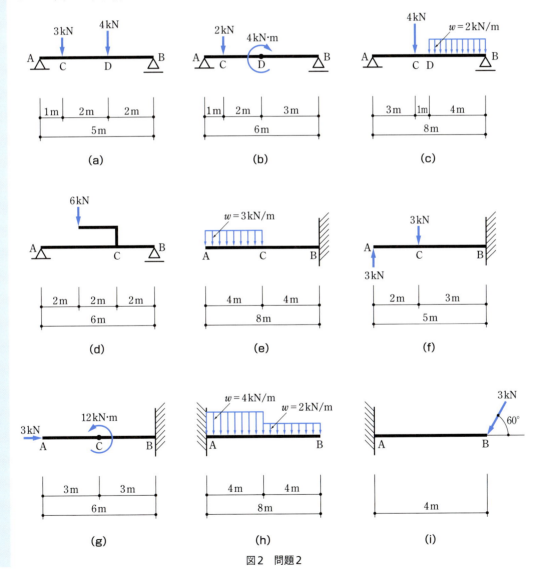

図2 問題2

Practice 章末問題

- **3.** 図3に示すラーメンに荷重が働くときの支点に生じる反力を求めよ。

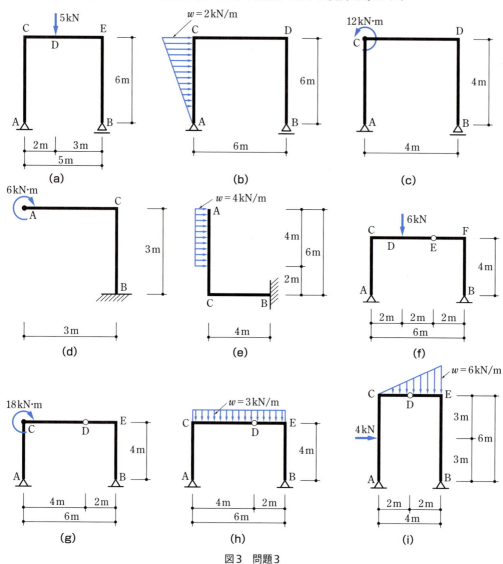

図3 問題3

- **4.** 図4に示すトラスに荷重が働くときの両支点に生じる反力を求めよ。

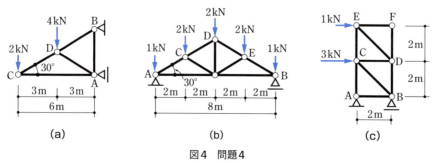

図4 問題4

第 2 章
静定構造物の部材に生じる力

◎―東京工業大学附属図書館

Introduction

　構造物に外力が働いているとき，その構造物の各部材内には外力に釣り合う力が生じている。この章では，いろいろな構造物にさまざまな外力が働いたとき，構造物のどの部分に，どのような力が生じるかということについて学ぶ。

　なお，各部材の太さにかかわらず，力の釣合条件だけを用いて部材に生じる力を求めることのできる静定構造物を対象とする。

Chapter 2

1節 構造物に生じる力

ここでは，静定構造物に生じる力の種類，求め方，表し方について学ぶ。

1 構造物に生じる力の種類

構造物に荷重が作用すると，荷重に釣り合うように支点に反力が生じる。これらの外力❶によって各部材は変形し，その変形に対応して，部材内部に釣り合う力が生じる。図1は，曲げの力が生じている部材の例である。

❶ この章では反力も構造物に働く外力として扱う。

図1　曲げの力

1 軸方向力❷

❷ axial force

図2(a)に示すように，片持梁のA点に荷重P_1が作用している場合を考える。AB材のB点には，図2(a)の向きに反力H_Bが生じて，荷重P_1に釣り合っている。このAB材の中間の任意の一部分について考える（図2(b)，(c)）。

図2(d)の任意の部分の左側には，AB材が本来一体であることから，荷重P_1と大きさ・向きが同じ力$N_左$が生じている。また，同じように

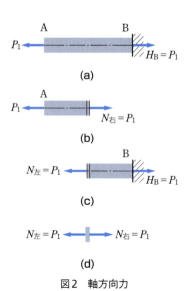

図2　軸方向力

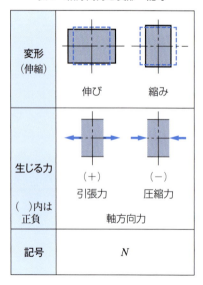

表1　軸方向力と変形・記号

50　第2章　静定構造物の部材に生じる力

この部分の右側には，反力 $H_B = P_1$ と大きさ・向きが同じ力 $N_右$ が生じている。このような一対の力は，梁の一部分が小さくなっても変わらない。

この大きさが等しく，向きが反対の一対の力 $N_左$ と $N_右$ が，**軸方向力**である。このように，部材の材軸方向に生じ，材を伸縮させようとする一対の力には，**引張力**[1]と**圧縮力**[2]とがある。表1に，それらの変形，符号，記号を示す。単位には，N，kNを用いる。

[1] tensile force
[2] compressive force

2 せん断力[3]

[3] shear force

図3(a)の片持梁のA点に荷重 P_2 が垂直方向下向きに働いているとき，B点では垂直方向上向きに反力 V_B が生じて釣り合っている。このAB材の中間の任意の一部分について考える（図3(b)，(c)）。

図3(d)の任意の部分の左側には，AB材が本来一体であることから，荷重 P_2 と大きさ・向きが同じ力 $Q_左$ が生じている。

また，同じように，この部分の右側には，反力 $V_B = P_2$ と大きさ・向きが同じ力 $Q_右$ が生じている。この一対の力は，梁の一部分の長さが小さくなっても変わらない。

このように，大きさが等しく向きが反対の一対の力 $Q_左$，$Q_右$ を**せん断力**といい，部材にずれの変形を生じさせようとする一対のはさみ切ろうとする力である。表2に，せん断力の変形，符号，記号を示す。単位にはN，kNを用いる。

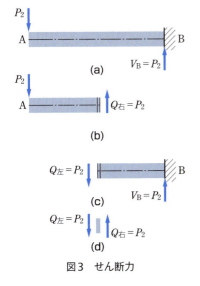

図3 せん断力

表2 せん断力と変形・記号

変形（ずれ）	右下がり	右上がり
生じる力 （ ）内は正負	（＋）	（−）
	せん断力	
記号	Q	

❶ bending moment

❷ 図4(a)のように，荷重P_3が作用するとき，支持モーメント
$$R_{MB} = -P_3 l$$
は，反時計回りに働く。B点のモーメントの釣合いを考えると
$$\sum M_B = R_{MB} + P_3 l = 0$$
これより
$$R_{MB} = -P_3 l$$
となる。

❸ 部材に生じる**曲げモーメント**の符号は，表3に示すように下端が引張側になる場合に正（＋）とする。節点や部材の中間に作用させる外力の**モーメント**は，時計回りを正（＋）とするが，部材の中に生じる曲げモーメントの符号の考え方はこれとは異なるので注意が必要である。

3 曲げモーメント❶

図4(a)のA点からxの位置の断面XにおけるA–X部分とX–B部分のモーメントについて，それぞれ考える（断面Xについて時計回りを正（＋）として計算する）。

A–X部分　　$P_3 x$

X–B部分　　$V_B \times (l-x) + R_{MB}❷ = P_3(l-x) - P_3 l = -P_3 x$

この両者は，大きさが等しく向きが反対のモーメントで，梁を曲げようとする。

図4(b)の断面XにおけるA–X部分の荷重P_3のモーメント（$P_3 x$）とX–B部分から受ける$M_{X右}$が釣り合う。

同様に，図4(c)のX–B部分のモーメントの釣合いを考えると，X–B部分が断面XでA–X部分から受ける力$M_{X左}$と，反力V_Bのモーメント・支持モーメントR_{MB}が釣り合う。

このように大きさが等しく，向きが反対の一対のモーメント$M_{X左}$，$M_{X右}$が断面Xの両側から作用していると考え，これを断面Xに生じる**曲げモーメント**といい（図4(d)），部材を曲げようとする一対のモーメントである。表3に，曲げモーメントによって生じる変形，曲げモーメントの符号，記号を示す。単位には，N·mm，N·m，kN·mなどを用いる。

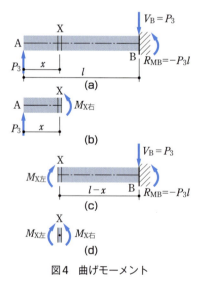

図4　曲げモーメント

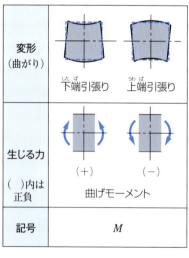

表3　曲げモーメントと変形・記号

第3章で詳しく学ぶが，曲げモーメントを受けて曲がる部材の凸になる部分は引張力を受け，凹になる部分は圧縮力を受けるので，それぞれ引張側，圧縮側とよぶ❸。

2 部材に生じる力の求め方と表し方

部材に生じる力は，作用する外力によって部材に生じる一対の力や一対のモーメントであり，部材に生じる力は外力に対して釣り合うように生じる。

1 軸方向力の求め方と表し方

図5(a)に示す梁の軸方向力を求め，図で表す。

(a) 軸方向力の求め方 反力は $H_B = 2\,\text{kN}$ で，R_{MB}，V_B は生じない。C点の材軸に垂直な断面上には，表1に示した軸方向力が図5(b)のように正（＋）の向きに生じているものと仮定する。正（＋）の向きに仮定すれば，力の釣合条件を用いて軸方向力を求めると，計算結果の正負がそのまま軸方向力の正負と一致する。

図5(c)のように，A点の2kNの力の働きが，$N_{C右}$ と釣り合い，$N_{C右}$ はC点に対して右向きに2kNが生じる。

同様にして，図5(d)の状態では，$N_{C左}$ は，図5(c)で求めた $N_{C右}$ と向きは逆で2kNの力が生じる。軸方向力を求めるには，図5(c), (d)どちらによってもよい。また，この力はつねに一対で生じているので，C点に生じている軸方向力は，$N_{C左}$ と $N_{C右}$ を区別する必要はなく，単に N_C と表す。また，C点で求めた軸方向力は，A～B間においてはすべての点で同様の値であり，図5より $N = 2\,\text{kN}$ となる。

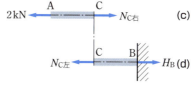

図5 軸方向力

(b) 軸方向力の表し方 次の要領で図に表す。

まず，梁と平行な軸をかき，各点の軸方向力の大きさを適切な尺度の長さでとり，その軸に対して垂直に表す。これを**軸方向力図**[1]といい（図5(e)），略してN-図という。ふつう，軸方向力が正（＋）の場合は，その軸の上側に表し，負（－）の場合は下側に表す（図5(e)）。

[1] axcial force diagram
N-図のNはドイツ語 Normalkraft の頭文字が使われている。

2 せん断力・曲げモーメントの求め方と表し方

次に，図6(a)の梁のD点に生じるせん断力，曲げモーメントを求める。

(a) せん断力と曲げモーメントの仮定　まず，反力を求める。各反力は，$V_A = 4\,\text{kN}$，$V_B = 2\,\text{kN}$で，図6(a)のように生じている。D点の材軸に垂直な断面上には，図6(c)，(f)のように求めるせん断力と曲げモーメントが正（＋）の向きに生じているものと仮定する❶。

AD部分のD断面において

$\sum Y = 0$ から

$V_A - Q_{D右} = 0$

$4 - Q_{D右} = 0$

$Q_{D右} = 4\,\text{kN}$

$\sum M_D = 0$

$V_A \times 1 - M_{D右} = 0$

$4 \times 1 - M_{D右} = 0$

$M_{D右} = 4\,\text{kN·m}$

図6(b)，(d)，(e)，(g)には支点を表示してあるが，これ以降，部材に生じる力を仮定するとき，支点は省略し，反力のみを表示することにする。

図7(a)に示す梁のA～C間のA点からの距離がx_1の任意の点X_1においてA-X_1部分に作用する力の釣合いを考える。次に，C～B間のA点からの距離がx_2の任意の点X_2部分に作用する力の釣合いを考える。

(b) せん断力図❷　$\sum Y = 0$ から

A～C間（図7(b)）

$V_A - Q_{X_1} = 0 \qquad Q_{X_1} = V_A = 4\,\text{kN}$

C～B間❸（図7(c)）

$V_A - P - Q_{X_2} = 0$

❶ 切断面には図6(c)，(f)のように，対になる力やモーメントが作用している。

切断面の右側にせん断力（＋）を仮定するときは下向きに，モーメント（＋）を仮定するときは左回りにおく。

切断面の左側（図6(d)，(g)）にせん断力（＋）を仮定するときは上向きに，モーメント（＋）を仮定するときは右回りにおく。

❷ shear force diagram

Q-図のQはドイツ語Querkrafteの頭文字が使われている。

❸ X_2の右側の釣合いより，

$V_B + Q_{X_2} = 0$

$Q_{X_2} = -V_B = -2\,\text{kN}$

でもよい（P，Q_{X_1}，Q_{X_2}は下向きの力なので負（−）にする）。

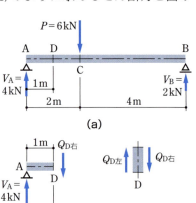

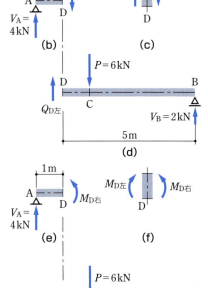

図6　せん断力と曲げモーメントの仮定

$$Q_{X_2} = V_A - P = 4 - 6 = -2\,\text{kN}$$

すなわち，せん断力は，A～C間ではすべての点で4kNであり，C～B間ではすべての点で−2kNである。図に表す要領は，軸方向力の場合と同様である（図7(d)）。

（c）曲げモーメント図❶

$\sum M = 0$ から

A～C間（図7(e)）

$$V_A \times x_1 - M_{X_1} = 0$$

$$M_{X_1} = V_A x_1 = 4x_1 \tag{1}$$

C～B間❷（図7(f)）

$$V_A \times x_2 - P \times (x_2 - 2) - M_{X_2} = 0$$

$$M_{X_2} = V_A x_2 - P(x_2 - 2)$$

$$= 4x_2 - 6(x_2 - 2)$$

$$= -2x_2 + 12 \tag{2}$$

式(1)，(2)とも一次関数で直線を表す式である。したがって，直線上の2点の値を求め，それを図上に表し，2点を結ぶと，曲げモーメント図が得られる。

式(1)で$x_1 = 0$，$x_1 = 2\,\text{m}$とおくと，M_A，M_Cが求められる。

$$M_A = 4 \times 0 = 0$$

$$M_C = 4 \times 2 = 8\,\text{kN·m}❸$$

式(2)で$x_2 = 2\,\text{m}$，$x_2 = 6\,\text{m}$とおくと，M_C，M_Bが求められる。

$$M_C = -2 \times 2 + 12 = 8\,\text{kN·m}❸ \qquad M_B = -2 \times 6 + 12 = 0$$

上記の軸方向力・せん断力図と同じように，曲げモーメントの大きさは適切な尺度の長さでとり，ふつう，曲げモーメントが正の場合は軸の下側（部材に引張力が生じる側）に表す（図7(g)）。

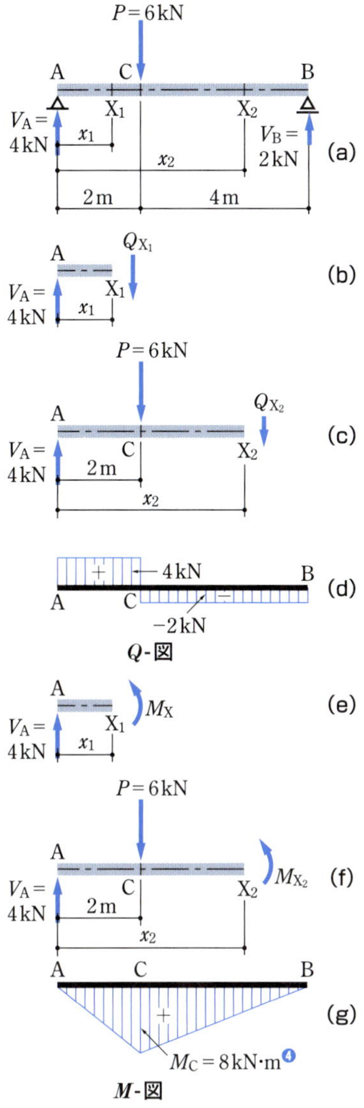

図7 せん断力と曲げモーメントの表示

❶ bending moment diagram

M-図のMはドイツ語のMomentの頭文字が使われている。

（時計回りを正（＋）で考える）

❷ X_2の右側の釣合いより，

$$-V_B \times (6 - x_2) + M_{X_2} = 0$$

$$M_{X_2} = V_B(6 - x_2)$$

$$= 2(6 - x_2)$$

$$= -2x_2 + 12$$

❸ A～C間で求めた
$M_C = 8\,\text{kN·m}$
と，C～B間で求めた
$M_C = 8\,\text{kN·m}$
は曲げモーメントであり，符号も値も一致する。

❹ せん断力の正負が変わる点（0になる点）で曲げモーメントが最大となる。

第1節 構造物に生じる力 **55**

2節 静定梁

梁にはいろいろな種類があるが，ここでは，力の釣合条件だけから反力や部材に生じる力を求められる静定梁の解法について学ぶ。

1 単純梁

❶ simple beam
❷ cantilever beam

静定梁には，**単純梁**❶と**片持梁**❷があり，支持方法は異なるが，部材に生じる力の求め方は同じである。図1は単純梁である。

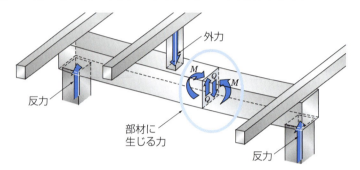

図1　静定梁（単純梁）の外力・反力と部材に生じる力

単純梁は，力の釣合条件だけを用いて，反力や部材に生じる力を求めることができる。ここでは，図2(a)のX点の部材に生じる力を求める。

部材に生じる力を図2(b)のように仮定し，力の釣合条件からこれらの一対の力（部材に生じる力）N_X，Q_X，M_Xを求める。なお，求められた値が負の場合は，仮定した部材に生じる力の向きが逆になる。

また，図2(b)のように仮定すれば，得られた正負がそのまま部材に生じる力の正負を表す。

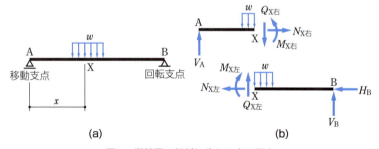

図2　単純梁の部材に生じる力の仮定

このように梁部材に生じる力を求めることを，ここでは**梁を解く**といい，具体的な解き方の順序は次のようになる。

56　第2章　静定構造物の部材に生じる力

> **単純梁の解き方**
>
> **1** 反力を求める。以後，この反力も外力と考えて計算する。
>
> **2** 部材に生じる力を求める位置に，N_X, Q_X, M_X を正（＋）の向きに仮定する。
>
> **3** 部材に生じる力を求める位置より左側の外力と，仮定した N_X, Q_X, M_X との釣合いを考える。または，部材に生じる力を求める位置より右側の外力と，仮定した N_X, Q_X, M_X との力の釣合いを考える。

1 集中荷重が作用する場合

図3(a)のような集中荷重❶が作用する単純梁を解く❷。

❶ 小屋梁には，小屋束からの集中荷重が働く。

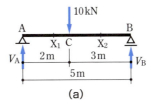

(a) **反力** 図3(a)の向きに反力 V_A, V_B を仮定すると，$\sum Y = 0$ から

$$V_A + (-10) + V_B = 0 \quad (1)$$

B点において，$\sum M_B = 0$ から

$$V_A \times 5 - 10 \times 3 = 0 \quad (2)$$

$$V_A = 6\,\text{kN}$$

式(1)に $V_A = 6\,\text{kN}$ を代入し，

$$V_B = 4\,\text{kN}$$

図3(a)のA～C間の任意の点X_1，C～B間の任意の点X_2の部材内に生じる力を求める式は，図3(b), (c)のように部材内に生じる力を正（＋）の向きに仮定して，力の釣合条件を適用すると得られる。

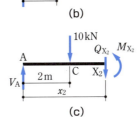

図3 集中荷重と部材に生じる力の仮定

❷ 材軸に垂直な外力のみの場合は，水平方向の反力は生じないし，軸方向力も生じない。したがって，水平方向の反力と軸方向力は求めない。$\sum X = 0$ より $H_A = 0$ となる。

(b) **せん断力** $\sum Y = 0$ を用いて

A～C間　$V_A - Q_{X_1} = 0$　　　$Q_{X_1} = V_A = 6\,\text{kN}$

C～B間　$V_A - 10 - Q_{X_2} = 0$　　$Q_{X_2} = V_A - 10 = 6 - 10 = -4\,\text{kN}$

すなわち，せん断力はA～C間ではすべての点で6kN，C～B間ではすべての点で−4kNである。

(c) **曲げモーメント** $\sum M_X = 0$ を用いて

A～C間　$V_A \times x_1 - M_{X_1} = 0$

$$M_{X_1} = V_A \times x_1 = 6x_1 \quad (3)$$

C～B間　$V_A \times x_2 - 10 \times (x_2 - 2) - M_{X_2} = 0$

$$M_{X_2} = 6x_2 - 10 \times (x_2 - 2) = -4x_2 + 20 \quad (4)$$

式(3)に$x_1=0$, $x_1=2\,\mathrm{m}$を，式(4)に$x_2=2\,\mathrm{m}$, $x_2=5\,\mathrm{m}$を代入すると，M_A, M_C, M_Bが求められる。

$$M_\mathrm{A}=M_\mathrm{B}=0 \qquad M_\mathrm{C}=12\,\mathrm{kN\cdot m}$$

以上から，$Q\cdot M$-図をかくと，図4のようになる。

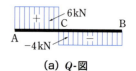

(a) Q-図

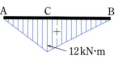

(b) M-図

図4　$Q\cdot M$-図

問 1　図5の梁を解け。

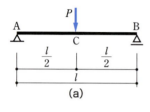
(a)

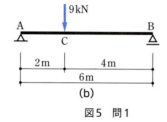
(b)

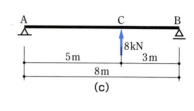
(c)

図5　問1

例題 1　図6(a)の梁を解け。

解答…　力の釣合条件を用いて，反力と部材に生じる力を求める。

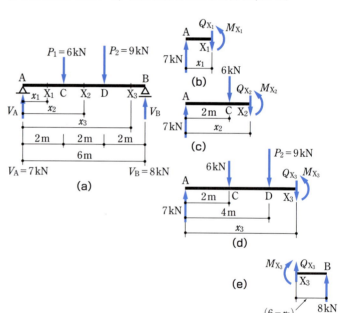

図6　例題1

① 反力

$\sum M_\mathrm{A}=0$ から　$-V_\mathrm{B}\times 6+6\times 2+9\times 4=0$　　$V_\mathrm{B}=8\,\mathrm{kN}$

$\sum M_\mathrm{B}=0$ から　$V_\mathrm{A}\times 6-6\times 4-9\times 2=0$　　$V_\mathrm{A}=7\,\mathrm{kN}$

図6(a)の任意の点X_1, X_2, X_3の部材に生じる力を求める式は，図6(b), (c), (d)において，力の釣合条件を用いて求められる。

[2] **せん断力**　$\sum Y = 0$ から

A～C間　$7 - Q_{X_1} = 0$ より　　　$Q_{X_1} = 7\,\text{kN}$

C～D間　$7 - 6 - Q_{X_2} = 0$ より　　$Q_{X_2} = 1\,\text{kN}$

D～B間　$7 - 6 - 9 - Q_{X_3} = 0$ より　$Q_{X_3} = -8\,\text{kN}$

すなわち，せん断力はA～C間のすべての点で7 kN，C～D間のすべての点で1 kN，D～B間のすべての点で－8 kNである。

[3] **曲げモーメント**　$\sum M_X = 0$ から

A～C間　$7 \times x_1 - M_{X_1} = 0$

　　$M_{X_1} = 7x_1$　　$M_A = 7 \times 0 = 0$

　　$M_C = 7 \times 2 = 14\,\text{kN·m}$

C～D間

　　$7 \times x_2 - 6 \times (x_2 - 2) - M_{X_2} = 0$

　　$M_{X_2} = x_2 + 12$

　　$M_C = 2 + 12 = 14\,\text{kN·m}$

　　$M_D = 4 + 12 = 16\,\text{kN·m}$

D～B間

　　$7 \times x_3 - 6 \times (x_3 - 2) - 9 \times (x_3 - 4) - M_{X_3} = 0$

　　M_{X_3}❶ $= -8x_3 + 48$　　$M_D = -8 \times 4 + 48 = 16\,\text{kN·m}$

　　$M_B = -8 \times 6 + 48 = 0$

各Q・M-図をかくと，図7のようになる。

(a) Q-図

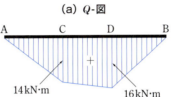
(b) M-図

図7　例題1（Q・M-図）

❶ M_{X_3}は，図6(e)で求めるほうが容易である。
$\sum M_X = 0$ から
$-8 \times (6 - x_3) + M_{X_3} = 0$
$M_{X_3} = -8x_3 + 48$

問 2　図8(a)～(c)の梁を解け。

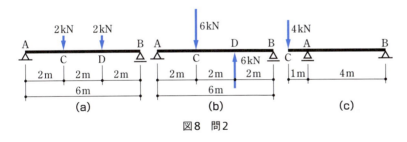

図8　問2

2　荷重とせん断力と曲げモーメントの関係

図9(a)の梁のせん断力図と曲げモーメント図が，図9(b)と図9(c)である。X_1点のせん断力と曲げモーメントを求める式から，次のことがわかる。

$Q_{X_1} = V_A = 5\,\text{kN}$

$M_{X_1} = V_A \times x_1 = 5 \times x_1$

前の2式から，M_{X_1}は次のように書き換えることができる。

$M_{X_1} = Q_{X_1} \times x_1$

第2節　静定梁　59

すなわち M_{X_1} は，A点からX_1点までのせん断力図の面積に等しい。

X_2点でも同様で左端から右端の方へ，順次せん断力図の面積の総和を求めれば，曲げモーメントが得られる❶。

$Q_{X_2} = V_A - 6$

$M_{X_2} = \begin{pmatrix} A \sim C \text{間のせん断} \\ \text{力図の面積}(+) \end{pmatrix}$
$\quad\quad + \begin{pmatrix} C \sim X_2 \text{間のせん断} \\ \text{力図の面積}(-) \end{pmatrix}$
$\quad\quad = Q_{X_1} \times 2 + Q_{X_2}(x_2 - 2)$

同様に，

$M_{X_3} = Q_{X_1} \times 2 + Q_{X_2} \times 2 + Q_{X_3}(x_3 - 4)$

この関係より，C，D，B点の曲げモーメントは次のように表せる。

$M_C = 5 \times 2 = 10 \text{ kN·m}$

$M_D = 5 \times 2 - 1 \times 2 = 8 \text{ kN·m}$

$M_B = 5 \times 2 - 1 \times 2 - 4 \times 2 = 0$

また，上の関係から，次のことが明らかになる。せん断力が正（＋）から負（－）へ，または負（－）から正（＋）へ変わる点を過ぎると曲げモーメントの絶対値が減少する。すなわち，せん断力の正負の変わる点❷で曲げモーメントの絶対値は極大になる。この関係は，ほかの場合でもつねになりたつ。

❶ その部材にモーメントが作用する場合は，なりたたない。モーメントが作用する点でそのモーメントを加える必要がある。
→p.65

❷ この点では曲げモーメントの増減の割合が変わる。

❸ 曲げモーメントの変化量（傾き）はせん断力の大きさに比例する。

図9 荷重とせん断力と曲げモーメントの関係

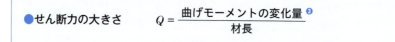

●せん断力の大きさ　　$Q = \dfrac{\text{曲げモーメントの変化量}❸}{\text{材長}}$

たとえば，図10(a)の左材端より順次，部材に対し垂直な力を記入することにより，図10(b)のようにせん断力図を求めることができる。

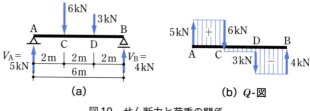

図10 せん断力と荷重の関係

3 等分布荷重が作用する場合

等分布荷重が働く場合の部材に生じる力の求め方も，集中荷重が働く場合と同様である。ただし，等分布荷重の合力の大きさと働く位置，および等分布荷重の任意の点に対する曲げモーメントの求め方に注意する必要がある。

図11(a)において，梁のX点のせん断力と曲げモーメントを求めてみよう。

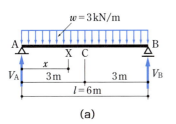 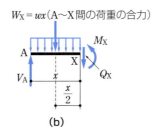

図11 等分布荷重と部材に生じる力の仮定

(a) 反力 力の釣合条件から，次のように計算する。

$\sum M_A = 0$ から $\quad -V_B \times l + wl \times \dfrac{l}{2} = 0$

$$V_B = \dfrac{wl}{2} = \dfrac{3 \times 6}{2} = 9\,\text{kN}$$

$\sum Y = 0$ から $\quad V_A = wl - V_B = \dfrac{wl}{2} = 9\,\text{kN}$

(b) X点のせん断力と曲げモーメント 図11(b)における力の釣合条件を用いて求められる。

$\sum Y = 0$ から $\quad V_A - wx - Q_X = 0$

$$Q_X = V_A - wx = 9 - wx = 9 - 3x \tag{5}$$

$\sum M_X = 0$ から $\quad V_A \times x - wx \times \dfrac{x}{2} - M_X = 0$

$$M_X = V_A x - \dfrac{wx^2}{2} = 9x - \dfrac{3x^2}{2} \tag{6}$$

式(5)は一次関数で直線を表し，式(6)は二次関数で放物線を表す式である。

(c) 曲げモーメントが最大になる点 曲げモーメントが最大になる点は，せん断力が正(＋)から負(－)，負(－)から正(＋)になる点，すなわち，せん断力が0になる点であるから，式(5)を0とすれば，A点からその点までの距離が求められる。

$Q_X = 9 - 3x = 0 \qquad x = 3\,\text{m}$

すなわち，梁中央で最大曲げモーメント（$M_{\max}$）となる。

❶ $Q_A = Q_B = \dfrac{wl}{2}$

$M_C = M_{max} = \dfrac{wl^2}{8}$

なお，集中荷重に置き換えた荷重点で，曲げモーメントの増減の割合が変わる。

(d) A，B，C点のせん断力と曲げモーメント ❶ 式(5),(6)に，それぞれ $x=0$, $x=6\,\mathrm{m}$, $x=3\,\mathrm{m}$ を代入して求める。

$Q_A = 9\,\mathrm{kN}$

$Q_B = 9 - 3 \times 6 = -9\,\mathrm{kN}$

$Q_C = 9 - 3 \times 3 = 0$

$M_A = 0 \qquad M_B = 9 \times 6 - 3 \times \dfrac{6^2}{2} = 0$

$M_C = 9 \times 3 - 3 \times \dfrac{3^2}{2} = 13.5\,\mathrm{kN \cdot m}$

Q-図と M-図は，図12のようになる。

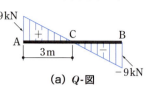

(a) Q-図

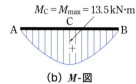

(b) M-図

図12　$Q \cdot M$-図

留意点 重ね合わせの原理

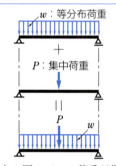

上の図の二つの荷重が作用した場合の曲げモーメント図は以下のようになる。

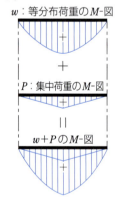

例題2 図13(a)の梁を解け。

解答…

① 反力 V_A, V_B を図に示した向きに仮定する。

$\sum M_A = 0$ から

$2 \times 4 \times 2 - 8V_B = 0$

$V_B = 2\,\mathrm{kN}$

$\sum Y = 0$ から

$V_A + V_B - 2 \times 4 = 0$

$V_A = 6\,\mathrm{kN}$

A〜C間のA点から x_1 の X_1 点，C〜B間のA点から x_2 の X_2 点に生じる力を図13(b),(c)のように仮定する。

② せん断力　$\sum Y = 0$ から

A〜C間　$6 - 2x_1 - Q_{X_1} = 0 \qquad Q_{X_1} = 6 - 2x_1$　　①

C〜B間　$6 - 2 \times 4 - Q_{X_2} = 0 \qquad Q_{X_2} = -2\,\mathrm{kN}$

③ 曲げモーメント　$\sum M_X = 0$ から

A〜C間　$6x_1 - 2x_1 \times \dfrac{x_1}{2} - M_{X_1} = 0$

$6x_1 - x_1^2 - M_{X_1} = 0 \qquad M_{X_1} = 6x_1 - x_1^2$　　②

C〜B間　$6x_2 - 2 \times 4 \times (x_2 - 2) - M_{X_2} = 0$

$-2x_2 + 16 - M_{X_2} = 0 \qquad M_{X_2} = 16 - 2x_2$

④ 曲げモーメントが最大になる点

式①より $Q_{X_1} = 0$ を満足する x_1 を求める。

$6 - 2x_1 = 0 \qquad x_1 = 3\,\mathrm{m}$

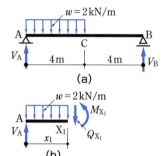

(a)

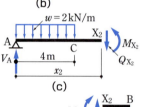

(b)

(c)

(d)

図13　例題2

第2章　静定構造物の部材に生じる力

5　A，$x_1 = 3\,\mathrm{m}$，C，B点のせん断力と曲げモーメント

$Q_A = 6 - 2 \times 0 = 6\,\mathrm{kN}$

$Q_{X_1=3}$❶ $= 6 - 2 \times 3 = 0$

$Q_C = 6 - 2 \times 4 = -2\,\mathrm{kN}$

$Q_B = -2\,\mathrm{kN}$

$M_A = 6 \times 0 - 0^2 = 0$

$M_{max} = 6 \times 3 - 3^2 = 9\,\mathrm{kN \cdot m}$

$M_C = 6 \times 4 - 4^2 = 8\,\mathrm{kN \cdot m}$

$M_B = 16 - 2 \times 8 = 0$

Q-図とM-図は，図14のようになる。

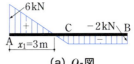

(a)　Q-図

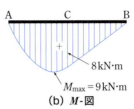

(b)　M-図

図14　例題2（$Q \cdot M$-図）

❶　$Q_{X_1=3}$は，x_1が3mの位置のせん断力である。

試してみよう

単純梁と片持梁の部材に生じる力を考えてみよう

■目的
　単純梁や片持梁の載荷実験を簡易的に行い，変形や破断位置などを観察する。さらに荷重位置や梁の長さなどを変えることにより，部材に生じる力がどのように変化するかを考察する。

■準備するもの（図(a)）
木材（梁用のひのき材：$3 \times 3 \times 450\,\mathrm{mm}$），水を満たしたペットボトル（荷重用：500ml），ひも（1m程度），セロハンテープ，定規またはスケール，机

1　木材に25mm間隔に印を付ける。

2　ペットボトルにひもを付けて吊り下げるための輪をつくる。片方の輪を梁用とし，もう一方は床落下を防ぐために手で持てるようにつくる。ペットボトルに巻き付けテープで固定する。

■試してみよう

3　単純梁は，机と机の間に木材をかけ渡し，荷重用のペットボトルを木材中央の位置に吊り下げる。机の間隔を変えることでスパンを調整し，荷重の位置を変えながら破断するまで行う（図(b)）。

4　片持梁は，固定端側の木材を指で押さえるなどして支え，自由端側に荷重用のペットボトルを吊り下げ，吊り位置を変えながら破断するまで行う（図(c)）。

5　梁の長さや支点を変えて3，4を行った場合，梁の変形のようす，荷重位置と破断の関係などをせん断力図や曲げモーメント図と比較し，考察する。

図(a)　準備

図(b)　単純梁

図(c)　片持梁

問 3 図15(a)〜(c)の梁を解け。

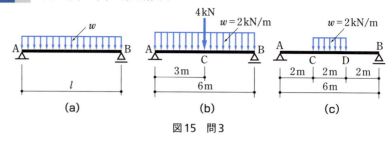

図15 問3

4 等変分布荷重が作用する場合

等変分布荷重が作用する場合の部材に生じる力の求め方は，等分布荷重が働く場合と同じである。ただし，等変分布荷重の合力の大きさとその働く位置は，等分布荷重と異なるので注意が必要である。

留意点 等変分布荷重

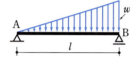

等変分布荷重の合力の大きさは三角形の面積として求める。

$$W = \frac{w \times l}{2}$$

作用位置は三角形の重心位置となる。

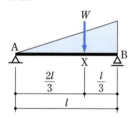

❶ A〜X間の荷重の合力は，$\frac{w}{l} = \frac{w_X}{x}$ なので，

$w_X = \frac{w}{l}x = \frac{2}{3}x$

$W_X = w_X \times x \times \frac{1}{2}$

$= \frac{x^2}{3}$

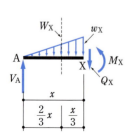

例題3 図16の梁を解け。

解答… ① 反力　$\sum M_B = 0$ から

$V_A l - \frac{wl}{2} \times \frac{l}{3} = 0$

$V_A \times 6 - \frac{4 \times 6}{2} \times \frac{6}{3} = 0$　　$V_A = 4\,\text{kN}$

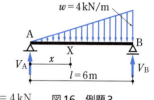

図16 例題3

$\sum Y = 0$ から　　$V_B = W - V_A = 12 - 4 = 8\,\text{kN}$

② X点のせん断力 Q_X と曲げモーメント

M_X は，A−X間の荷重の合力 $W_X = \frac{x^2}{3}$ ❶ より，

$\sum Y = 0$ から　　$V_A - W_X - Q_X = 0$

　　　　　　　　　$Q_X = V_A - W_X = 4 - \frac{x^2}{3}$　　　①

$\sum M_X = 0$ から　$V_A \times x - W_X \times \frac{x}{3} - M_X = 0$

　　　　　　　　　$M_X = V_A x - W_X \times \frac{x}{3} = 4x - \frac{x^3}{9}$　　②

③ 最大曲げモーメント

$Q_X = 0$ のときの x を求め，その値を式②に代入して求める。

$4 - \frac{x^2}{3} = 0$　　$x = \sqrt{12}\,\text{m} = 3.46\,\text{m}$

$M_{\max} = 4 \times 3.46 - \frac{3.46^3}{9} = 9.24\,\text{kN}\cdot\text{m}$

④ Q_A, Q_B, M_A, M_B

式①，②に，$x = 0$，$x = 6\,\text{m}$ を代入して求める。

$Q_A = 4\,\text{kN}$

$Q_B = 4 - \frac{6^2}{3} = -8\,\text{kN}$

$M_A = 0$

$M_B = 4 \times 6 - \frac{6^3}{9} = 24 - 24 = 0$

Q-図とM-図を図17に示す。

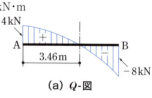

(a) Q-図

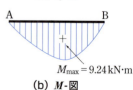

(b) M-図

図17 例題3（$Q\cdot M$-図）

問 4 図18の梁を解け。

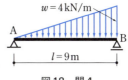

図18 問4

5 モーメントが作用する場合

図19のような，C点にモーメントが作用する単純梁を解く。もし，図19の支点A，Bがなければ，このモーメントはAB材を回転させる働きをもつ。

例題4 図19の梁を解け。

解答… ① 反力　反力を図19のように仮定する。

$\sum M_A = 0$ から　$-V_B \times 6 + 12 = 0$

$V_B = 2\,\text{kN}$

$\sum Y = 0$ から　$-V_A + V_B = 0$

$V_A = V_B = 2\,\text{kN}$

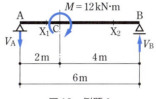

図19 例題4

② X_1，X_2点のせん断力と曲げモーメント

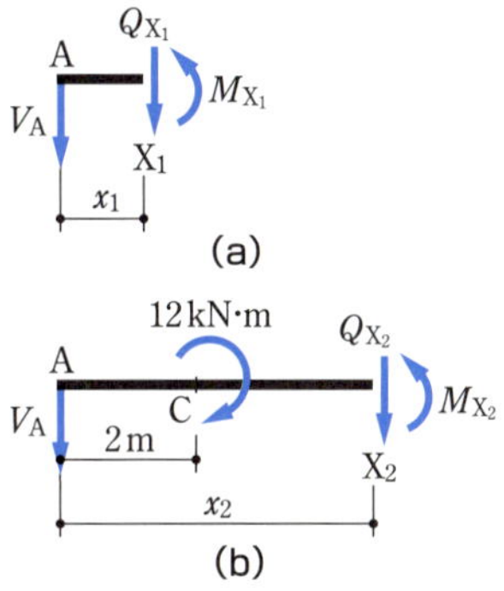

$\sum Y = 0$ から

A～C間　$-V_A - Q_{X_1} = 0$

$Q_{X_1} = -V_A = -2\,\text{kN}$

C～B間　$-V_A - Q_{X_2} = 0$

$Q_{X_2} = -V_A = -2\,\text{kN}$

せん断力は負で，向きは仮定と逆になる。

$\sum M_{X_1} = 0$ から

A～C間　$-V_A x_1 - M_{X_1} = 0$

$M_{X_1} = -V_A x_1 = -2x_1$

$M_A = -2 \times 0 = 0$

$M_C = -2 \times 2 = -4\,\text{kN·m}$

$\sum M_{X_2} = 0$ から

C～B間　$-V_A x_2 + 12 - M_{X_2} = 0$

$M_{X_2} = -V_A x_2 + 12 = -2x_2 + 12$

$M_C = -2 \times 2 + 12 = 8\,\text{kN·m}$

$M_B = -2 \times 6 + 12 = 0$

Q-図とM-図は，図21のようになる。

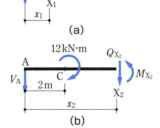

図20 例題4（モーメントと部材に生じる力の仮定）

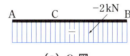

(a) Q-図

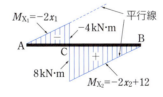

(b) M-図

図21 例題4（Q·M-図）

問 5 図22の梁を解け。

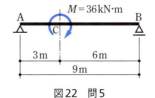

図22 問5

2 片持梁

片持梁は，単純梁に比べて支持方法の違いはあるが，部材に生じる力の求め方は同じである。たとえば，図23(a)のX点の部材に生じる力 N_X, Q_X, M_X を求めるには，部材に生じる力を図23(b)のように仮定し，力の釣合条件を用いて求める。

図23(b)で部材に生じる力を求める場合，自由端を含むA-X部分で考えるならば，反力は関係ない。しかし，X-B部分の力の釣合条件から求める場合には，あらかじめ反力を求めなければならない。

すなわち，片持梁の部材に生じる力を自由端から求める場合，反力を求める必要はない。

例題5 図23(a)の梁を解け。

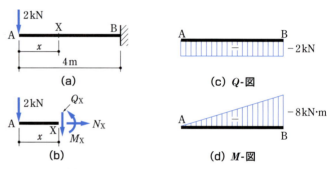

図23 例題5（片持梁の部材に生じる力の仮定と $Q \cdot M$-図）

解答… X点の部材に生じる力を図23(b)のように仮定し，力の釣合条件を用いて各力を求める。

$\sum X = 0$ から $\quad N_X = 0$

$\sum Y = 0$ から $\quad -2 - Q_X = 0 \quad Q_X = -2\,\mathrm{kN}$

$\sum M_X = 0$ から $\quad -2x - M_X = 0 \quad M_X = -2x$

この式に $x = 0$, $x = 4\,\mathrm{m}$ を代入して M_A, M_B を求める。

$M_A = 0 \qquad M_B = -2 \times 4 = -8\,\mathrm{kN}\cdot\mathrm{m}$

せん断力は負（－）であるので下に，曲げモーメントは負（－）で梁の上側が引張側となり，Q-図，M-図は，図23(c), (d)のようになる。

例題6 図24(a)の梁を解け。

解答… X_1, X_2点の各部材に生じる力を図24(b), (c)のように仮定し，力の釣合条件より求める。

$\sum Y = 0$ から $\quad 5 - Q_{X_1} = 0 \qquad Q_{X_1} = 5\,\mathrm{kN}$

$\qquad\qquad\qquad 5 - 16 - Q_{X_2} = 0 \qquad Q_{X_2} = -11\,\mathrm{kN}$

$\sum M_{X_1} = 0$ から　$5x_1 - M_{X_1} = 0$　　$M_{X_1} = 5x_1$

$\sum M_{X_2} = 0$ から　$5x_2 - 16(x_2 - 3) - M_{X_2} = 0$

$\qquad M_{X_2} = -11x_2 + 48$

$x_1 = 0$，3 m を代入して　　$M_A = 0$　　$M_C = 5 \times 3 = 15$ kN·m

$x_2 = 3$ m，6 m を代入して　$M_C = -11 \times 3 + 48 = 15$ kN·m

$\qquad M_B = -11 \times 6 + 48 = -18$ kN·m

Q-図，M-図は，図24(d)，(e)のようになる。

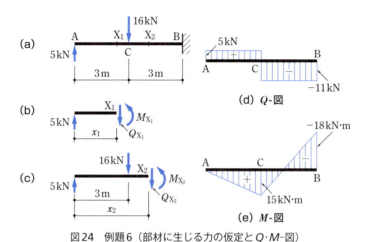

図24　例題6（部材に生じる力の仮定と $Q \cdot M$-図）

問 6　図25(a)，(b)の梁を解け。

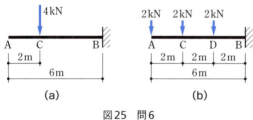

図25　問6

例題7　図26の梁を解け。

解答…　X_1, X_2 点の各部材に生じる力[1]は，次の式で求めることができる。

$\sum Y = 0$ から

$\qquad Q_{X_1} = -wx_1 = -4x_1$

$\qquad Q_{X_2} = -w \times 3 = -4 \times 3 = -12$ kN

$\sum M_{X_1} = 0$ から

$\qquad M_{X_1} = -\dfrac{w}{2}x_1^2 = -\dfrac{4}{2}x_1^2 = -2x_1^2$

$\sum M_{X_2} = 0$ から

$\qquad M_{X_2} = -(4 \times 3)(x_2 - 1.5) = -12(x_2 - 1.5)$

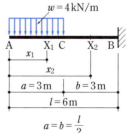

図26　例題7

❶　X_1 点に生じる力

$w = 4$ kN/m

X_2 点に生じる力

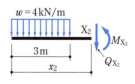

すなわち，せん断力は，A～C間では直線的に増加し，C～B間では一定の大きさである（図27(a)）。曲げモーメントは，A～C間では曲線（放物線），C～B間では直線で，

$M_A = 0$

$M_C = -18\,\mathrm{kN\cdot m}$

$M_B = -54\,\mathrm{kN\cdot m}$　である（図27(b)）。

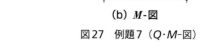

図27　例題7（Q・M-図）

問 7　図28(a)～(c)の梁を解け。

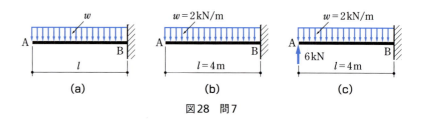

図28　問7

例題8　図29(a)の梁を解け。

解答…　X_1，X_2点の各部材に生じる力[1]は，次の式で求めることができる。この場合，軸方向力とせん断力は生じないので，曲げモーメントについてのみ，モーメントの釣合条件より求める。

❶ X_1点に生じる力

X_2点に生じる力

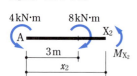

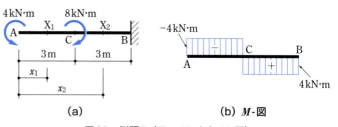

図29　例題8（モーメントとM-図）

$\sum M_{X_1} = 0$から

A～C間　$-4 - M_{X_1} = 0$　　　$M_{X_1} = -4\,\mathrm{kN\cdot m}$

$\sum M_{X_2} = 0$から

C～B間　$-4 + 8 - M_{X_2} = 0$　　　$M_{X_2} = 4\,\mathrm{kN\cdot m}$

M-図は，図29(b)のようになる。

問 8 図30(a),(b)の梁を解け。

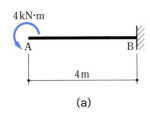
(a)

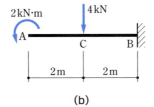
(b)

図30 問8

例題9 図31(a)の梁を解け。

解答… A点よりx[m]のX点の部材に生じる力Q_X, M_Xを仮定し，A点よりx[m]の荷重の大きさw_Xを求めると，$2x$[kN/m] ❶ となる。

図31(b)のように仮定し，力の釣合条件から求める。

$\sum Y = 0$ から

$$-x \times 2x \times \frac{1}{2} - Q_X = 0$$

$$Q_X = -x^2 \qquad ①$$

したがって，Q_Xは上向きになる。

$\sum M_X = 0$ から

$$-x^2 \times \frac{x}{3} - M_X = 0$$

$$M_X = -\frac{x^3}{3} \qquad ②$$

(a)

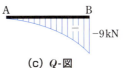
(b)

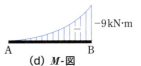
(c) Q-図

(d) M-図

図31 例題9（部材に生じる力の仮定と$Q \cdot M$-図）

❶ $w_X : x = 6 : 3$
$3w_X = 6x$
$w_X = 2x$

式①，②に$x = 0$，3mを代入して

$Q_A = 0$, $Q_B = -9$kN, $M_A = 0$, $M_B = -9$kN·m

$Q \cdot M$-図は，図31(c),(d)のようになる。

問 9 図32の梁を解け。

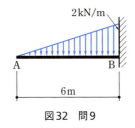

図32 問9

第2節 静定梁 **69**

例題 10 図33は，ABの単純梁のC，D点に集中荷重P_C，P_Dが加わっている梁の曲げモーメント図である。この梁の荷重P_C，P_D，反力V_A，V_Bを求めよ。

解答… 梁の荷重と反力を図34(a)のP_C，P_D，V_A，V_Bのように仮定し，曲げモーメントM_{X_1}をX_1点に，M_{X_2}をX_2点に，M_{X_3}をX_3点に仮定する。

図34(b)のX_1の点の曲げモーメントの釣合いから

$V_A \times x_1 - M_{X_1} = 0 \qquad M_{X_1} = V_A \times x_1 \qquad M_C = 10\,\text{kN·m}$

$x_1 = 2\,\text{m}$を代入する。

$10 = 2 \times V_A \qquad V_A = 5\,\text{kN}$（上向き）

図34(c)のX_2点の曲げモーメントの釣合いから

$5 \times x_2 - P_C(x_2 - 2) - M_{X_2} = 0$

$M_{X_2} = 5x_2 - P_C(x_2 - 2) \qquad M_D = 8\,\text{kN·m}$

$x_2 = 4\,\text{m}$を代入する。

$8 = 5 \times 4 - P_C(4 - 2)$

$8 = 20 - 2P_C$

$2P_C = 20 - 8$

$P_C = 6\,\text{kN}$（下向き）

図34(d)のX_3点の曲げモーメントの釣合いから

$M_{X_3} - V_B(6 - x_3) = 0$

$M_{X_3} = V_B(6 - x_3)$

$M_D = 8\,\text{kN·m}$

$x_3 = 4\,\text{m}$を代入する。

$8 = V_B(6 - 4)$

$2V_B = 8$

$V_B = 4\,\text{kN}$（上向き）

$\sum Y = 0$から

$V_A + V_B - P_C - P_D = 0$

$5 + 4 - 6 - P_D = 0$

$P_D = 3\,\text{kN}$（下向き）

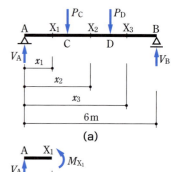

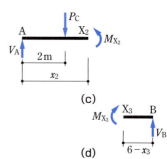

図34 例題10（反力と荷重と曲げモーメントの仮定）

問 10 例題10の曲げモーメント図から，A〜C，C〜D，D〜B間のせん断力を求めよ。

■ **節末問題** ■

1. 図35に示す梁を解け。

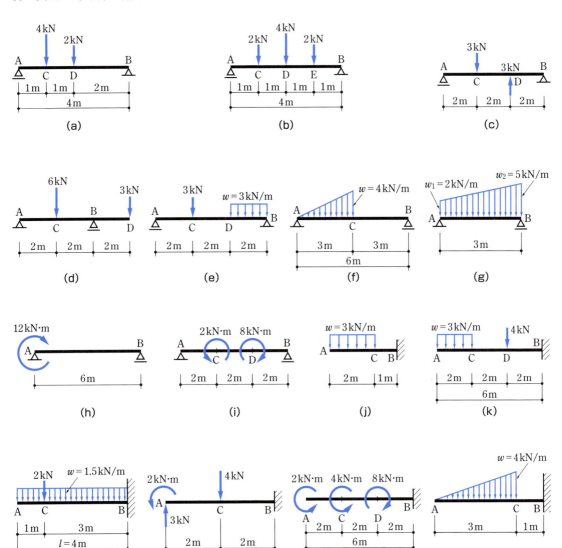

図35　問題1

Chapter 2 3節 静定ラーメン

ここでは，力の釣合条件だけから反力や部材に生じる力を求められる**静定ラーメン**[1]の解法について学ぶ。

[1] statically determinate frame
[2] 以後，部材の交点の剛節の記号は省略する。

図1に示すような静定ラーメン[2]の部材に生じる力を求めることを，ここでは**静定ラーメンを解く**という。構造物の形が変わっても，部材に生じる力の求め方は，単純梁・片持梁の場合と同じである。

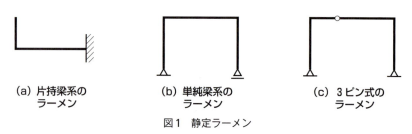

(a) 片持梁系のラーメン　　(b) 単純梁系のラーメン　　(c) 3ピン式のラーメン

図1　静定ラーメン

1 片持梁系ラーメン

片持梁系ラーメンは，固定端で支持されているラーメンで，解法は，自由端から解くほうが容易である。

例題1　図2(a)のラーメンを解け。

解答…　図2(a)のY点，X点の部材に生じる力の向きを，図2(b)，(c)のように仮定する。部材に生じる力を仮定する場合，軸方向力とせん断力は，梁の場合と同じである[3]が，曲げモーメントM_Yは，鉛直材A〜Cの左右どちら側に視点をおくかによって，正負が逆転する。ただし，図の表し方の項ですでに学んだように，曲げモーメントの大きさは部材の引張側にかく約束がある。

したがって，計算の結果得られる曲げモーメントの回転方向から部材の引張側を判定し，曲げモーメント図をかけばよい。

[3] $N \cdot Q \cdot M$-図の符号は，この章では以下のとおりとする。

$N \cdot Q$-図の符号は，ラーメンの左側から解く場合は，ラーメンの左側から解いていく方向をみて，左側を正（＋），右側を負（－）とする。

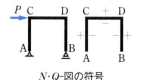

$N \cdot Q$-図の符号

M-図は材軸の引張側にかき，符号は記入しない。

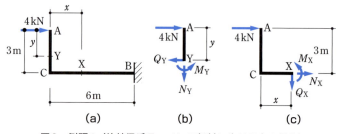

(a)　　(b)　　(c)

図2　例題1（片持梁系ラーメンの部材に生じる力の仮定）

なお，曲げモーメントは，引張側にかき，図に記入する値には，正負の符号を入れない❶。

図2(a)の任意のY点，X点に生じる力を求める式は，図2(b)，(c)のY点，X点において力の釣合条件を用いて求められる。

❶ －の符号を入れた数値をかき入れると図と逆方向のモーメントが作用していると誤解するおそれがあるため。

1 軸方向力

$\sum Y = 0$ から　A～C間（図2(b)）　$-N_Y = 0$　　$N_Y = 0$

$\sum X = 0$ から　C～B間（図2(c)）　$4 + N_X = 0$　　$N_X = -4\,\text{kN}$

軸方向力は，A～C間ではすべての点で0，C～B間ではすべての点で$-4\,\text{kN}$である。

2 せん断力

$\sum X = 0$ から　A～C間（図2(b)）　$4 - Q_Y = 0$　　$Q_Y = 4\,\text{kN}$

$\sum Y = 0$ から　C～B間（図2(c)）　$-Q_X = 0$　　$Q_X = 0$

せん断力は，A～C間ではすべての点で$4\,\text{kN}$，C～B間ではすべての点で0である。

3 曲げモーメント

$\sum M_Y = 0$ から　A～C間（図2(b)）　$4y - M_Y = 0$　　$M_Y = 4y$

$\sum M_X = 0$ から　C～B間（図2(c)）　$4 \times 3 - M_X = 0$　　$M_X = 12\,\text{kN}\cdot\text{m}$

曲げモーメントは$M_A = 0$，$M_C = 12\,\text{kN}\cdot\text{m}$，$M_{C\sim B} = 12\,\text{kN}\cdot\text{m}$で，曲げモーメントの回転方向から引張側を判定すると，A～C間は左側，C～B間は下側となる。以上から$N \cdot Q \cdot M$-図は，図3のようになる。

参考

水平方向の力$4\,\text{kN}$は，鉛直材であるAC部材では，材に直交する力（せん断力）として伝わり，水平材であるCB材では，材軸方向の力（軸方向力）として伝わる。

また，鉛直材であるAC部材では，水平方向力と任意の点の距離は加力点からの距離に比例するため，モーメントは直線状に増加するが，水平部材であるBC材では距離が一定であるため，モーメントも一定値となる。

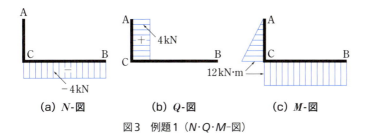

図3　例題1（$N \cdot Q \cdot M$-図）

問 1　図4(a)～(c)のラーメンを解け。

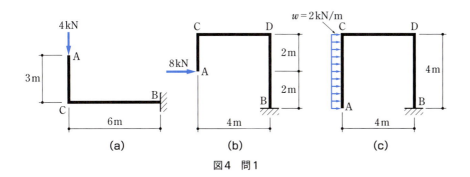

図4　問1

2 単純梁系ラーメン

単純梁系ラーメンは，回転支点と移動支点で支持されているラーメンで，部材ごとに力の釣合条件により解く．

例題2 図5(a)のラーメンを解け．

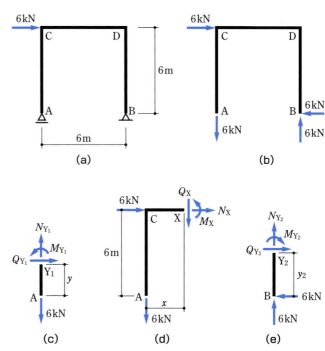

図5 例題2（単純梁系ラーメンの部材に生じる力の仮定）

解答… まず反力を求めると，図5(b)のようになる．

反力をもとに，図5(c)〜(e)のように部材に生じる力を仮定する．

① 軸方向力

$\sum Y = 0$ から　A〜C間　$-6 + N_{Y_1} = 0$　$N_{Y_1} = 6\,\text{kN}$

$\sum X = 0$ から　C〜D間　$6 + N_X = 0$　$N_X = -6\,\text{kN}$

$\sum Y = 0$ から　B〜D間　$6 + N_{Y_2} = 0$　$N_{Y_2} = -6\,\text{kN}$

すなわち，軸方向力は，A〜C間ではすべての点で6 kN，C〜D間ではすべての点で-6 kN，B〜D間ではすべての点で-6 kNである．

② せん断力

$\sum X = 0$ から　A〜C間　　　　　　　$Q_{Y_1} = 0$

$\sum Y = 0$ から　C〜D間　$-6 - Q_X = 0$　$Q_X = -6\,\text{kN}$

$\sum X = 0$ から　B〜D間　$-6 + Q_{Y_2} = 0$　$Q_{Y_2} = 6\,\text{kN}$

せん断力は，A～C間ではすべての点で0，C～D間ではすべての点で−6kN，B～D間ではすべての点で6kNである。

③ 曲げモーメント

$\sum M_{Y_1} = 0$ から　A～C間　$-M_{Y_1} = 0$　　　$M_{Y_1} = 0$

$\sum M_X = 0$ から　C～D間　$-6 \times x - M_X = 0$　　$M_X = -6x$

$\sum M_{Y_2} = 0$ から　B～D間　$6 \times y_2 + M_{Y_2} = 0$　　$M_{Y_2} = -6y_2$

すなわち，A～C間は$M = 0$，$M_D = 36$ kN·m，$M_B = 0$である。
したがって，$N \cdot Q \cdot M$-図をかくと，図6のようになる。

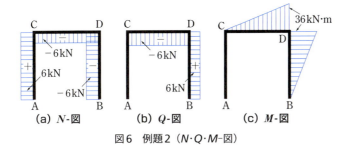

図6　例題2（$N \cdot Q \cdot M$-図）

問 2　図7(a)～(d)のラーメンを解け。

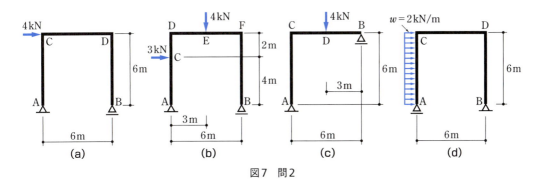

図7　問2

3　3ピン式のラーメン

3ピン式のラーメンは，$\sum X = 0$，$\sum Y = 0$，$\sum M = 0$の力の釣合条件だけから反力を求めることはできない。しかし，ピン節点は回転が自由なので，その点の曲げモーメントは0となる❶。この条件を加えて，3ピン式のラーメンの反力を求めることができる。

❶　4元一次連立方程式となる。

第3節　静定ラーメン　**75**

❶ 図8の反力はすべて正（＋）のプラス方向で仮定し，計算結果が負（－）のマイナスとなった場合は，仮定と反対方向となる。

❷ または，
$M_E = -V_B \times 3 - H_B \times 4 = 0$

例題3 図8のラーメンを解け。

解答…

1 **反力** 図8の3ピン式のラーメンの反力❶は，力の釣合条件から導かれる式と，E点の曲げモーメントが0になるという条件から得られる式との，連立方程式を解くことにより求められる。

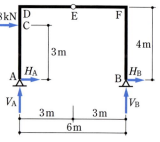

図8　例題3（3ピン式のラーメン）

$\sum X = 0$ から　　$8 + H_A + H_B = 0$　　　　①

$\sum Y = 0$ から　　$V_A + V_B = 0$　　　　②

$\sum M_B = 0$ から　　$V_A \times 6 + 8 \times 3 = 0$　　　　③

$M_E = 0$ から　　$M_E = V_A \times 3 - H_A \times 4 - 8 \times 1 = 0$❷　　④

式③から　　　　　　　　　$V_A = -4\,\text{kN}$

$V_A = -4\,\text{kN}$ を式②に代入して　　$V_B = 4\,\text{kN}$

式④に $V_A = -4\,\text{kN}$ を代入して　　$H_A = -5\,\text{kN}$

式①に $H_A = -5\,\text{kN}$ を代入して　　$H_B = -3\,\text{kN}$

図9のように部材に生じる力を仮定して，力の釣合条件から部材に生じる力を求める。

2 **軸方向力**

$\sum Y = 0$ から　A～C間　　$-4 + N_{Y_1} = 0$　　　$N_{Y_1} = 4\,\text{kN}$

$\sum Y = 0$ から　C～D間　　$-4 + N_{Y_2} = 0$　　　$N_{Y_2} = 4\,\text{kN}$

$\sum X = 0$ から　D～F間　　$-5 + 8 + N_X = 0$　　$N_X = -3\,\text{kN}$

$\sum Y = 0$ から　B～F間　　$4 + N_{Y_3} = 0$　　　$N_{Y_3} = -4\,\text{kN}$

軸方向力は A～D間ではすべての点で 4 kN，D～F間すべての点で $-3\,\text{kN}$，B～F間ではすべての点で $-4\,\text{kN}$ である。

3 **せん断力**

$\sum X = 0$ から　A～C間　　$-5 + Q_{Y_1} = 0$　　　$Q_{Y_1} = 5\,\text{kN}$

$\sum X = 0$ から　C～D間　　$-5 + 8 + Q_{Y_2} = 0$　　$Q_{Y_2} = -3\,\text{kN}$

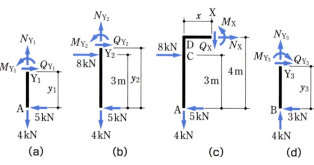

図9　例題3（部材に生じる力の仮定）

$\sum Y = 0$ から　D〜F間　$-4 - Q_X = 0$　　$Q_X = -4$ kN

$\sum X = 0$ から　B〜F間　$-3 + Q_{Y_3} = 0$　　$Q_{Y_3} = 3$ kN

せん断力は，A〜C間ではすべての点で5kN，C〜D間ではすべての点で-3kN，D〜F間ではすべての点で-4kN，B〜F間はすべての点で3kNである。

④ 曲げモーメント

$\sum M_{Y_1} = 0$ から

　A〜C間　$5 \times y_1 - M_{Y_1} = 0$　　$M_{Y_1} = 5y_1$

$\sum M_{Y_2} = 0$ から

　C〜D間　$5 \times y_2 - 8 \times (y_2 - 3) - M_{Y_2} = 0$　　$M_{Y_2} = -3y_2 + 24$

$\sum M_X = 0$ から

　D〜F間　$5 \times 4 - 8 \times (4 - 3) - 4 \times x - M_X = 0$

　$M_X = -4x + 12$

$\sum M_{Y_3} = 0$ から

　B〜F間　$3 \times y_3 + M_{Y_3} = 0$　　$M_{Y_3} = -3y_3$

以上の式に，$y_1 = 0, 3$m，$y_2 = 3$m，4m，$x = 0, 3$m，6m，$y_3 = 4$m，0を代入すると，曲げモーメントは$M_A = 0$，$M_C = 15$ kN·m，$M_D = 12$ kN·m，$M_E = 0$，$M_F = -12$ kN·m，$M_B = 0$となる。

したがって，引張側は，A〜D間では右側，D〜E間では下側，E〜F間では上側，B〜F間では右側である。

以上のことから$N \cdot Q \cdot M$-図は図10のようになる。

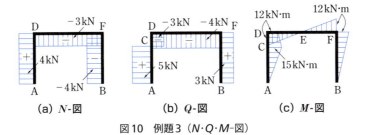

図10　例題3（$N \cdot Q \cdot M$-図）

留意点　3ピン式ラーメンの図式解法

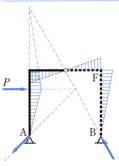

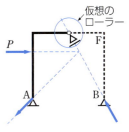

途中に外力のない両端ピン部材は，仮想のローラーと考えることができる。

問 3　図11に示す3ピン式のラーメンを解け。

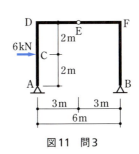

図11　問3

反力の求め方（図式解法）

① B点とE点を直線で結ぶ（ア線）。これが R_B の作用線である。8 kN の作用線を延長し（イ線），ア線との交点をOとする（図12(a)）。

② OとA点を直線で結ぶ（ウ線）。これが R_A の作用線である（図12(b)）。

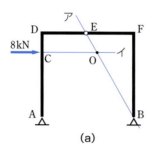
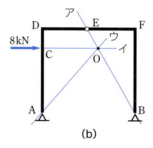

図12

③ ア線・イ線方向の，8 kN に釣り合うべき力を図式で求める（図13(a)）。反力の垂直分力・水平分力を求めるには，R_A，R_B を垂直・水平方向に分解すれば求められる（図13(b)）。

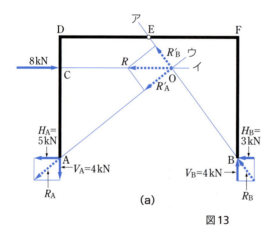
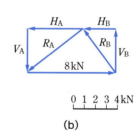

図13

■ 節末問題 ■

1. 図14に示すラーメンを解け。

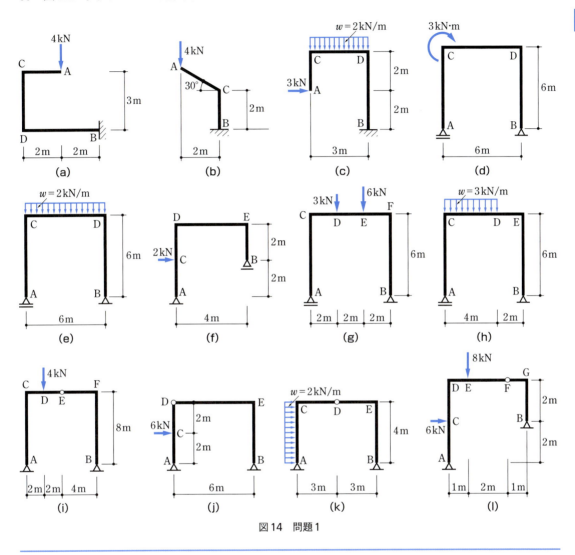

図14 問題1

4節 静定トラス

ここでは，力の釣合条件だけから反力や部材に生じる力を求められる静定トラスの解法について学ぶ。

1 トラスの解法

一般的に用いられるトラス形式を図1に示す。

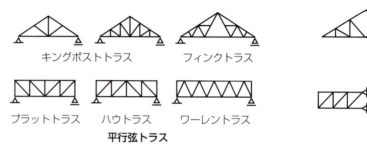

(a) 単純梁系トラス　　　　　　　　(b) 片持梁系トラス

図1　静定トラス

トラス部材の軸方向力を求めることを，ここでは**トラスを解く**という。トラスを解くときは，ふつう，次のように考える。

① 節点が溶接やボルト接合されていても，すべてピン接合とみなす❶。
② 部材は直線状である。
③ 骨組の基本構成はすべて三角形である。
④ 部材の太さは，部材に生じる力を求めることには，影響がない。
⑤ 外力（荷重および反力）は，節点に働く❷。

以上の仮定により，複雑な影響が除かれ，トラス部材には軸方向力だけが生じることになる。

解き方には，1点に集まる力の釣合条件によって，節点ごとに次々と解く**節点法**❸と，軸方向力を求めようとする部材を横切る線でトラスを2分割し，その部材の切断面に軸方向力を仮定し，2分割したトラスの片側の力の釣合条件を用いて軸方向力を求める**切断法**❹とがある。

節点法については図式解法と算式解法を，切断法については算式解法のみを学ぶ。

❶ 以後，部材の交点のピンの記号は省略する。

❷ 部材の中間に働く力は，両側の節点に振り分ける。

❸ method of joint

❹ method of section

2 トラス部材に生じる力

トラス部材には，先に示した仮定によって軸方向力のみが生じる。したがって，せん断力と曲げモーメントは生じない。

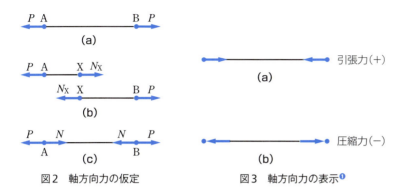

図2 軸方向力の仮定　　図3 軸方向力の表示[1]

そこで図2(a)のように，部材の両端に材軸方向の力のみが働くときの軸方向力を考えてみる。図2(b)のように，AB材の任意のX点の軸方向力をN_Xとして，A–X部分の力の釣合いを考える。

$\sum X = 0$から　$N_X - P = 0$　　$N_X = P$

また，X–B部分の釣合いを考える。

$\sum X = 0$から　$-N_X + P = 0$　　$N_X = P$

図2(b)からN_Xは引張力である。X点は任意の点であるので，X点をA–X部分のA点にとっても，X–B部分のB点にとっても，力の釣合関係は変わらない。

したがって，AB材の軸方向力は，図2(c)のように材端の節点に働く力Nで表すことができ，その大きさおよび向きは，節点における力の釣合条件で求められる。

図示するさいには図3のように，引張力（＋）の場合は節点から材の中央に向きあう一対の力で表され，圧縮力（－）の場合には材の中央から節点の方向に向く一対の力で表される。

[1] 力の向きが逆に感じられるかもしれないが，
引張力（＋）
：左右の節点を引張っている
圧縮力（－）
：左右の節点を押している
と考えるとよい。

3 節点法

トラスの各節点での力（外力・軸方向力）は釣り合うという条件から，部材の軸方向力が求められる。これは1点に作用する力の釣合いである。したがって，その節点の未知の軸方向力数が2以下でないと解くことができない。

1　図式解法

図式解法は，1点に作用する力が釣り合っているとき示力図が閉じるという釣合条件[1]を用いて，次の順序で行う。

[1] p.25の1点に働く力の釣合いによる。

> **節点法による図式解法**
>
> **1　反力**　単純梁系トラスは，まず反力を求める。片持梁系トラスは，反力を求めなくてもよい。
>
> **2　記号**　部材にあらかじめ記号（番号）をつける。
>
> **3　示力図**　未知の軸方向力が二つ以下の節点から示力図をかく。既知の力からその順序に従ってかきはじめ，これをすべての節点で繰り返し，全部の部材の軸方向力を求める。
>
> **4　軸方向力図**　示力図をもとに軸方向力図をかく。

例題 1　図4のトラスを図式解法で解け。

解答…　① **反力**　片持梁系のトラスは求めなくてよい。

② **記号**　図4のように，部材に記号（番号）をつける。

③ **示力図**　Cの節点から解きはじめる。

C点　①材と②材の軸方向力は，図5(a)の示力図をかくことによって求められる。荷重 P_1 →①材→②材と読み，すでにわかっている力から，その順序に従ってかく。

D点　C点（図5(a)）と同様に続けてかくと，図5(b)のようになる。

④ **軸方向力図**　示力図をもとに軸方向力図をかくと，図5(c)となる。

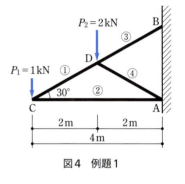

図4　例題1

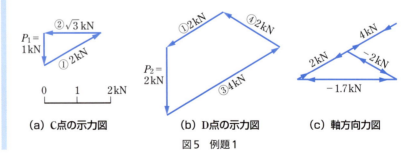

(a) C点の示力図　　(b) D点の示力図　　(c) 軸方向力図

図5　例題1

問 1 図6のトラスを図式解法で解け。

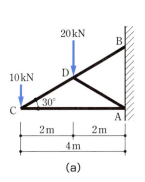
(a)

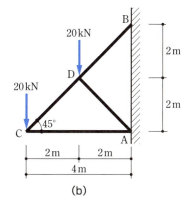
(b)

図6 問1

2 算式解法

算式解法は，1点に作用する力が釣り合っているとき $\sum X = 0$, $\sum Y = 0$ になるという釣合条件を用いて，次の順序で行う。

節点法による算式解法

1 反力　図式解法と同様に，単純梁系トラスは，まず反力を求める。片持梁系トラスは，反力を求めなくてもよい。

2 記号　節点および支点に記号をつける。

3 力の釣合条件　未知の軸方向力が二つ以下の節点から，軸方向力を正（＋）の向きに仮定して，力の釣合条件を用いて軸方向力を求める。これをすべての節点について繰り返して，すべての軸方向力を求める。

4 軸方向力図　計算結果をもとに軸方向力図をかく。

例題2　図7のトラスを解け。

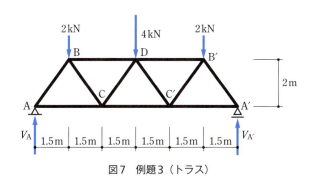

図7　例題3（トラス）

解答… 解く順序は，図式解法の場合と同様に，まず，反力を求め，節点A，B，Cの順に解く。

1 **反力** $V_A = V_{A'} = 4\,\text{kN}$

2 **軸方向力**

A点 N_1, N_2 を求める。N_1, N_2 は図8(a)のように正の向きに仮定する❶。

$\sum Y = 0$ から $\quad 4 + N_1 \times \sin\theta = 0$

$\qquad\qquad\qquad 4 + N_1 \times \dfrac{4}{5}❷ = 0 \qquad N_1 = -5\,\text{kN}(圧縮力)$

$\sum X = 0$ から $\quad N_2 + N_1 \cos\theta = 0 \qquad N_2 + N_1 \times \dfrac{3}{5}❷ = 0$

$\qquad\qquad\qquad N_2 - 5 \times \dfrac{3}{5} = 0 \qquad N_2 = 3\,\text{kN}(引張力)$

結果は，図8(b)のようになる。

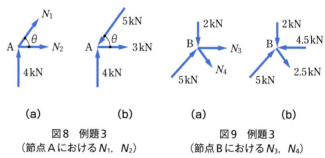

図8 例題3	図9 例題3
（節点AにおけるN_1, N_2）	（節点BにおけるN_3, N_4）

B点 A点で求めたN_1と逆向きで大きさが等しいN_1をB点に記入し，N_3, N_4を図9(a)のように仮定して解く。

$\sum Y = 0$ から $\quad 5 \times \dfrac{4}{5} - 2 - N_4 \times \dfrac{4}{5} = 0$

$\qquad\qquad\qquad 2 - \dfrac{4}{5}N_4 = 0 \qquad N_4 = 2.5\,\text{kN}(引張力)$

$\sum X = 0$ から $\quad 5 \times \dfrac{3}{5} + 2.5 \times \dfrac{3}{5} + N_3 = 0$

$\qquad\qquad\qquad 3 + 1.5 + N_3 = 0 \qquad N_3 = -4.5\,\text{kN}(圧縮力)$

結果は，図9(b)のようになる。

C点 A, B点で求めたN_2, N_4と逆向きのN_2, N_4をC点に記入し，N_5, N_6を求める（図10(a)）。N_5, N_6の向きは（図10(a)）のように正の向きに仮定する。

$\sum Y = 0$ から $\quad 2.5 \times \dfrac{4}{5} + N_5 \times \dfrac{4}{5} = 0 \qquad N_5 = -2.5\,\text{kN}(圧縮力)$

$\sum X = 0$ から $\quad -3 - 2.5 \times \dfrac{3}{5} - 2.5 \times \dfrac{3}{5} + N_6 = 0$

$\qquad\qquad\qquad -3 - 1.5 - 1.5 + N_6 = 0 \qquad N_6 = 6\,\text{kN}(引張力)$

---

❶ 正（＋）の向き（引張力）に仮定する。負（－）で求められたら，圧縮力になる。

❷ p.20の三角比をもとにN_1をN_yとN_xに分解する。

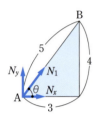

上図の形から
$\sin\theta = \dfrac{4}{5}, \quad \cos\theta = \dfrac{3}{5}$
であるから
$N_y = N_1 \times \sin\theta$
$\quad = N_1 \times \dfrac{4}{5}$
同様に
$N_x = N_1 \times \cos\theta$
$\quad = N_1 \times \dfrac{3}{5}$

結果は，図10(b)のようになる。

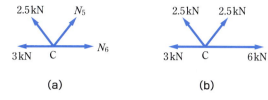

図10　例題3（節点ウにおけるN_5, N_6）

以上の計算結果をまとめたものが，図11である。

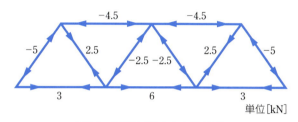

単位[kN]

図11　例題3（軸方向力の表示）

問 2　図12のトラスを算式解法で解け。

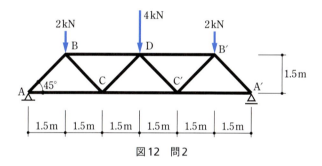

図12　問2

4　切断法

　トラスの中間にある任意の部材の軸方向力だけを算式解法で求めたいとき，または節点法で未知の軸方向力が3以上で解けないとき，1部材の力を算式解法で求めるのに，切断法が用いられる。この方法を**リッター法**ともいう。

　切断法で解く場合，次の順序で行う。

> **切断法による算式解法**
>
> **1 切断**　軸方向力を求めようとする部材のある箇所で，トラスを仮に切断する（切断する部材数は3材以下とする[1]）。
>
> **2 軸方向力**　切断した部材断面の材軸方向に軸方向力を仮定する（仮定する向きを引張力となるように，節点から離れる向きに仮定すれば，計算の結果得られる正負が，そのまま部材の軸方向力の正負を表す）。
>
> **3 力の釣合条件**　荷重・反力と仮定した軸方向力とで力の釣合条件を用いることにより，軸方向力を求める。

[1] 力の釣合い方程式は，$\sum X = 0, \sum Y = 0, \sum M = 0$の三つしかないので，部材が4材以上あると解けない。

例題3　図13(a)のトラスの①，②，③材の軸方向力を，切断法により求めよ。

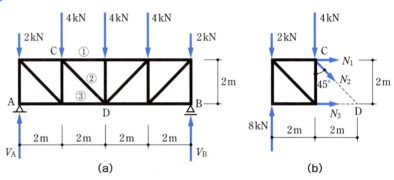

図13　例題4（平行弦トラスの軸方向の仮定）

解答…　1 **反力**　$V_A = V_B = \dfrac{16}{2} = 8\,\text{kN}$

2 **軸方向力**　図13(b)のように軸方向力を仮定し，力の釣合条件を用いる。

$\sum Y = 0$から　$8 - 2 - 4 - N_2 \times \cos 45° = 0$　　$N_2 \times \cos 45° = 2$

$N_2 = 2 \div \cos 45° = 2 \times \sqrt{2} = 2\sqrt{2}\,\text{kN}$

$\sum M_C = 0$から　$(8 - 2) \times 2 - 2N_3 = 0$　　$N_3 = 6\,\text{kN}$

$\sum X = 0$から[2]　$N_1 + N_2 \times \sin 45° + N_3 = 0$

$N_1 + 2\sqrt{2} \div \sqrt{2} + 6 = 0$　　$N_1 = -8\,\text{kN}$

①材が$-8\,\text{kN}$（圧縮力）②材が$2\sqrt{2}\,\text{kN}$（引張力），③材は$6\,\text{kN}$（引張力）である。

[2] D点のモーメントの釣合いから求めた方が簡単である。

問 3 図14のトラスの①，②，③材の軸方向力を切断法により求めよ。

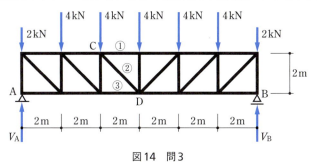

図14 問3

■ 節末問題 ■

1. 図15に示す梁を図式解法により解け。

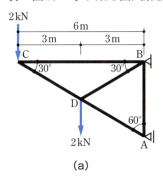
(a)

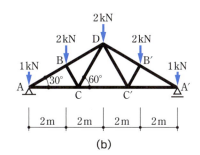
(b)

図15 問題1

2. 図16に示す梁を算式解法により解け。

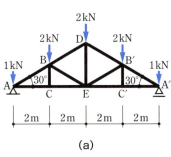
(a)

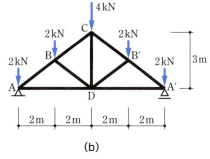
(b)

図16 問題2

3. 図17に示すトラスの①，②，③材の軸方向力を切断法により求めよ。

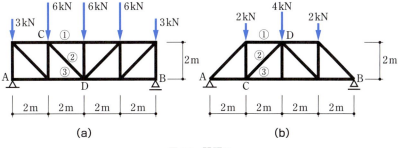

図17 問題3

Practice 章末問題

● **1.** 図1(a)～(f)の梁を解け。

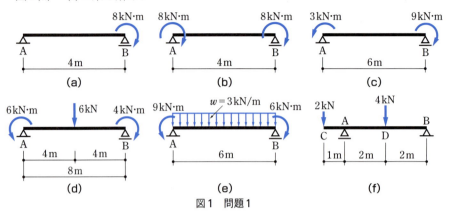

図1 問題1

● **2.** 曲げモーメント図が図2(a)～(f)のようになるとき，もとの荷重とせん断力図を求めよ。

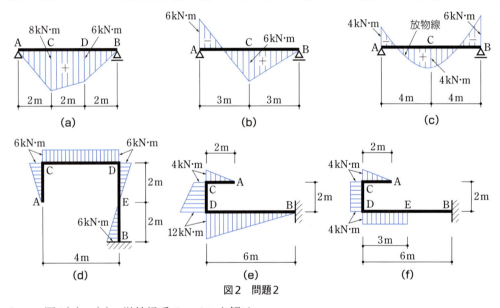

図2 問題2

● **3.** 図3(a)～(c)の単純梁系ラーメンを解け。

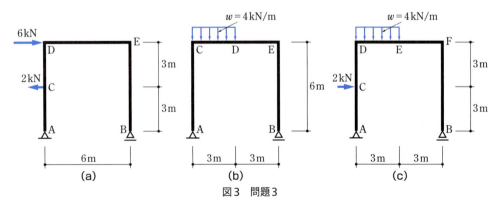

図3 問題3

Practice 章末問題

- **4.** 図4(a), (b)の単純梁系ラーメンを解け。

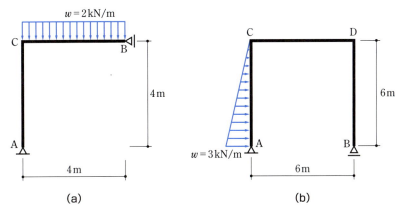

図4 問題4

- **5.** 図5(a)〜(d)の3ピン式のラーメンを解け。

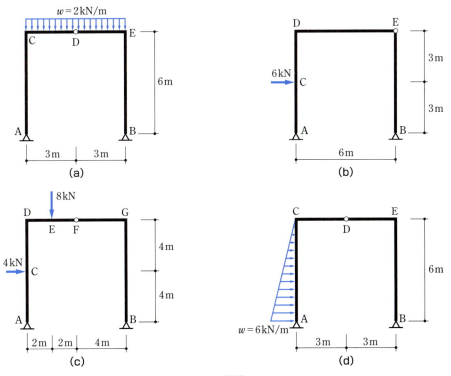

図5 問題5

Practice 章末問題

● **6.** 図6(a), (b)のトラスを解け。

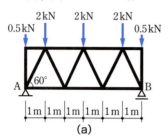
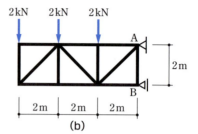

図6 問題6

● **7.** 図7(a)～(d)のトラスの①, ②, ③部材の軸方向力を切断法で解け。

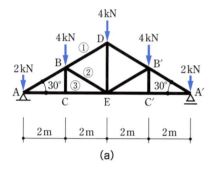
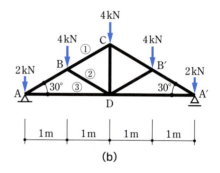

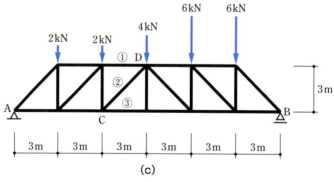

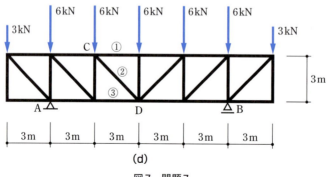

図7 問題7

第 3 章
部材の性質と応力度

◎一構造模型と実際の内観

Introduction

　力が作用する部材の断面を，安全でかつ経済的なものとなるように，形や大きさを決めることを部材の設計という。
　建築物に使用される部材は，断面の形や部材の長さが同じであっても，使用する材料が異なれば，強さや変形の量が異なる。また，材料や断面積が同じでも，断面の形や使用する方向によって，強さや変形の量が異なる場合もある。そのため，部材の設計にあたっては，これらの性質をじゅうぶんに理解しておく必要がある。
　この章では構造材料の力学的性質などについて学習し，部材に生じる力に対して，安全でかつ経済的に部材を設計する基本を学ぶ。

Chapter 3

1節 断面の性質

荷重や断面積が同じでも断面の形状や部材の使い方によって応力度[1]や変形量が変化する。ここでは，部材断面の性質に関わる基本事項について学ぶ。

[1] 応力度とは，単位面積あたりの力の大きさであり，詳しくは第2節で学ぶ。

1 断面一次モーメントと図心

曲げを受ける部材では，図1のように，同じ材質で同一断面の部材AとBに作用する荷重が同じ大きさでも，AとBの変形量には大きな差が生じる。

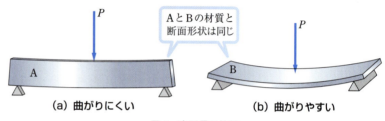

図1 変形量の比較

剛体[2]の各部分に作用する重力の合力の作用点は1点のみとなり，その点を重心[3]という。図2において，断面図形内部の微小な面積要素a_1, a_2, a_3, ……, a_nの値と，その各重心のY座標y_1, y_2, y_3, ……, y_nとの積を断面図形全体について寄せ集めたものをX軸についての**断面一次モーメント**[4]といい，記号S_xで表す。単位はmm^3，m^3など長さの単位の3乗を用いる。

[2] どんなに力を加えても変形しない物体。

[3] center of gravity
質量の中心と一致する。

[4] geometrical moment of area

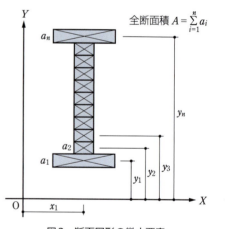

図2 断面図形の微小要素

●断面一次モーメント
$$S_x = a_1 y_1 + a_2 y_2 + a_3 y_3 + \cdots + a_n y_n = \sum_{i=1}^{n}(a_i y_i) \quad (1)$$

a_i：微小な面積 [mm^2, m^2]
y_i：a_iの重心からX軸までの垂直距離 [mm, m]

図3のように，面積要素a_1をZ軸に平行な一つの力であるとみなせば，a_1y_1は，X軸についての力のモーメントとみなすことができる。断面全体について考えれば，仮想の力a_1, a_2, a_3, ……, a_nのモーメントの総和はS_xに等しい。

仮想の力a_1, a_2, a_3, ……, a_nの合力を$\sum_{i=1}^{n} a_i = A$とし，合力Aの作用点のY座標をy_0とすれば，バリニオンの定理から，

$$S_x = \sum_{i=1}^{n}(a_i y_i) = \sum_{i=1}^{n}(a_i)y_0 = Ay_0 \tag{2}$$

となる。ここでのy_0は，断面図形を同厚，同質の薄板と考えれば，板自体の重量の中心，つまり重心のY座標である。この重心となる点を断面図形の**図心**❶という。

式(2)より，断面図形の図心までの垂直距離y_0を求めると次の式となる。

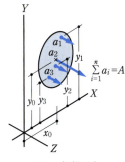

図3　仮想の力

●X軸からの垂直距離　　$y_0 = \dfrac{S_x}{A}$　　(3)

y_0：X軸までの垂直距離 [mm, m]　　A：断面積 [mm², m²]
S_x：X軸についての断面一次モーメント [mm³, m³]

以上のことはY軸についても同様に求められる。

$$S_y = \sum_{i=1}^{n}(a_i x_i) = \sum_{i=1}^{n}(a_i)x_0 = Ax_0 \tag{4}$$

●Y軸からの垂直距離　　$x_0 = \dfrac{S_y}{A}$　　(5)

x_0：Y軸までの垂直距離 [mm, m]　　A：断面積 [mm², m²]
S_y：Y軸についての断面一次モーメント [mm³, m³]

また，式(2), (4)より，**断面図形の図心を通る座標軸（図心軸）についての断面一次モーメントは0である**❷。

❶ center of figure
❷ 断面を微小部分（a_1, …, a_n）に分け，その面積を力と考えて，図心軸Xに対する力のモーメントの総和を求めると0になる。
$a_1 y_1 + a_2 y_2 + \cdots + a_n y_n = 0$

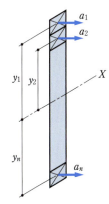

したがって，図心軸に対する断面一次モーメントは0である。

> **例題1**　図4のL形断面の図心の位置を求めよ。
> **解答**…　複雑な図形の図心は，基本的な断面図形をA_1とA_2に分解して求める。
>
> $A_1 = 40 \times 10 = 400 \text{ mm}^2$
>
> $A_2 = 10 \times 40 = 400 \text{ mm}^2$
>
> $A = A_1 + A_2 = 400 + 400 = 800 \text{ mm}^2$
>
> $S_x = A_1 y_1 + A_2 y_2 = 400 \times 30 + 400 \times 5 = 14000 \text{ mm}^3$
>
> $S_y = A_1 x_1 + A_2 x_2 = 400 \times 5 + 400 \times 20 = 10000 \text{ mm}^3$

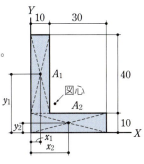

図4　例題1（L形断面）

第1節　断面の性質　**93**

$$x_0 = \frac{S_y}{A} = \frac{10\,000}{800} = 12.5 \text{ mm}$$

$$y_0 = \frac{S_x}{A} = \frac{14\,000}{800} = 17.5 \text{ mm}$$

ヒント

重心からの垂直距離に注意しよう。

問 1 図5のように，長方形abcdと長方形a'b'c'dの断面一次モーメントを求め，その差を計算して例題1との一致を確かめよ。

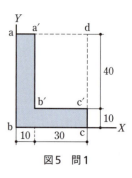

図5　問1

2　断面二次モーメント

図2において，$a_1 y_1^2$, $a_2 y_2^2$, ……, $a_n y_n^2$, および$a_1 x_1^2$, $a_2 x_2^2$, ……, $a_n x_n^2$ を断面図形全体について寄せ集めたものを，それぞれX軸およびY軸についての**断面二次モーメント**❶といい，記号I_xおよびI_yと表す。

❶ geometrical moment of inertia

●断面二次モーメント

$$I_x = a_1 y_1^2 + a_2 y_2^2 + a_3 y_3^2 + \cdots + a_n y_n^2 = \sum_{i=1}^{n}(a_i y_i^2) \quad (6)$$

$$I_y = a_1 x_1^2 + a_2 x_2^2 + a_3 x_3^2 + \cdots + a_n x_n^2 = \sum_{i=1}^{n}(a_i x_i^2) \quad (7)$$

I_x, I_y：断面二次モーメント〔mm^4, m^4〕

断面二次モーメントは，曲げモーメントなどによる変形や，応力度を求めるために必要な係数であり，この値が大きいほど部材はたわみにくく，曲げ強さは大きくなる。単位はmm^4, m^4など，長さの単位の4乗を用いる。図1に示す部材のたわみの違いは，断面二次モーメントの大きさが異なるためである。

C column　曲げによる変形のしにくさ

たとえば，曲げによる変形後の断面を図6のようなシーソーにばねを等間隔に取り付けたものと考えると，変形に要する働きは図7に示すように，図心軸からの距離の二乗に比例して大きくなる。

曲げによる変形のしにくさは，断面の微少部分の面積に図心軸からの距離の二乗を掛けたものの総和として求められる。

$$a_1 y_1^2 + a_2 y_2^2 + \cdots + a_n y_n^2$$

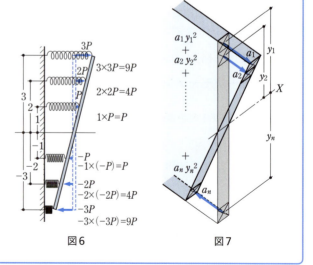

図6　　　図7

一般に，図8のような長方形断面の各辺に平行な直交図心軸についての断面二次モーメントは，式(8)のようになる。

●直交図心軸についての断面二次モーメント　　$I_x = \dfrac{bh^3}{12}$　　$I_y = \dfrac{b^3 h}{12}$ 　　(8)

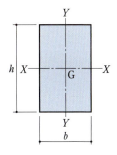

図8　長方形断面の直交図心軸

I_x：X軸についての断面二次モーメント［mm^4, m^4］
I_y：Y軸についての断面二次モーメント［mm^4, m^4］
b：幅［mm, m］　　h：高さ［mm, m］

なお，図心Gを通り，X軸に平行なN軸についての断面二次モーメントをI_nとすれば，次の関係がなりたつ。

●図心から離れた平行軸Xについての断面二次モーメント　　$I_x = I_n + A_n y_n^2$ 　　(9)

参考

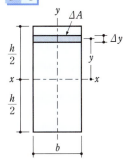

I_n：図心Gを通るN軸回りの断面二次モーメントで式(8)による［mm^4, m^4］
y_n：X軸から図心Gまでの垂直距離［mm, m］
A_n：断面図形の全断面積［mm^2, m^2］

例題2　図9のような長方形断面の図心を通るN軸回りの断面二次モーメントと，図心から離れたX軸回りの断面二次モーメントを求めよ。

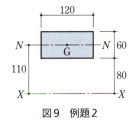

図9　例題2

解答…　式(8)から$b = 120\,mm$，$h = 60\,mm$

$$I_n = \dfrac{bh^3}{12} = \dfrac{120 \times 60^3}{12} = 2.16 \times 10^6\,mm^4$$

X軸についての断面二次モーメントI_xは式(9)から次のように求められる。$A_n = 120 \times 60 = 7200\,mm^2$，$y_n = 110\,mm$より，

$A_n y_n^2 = 7200 \times 110^2 = 87.12 \times 10^6\,mm^4$

$I_x = I_n + A_n y_n^2 = 2.16 \times 10^6 + 87.12 \times 10^6 = 89.28 \times 10^6\,mm^4$

$\Delta A = b \cdot \Delta y$
$I_x = \sum(\Delta A \cdot y^2)$
　　$= \sum(b \times \Delta y \times y^2)$
　　$\to \displaystyle\int_{-\frac{h}{2}}^{\frac{h}{2}} by^2 dy$
　　$= b\left[\dfrac{y^3}{3}\right]_{-\frac{h}{2}}^{\frac{h}{2}}$
　　$= \dfrac{bh^3}{12}$

式(9)のI_xの値は，与軸までの距離を二乗するため，つねに（＋）である。したがって，式(9)は，断面二次モーメントの近似式または平行軸定理という。

問2　図10において，$h = 40\,mm$，$b = 90\,mm$，$y_n = 60\,mm$の場合のX軸回りの断面二次モーメントを求めよ。

さらに，いろいろな断面図形の断面二次モーメントの求め方について考えてみる。図11(a)のような中空断面の断面二次モーメントは，次の2通りの方法で求められる。

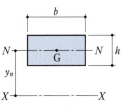

図10　図心から離れた平行軸

第1節　断面の性質

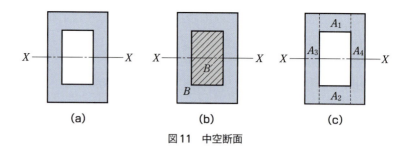

図11 中空断面

(a) 図心の位置がすべての図形で一致している場合　図11(b)のように内部に図形B'（ハッチをした部分）と，それを含む全体図形のBのX軸についての断面二次モーメントを用い，次の式から求める。

$$I_x = I_B - I_{B'} \tag{10}$$

I_B，$I_{B'}$：B，B'断面のX軸についての断面二次モーメント

(b) 平行軸定理を利用　図11(c)のように断面図形を区分し，それぞれのX軸についての断面二次モーメントを合計して求める。

$$I_x = I_1 + I_2 + I_3 + I_4 \tag{11}$$

$I_1 \sim I_4$：$A_1 \sim A_4$断面のX軸についての断面二次モーメント

例題3　図12のI形断面のX軸についての断面二次モーメントを求めよ。

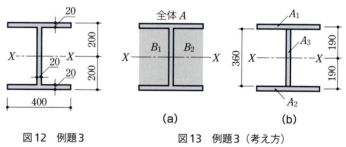

図12 例題3　　図13 例題3（考え方）

解答…　図13(a)のように，全体図形AからB_1，B_2を差し引いて求められる。$I_{B_1} = I_{B_2}$より，

$$I_x = I_A - I_{B_1} - I_{B_2}$$

$$= \frac{400 \times 400^3}{12} - 2 \times \frac{190 \times 360^3}{12} = 656 \times 10^6 \text{ mm}^4$$

また，図13(b)のように三つの断面図形に分割し，式(11)の考え方を適用して計算すると，

$$I_x = I_1 + I_2 + I_3 = \left(\frac{400 \times 20^3}{12} + 400 \times 20 \times 190^2\right)$$

$$+ \left(\frac{400 \times 20^3}{12} + 400 \times 20 \times (-190)^2\right) + \frac{20 \times 360^3}{12}$$

$$= 656 \times 10^6 \text{ mm}^4$$

問 3 図14(a),(b)のX軸についての断面二次モーメントを求めよ。

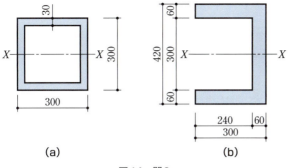

図14 問3

3 断面係数

断面係数[1]は，曲げ強さを求めるために必要とされる係数で，断面二次モーメントより導き出される。図心軸についての断面二次モーメントを図心軸からはかり，断面の最も遠い上端，または下端までの距離で割った値となり，記号はZで表される。単位はmm^3，m^3など長さの3乗を用いる。

図心軸から上端，下端までの距離をy_1，y_2とすれば，各断面係数Z_1，Z_2は次の式で表される。一般に断面係数が大きい部材ほど，曲げに対して強い部材となる。

[1] section modulus
断面二次モーメントと異なり，断面係数は断面図形を区分して求めた値の和として求めることはできない。

●**断面係数**　　$Z_1 = \dfrac{I_x}{y_1}$　　$Z_2 = \dfrac{I_x}{y_2}$　　(12)

I_x：X軸（図心軸）についての断面二次モーメント［mm^4，m^4］
y_1，y_2：図心軸から上端・下端までの距離［mm，m］

図15では，図心を通る軸について対称な断面で$y_1 = y_2$であるから，$Z_1 = Z_2$となる。これをまとめてZ_xと表せば，式(13)となる。

●**直交図心軸についての断面係数**　　$Z_x = \dfrac{bh^3}{12} \div \dfrac{h}{2} = \dfrac{bh^3}{12} \times \dfrac{2}{h} = \dfrac{bh^2}{6}$　　(13)

b：長方形断面の幅［mm，m］　　h：長方形断面の高さ［mm，m］

また，$x_1 = x_2$であるから，$Z_1 = Z_2$となる。これをまとめてZ_yと表せば，式(14)となる。

●**直交図心軸についての断面係数**　　$Z_y = \dfrac{b^3h}{12} \div \dfrac{b}{2} = \dfrac{b^3h}{12} \times \dfrac{2}{b} = \dfrac{b^2h}{6}$　　(14)

b：長方形断面の幅［mm，m］　　h：長方形断面の高さ［mm，m］

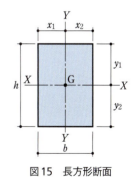

図15 長方形断面

問 4 図15の長方形断面において，$b = 150\,\text{mm}$，$h = 300\,\text{mm}$のときの断面係数Z_x，Z_yを求めよ。

4　断面二次半径

断面二次半径[1]は，細長い部材が圧縮力を受けたときの強さを計算するときに必要な係数である。図15において図心軸についての断面二次半径は，断面積をA，図心軸についての断面二次モーメントをIとするとき，断面二次モーメントIを断面積Aで割り，さらにその値を平方に開いたもので，記号はiで表される。単位はmmやmなどの長さの単位を用いる。

[1] radius of gyration
回転半径ともいう。

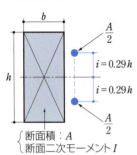

断面積：A
断面二次モーメントI

式(15)で得られる断面二次半径iは，二つの$\frac{1}{2}A$の断面積が図心からそれぞれiの位置にあるとして求めた断面二次モーメント$\left(\frac{A}{2}i^2 + \frac{A}{2}i^2\right)$がもとの断面の$I\left(=\frac{bh^3}{12}\right)$と等しくなる値である。

$Ai^2 = I$より$i = \sqrt{\dfrac{I}{A}}$

●断面二次半径　　$i = \sqrt{\dfrac{I}{A}}$　　　　　(15)

I：断面二次モーメント$[\text{mm}^4,\ \text{m}^4]$　　A：断面積$[\text{mm}^2,\ \text{m}^2]$

例題4　図15の長方形断面のX軸（図心軸）についての断面二次半径i_xを表す式を求めよ。

解答…　断面二次半径$i_x = \sqrt{\dfrac{I_x}{A}} = \sqrt{\dfrac{\frac{bh^3}{12}}{bh}} = \dfrac{h}{\sqrt{12}} = 0.289h$

問 5　図15の長方形断面において，$b = 150\,\text{mm}$，$h = 300\,\text{mm}$のときの断面二次半径iを求めよ。

問 6　図14(a)，(b)における断面二次半径iを求めよ。

5　断面の主軸

図心を通り，直交する任意の2軸に対する断面二次モーメントは，一つの断面において無数に考えることができる。図16(a)，(b)，(c)の各断面のように，図心を通り，直交する2軸についての断面二次モーメントは，それぞれ最大値と最小値となる。これらの一対の直交軸を断面の**主軸**[2]という。このときの断面二次モーメントが最大となる主軸は，曲がりにくい性質をもち，**強軸**[3]とよぶ。また，強軸に直交するもう一つの主軸は曲がりやすく，**弱軸**[4]とよぶ。

[2] principal axis
[3] strong axis
部材を縦長に使うとX軸が強軸となり，曲げに抵抗する。
[4] weak axis
部材が外力を受けると，弱軸に直角の方向に変形する。

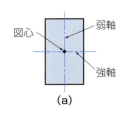
(a)

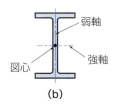
(b)

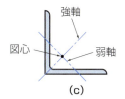
(c)

図16　強軸と弱軸

例題5　図17のようなL形断面のU, V, X, Y軸についての断面二次モーメントから，強軸と弱軸がどの軸になるか調べよ。なお，断面二次モーメントは，付8を用いて求める。

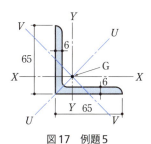

図17　例題5

解答…　U軸についての断面二次モーメント：$I_U = 46.6 \times 10^4 \text{ mm}^4$

V軸についての断面二次モーメント：$I_V = 12.2 \times 10^4 \text{ mm}^4$

X軸についての断面二次モーメント：$I_X = 29.4 \times 10^4 \text{ mm}^4$

Y軸についての断面二次モーメント：$I_Y = 29.4 \times 10^4 \text{ mm}^4$

したがって，各軸についての断面二次モーメントは，

$I_U > I_X = I_Y > I_V$ となる。

強軸がU軸，弱軸がV軸である。

等辺山形鋼は，主軸の傾きが45°または135°となり，$I_X = I_Y$となる。

■ 節末問題 ■

1. 図18の断面の図心の位置を求めよ。

2. 図19のX軸についての断面二次モーメントを求めよ。ただし，直径Dの円形断面の図心軸についての断面二次モーメントを表す式は，$I_x = \dfrac{\pi D^4}{64}$とする。

3. 図20のI形断面の図心を通るX軸とY軸についての断面二次モーメント，断面係数，断面二次半径を求めよ。

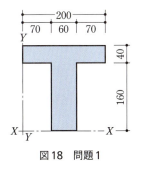

図18　問題1

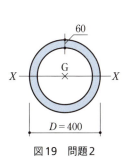

図19　問題2

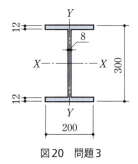

図20　問題3

Chapter 3 2節 構造材料の力学的性質

構造物の部材は，外力に応じて伸び・縮み・ずれ・曲がりなどの変形を生じる。このような外力を受ける部材の強さや変形量はどのようなことが関係して決まるのだろうか。

ここでは，構造材料の力学的性質のうち，部材の断面に作用する力の大きさと強さや変形に関する基本的事項について学ぶ。

1 応力度

部材の強さや変形は，部材の材質だけでなく，断面の形，大きさや長さによっても異なったものとなる。

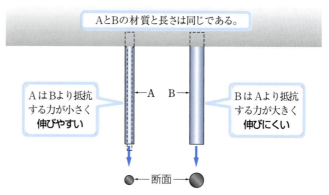

図1 引張力と強さと伸びの関係

図1の引張力を生じる部材を考えると，部材が太いほど伸びにくく，余裕をもって引張力に抵抗できる。また，逆に細いほど伸びやすく，じゅうぶんに抵抗できないことは経験からもわかる。つまり，生じる力が部材に対して大きいか小さいかは，部材の断面積に対する力の割合で決まり，ふつうは，部材の断面 $1\,mm^2$ や $1\,m^2$ あたりの面積[1]に作用する力として考える。単位面積あたりに作用する力の大きさを**応力度**[2]という。応力度には，垂直応力度・せん断応力度・曲げ応力度などがあり，ここでは，垂直応力度とせん断応力度[3]について学ぶ。

[1] 「単位面積あたり」という。

[2] stress

[3] ここでは，材軸に対して垂直な断面に作用する力について学ぶ。

[4] tensile stress

1 垂直応力度

図2のように，材軸方向の外力 P による引張力（$N = P$）は，部材の断面に一様に生じる。その断面の単位面積あたりの引張力を，**引張応力度**[4]という。

また，外力 P の作用が圧縮ならば，任意断面の単位面積あたりの圧縮

力を**圧縮応力度**[1]という。これらの断面に垂直な応力度をまとめて**垂直応力度**[2]という。部材の断面積がAのとき、垂直応力度は記号σ（シグマ）で表し[3]、次の式で求める。符号は引張応力度を正（＋）、圧縮応力度を負（－）とする。

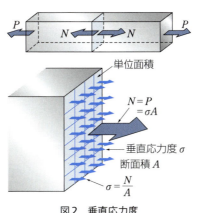

図2　垂直応力度

[1] compressive stress

[2] normal stress

[3] 引張応力度をσ_t，圧縮応力度をσ_cと表記する場合がある。
➡p.110 側注[4]

●**垂直応力度**　　$\sigma = \dfrac{N}{A} = \dfrac{P}{A}$ 　　(1)

σ：垂直応力度 [N/mm², kN/m²]　　P：外力 [N, kN]
N：引張力または圧縮力 [N, kN]　　A：断面積 [mm², m²]

問 1　図2の部材が、ϕ19（直径19 mm）の丸鋼で、$P = 3$ kNのとき、引張応力度は何 N/mm² か。

2　せん断応力度

図3のように、外力Pによって断面にせん断力Qが生じて釣り合っている部材がある。その断面の単位面積あたりのせん断力を**せん断応力度**[4]という。せん断応力度が一様に分布する応力度状態を**単純せん断**[5]という。断面積がAのとき、単純せん断の応力度は記号τ（タウ）で表し、次の式で求める。符号は、せん断力Qの正負に従って定める。

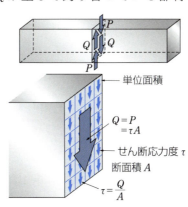

図3　せん断応力度（単純せん断）

[4] shear stress

[5] 断面内のせん断応力度の分布は厳密には一様ではなく、p.114～p.115に述べるように図3のような長方形断面の場合は上下端で0、中間部で平均値の1.5倍になる。

●**単純せん断応力度**　　$\tau = \dfrac{Q}{A} = \dfrac{P}{A}$ 　　(2)

τ：せん断応力度 [N/mm², kN/m²]　　P：外力 [N, kN]
Q：せん断力 [N, kN]　　A：断面積 [mm², m²]

問 2　図3において、$Q = 1.2$ kN、$A = 250$ mm²のとき、単純せん断の応力度は何 N/mm² か。

2 ひずみ度

部材の変形には長さの変形とずれの変形の2種類がある。長さの変形には縦方向の変形と横方向の変形があり，ずれの変形を**せん断変形**という。部材のもとの長さに対する変形量の割合を**ひずみ度**❶という。

1 縦方向の変形と縦ひずみ度

部材に材軸方向の力がかかると，部材はわずかに伸縮をする。部材の縦方向（材軸方向）の変形量には伸びと縮みの変形量があり，図4のように部材のもとの長さをl，縦方向の変形量をΔlとするとき❷，縦方向の変形量Δlを元の長さlで除した値を**縦ひずみ度**❸といい，記号ε（エプシロン）で表す。εの符号は伸びるとき正（＋），縮むとき負（－）とする。

❶ strain
鉄やコンクリートでは，$\dfrac{1}{1000}$程度の小さな値である。

❷ Δ（デルタ）は，微小な変化を表すときに用いられる記号である。

❸ ひずみ度は，長さを長さで割っているので無次元数である。

●縦ひずみ度　　$\varepsilon = \dfrac{\Delta l}{l}$　　　　　　　　　　　　(3)

Δl：縦方向の変形量（伸び量・縮み量）[m，mm]
l：部材のもとの長さ [m，mm]

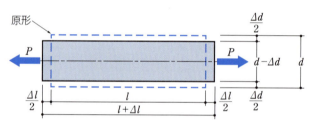

図4　縦方向と横方向の変形

例題1　① 材長1000 mmの部材が圧縮力を受けて，長さが999 mmとなったときの縦ひずみ度はいくらか。

② この部材の縦ひずみ度がある荷重によって0.0015となる場合，変形後の長さl'は何mmになるか。

解答…　① $l = 1000$ mm，$\Delta l = 999 - 1000 = -1$ mm

したがって　$\varepsilon = \dfrac{\Delta l}{l} = -\dfrac{1}{1000} = -0.001$

② $l = 1000$ mm，$\varepsilon = \dfrac{\Delta l}{1000} = 0.0015$

$\Delta l = 0.0015 \times 1000 = 1.5$ mm

したがって　$l' = l + \Delta l = 1000 + 1.5 = 1001.5$ mm

2 横方向の変形と横ひずみ度

一般的に、引張力を受ける部材は、図4のように縦方向の長さは伸び、横方向の長さは縮む[1]。横方向の変形量 Δd をもとの長さ d で除した値を**横ひずみ度**といい、記号 ε' で表す。ε' の符号も伸びるとき正（＋）、縮むとき負（－）とする。

[1] 圧縮力を受ける場合は膨張する。

● 横ひずみ度 　　$\varepsilon' = \dfrac{\Delta d}{d}$ 　　　　(4)

Δd：横方向の変形量（収縮量と膨張量）[mm] 　　d：もとの横幅 [mm]

例題2 図4に示す材の横幅200 mmの部材が引張力を受けて、幅が0.06 mm縮んだときの横ひずみ度はいくらか。

解答… $d = 200$ mm 　　$\Delta d = -0.06$ mm

したがって、$\varepsilon' = \dfrac{\Delta d}{d} = -\dfrac{0.06}{200} = -0.0003$

問3 直径19 mm、材長1400 mmの鉄筋が引張力を受けた。直径が1.2 mm縮み、長さが292 mm伸びた時の縦ひずみ度と横ひずみ度を求めなさい。

3 ポアソン比

縦ひずみ度 ε に対する横ひずみ度 ε' の割合は材料によって一定であり、鋼材の場合は約0.3である。この定数を**ポアソン比**[2]といい、記号 ν（ニュー）で表す。

[2] Poisson's ratio

● ポアソン比 　　$\nu = \dfrac{\varepsilon'}{\varepsilon}$ 　　　　(5)

ε'：横ひずみ度 　　ε：縦ひずみ度

通常、横ひずみはひじょうに小さいことから、収縮・膨張による断面積の変化は、ほとんど無視できる。

問4 問3におけるポアソン比を求めなさい。

4 せん断変形とせん断ひずみ度

図5[3]のように、せん断変形は材長の変化はなく長方形がずれて平行四辺形となる。このとき、l に対する Δs の割合を**せん断ひずみ度**[4]といい、記号 γ（ガンマ）[rad]（ラジアン）[5]で表す。

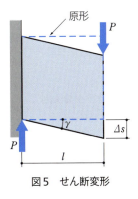

図5　せん断変形

[3] 図5はせん断変形のみを表現し、曲げ変形は省略してある。

[4] shear strain
　せん断ひずみ度もひずみ度と同じように小さな値である。

[5] 2π rad $= 360°$ なので、
　1 rad $= \dfrac{360°}{2\pi} = 57.3°$
であり、0.01 rad $= 0.57°$ になる。

> ● せん断ひずみ度 　　$\gamma = \dfrac{\Delta s}{l}$ 　　　　　　　　　　(6)

Δs：せん断変形量［mm, m］
l：せん断変形する部分のもとの長さ［mm, m］

符号は時計回りの角度変化の場合を正（＋），反時計回りの場合を負（－）と定める。これは，せん断力 Q の正負と一致する。

3　弾性体の性質

1　フックの法則

同じ材質の試験体，たとえば丸鋼 a, b, c の 3 本について，小変形の範囲で引張試験をして，その結果をモデル図として示すと，図 6 のようなグラフになる。ただし，a と b は同じ太さであるが，b のほうが長い。また，b と c は同じ長さであるが，c のほうが細い。

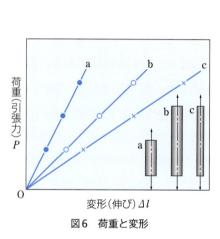

図 6　荷重と変形

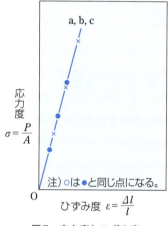

図 7　応力度とひずみ度

次に，引張力 P を断面積 A で割り，伸び Δl をもとの長さ l で割って，座標軸を図 7 のように定め，試験データに基づくグラフをかくと，1 本の直線で表される。このことは，3 本の試験体の応力度とひずみ度には比例関係があることを示している。これを次のように表し，式(7)を**フックの法則**[1]という。

❶ Hooke's law

> ● フックの法則　　応力度が一定値を超えない範囲では，応力度とひずみ度は比例する。
>
> $\dfrac{応力度}{ひずみ度} = 定数$ 　または　 応力度 = 定数 × ひずみ度 　　(7)

フックの法則の比例定数は，部材に生じる力の種類と材質の種類で決まる。

2 弾性・塑性・弾性係数

部材は外力を加えると変形するが，外力を取り去ればひずみが消え，原形に戻る。このような物体を**弾性体**[1]といい，そのような性質を**弾性**[2]という。外力を除いても変形量が残るときの性質を**塑性**[3]という。

[1] elastic body
[2] elasticity
[3] plasticity

ほとんどの材料は，ひずみ度の小さい範囲では弾性であるが，限界を超えると塑性となる。一般に材料は，弾性・塑性の両方の性質をもっている。弾性体についてなりたつフックの法則の定数を**弾性係数**[4]という。とくに，長さの変形に対応するものを**ヤング係数**[5]という。単位は，ひずみ度が無次元数であることから，応力度と同じである。

[4] elastic modulus
[5] Young's modulus

なお，塑性の変形はフックの法則に従わない。

3 ヤング係数

弾性体の垂直応力度 σ を縦ひずみ度 ε で除した値がヤング係数となる。記号 E で表し，単位は N/mm^2 などを用いる。

$$\bullet \text{ヤング係数} \qquad E = \frac{\sigma}{\varepsilon} \quad \text{または} \quad \sigma = E\varepsilon \qquad (8)$$

σ：応力度 [N/mm^2, kN/m^2]　　　ε：ひずみ度 [単位なし]

代表的な材料[6]のヤング係数は，ふつう次のような値をとる。

[6] ヤング係数の値が大きい材料は剛性が高く，変形が少ない。

鋼材	$E = 2.05 \times 10^5 \, N/mm^2$
コンクリート[7]	$E = 2.0 \times 10^4 \sim 3.0 \times 10^4 \, N/mm^2$
木材 （すぎの繊維方向の場合）	$E = 5.0 \times 10^3 \sim 8.0 \times 10^3 \, N/mm^2$

[7] コンクリートの強さが大きいほど，ヤング係数は大きくなる。第6章 p.182式(1)より求める。

材長 l，断面積 A，軸方向力 N，縦方向の変形量 Δl ならば，$\sigma = \dfrac{N}{A}$，$\varepsilon = \dfrac{\Delta l}{l}$ であるから，E，または Δl は次の式のように示される。

$$\bullet \text{応力度・ひずみ度と} \atop \text{ヤング係数} \qquad \left. \begin{array}{l} E = \dfrac{\sigma}{\varepsilon} = \dfrac{N}{A} \div \dfrac{\Delta l}{l} = \dfrac{Nl}{A\Delta l} \\[3mm] \text{または} \quad \Delta l = \dfrac{Nl}{AE} \end{array} \right\} \qquad (9)$$

N：引張力または圧縮力 [N, kN]　　　A：断面積 [mm^2, m^2]

Δl：縦方向の変形量（伸び量・縮み量）[m, mm]

l：部材のもとの長さ [m, mm]

第2節　構造材料の力学的性質　**105**

例題**3**　材長3 m，断面250 mm角のコンクリート部材が，250 kNの圧縮力を受けるときの縮みは何mmか。ただし，$E = 2.1 \times 10^4$ N/mm²とする。

解答…　$N = -250$ kN $= -250 \times 10^3$ N

$l = 3$ m $= 3 \times 10^3$ mm

$A = 250 \times 250 = 250^2$ mm²

$\Delta l = -\dfrac{250 \times 10^3 \times 3 \times 10^3}{250^2 \times 2.1 \times 10^4} = -0.57$ mm

問**5**　$\phi 19$（$A = 284$ mm²）の鉄筋の，引張力29.22 kNによる伸びが1 mについて0.5 mmであれば，ヤング係数は何N/mm²か。

問**6**　$\phi 16$（$A = 201$ mm²）の鉄筋の，引張力30 kNによる伸びは材長1 mについて何mmか。ただし，$E = 2.05 \times 10^5$ N/mm²とする。

4　せん断弾性係数

弾性体のせん断応力度τとせん断ひずみ度γとの比が，せん断弾性係数となる。せん断弾性係数は記号Gで表す。たとえば，鋼材のせん断弾性係数は，$G = 8.1 \times 10^4$ N/mm²である。

●せん断弾性係数　　　$G = \dfrac{\tau}{\gamma}$　または　$\tau = G\gamma$　　　　　　(10)

G：せん断弾性係数 ［N/mm²，kN/m²］

τ：せん断応力度 ［N/mm²，kN/m²］　　　　γ：せん断ひずみ度［単位なし］

問**7**　あるコンクリート部材で，$\tau = 1.15$ N/mm²のとき，$\gamma = 0.000\,13$であれば，せん断弾性係数Gは何N/mm²か。

4　材料の強さと許容応力度

1　応力度-ひずみ度曲線

構造材料の性質として，強さ，または変形量と軸方向力の関係を調べるときは，材料試験機を用いて引張試験などを行う。このときの結果を縦軸に応力度，横軸にひずみ度をとってグラフにした曲線を，**応力度-ひずみ度曲線**[1]という。この曲線は材料の力学的性質を表し，弾性域での剛性や塑性域での変形能力，破壊時の強さなどを知ることができる。図8(a)は，応力度-ひずみ度曲線のモデル図である。

(a) 鋼材　図8(a)は，軟鋼の引張試験における応力度-ひずみ度曲線の例である[2]。一般に，応力度-ひずみ度曲線の応力度σは，試験以前の原断面積[3]に対する値を用いる。ひずみ度εは，部材が引張力を受

[1]　stress-strain curve
[2]　短い鋼材の圧縮試験においても，曲線はほとんど同じ形である。
[3]　ポアソン現象による横方向の変形量や図8(b)のような部分的なくびれによる実断面積の変化は無視する。

106　第3章　部材の性質と応力度

けるとき，部材中に加力前のlの区間に生じる伸び量Δlを，もとの区間長lで除した値である。ここでは，図8(a)に示す軟鋼の特性点について述べる。

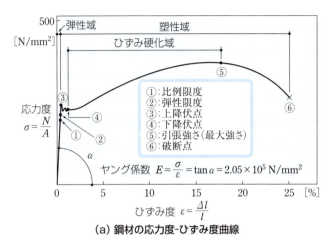

(a) 鋼材の応力度-ひずみ度曲線
(b) 鋼材の引張りによる部分的なくびれ

図8　軟鋼の引張試験

1　**比例限度と弾性限度**　グラフにおいて最初の直線部分が終了する①の応力度を**比例限度**❶という。比例限度以下におけるひずみ度に対する応力度の割合を，ヤング係数としている。比例限度を少し超えた範囲における材料の性質は弾性であり，②は弾性の限界値である。②を超えると材料の性質は塑性となる。この②の応力度を**弾性限度**❷という。①と②は接近していて区別しにくいので，実用上同一の点とみなしてよい。弾性限度以下を**弾性域**といい，これを超え⑥までの部分を**塑性域**という。

2　**降伏点**　グラフの③より右側の一部分は，降伏伸びとよばれ，不規則な図となるが，簡略な表現で示してある。降伏伸びの部分では，応力度は増大しないが，ひずみ度だけは増加する。いわば，材料が力に負けるという意味で，③に対応する応力度を**降伏点**❸という。③も①および②とひじょうに近接しているため，一般的には，③以前を弾性域とすることが多い。軟鋼以外では，はっきりした降伏点を認められない材料もある。

3　**引張強さと破断点**　③からは応力度一定のままひずみ度が増大する領域があり，これを降伏棚とよぶ。降伏伸びが④で終わると，応力度はなだらかに増加して，グラフは緩やかなカーブとなる。④を超える部分を**ひずみ硬化域**という。ひずみ度もさらに増大し，材料の最大の強さとなる⑤に対応する応力度を**引張強さ**❹という。⑤を過ぎるあたりから，材料は部分的にしぼられてくびれを生じ，図8(b)のように変形し，くびれの部分で破断する⑥の応力度を**破断点**という。

❶　proportional limit
　応力度とひずみ度が比例する限度。

❷　elastic limit
　力を除くともとの長さに戻る限度。

❸　yield point
　降伏応力ともいう。

❹　tensile strength
　最大荷重を負荷前の断面積で除した値となる。

[1] yield ratio

④ **降伏比** ③の応力度を⑤の応力度で除した値を**降伏比**[1]という。建築構造材として使用する鋼材には，建築物に塑性変形能力をもたせる観点からも降伏比を0.7～0.8程度以下におさえることが要求される。

(b) コンクリートと木材 図9(a)のコンクリートと木材の圧縮試験による応力度‐ひずみ度曲線のモデル図は，図9(b)のように，グラフは原点から破壊にいたるまで1本の曲線となる。このような場合，最大強さの $\frac{1}{3}$ や $\frac{1}{4}$ におけるグラフ上の点と原点とを結んだ直線の傾きをもってヤング係数とする。コンクリートや木材でも，ひずみ度の小さい範囲では，弾性体として扱ってよい。図9(b)では，ひずみ度が小さい部分は直線的である。圧縮試験で得られる最大強さを，**圧縮強さ**[2]とよぶ。

[2] compressive strength

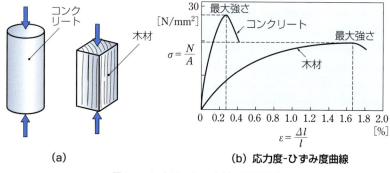

図9 コンクリート・木材の圧縮試験

2 許容応力度

構造物に実際に作用する荷重は，予想した設計荷重より大きいことがある。設計荷重は，法令の基準[3]に従って計算される推定値であり，この推定値により部材に生じる力も必ずしも実際の力とは一致しない。

[3] 建築基準法施行令第83, 84, 85, 86, 87, 88条など。

このように，推定値を含む計算と実際との違いや材料強度のばらつきを考慮して，構造物が安全であるように，材料ごとに許される応力度の限界が決められている。これを材料の**許容応力度**[4]といい，記号 f で表す。

[4] allowable stress

(a) 降伏点・引張強さおよび基準の強さ[5] 構造物を安全に設計するためには，その部材となる材料の強度を評価しなければならない。鋼材では，降伏点または引張強さの最低値をもって，その材料の基準の強さとしている。図8(a)のように，鋼材は応力度が降伏点を超えるとひずみ度が急増し，しかも原形に回復できないため，鋼材の安全な

[5] 鋼材および木材の場合は基準強度，コンクリートの場合は設計基準強度という。

限度の応力度は降伏点を超えないこととされ，その降伏点は，**鋼材の基準の強さ**❶とされている。

コンクリートや木材では，軟鋼のように明確な降伏点が現れないので，圧縮強さ（最大強さ）を基準の強さとしている。鋼材，コンクリートおよび木材の基準の強さは記号 F ❷で表す。

(b) 基準の強さ以下での破壊現象　荷重の状態によっては，基準の強さまたは弾性限度以下の応力度でも大きなひずみ度を生じて材料が破壊してしまうことがある。

図10のような圧縮力を受けるコンクリートは，設計上許される荷重値以下であっても，その作用期間が長いとフックの法則からはずれてしまい，縮みが増大することがある。このように，一定の荷重が長時間作用するとき，縮みやたわみが増加する現象を**クリープ**❸という。ある限度以上の継続荷重のもとでは，時間の経過とともにクリープによる縮みやたわみは増大し，ついには破壊してしまう。これを**クリープ破壊**という。

また，鋼材は，数万回，数十万回繰り返し荷重を受けると，材料の抵抗力が弱まって破壊してしまうことがある。この破壊の過程を**疲れ**または**疲労**❹とよび，この破壊を**疲労破壊**という。

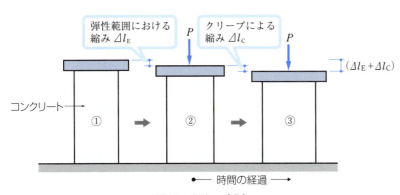

図10　クリープ現象

(c) 安全率と許容応力度　許容応力度の値を求めるためには，材料固有の基準の強さを**安全率**❺ n とよばれる数値で割る方法が用いられる。安全率 n は，基準の強さ F と，許容応力度 f との比で，材料や部材に生じる力の組合せの種類に応じて，1，1.1，1.5，3などの数値が採用される。

---

❶ 鋼材の基準強度は降伏点と引張強さの70％のうち，小さいほうの値としている。

❷ 建築基準法施行令第90，91条。

❸ creep
木材の梁が鉛直荷重を受けてたわむような場合でも，この荷重が長期にわたり作用する場合に，クリープが生じることがある。

❹ fatigue

❺ safety factor
木材やコンクリートは安全率を大きめにとっている。

| ●安全率と許容応力度 | $f = \dfrac{F}{n}$ | (11) |

n：安全率　　　F：基準の強さ［N/mm²］　　　f：許容応力度［N/mm²］

❶ stress due to sustained loading

❷ stress for temporary loading

❶❷ともに詳しくは，第5章で学ぶ。➡**p.166**

部材に生じる力の組合せの種類を大別すると，**長期に生じる力**❶と**短期に生じる力**❷になる。長期に生じる力は，構造物自体の荷重や積載荷重などのように，長期間持続して作用する荷重によって部材に生じる力である。短期に生じる力は，地震や風圧力など比較的，短時間に作用する荷重によって生じる力を，長期に生じる力に重ね合わせて得られる力をいう。

材料の許容応力度は，長期・短期に生じる力に対して，式(11)に基づく値が法令❸によって決められている。その許容応力度を表す記号fには，引張，圧縮，曲げ，せん断に対応させて，記号t，c，b，sの添え字❹を付記して下記のように区別する。

❸ 建築基準法施行令第89，90，91，94条など，および昭和55年建設省告示第1794，1799号など。

❹ 添え字は他の記号と組み合わせて使うこともある。軸方向力Nを表す記号と組み合わせる場合
　引張力＝N_t
　圧縮力＝N_c
とする。

　　許容引張応力度：f_t　　　許容圧縮応力度：f_c

　　許容曲げ応力度：f_b　　　許容せん断応力度：f_s

例題4　材質SR 235，ϕ19の丸鋼は，長期引張力40kNに対して安全か。ただし，長期許容引張応力度f_tは155N/mm²とする。

　解答…　$N = 40\,\text{kN} = 40 \times 10^3\,\text{N}$　　$A = \dfrac{\pi \times 19^2}{4} = 283.4\,\text{mm}^2$

　　　　　引張応力度　　$\sigma_t = \dfrac{40 \times 10^3}{283.4} = 141.1\,\text{N/mm}^2 < f_t = 155\,\text{N/mm}^2$

　　　　　したがって，σ_tがf_tより小さいから安全である。

ヒント

（長期許容引張力）
＝（長期許容引張応力度）
　×（断面積）

問 8　材質SR 235，ϕ20mmの丸鋼は，長期引張力45kNに対して安全か。ただし，長期許容引張応力度f_tは155N/mm²とする。

▪ 節末問題 ▪

1. ϕ13の長さ2mの丸鋼を20kNで引っ張ったときの伸びは何mmか。ただし，$E = 2.05 \times 10^5\,\text{N/mm}^2$とする。

2. 材質SR 235，ϕ13の丸鋼の長期許容引張力は何kNか。ただし，長期許容引張応力度f_tは155N/mm²とする。

3節 部材に生じる応力度

構造物を構成する部材には，作用する荷重の状態により，軸方向力やせん断力，曲げモーメントなどの力が作用する。ここでは，これらの力が部材の断面にどのように作用し，また，そのときの安全性をどのように確認するかを学ぶ。

1 曲げモーメントを生じる部材

曲げモーメントにより力を伝達させる部材を**曲げ材**[1]という。ふつう曲げ材には，曲げモーメントと同時にせん断力も生じる。梁・根太・大引・母屋・胴縁などは曲げ材である。

曲げ材には，木材のように均質でないものもあるが，ここでは，鋼材のような均質な部材とみなし，部材に生じる応力度を求める。

[1] bending member

1 梁の曲げ応力度

図1において，区間C〜Dには一定値の曲げモーメントが生じ，せん断力は生じていない。この状態を単純曲げという。区間C〜D以外では，曲げモーメントとせん断力が生じている。

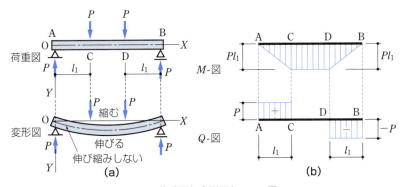

図1 荷重図と変形図と$M \cdot Q$-図

図1で，単純曲げとなる区間C〜Dの変形は，均一な曲げ変形であり，**たわみ曲線**[2]は円弧状となる。このとき小変形を拡大してみると，図2(a)のように，材軸に垂直な微小間隔の平行断面間が縮む部分と伸びる部分とからなる曲げ変形であることがわかる。このように変形が微小であるとき，伸縮はフックの法則に従い，引張りを受ける部分も圧縮を受ける部分もヤング係数は同じ値で，変形後も断面は平面を保つと考えてよい[3]。したがって，伸縮量は伸び縮みしない境目からの距離yに比例して大きくなり，この伸縮量$\varepsilon \Delta x$をもとの長さΔxで除し

[2] deflection curve
　たわみ曲線とは，曲げなどの力により変形した部材の材軸がかく曲線である。

[3] 平面保持の仮定という。

第3節　部材に生じる応力度　111

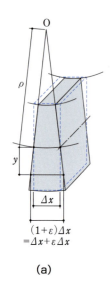
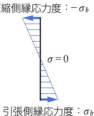
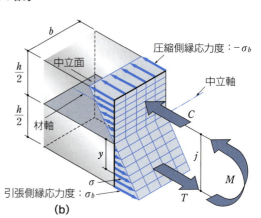

(a)　　　　　　　　　　　(b)

図2　曲げによる変形と応力度

❶ 軸方向力による垂直応力度にかぎらず，一般に断面に垂直な応力度を垂直応力度という。
❷ bending stress
❸ neutral surface

❹ neutral axis
　N軸と表現することがある。
❺ extreme fiber stress

対象断面では，$Z = \dfrac{2I}{h}$ であるから，(1)式のyに $\dfrac{h}{2}$ を代入すると，縁応力度は，
$\sigma_b = \dfrac{M}{I} \times \dfrac{h}{2} = \dfrac{M}{Z}$　(2)
となる。

❻ radius of curvature
❼ curvature

て求めたひずみ度εに相応した**垂直応力度**❶が図2(b)のように生じる。

このときの垂直応力度を**曲げ応力度**❷という。符号は曲げモーメントの正負に関係なく，曲げによって断面の各部分に生じる垂直応力度の正負に従って定める。材軸に沿った伸び縮みしない面を**中立面**❸といい，それが断面内に表れた線（曲げ応力度が0となる境目の線）を断面の**中立軸**❹という。中立軸から離れるほど垂直応力度は多きくなり，中立軸から最も遠い位置では，曲げ応力度は引張応力度・圧縮応力度ともに最大となる。これを**縁応力度**❺という。

中立軸からy離れた断面内の任意層での曲げ応力度σと縁応力度σ_bは次の式から求める。単位はN/mm², kN/m² などを用いる。

● 曲げ応力度　　　$\sigma = \dfrac{M}{I} y$ 　　　　　(1)

● 縁応力度　　　　$\sigma_b = \dfrac{M}{Z}$ 　　　　　(2)

M：曲げモーメント ［kN・m，N・mm］
I：断面二次モーメント ［mm⁴，m⁴］　　y：中立軸からの距離 ［mm，m］

図2(a)に示すたわみ曲線の半径を**曲率半径**❻といい，記号ρ（ロー）で表す。曲率半径の逆数 $\left(\dfrac{1}{\rho}\right)$ を**曲率**❼という。曲げモーメントと曲率の関係は次の式で表される。

● 曲率　　　$\dfrac{1}{\rho} = \dfrac{M}{EI}$　または　$M = EI \times \dfrac{1}{\rho}$　(3)

EI：曲げ剛性　　E：ヤング係数 ［N/mm²］
I：断面二次モーメント ［mm⁴，m⁴］

式(3)は一定の曲げモーメントMに対して，EIが大きいほど曲率半径ρが大きく，曲がりにくいことを表している。このEIを**曲げ剛性**[1]という。

[1] flexural rigidity

---

1 図2(b)の長方形断面による曲げ応力度の式(1)・縁応力度の式(2)の確認

●**縁応力度**　引張側および圧縮側に生じる力の合力であるTおよびCによる偶力のモーメントと曲げモーメントMが等しいことから，次の式がなりたつ。

$M = Tj$（jはT，C間の距離）　　$T = C = \sigma_b \times \frac{1}{2}\left(\frac{h}{2} \times b\right)$, $j = \frac{2}{3}h$ より，

$M = Tj = \sigma_b \times \frac{1}{2}\left(\frac{h}{2} \times b\right) \times \frac{2}{3}h = \frac{bh^2}{6}\sigma_b = Z\sigma_b$　　　したがって，$\sigma_b = \frac{M}{Z}$

●**曲げ応力度**　中立軸から断面内の任意層の曲げ応力度σと，中立軸からその層までの距離yが比例することから，次の式がなりたつ。

$\sigma : y = \sigma_b : \frac{h}{2}$ より，$\sigma \frac{h}{2} = \sigma_b y$　　　したがって，$\sigma = \left(\sigma_b \div \frac{h}{2}\right) \times y$　　　$\sigma_b = \frac{M}{Z}$ なので

$\sigma = \left(\frac{M}{Z} \div \frac{h}{2}\right) \times y = \frac{M}{Z \times \frac{h}{2}} \times y$　　$Z = \frac{I}{\frac{h}{2}}$ なので，$\sigma = \frac{M}{I}y$

2 図2(a)の三角形の相似による曲率の式(3)の確認

$\frac{(1+\varepsilon)\Delta x}{\Delta x} = \frac{\rho + y}{\rho}$　　　$1 + \varepsilon = 1 + \frac{y}{\rho}$　　　したがって，$\varepsilon = \frac{y}{\rho}$

フックの法則から$\varepsilon = \frac{\sigma}{E}$，および式(1) $\sigma = \frac{M}{I}y$ から

$\varepsilon = \frac{y}{\rho} = \frac{\sigma}{E} = \frac{1}{E} \times \frac{M}{I}y$ となり，$\frac{1}{\rho} = \frac{M}{EI}$ が求まる。

2　梁のせん断釣合い

曲げモーメントとせん断力が生じて，釣り合っている梁[2]を考える。図3のような，梁内部にある微小な角棒要素（$\Delta x \times \delta$(デルタ)$\times b$）に注目すると，この角棒要素も，当然，釣り合って静止状態にある。

曲げによる垂直応力度は，角棒要素の左右鉛直面（A面とB面）に対して水平に作用し，釣り合うと考えられるため，正($+$)のせん断力Qだけによる力の状態を調べる。

図3のように，正($+$)のせん断力Qにより，⑦の角棒要素の鉛直面に正($+$)のせん断応力度τが生じている。角棒要素が釣り合って静止するためには，①のように水平面にもせん断応力度τ'が存在しなければならない。①にはせん断応力度τ'を負($-$)の向きに表してあるが，これはせん断応力度τが正($+$)の偶力のモーメントを生じるので，角棒要素に生じる力が釣り合うためには，せん断応力度τ'は負の偶力のモーメントを生じなければならないためである。

[2] 荷重を受け水平に支持された長方形断面の梁。

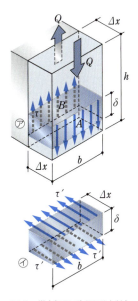

図3　微小部分に生じるせん断力

τとτ'はたがいに異符号となり，τが正（＋）のときτ'は負（－）となる。これは，材軸に垂直なせん断力が生じると同時に，梁の材軸方向にもせん断力が生じていて，つねにその応力度の大きさは等しく，符号は正負反対であることを示している。

単位厚さの正方形要素のせん断釣合いを考えると，図4のようになる。図4は，τを正（＋），τ'を負（－）の向きに表している。鉛直・水平のせん断力は，45°面の引張り・圧縮の垂直応力度の組合せ効果と同じである。つまり，せん断は，要素をひし形に変形させようとする働きがある。

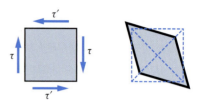

図4　せん断による変形

以上のことは，せん断力Qが負（－）の場合，または材軸に沿って一定でなく変化するときでも，内部の微小部分についてなりたつことが確かめられている。

3　梁のせん断応力度

図5(a)のように，AとBの2枚の板を重ねた状態で曲げを加えると図5(b)のように曲がり，両端部で㋐，㋑のようなずれを生じる。

次にA，B材を接着して曲げを加えると，図5(c)のように両端はそろうが，曲げが大きく接着力が耐えられなくなると，図5(b)と同様にずれが生じる。このことから，接着面には，たがいにずらそうとするせん断応力度$τ$が生じていることがわかる（図5(c)）。

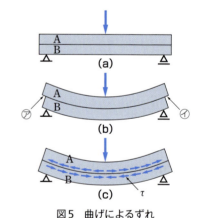

図5　曲げによるずれ

単純せん断の場合の$τ$の分布は一様であったが，曲げとせん断を受ける梁の$τ$は一様な分布ではない。その値は，せん断力だけではなく曲げモーメントによる影響も加えて求める。曲げによる断面に垂直な力と，内部水平面のせん断力との釣合いについてなりたつ関係から，理論的に式(4)が導かれる。

●せん断応力度　　　$\tau = \dfrac{QS}{bI}$　[N/mm², kN/m²など]　　　(4)

Q：梁のせん断力 [N, kN]
S：中立軸についての陰影部分の断面一次モーメント（図6(a)）[mm³, m³]
b：梁幅 [mm, m]
I：中立軸についての全断面の断面二次モーメント [mm⁴, m⁴]

式(4)から，断面各部分のτの値を具体的に求めることができる。ただし，断面はY軸について対称とする。

長方形断面の梁では，τの分布は図6(b)のようになる。

また，$y=0$のときSが最大となるので，τ_{max}は中立軸の位置に生じる。図6(b)の長方形断面のSとIは，次のようになる。

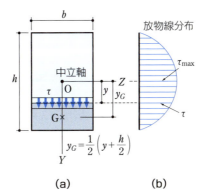

図6　梁のせん断応力度

$$S = \dfrac{bh}{2} \times \dfrac{h}{4} = \dfrac{bh^2}{8} \qquad I = \dfrac{bh^3}{12}$$

このSとIを式(4)に代入すると式(5)になる。

$$\tau_{max} = 1.5 \dfrac{Q}{bh} \quad \text{（長方形断面の場合）} \qquad (5)$$

Y軸について対称な一般の断面の場合，断面積をAとすれば，τ_{max}は次の式のようになる。

●最大せん断応力度　　　$\tau_{max} = \kappa \dfrac{Q}{A}$　[N/mm², kN/m²など]　　　(6)

Q：せん断力 [N, kN]　　A：断面積 [mm², m²]
κ（カッパ）：断面の形によって決まる係数❶

❶ 長方形断面：$\kappa = 1.5$
円形断面：$\kappa = \dfrac{4}{3}$

4　梁の主応力度

図7に示す梁のAC間には，曲げモーメントとせん断力が生じている。梁の材軸に垂直な断面の各部分には，これらの力に応じた曲げモーメントによる垂直応力度（曲げ応力度ともいう）とせん断応力度が生じる。

いま，AC間の微小正方形要素aについてみると，この要素には曲げ応力度σ_aとせん断応力度τ_aが同時に作用している（図7(a₁)）。

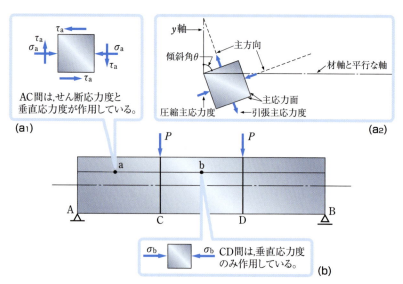

図7 曲げとせん断を受ける梁の微小部分に生じる力

これらの応力度によって，図7(a₂)のようなY軸に対して傾斜角θをもつ要素aの辺には，垂直応力度のみが作用し，せん断応力度の生じない応力度状態がある。このときの垂直応力度をその点❶での**主応力度**❷という。図7(a₂)のように，たがいに直交する引張主応力度と圧縮主応力度とで表すことができる。また，主応力度の方向を主方向といい，主応力度が生じる面を**主応力面**という。

梁のCD間のb点についてみると，曲げモーメントのみが作用するので，主方向は水平で圧縮主応力度のみ生じる（図7(b)）。このように部材全体について主方向を求め，これをつなぐとたがいに直交する1組の曲線群が，図8のように得られる。これらの曲線を**主応力線**という。

❶ 微小要素を点とみなす。
❷ principal stress

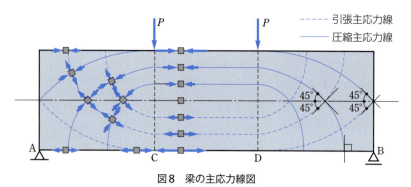

図8 梁の主応力線図

5 曲げ材の設計

曲げモーメントMとせん断力Qが，ともに生じている部材の計算では，曲げモーメントとせん断力を同時に扱うとはん雑になるので，実際の設計では

MとQを切り離して考える。

　材料の抵抗力は，断面に対して垂直に働く力とせん断力とでは違いがある。そこで，部材に生じる応力度がMについては許容値以下であり，かつ，Qについても許容値以下であることを別個に確かめる。さらに曲げによるたわみを求めて，その値が制限値以下であることを確かめる。

　ここでは，木材の梁を例にして，曲げ材の断面計算の方法について学ぶ❶。

　① 長期・短期に生じる力のそれぞれのうち，最も不利なMとQを決める。

　② 仮定した部材断面の縁応力度σ_bが，許容曲げ応力度f_b以下であることを，次の式で確かめる。断面係数をZとし，σ_bの値は絶対値をとる。

❶ 鉄筋コンクリート材や鋼材の梁については第6章，第7章で学ぶ。

●縁応力度　　　$\sigma_b = \dfrac{M}{Z} \leqq f_b$　　[N/mm², kN/m²など]　　　(7)

M：曲げモーメント［kN·m，N·mm］　　　Z：断面係数［mm³，m³］
f_b：許容曲げ応力度［N/mm²，kN/m²］

　③ または，許容曲げモーメントM_aが，設計用曲げモーメントM以上であることを，次の式で確かめる。

$$M_a = f_b Z \geqq M \tag{8}$$

　④ または，仮定した部材断面のZが，Mに対して安全上必要な最小限の断面係数$\overline{Z}$以上であることを，次の式で確かめる。

$$\overline{Z} = \dfrac{M}{f_b} \leqq Z \tag{9}$$

　⑤ 最大せん断応力度$\tau_{\max}$が，許容せん断応力度f_s以下であることを，次の式で確かめる。$\tau_{\max}$の値は絶対値をとる。

●最大せん断応力度　　　$\tau_{\max} = \kappa \dfrac{Q}{A} \leqq f_s$　　[N/mm², kN/m²など]　　(10)

κ：断面の形によって決まる係数（長方形断面のとき$\kappa = 1.5$）
Q：せん断力［N，kN］　　　A：部材の断面積［mm²，m²］
f_s：許容せん断応力度［N/mm²，kN/m²］

　⑥ 梁の**スパン**❷に対する梁せいの割合$\dfrac{1}{12}$以下の場合，長期に生じる力に対して最大たわみ$\delta_{\max}$を計算し，その値に，木構造にあっては2を乗じた数値❸がスパンの$\dfrac{1}{250}$以下となることを確かめる。スパンlのすべてに等分布荷重wが作用する単純梁の最大たわみ$\delta_{\max}$は，式(11)による。たわみについては，第4節で詳しく学ぶ。

❷ span
梁の支点間の距離。

❸ この数値を変形増大係数という（平成12年建設省告示第1459号）。

第3節　部材に生じる応力度　**117**

$$\bullet\text{等分布荷重によ} \qquad \delta_{\max} = \frac{5}{384}\frac{wl^4}{EI} \quad [\text{mm, m など}] \qquad (11)$$

る最大たわみ
（単純梁）

$$\delta_{\max} \times 2 \leqq \text{梁のスパン} \, l \times \frac{1}{250} \qquad (12)$$

w：等分布荷重 [N/mm，kN/m]　　　l：梁のスパン [mm，m]
I：断面二次モーメント [mm⁴，m⁴]　　E：ヤング係数 [N/mm²]

例題1 あかまつの梁断面の寸法が $b \times h = 60\,\text{mm} \times 100\,\text{mm}$ のとき，長期許

容曲げモーメント M_a はいくらか。ただし，f_b❶ $= 7.48\,\text{N/mm}^2$ とする。

解答… 断面係数　$Z = \dfrac{60 \times 100^2}{6} = 10^5\,\text{mm}^3$

許容曲げモーメント

$$M_a = f_b Z = 7.48\,\text{N/mm}^2 \times 10^5\,\text{mm}^3 = 7.48 \times 10^5\,\text{N·mm}$$

例題2 $l = 1820\,\text{mm}$ のスパンすべてに，梁自体の重量を含めて $w = 10\,\text{N/mm}$

の等分布荷重を受ける単純梁を，長方形断面のあかまつで計算せよ。

ただし，梁の幅は $105\,\text{mm}$，あかまつの材料定数は $f_b = 7.48\,\text{N/mm}^2$,

$f_s = 0.88\,\text{N/mm}^2$，$E = 7.8 \times 10^3\,\text{N/mm}^2$ とする。

解答… 長期に生じる力

$$M = \frac{wl^2}{8} = \frac{10 \times 1820^2}{8} = 4\,140\,500\,\text{N·mm}$$

$$Q = \frac{wl}{2} = \frac{10 \times 1820}{2} = 9\,100\,\text{N}$$

① **断面寸法の仮定**

所要断面係数　　$\overline{Z} = \dfrac{M}{f_b} = \dfrac{4\,140\,500}{7.48} = 5.54 \times 10^5\,\text{mm}^3$

梁幅を b，せいを h とすれば，断面係数 Z は $Z = \dfrac{bh^2}{6}$ となる。

$Z \geqq \overline{Z}$ より，$\dfrac{105 \times h^2}{6} \geqq 5.54 \times 10^5\,\text{mm}^3$

したがって，$h \geqq \sqrt{\dfrac{5.54 \times 10^5 \times 6}{105}} = 178\,\text{mm}$

余裕をみて，$b \times h = 105\,\text{mm} \times 180\,\text{mm}$ と仮定する。

② **仮定断面の性状**

$$I = \frac{105 \times 180^3}{12} = 5.10 \times 10^7\,\text{mm}^4$$

$$A = 105 \times 180 = 1.89 \times 10^4\,\text{mm}^2$$

③ **せん断の検討**

$$\tau_{\max} = 1.5 \times \frac{9\,100}{1.89 \times 10^4} = 0.72\,\text{N/mm}^2 < f_s = 0.88\,\text{N/mm}^2$$

したがって，安全である。

④ **たわみの検討**

$$h = 180\,\text{mm} > 1820 \times \frac{1}{12} = 152\,\text{mm}$$

したがって，たわみの検討は，とくに必要ではない。

---

❶ あかまつは，甲種構
造材（2級）とする。

$f_b = \dfrac{1.1 Fb}{3}$

$= \dfrac{1.1 \times 20.4}{3}$

$= 7.48\,\text{N/mm}^2$

$f_s = \dfrac{1.1 F_s}{3}$

$= \dfrac{1.1 \times 2.4}{3}$

$= 0.88\,\text{N/mm}^2$

（建築基準法施行令第89
条，平成12年建設省告示
第1452号）

118　第3章　部材の性質と応力度

以上から，設計断面を105 mm×180 mmに決定する。

参考のため，式(12)により，たわみの検討を行う。

$$\delta_{max} = \frac{5}{384} \times \frac{10 \times 1820^4}{7.8 \times 10^3 \times 5.10 \times 10^7} = 3.59 \text{ mm}$$

$$\delta_{max} \times 2 = 3.59 \times 2 = 7.18 \text{ mm} < l \times \frac{1}{250} = 1820 \times \frac{1}{250} = 7.28 \text{ mm}$$

したがって，たわみは制限値以下である。

問 1 長方形断面 $b \times h = 120 \text{ mm} \times 180 \text{ mm}$ のすぎの梁は，長期曲げモーメント $M = 4.3 \times 10^6 \text{ N·mm}$ の単純曲げに対して安全かどうか，σ_b を求めて確かめよ。ただし，$f_b = 9.46 \text{ N/mm}^2$ とし，たわみについての検討は不要である。

2 引張力を生じる部材

材軸方向に一様な引張力を生じるまっすぐな部材が引張材である。その断面計算は，部材に生じる引張応力度 σ_t が，材料の許容引張応力度 f_t 以下であることを，次の式で確かめる。

●引張応力度　　$\sigma_t = \dfrac{N_t}{A_n} \leqq f_t$ 　[N/mm², kN/m² など]　　(13)

N_t：引張力 [N, kN] 　　A_n：有効断面積 [mm², m²]
f_t：許容引張応力度 [N/mm², N/m²]

有効断面積は，材軸に垂直な正味断面積を考える。正味断面積はボルト孔または工作上の切欠きなどによる欠損断面積❶を，全断面積から差し引いたもののうちの最小値を用いる。

❶ 断面欠損ともいう。

例題3 図9の組立材に長期引張力120 kNが生じるとき，この部材の安全性を調べよ。ただし，$f_t = 156 \text{ N/mm}^2$ とし，接合部の安全は確認できているものとする。

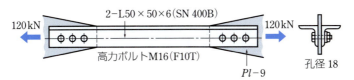

図9　例題3

解答… 有効断面積 $A_n = 564.4❷ \times 2 - 18 \times 6 \times 2 = 912.8 \text{ mm}^2$

引張応力度 $\sigma_t = \dfrac{1.2 \times 10^5}{912.8} = 131 \text{ N/mm}^2 < f_t = 156 \text{ N/mm}^2$

したがって，安全である。

❷ ➡p.305 付8。

問 2 例題3の使用部材を2−L60×60×5に変更した場合の安全性を調べよ。その他の条件は同一とする。

3　圧縮力を生じる部材

材軸方向に圧縮力を生じる部材を圧縮材という。同じ軸方向力材でも，引張材と異なった性質がある。ここでは，圧縮力を生じる部材の性質について学ぶ。

1　棒状部材の座屈

図10のように，細長い部材を台ばかりの上に垂直に立て，圧縮力を加えると，圧縮力が小さいうちは垂直を保ちながら外力に抵抗する。しかし，荷重を徐々に大きくしていくと，圧縮力がある一定の大きさに達したとき，部材は急に安定を失って曲がりはじめる。このような現象を**座屈**[1]という。

図10　座屈時の荷重の測定

太く短い部材で，座屈について考慮しなくてよい圧縮材を**短柱**[2]といい，比較的細長い部材で，座屈について考慮しなければならない圧縮材を**長柱**[3]という。木材や鋼材を使用した部材は，長柱に属する圧縮材が多い。鉄筋コンクリートの部材は，ふつうの断面寸法ならば，曲げ剛性が大きく，座屈についてはあまり考える必要はない。

2　長柱公式

圧縮力を生じる単一の長柱が座屈して曲がりはじめ，それ以上の荷重増加に耐えられなくなると座屈を起こす。座屈する寸前の圧縮力の限界荷重を**弾性座屈荷重**といい，記号 N_k で表す。その大きさを求めるには，オイラーが誘導した理論式に基づいて，次のように表した公式を用いる。N_k の値は，絶対値をとる。これを**オイラー式**[4]という。

●オイラー式　　$N_k = \dfrac{\pi^2 EI}{l_k^2}$　　　　　　(14)

N_k：弾性座屈荷重［N，kN］　　I：断面二次モーメント［mm⁴，m⁴］
E：ヤング係数［N/mm²］　　l_k：座屈長さ［mm，m］

式中の l_k は**座屈長さ**[5]とよばれ，表1のように，材長との関係が決められている。オイラー式は，両端ピン支持の材長をもとにしているので，支持条件が異なる場合には，それらの材長 l を座屈長さ l_k に修正す

---

[1] buckling
[2] short column
　圧縮のみで強さが決まる。
[3] long column
　座屈によって強さが決まる。
[4] Euler's equation
[5] buckling length

ることにより，同じ公式を用いることができる。

N_k は材料の強さに無関係であり，曲げ剛性 EI に比例し，座屈長さ l_k の2乗に反比例する。

表1 支持条件[1]と座屈長さ

支持条件	(a) 両端ピン	(b) ピン・固定	(c) 両端固定	(d) 両端固定	(e) 自由・固定
水平移動条件	水平移動拘束	水平移動拘束	水平移動拘束	水平移動自由	水平移動自由
座屈形状	l	l	l	l	l
座屈長さ	l	$0.7l$	$0.5l$	l	$2l$

例題4 表1に示す「同質・同長・同断面」の長柱がある。(a)～(c)のうち，どの材が一番強いか。

解答… $\pi^2 EI$ は定数なので，この例題の場合は考慮しなくてよい。N_k は l_k^2 に反比例するので，N_k を大きく（圧縮力に強く）するには，l_k を小さくすればよい。

$$(a):(b):(c) = \frac{1}{l^2} : \frac{1}{0.49l^2} : \frac{1}{0.25l^2}$$
$$\fallingdotseq 1:2:4$$

したがって，(c)の柱が最も強い。

[1] 回転支点（ピン）の記号は，図11のように表示する場合がある。

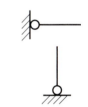

図11 回転支点記号の例

問3 図12に示す圧縮材(a)～(c)の座屈長さが大きい順に並べなさい。ただし，材質は均一で(c)以外は材端の水平移動は拘束されているものとする。

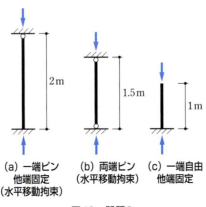

図12 問題3

> **試してみよう**　断面形状による座屈時の荷重を比較しよう
>
> ■準備するもの
> はかり，模型材料（A：2mm×12mm，B：3mm×8mm，C：4mm×6mm），
> 紙やすりまたは両面テープ（模型材料がはかりの上ですべる場合）
> ■試してみよう
> 1 模型材料Aをはかりの上に立てて，上から指でゆっくりと力を加える。
> 2 座屈する直前の荷重を読み取り，記録しておく（3回程度繰り返し，平均をとるとよい）。
> 3 模型材料をBに変更し，2と同じように荷重を加える。
> 4 模型材料をCに変更し，2と同じように荷重を加える。

単一の棒状部材が座屈するときの変形は，弱軸まわりに曲がりはじめる。このため，断面二次モーメントは弱軸について考える。座屈時の断面に生じる応力度を，**弾性座屈応力度**という。これをσ_kで表すと式(14)から次のようになる。

$$\sigma_k = \frac{N_k}{A} = \frac{\pi^2 EI}{l_k^2 A} = \frac{\pi^2 E}{l_k^2}\left(\sqrt{\frac{I}{A}}\right)^2 = \frac{\pi^2 E i^2}{l_k^2} = \frac{\pi^2 E}{\left(\frac{l_k}{i}\right)^2}$$

A：部材断面積
i：弱軸まわりの断面二次半径（このときの弱軸を**座屈軸❶**という）

❶ buckling axis
❷ slenderness ratio

上式の$\frac{l_k}{i} = \lambda$を**細長比❷**といい，λで表すと弾性座屈応力度σ_kは，式(15)となる。

> ●弾性座屈応力度　　　$\sigma_k = \dfrac{\pi^2 E}{\lambda^2}$　　[N/mm², kN/m²など]　　(15)

E：ヤング係数 [N/mm²]　　　λ：細長比　ただし，$\lambda = \dfrac{l_k}{i}$，$i = \sqrt{\dfrac{I}{A}}$
l_k：座屈長さ [mm, m]　　　i：弱軸まわりの断面二次半径 [mm・m]

3　圧縮材の設計

現実の直線部材は，厳密にはまっすぐではなく，わずかに曲がっていることが多い。その曲がりを**元たわみ❸**といい，荷重の作用線が材軸からはずれている作用状態を荷重の**偏心❹**という。

❸ initial deflection
❹ eccentricity

（a）許容応力度　弾性座屈応力度σ_kは，部材の元たわみや荷重の偏心によって大きく低下するので，σ_kに適切な安全率nを考慮し，安全な限度の強さをf_kで表すと，$f_k = \dfrac{\sigma_k}{n}$で求められる。この$f_k$を**許容座屈応力度❺**という。圧縮力$N_c$が作用する断面積$A$の部材の安全性は，式

❺ allowable buckling stress

(16)により確かめられる。

> ● 圧縮材（木材）の設計式　　$\sigma_c = \dfrac{N_c}{A} \leqq f_k$[1]　　[N/mm², kN/m² など]　　(16)

σ_c：圧縮応力度 [N/mm², kN/m²]　　　N_c：圧縮力 [N, kN]
A：断面積 [mm², m²]

[1] 鋼構造の圧縮材は，f_k の代わりに座屈の影響を考慮して求めた許容圧縮応力度，記号 f_c を用いる。これは f_k の考え方と同じで，付10の f_c である。

（b）木構造の圧縮材　　木材の許容座屈応力度は，次の式から求める。

$$f_k = \eta f_c \qquad (17)$$

η（イータ）：材の細長比に応じて決まる座屈低減係数
f_c：許容圧縮応力度

座屈低減係数 η の値は，細長比に応じてつくられた木材の座屈低減係数表（付2）から求める。

> **例題5**　材長3 m，断面100 mm角のすぎの柱が両端ピンで支持されている。この部材に，短期圧縮力30 kNが生じるときの安全性を調べよ。ただし，短期 $f_c = 13.6$ N/mm² とする[2]。
>
> **解答…**　断面積　$A = 100^2\,\text{mm}^2 = 10^4\,\text{mm}^2$
>
> 断面二次モーメント　$I = \dfrac{100^4}{12} = \dfrac{10^8}{12}\,\text{mm}^4$
>
> 断面二次半径　$i = \sqrt{\dfrac{10^8}{12} \times \dfrac{1}{10^4}} = \dfrac{100}{\sqrt{12}} = \dfrac{100\sqrt{12}}{12}\,\text{mm}$
>
> 座屈長さ　$l_k = 3000\,\text{mm}$
>
> 細長比　$\lambda = 3000 \times \dfrac{12}{100\sqrt{12}} = 30\sqrt{12} = 104$（小数点以下切り上げ）
>
> 座屈低減係数（付2）　$\eta = 0.28$
>
> 式(17)から　$f_k = \eta f_c = 0.28 \times 13.6 = 3.80\,\text{N/mm}^2$
>
> 式(16)から
>
> $$\sigma_c = \dfrac{N_c}{A} = \dfrac{30 \times 10^3}{10^4} = 3.00\,\text{N/mm}^2 < f_k = 3.80\,\text{N/mm}^2$$
>
> したがって，安全である。

[2] 木材の短期許容応力度は，長期許容応力度の $\dfrac{2}{1.1}$ 倍である。

短期 f_c ＝長期 $f_c \times \dfrac{2}{1.1}$
$= 7.48 \times \dfrac{2}{1.1}$
$= 13.6\,\text{N/mm}^2$
（建築基準法施行令第89条）

> **問 4**　$l_k = 2$ m，断面120 mm×150 mm のひのき長柱の長期許容圧縮力は何kNか。ただし，長期許容圧縮応力度 $f_c = 9.90$ N/mm² とする。

4　偏心荷重を受ける圧縮材　　図13(a)のように，図心から離れた点に作用する軸方向力を**偏心荷重**[3]といい，作用点と図心との距離 e を**偏心距離**[4]という。

[3] eccentric load

[4] eccentric distance

図13(a)の偏心荷重状態は，図13(b)の材軸を通る荷重と図12(c)のモーメント荷重を合成したものと同じ効果をもつ。

第3節　部材に生じる応力度　**123**

したがって，図13(a)の部材は，曲げをともなう圧縮材であり，その応力度も圧縮応力度と曲げ応力度の合計として求められる。

(a) 断面の核　図13のように長方形断面に偏心荷重 N が作用する場合の応力度は，圧縮力 N と曲げモーメント $M = Ne$ による応力度の合計から求められるため，縁応力度は次の式となる。

●縁応力度　　$\sigma = \dfrac{N}{A} \pm \dfrac{Ne}{Z}$ 　[N/mm², kN/m² など]　　　(18)

N：圧縮力 [N，kN]　　　A：断面積 [mm²，m²]
Ne：曲げモーメント [N·mm，kN·m]　　Z：断面係数 [mm³，m³]

この式から，断面内に引張応力度が生じないための偏心距離 e の範囲を求めると，次のようになる。

$$-\dfrac{N}{A} + \dfrac{Ne}{Z} \leqq 0 \qquad e \leqq \dfrac{Z}{A}$$

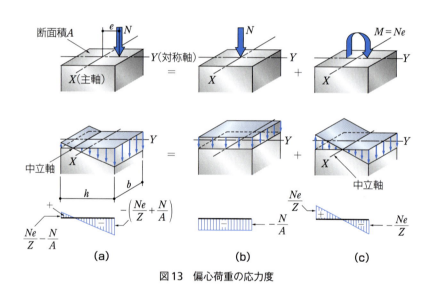

図13　偏心荷重の応力度

断面に引張力を生じない偏心限界については，図心からあらゆる方向に対して計算することができる。その点をつなぐと特有の図形が得られる。その図形の区域を**断面の核**[1]という。

[1] core of cross section

長方形断面の核はミドルサード（middle third）＝$\dfrac{1}{3}$ の中央部分にある。

●断面の核　　Y方向偏心の場合　　$Z = \dfrac{bh^2}{6}$　$A = bh$　$e \leqq \dfrac{h}{6}$

　　　　　　　X方向偏心の場合　　$Z = \dfrac{b^2 h}{6}$　　　　　　$e \leqq \dfrac{b}{6}$　(19)

断面の核は，石造・れんが造・無筋コンクリート造などの構造設計や，鉄筋コンクリート構造の独立フーチング基礎が偏心した軸方向力を受けるときの設計に重要となる。

　図14は，長方形断面について，断面の核を示したものである。

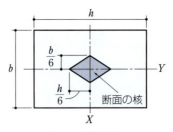

図14　断面の核

問 5　図15に示す円形断面について，断面の核の半径を求めよ。

図15　問5

ヒント
円形断面の核の半径は，$e = \dfrac{d}{8}$ となる（後見返し5参照）。

節末問題

1. スパン $l = 1350\,\text{mm}$ のすべてに，自重含めて $w = 5\,\text{N/mm}$ の等分布荷重を受ける単純梁が安全かどうか，確かめよ。ただし，断面は120 mm角，材質はあかまつで，$f_b = 7.48\,\text{N/mm}^2$，$f_s = 0.88\,\text{N/mm}^2$，$E = 7.8 \times 10^3\,\text{N/mm}^2$ とする。

Chapter 3 4節 梁の変形

1 たわみとたわみ角

梁に荷重が作用すると，その梁はわん曲する。このとき，材軸の描く曲線を**たわみ曲線**[1]，または**弾性曲線**[2]という。図1において，δ_EをE点の**たわみ**[3]，θ_EをE点の**たわみ角**[4]という。たわみの単位にはmm，たわみ角の単位にはradを用いる。θ_EはE′点でたわみ曲線に引いた接線と，変形前の材軸の延長線，またはそれに平行な直線とのなす角のことである。たわみは，ふつう，下向きを正（＋）とする。たわみ角の正負は，ふつう，時計回りのときを正（＋），反時計回りのときを負（－）とする。

[1] deflection curve
[2] elastic curve
[3] deflection
[4] deflection angle

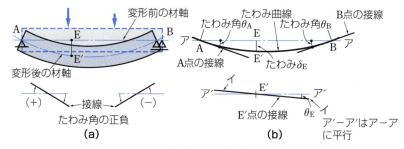

図1 梁のたわみ曲線

図1は，わかりやすくするために，変形を大きく表現してあるが，これから学ぶ内容は，ごくわずかな変形を前提としている。また，図1の梁の厳密な変形は図2(c)である。しかし，梁が細長い場合，図2(b)のせん断変形量は，図2(a)の曲げ変形量に比べて小さい。したがって，図2(a)の曲げ変形が梁の変形を決定すると考える。

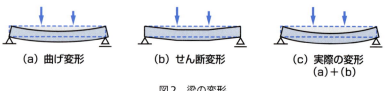

図2 梁の変形

図3は単純梁の中央のたわみおよび端部のたわみ角が，荷重P，スパンl，断面二次モーメントI，ヤング係数Eの大小によりどのように

変化するかを示したものである。すなわち，たわみ δ とたわみ角 θ は，荷重とスパンが大きいほど，また，断面二次モーメントとヤング係数が小さいほど大きくなる。片持梁においても同様の関係がある。

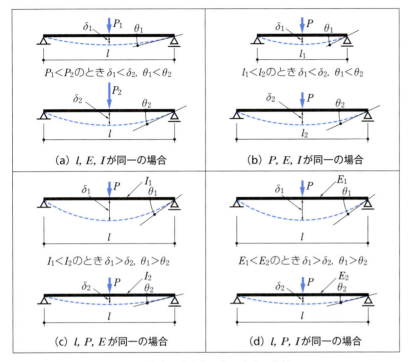

図3 たわみとたわみ角の大小の比較

図4(a), (b)の $\delta_{\max}$, θ_A を求める式は次のようになる。

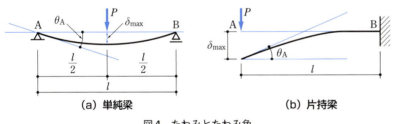

(a) 単純梁　　　　　(b) 片持梁

図4 たわみとたわみ角

●たわみと
たわみ角

単純梁　$\delta_{\max} = \dfrac{Pl^3}{48EI}$　　$\theta_A = \dfrac{Pl^2}{16EI}$

片持梁　$\delta_{\max} = \dfrac{Pl^3}{3EI}$　　$\theta_A = \dfrac{Pl^2}{2EI}$

(1)

I：断面二次モーメント[mm^4, m^4]　　E：ヤング係数 [N/mm^2]
l：スパン [mm, m]　　P：集中荷重 [kN, N]

たわみとたわみ角は単純梁や片持梁などの支持状態により変わり，

荷重P（等分布荷重の場合はその合力W）に比例し、ヤング係数Eと断面二次モーメントIに反比例する。また、たわみはスパンの3乗、たわみ角はスパンの2乗にそれぞれ比例して大きくなる。

2　モールの定理

❶ Mohr's theorem

式(1)は**モールの定理❶**から導くことができる。この定理は、せん断力と曲げモーメントの関係（p.60）および曲率半径・曲げモーメントおよび曲げ剛性の関係（p.112，式(3)）から導かれる。

単純梁と片持梁のたわみとたわみ角は以下の通りである。

モールの定理

単純梁のたわみとたわみ角

1　ある点のたわみは、この梁の曲げモーメントをEIで除した値を荷重（弾性荷重❷という）と考えた場合のその点の曲げモーメントに等しい。

❷ 仮想荷重という場合もある。

2　ある点のたわみ角は、この梁の曲げモーメントをEIで除した値を荷重と考えた場合のその点のせん断力の値に等しい。

片持梁のたわみとたわみ角

3　ある点のたわみは、この梁の曲げモーメントをEIで除した値を荷重と考え、固定支点と自由端を入れ換えて考えた場合のその点の曲げモーメントに等しい。

4　ある点のたわみ角は、この梁の曲げモーメントをEIで除した値を荷重と考え、固定支点と自由端を入れ換えて考えた場合のその点のせん断力に等しい。

1　単純梁のたわみとたわみ角の求め方

単純梁のたわみとたわみ角の求め方は、次の順序で行う（EIは一定）。

[1]　曲げモーメント図をかく。

[2]　曲げモーメントMをEIで除した値を弾性荷重とする。弾性荷重は、材軸に対して曲げモーメント図と反対側にかき、材軸に垂直に、向きは材軸側に作用する（[1]を反転させたM-図をかく）。

[3]　弾性荷重によるせん断力を求める。求めた各点のせん断力がたわみ角である。

[4]　弾性荷重による曲げモーメントを求める。求めた各点の曲げモーメントが各点のたわみである。

例題 1 図5に示す単純梁のC点のたわみδ_CとA点のたわみ角θ_Aを求めよ。
ただし，EIは一定である。

解答…　① M-図をかく。

中央集中荷重なので，図6(a)のようにM-図をかく。

② M-図$\times \dfrac{1}{EI}$を弾性荷重とみなす。

図6(b)のように弾性荷重図をかく。

③ A点のたわみ角θ_Aを求める。

A点において，$\sum Y = 0$より，

$$\dfrac{Pl^2}{16EI} + (-Q_A) = 0$$

よって，$Q_A = \dfrac{Pl^2}{16EI}$

弾性荷重図で求めたせん弾力Qをたわみ角θに読み換えて，

$$\theta_A = \dfrac{Pl^2}{16EI}$$

④ C点のたわみδ_cとを求める。

C点において，$\sum M_C = 0$より

$$\dfrac{Pl^2}{16EI} \times \dfrac{l}{2} - \dfrac{Pl^2}{16EI} \times \dfrac{l}{6} + (-M_C) = 0$$

よって，$M_C = \dfrac{Pl^3}{48EI}$

弾性荷重図で求めた曲げモーメントMをたわみδに読み換えて，

$$\delta_c = \dfrac{Pl^3}{48EI}$$

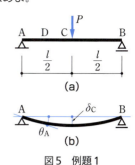
(a)

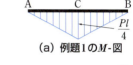
(b)

図5　例題1

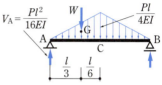
(a) 例題1のM-図

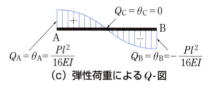
(b) 弾性荷重による曲げモーメントの算定

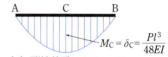
(c) 弾性荷重によるQ-図

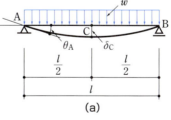
(d) 弾性荷重によるM-図

図6　例題1解答

問 1 図7(a)の最大たわみ角と最大たわみを求めよ。ただし，EIは一定とする。なお，計算にあたり，図心の位置は図7(b)を参照すること。

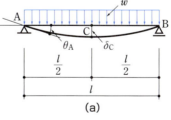
(a)

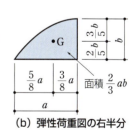
(b) 弾性荷重図の右半分

図7　問1

2　片持梁のたわみとたわみ角の求め方

片持梁のたわみとたわみ角の求め方は，次の順序で行う。

① 曲げモーメント図をかく。

② 求めた曲げモーメントの値をEIで除して弾性荷重とする。弾性荷重の表し方は，単純梁の場合と同じである。

第4節　梁の変形　**129**

3 自由端と固定端を入れ換える。

4 弾性荷重によるせん断力を求める。求めた各点のせん断力がたわみ角である。

5 弾性荷重による曲げモーメントを求める。求めた各点の曲げモーメントが各点のたわみである。

例題2 図8に示す片持梁のA点のたわみ角とたわみを求めよ。ただし、EIは一定である。

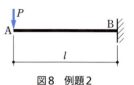

図8 例題2

解答… 1 M-図をかく。

先端集中荷重なので、図9(a)のようにM-図をかく。

2 M-図$\times \dfrac{1}{EI}$を弾性荷重とみなす。

図9(b)のように弾性荷重図をかく。このとき、**自由端と固定端を入れ換える**。

3 A点のたわみ角θ_Aを求める。

$$\theta_A = Q_A = -W = -\dfrac{1}{2} \times \dfrac{Pl}{EI} \times l = -\dfrac{Pl^2}{2EI}$$

4 A点のたわみδ_Aを求める。

$$\delta_A = M_A = \dfrac{Pl^2}{2EI} \times \dfrac{2l}{3} = \dfrac{Pl^3}{3EI}$$

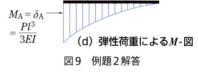

(a) 例題2のM-図

(b) 弾性荷重

(c) 弾性荷重によるQ-図

(d) 弾性荷重によるM-図

図9 例題2解答

問2 図10のA点のたわみ角θ_Aとたわみδ_Aを求めよ。ただし、EIは一定とする。なお、図心の位置は図11を参照すること。

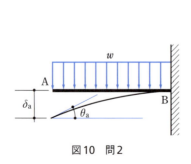

図10 問2

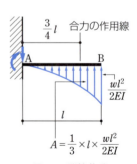

図11 弾性荷重

3 モーメント荷重が作用する場合

モーメント荷重が作用する場合のたわみとたわみ角についても、これまでと同様に求めることができる[1]。

[1] 不静定構造物を解くうえで重要となる。

例題3 図12(a)に示す単純梁のA点とB点のたわみ角を求めよ。ただし、EIは一定である。

解答…

① M-図をかく。

② M-図 $\times \dfrac{1}{EI}$ を弾性荷重とみなす。

図12(c)のように弾性荷重図をかく。

③ 弾性荷重図における反力を求める。

$\sum M_B = 0$ より、

$$V_A \times l + \left(-\dfrac{M_A l}{2EI} \times \dfrac{2}{3}l\right) = 0$$

よって、$V_A = \dfrac{M_A l}{3EI}$

$\sum Y = 0$ より、

$$\dfrac{M_A l}{3EI} + \left(-\dfrac{M_A l}{2EI}\right) + V_B = 0$$

よって、$V_B = \dfrac{M_A l}{6EI}$

④ 弾性荷重図におけるせん断力図を作成し、たわみ角を求める。弾性荷重図で求めたせん断力Qをたわみ角に読み換えて、

$$\theta_A = \dfrac{M_A l}{3EI} \qquad \theta_B = -\dfrac{M_A l}{6EI}$$

(モーメント荷重の場合は、l^2とならない。)

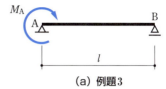

(a) 例題3

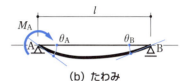

(b) たわみ

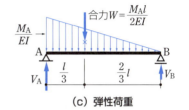

(c) 弾性荷重

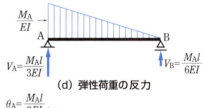

(d) 弾性荷重の反力

(e) 弾性荷重によるQ-図

図12 例題3

問3 例題3図12(a)に示す梁の中央のたわみδを、力の釣合条件を用いて求めよ。

問4 図13に示す単純梁のA点とB点のたわみ角を求めよ。ただし、EIは一定とする。

なお、図13は、図14のように重ね合わせの原理で求めることもできる。これはたわみ角ばかりでなく、たわみの場合も同様である。

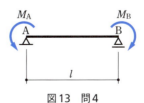

図13 問4

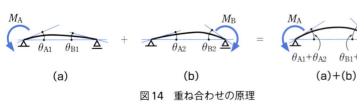

(a)　　　　　(b)　　　　　(a)+(b)

図14 重ね合わせの原理

3 支点のたわみとたわみ角

図15(a)のように，片持梁の固定支点では部材は固定されており，移動も回転も起きない。したがって，たわみとたわみ角はともに0となる。それに対して，図15(b)のように単純梁の支点では支点の垂直変化は生じないので，たわみは0である。しかし，回転が生じるのでたわみ角は0にならない。

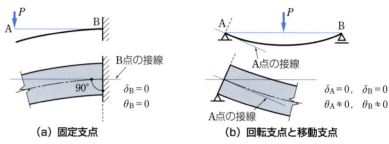

(a) 固定支点　　　　　　　(b) 回転支点と移動支点

図15　支点のたわみとたわみ角

これらをまとめると，次のようになる。

変形の条件

1 固定端では，たわみ・たわみ角ともに0である（$\delta = 0$, $\theta = 0$）。

2 移動支点および回転支点では，たわみは0である（$\delta = 0$）。

この変形の条件は，力の釣合条件とともに，不静定構造物を解くうえで重要な条件となる。

例題4　p.129図5の梁で，$P = 5880\,\mathrm{N}$，$l = 3000\,\mathrm{mm}$，$E = 7.8 \times 10^3\,\mathrm{N/mm^2}$，断面を $b \times h = 120\,\mathrm{mm} \times 300\,\mathrm{mm}$ としたとき，中央のたわみと支点のたわみ角を計算せよ。

解答…　$I = \dfrac{120 \times 300^3}{12} = 2.70 \times 10^8\,\mathrm{mm^4}$

$P = 5.88 \times 10^3\,\mathrm{N}$　　$l = 3 \times 10^3\,\mathrm{mm}$

$\theta_\mathrm{A} = \dfrac{Pl^2}{16EI} = \dfrac{5.88 \times 10^3 \times (3 \times 10^3)^2}{16 \times 7.8 \times 10^3 \times 2.70 \times 10^8} = 0.00157$

　　$= 1.57 \times 10^{-3}\,\mathrm{rad}$

$\delta_\mathrm{c} = \dfrac{Pl^3}{48EI} = \dfrac{5.88 \times 10^3 \times (3 \times 10^3)^3}{48 \times 7.8 \times 10^3 \times 2.70 \times 10^8} = 1.57\,\mathrm{mm}$

問 5　スパン 4 m の単純梁に 20 kN/m の等分布荷重が作用するとき，使用部材を H294×200×8×12 とすれば，最大たわみは，どの点に生じ，いくらとなるか。ただし，材質は S400 とする。

ヒント　たわみの公式
➡ p.129 問 1，付 9，後見返し 6

4　反曲点

図 16(a) の B 点のように，部材のわん曲の凹凸が逆になる点を**反曲点**[1]という。凹凸が逆に変化する点とは，曲げモーメントの符号が変化する点，すなわち部材の途中で曲げモーメントが 0 となる点である。図 16(b)，(c) のラーメンの骨組に，図のような荷重が加わったときの反曲点の位置を●で示す。

[1] point of contraflexure

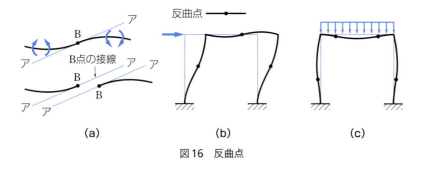

図 16　反曲点

問 6　第 2 章 p.67 図 24(e) の M-図において，反曲点は B 点から何 m の位置にあるか。

節末問題

1.　モールの定理を用いて図 17 の A 点のたわみ角 θ_A とたわみ δ_A を求めよ。ただし，EI は一定である。

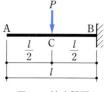

図 17　節末問題

第 4 節　梁の変形　　133

Practice 章末問題

- **1.** 直径がdである円形断面の主軸について，$i=\dfrac{d}{4}$であることをふまえ，主軸についてのIおよびZを表す式を求めよ。

- **2.** 正方形断面（辺長h）と，円形断面（直径d）の部材の断面積が，いずれもAであるとき，両部材の主軸についてのIの比はいくらか（正方形の断面二次モーメント：円形の断面二次モーメント）。

- **3.** SD 295A，D 22の鉄筋は，$N_t = 70\,\text{kN}$の長期に生じる力に対して安全か（p.181 表1，表2参照）。

- **4.** 図1に示す，同断面積・同材質の部材の中立軸まわり（図示）に，同じ大きさの曲げモーメントが生じるときの縁応力度の比（$\sigma_a : \sigma_b : \sigma_c : \sigma_d$）を求めよ。

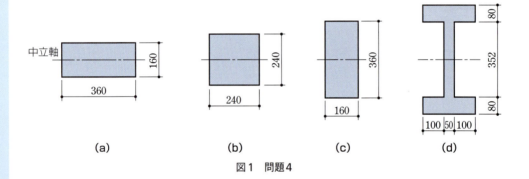

図1　問題4

- **5.** 両端ピン，材長2mの圧縮材として，L65×65×6を使用するとき，この部材の長期および短期許容圧縮力は何kNか。材質はSN400Aとする。許容圧縮応力度f_cの値は，付10による。

- **6.** スパン4m，それ自体の重さを含めた等分布荷重$w = 20\,\text{kN/m}$を受ける単純梁を，長方形断面のあかまつで設計せよ。ただし，梁幅を200mmとし，あかまつの材料定数は，p.118 例題2と同じとする。なお，梁せいの寸法は最も小さい整数値で求めよ。

第 4 章
不静定構造物の部材に生じる力

◎―構造解析シミュレーションの例

Introduction

　建築物の骨組は，ほとんどが不静定構造物といっても過言ではない。不静定構造物は，力の釣合条件だけでは部材に生じる力を求めることはできないが，部材の変形の状態を考え合わせると，部材に生じる力を求めることができる。ここでは，第3章で学んだ梁の変形をもとに，不静定構造物の解き方の基本を学ぶ。

1節 不静定梁

静定梁は，釣合条件により反力と部材に生じる力を求めることができる。しかし，不静定梁は反力が4以上あり，静定梁で学んだ方法だけでは求めることができない。そこで，特定する支点の一部またはすべての拘束された部分がないものと仮定し，静定梁の組合せとして釣合条件と変形条件から反力と部材に生じる力を求めていく。ここでは不静定梁の解法手順について学ぶ。

1 不静定梁の解法

この節では，理解しやすくするために，働く力，たわみ,たわみ角は，図中で示す方向および大きさを正として考える。図1に示す不静定梁を解く場合の手順を以下に示す。

[1] 図1(a)のA支点は，移動端で支えているため,荷重の作用後もたわまない。

[2] 図1(b)に示すように，A支点がない場合の外力Pによるたわみを考え，外力δ_Aとする。

[3] 図1(c)のA支点に生じる垂直反力V_Aを外力として考え，このV_Aのみによるたわみを反力δ_Aとする。この両方のたわみの値が等しいとき，A支点にたわみは生じない。このことからV_Aを求めると次のようになる。

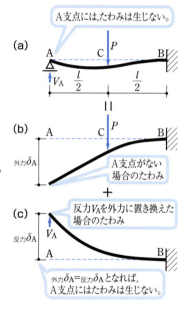

図1 不静定梁を解く順序

$$\text{外力}\delta_A = \frac{5Pl^3}{48EI} \qquad \text{反力}\delta_A = \frac{V_A l^3}{3EI}$$

$$\text{外力}\delta_A = \text{反力}\delta_A \quad \text{より} \quad \frac{5Pl^3}{48EI} = \frac{V_A l^3}{3EI}$$

V_Aについて解くと，次のようになる。

$$V_A = \frac{5}{16}P$$

ここでは，A支点に生じる反力V_Aを外力に置き換えた。これを**不静定力**❷または，**余力**という。

---

❶ 外力PによるA点のたわみ外力δ_Aは，C点のたわみδ_1と，たわみ角θ_Cに腕の長さ$\frac{l}{2}$を掛けた値δ_2を加えて求められる。

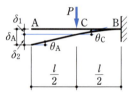

δ_1とθ_Cはそれぞれ長さ$\frac{l}{2}$の片持梁のたわみとたわみ角なので，

$$\delta_1 = \frac{P}{3EI}\left(\frac{l}{2}\right)^3$$

$$\theta_C = \frac{P}{2EI}\left(\frac{l}{2}\right)^2$$

である。したがって，

$$\begin{aligned}\delta_A &= \delta_1 + \delta_2 \\ &= \delta_1 + \theta_C \frac{l}{2} \\ &= \frac{P}{3EI}\left(\frac{l}{2}\right)^3 \\ &\quad + \frac{P}{2EI}\left(\frac{l}{2}\right)^2 \times \frac{l}{2} \\ &= \frac{5Pl^3}{48EI}\end{aligned}$$

❷ statically indeterminate force

図2(a)の不静定梁は，静定片持梁の中央点に P, A点に V_A が作用するとして，解くことができる。図2(b),(c)に結果を示す。

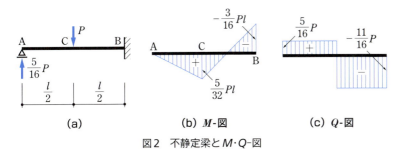

(a)　　　(b) M-図　　　(c) Q-図

図2　不静定梁と $M \cdot Q$-図

問 1　図1(a)の梁を，図3のように考えて解け。ただし，このときの変形の条件は次のようになる。

（P によるB点のたわみ角）＝（R_{MB} によるB点のたわみ角）

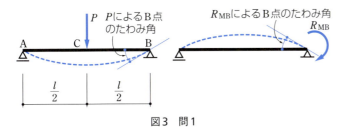

図3　問1

例題 1　図4(a)の両端固定梁を解け。ただし，EI は一定である。

解答…　① 両端は固定支点であるから，変形の条件より，

$\theta_A = \theta_B = 0$

$\delta_A = \delta_B = 0$

② この場合，左右の V, R_M の4反力が生じ，水平反力 H は生じない（p.138側注❶参照）。荷重や支持条件が左右対称であるから，

$V_A = V_B = \dfrac{P}{2}$

$R_{MA} = R_{MB} = R_M$ とおく。

③ 両端の固定端を回転端に置き換え，P と不静定力 R_M を作用させた場合を考える（図4(b)）。

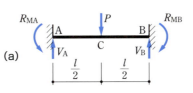

(a)

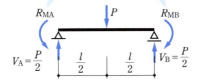

(b) 固定端を回転端と移動端に置き換え，不静定力 R_M を考える。

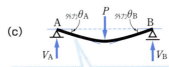

(c) A支点またはB支点のたわみ角 θ の値が等しいとき，支点にたわみ角は生じない。

(d)

図4　例題1

④ 集中荷重Pのみが作用した場合，両支点にはたわみ角 $_{外力}\theta_A$, $_{外力}\theta_B$ が生じる（図4(c)）。

⑤ 不静定力R_Mのみが作用した場合にも，不静定力によるたわみ角 $_{反力}\theta_A$, $_{反力}\theta_B$ が生じる（図4(d)）。

⑥ ④，⑤におけるA支点とB支点において $_{外力}\theta$ と $_{反力}\theta$ の値が等しいとき，たわみ角は生じない。

⑦ A支点で考えた場合，それぞれのたわみ角からR_Mを求めると次のようになる。

$$_{外力}\theta_A = \frac{Pl^2}{16EI} \qquad _{反力}\theta_A = \frac{R_M l}{2EI}$$

$_{外力}\theta_A = {_{反力}\theta_A}$ より

$$\frac{Pl^2}{16EI} = \frac{R_M l}{2EI} \quad \text{よって} \quad R_M = \frac{Pl}{8}$$

⑧ 以上の結果から梁を解くと図5のようになる。

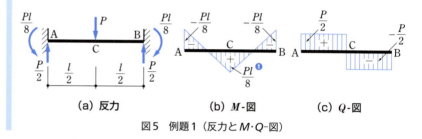

(a) 反力   (b) M-図   (c) Q-図

図5 例題1（反力と$M \cdot Q$-図）

❶ 梁中央の曲げモーメントは，単純梁としての曲げモーメントから，両端の値の平均を差し引けば求められる。

$$M_C = \frac{Pl}{4} - \left(\frac{Pl}{8} + \frac{Pl}{8}\right) \times \frac{1}{2}$$
$$= \frac{Pl}{4} - \frac{Pl}{8}$$
$$= \frac{Pl}{8}$$

留意点 両端固定梁の水平方向の反力

上図に示すような両端固定においても，梁の曲げ剛性が小さく，大きなたわみが生じる場合には，左右の支持点に大きな水平方向の反力H_A, H_Bが生じる。このような現象は大変形とよばれ吊橋・膜構造などにおいて力の流れ方を考えるときには重要であるが，この本では扱わないこととする。

問 2 図6の不静定梁を解け。ただし，EIは一定である。

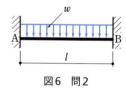

図6 問2

問 3 図7の不静定梁を解け。ただし，各梁は全長にわたりそれぞれEIを一定とする。

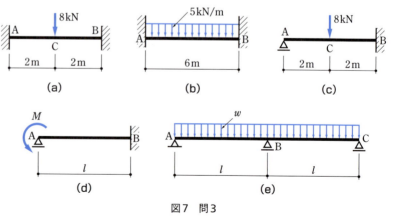

図7 問3

2節 不静定ラーメン

　不静定ラーメンの部材に生じる力を求める場合には，ふつう**たわみ角法**[1]と**固定モーメント法**[2]などが用いられる。また，実務では**マトリックス変位法**[3]など，計算機を前提とした構造解析法も多用される。

　以後，この章では，各部材の端部に作用するモーメント，生じるたわみ角ともに時計回りを正（＋），反時計回りを負（－）とする。

[1] slope-deflection method
[2] moment distribution method
[3] matrix displacement method

1 たわみ角法

　たわみ角法は，材端に作用するモーメントとたわみ角の関係を用いた解法である。ここでは，次のことを前提とする。

① 各節点に集まる部材はたがいに剛に接合されているとする。したがって，変形後も同一節点に集まる材端の接線のなす角は，変形前の材軸のなす角と同一である[4]。

② 曲げ変形のみを考える。

③ 部材の伸縮およびせん断変形は無視する。

[4] 節点の変形

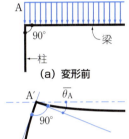

(a) 変形前

(b) 変形後

1 たわみ角法の基本公式

単純梁を用いてたわみ角法の基本式を導く。

(a) 材端モーメントとたわみ角の関係　単純梁の両端にモーメントを作用させると，変形が生じその両端にはたわみ角（変形後の材軸の接線ともとの材軸のなす角）が生じる。ここで，両端A，B点に作用するモーメント（M_{AB}, M_{BA}）を**材端モーメント**[5]といい，このとき生じるたわみ角を$\overline{\theta}_A$, $\overline{\theta}_B$とする。モールの定理により材端モーメントとたわみ角の関係を求めると式(1)が得られる[6]。

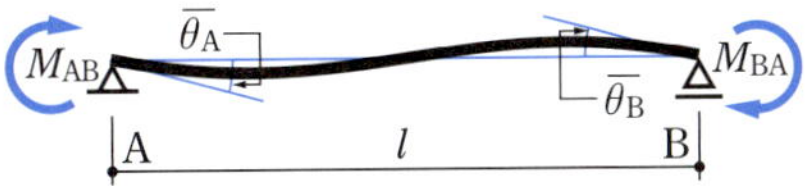

[5] end moment
　材端モーメントは，その部材の外から材端に作用するモーメントである。

[6] 図1の節点回転角 θ_A, θ_B は下図状態のたわみ角の重ね合わせによって求められる。
→ p.131 例題3

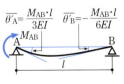

$$\overline{\theta}'_A = \frac{M_{AB} \cdot l}{3EI} \quad \overline{\theta}'_B = -\frac{M_{AB} \cdot l}{6EI}$$

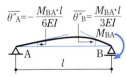

$$\overline{\theta}''_A = -\frac{M_{BA} \cdot l}{6EI} \quad \overline{\theta}''_B = \frac{M_{BA} \cdot l}{3EI}$$

図1 材端モーメントによる変形

$$\overline{\theta}_A = \frac{M_{AB} \cdot l}{3EI} - \frac{M_{BA} \cdot l}{6EI} \qquad \overline{\theta}_B = -\frac{M_{AB} \cdot l}{6EI} + \frac{M_{BA} \cdot l}{3EI} \quad (1)$$

これらをたわみ角から材端モーメントを求める式に書き直すと式(2)となる。

$$\overline{\theta}_A = \overline{\theta}'_A + \overline{\theta}''_A = \frac{M_{AB} \cdot l}{3EI} - \frac{M_{BA} \cdot l}{6EI}$$

$$\overline{\theta}_B = \overline{\theta}'_B + \overline{\theta}''_B = -\frac{M_{AB} \cdot l}{6EI} + \frac{M_{BA} \cdot l}{3EI}$$

第2節　不静定ラーメン　**139**

$$M_{AB} = \frac{4EI}{l}\overline{\theta_A} + \frac{2EI}{l}\overline{\theta_B} \qquad M_{BA} = \frac{4EI}{l}\overline{\theta_B} + \frac{2EI}{l}\overline{\theta_A} \qquad (2)$$

❶ relative stiffness

ここで，断面二次モーメントを部材の長さで除したものを**剛度**❶K_{AB}といい，部材の曲がりにくさの割合を表す。これを用いて整理すると式(3)が得られる。

$$M_{AB} = 2EK_{AB}(2\overline{\theta_A} + \overline{\theta_B}) \qquad M_{BA} = 2EK_{AB}(2\overline{\theta_B} + \overline{\theta_A}) \qquad (3)$$

$$K_{AB} = \frac{I}{l} \qquad I：断面二次モーメント \qquad l：部材の長さ$$

(**b**) **部材角の影響** 部材ABの両端が変形前の部材軸に対して支点が移動し，回転変形を起こしたと考えると図2のようになる。AB材に生じる部材の回転した角度を**部材角**❷R_{AB}という。

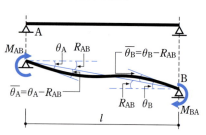

図2 節点回転角と部材角

❷ joint translation angle
❸ nodal rotation

両端A，B点に生じる回転角（θ_A, θ_B）を**節点回転角**❸とよび，(**a**)で述べた両端のたわみ角に加えて，部材角だけ余分に回転したことになる。このとき，部材にとってのたわみ角（$\overline{\theta_A}$, $\overline{\theta_B}$）は，($\theta_A - R_{AB}$)，($\theta_B - R_{AB}$)となる。これらを式(3)に代入すると

$$M_{AB} = 2EK_{AB}\{2(\theta_A - R_{AB}) + (\theta_B - R_{AB})\}$$
$$M_{BA} = 2EK_{AB}\{2(\theta_B - R_{AB}) + (\theta_A - R_{AB})\}$$

となり，部材角の影響を考慮した式(4)が求められる。

$$M_{AB} = 2EK_{AB}(2\theta_A + \theta_B - 3R_{AB})$$
$$M_{BA} = 2EK_{AB}(2\theta_B + \theta_A - 3R_{AB}) \qquad (4)$$

❹ fixed end momnet
固定端モーメントは，モールの定理などを用いて求めることができる。いろいろな荷重パターンに応じて公式が用いられている（後見返し6参照）。

(**c**) **中間荷重の影響** 中間荷重の影響は，両端を固定した梁に中間荷重を与えたときにそれぞれの端部に生じる反力のモーメントを用いて計算を進めることができる。これを**固定端モーメント**❹といいC_{AB}, C_{BA}で表す。部材の中間に荷重が作用していない場合はC_{AB}, C_{BA}はともに0となる。

(**a**)から(**c**)までをまとめると，部材の両端に作用するモーメント（M_{AB}, M_{BA}）を表す**たわみ角法の基本公式**が求められる。

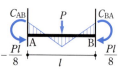

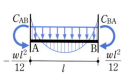

●たわみ角法の基本式1
$$M_{AB} = 2EK_{AB}(2\theta_A + \theta_B - 3R_{AB}) + C_{AB}$$
$$M_{BA} = 2EK_{AB}(2\theta_B + \theta_A - 3R_{AB}) + C_{BA} \qquad (5)$$

ここで，剛度は大きな数値となることが多い。そこで解こうとしている骨組について，代表的な値を標準剛度[1]K_0とし，各部材の剛度との比率である**剛比**[2]k_{AB}を用いると，$K_{AB} = k_{AB} \cdot K_0$と表せる。これを式(5)に代入すると，式(6)が求まる。

$$M_{AB} = 2Ek_{AB}K_0(2\theta_A + \theta_B - 3R_{AB}) + C_{AB}$$
$$M_{BA} = 2Ek_{AB}K_0(2\theta_B + \theta_A - 3R_{AB}) + C_{BA} \quad (6)$$

さらに，$\varphi_A = 2EK_0\theta_A$，$\varphi_B = 2EK_0\theta_B$，$\psi_{AB} = -6EK_0R_{AB}$[3]とおくと，次の関係式が求まる。

●たわみ角法の基本式2

$$M_{AB} = k_{AB}(2\varphi_A + \varphi_B + \psi_{AB}) + C_{AB}$$
$$M_{BA} = k_{AB}(2\varphi_B + \varphi_A + \psi_{AB}) + C_{BA} \quad (7)$$

規則正しいラーメンの場合，式(7)の方が簡便である[4]。曲げモーメント図は，曲げモーメントによって引張りが生じる側にかくが，材端モーメントによる変形を考えることにより，どちらが引張側になるかがわかる[5]。

剛度の単位にはmm^3，φ，ψの単位はモーメントの単位と同じで$kN \cdot m$，$N \cdot mm$になる。なお，剛比は無次元数である。

2 たわみ角法の解法手順

式(7)を長方形ラーメンに適用するには，次のように行う。

① 各部材の剛度を求め，対象とする骨組にとって一つの標準剛度K_0を決めて，各部材の剛比kを求める。

② たわみ角法の基本式中の未知数（φ，ψ）のうち，0になるもの，または，たがいに等しいものがあるかどうかを確かめる（図3）[6]。

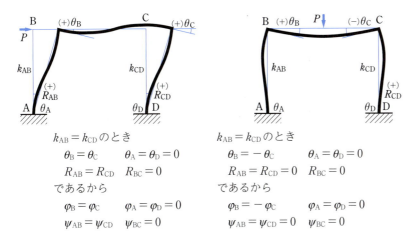

図3 未知数の判別

---

[1] ふつう，部材の剛度Kと同じまたは同じ桁数の値を用いる。

[2] relative stiffness ratio

[3] φはファイとよび，ψはプサイとよぶ。

[4] 回転角θは微小な数値であり，EK_0を掛けた値は計算しやすい数値となるためである。
→p.144 側注[2]

[5] 材端モーメントの矢印の押し下げる方向に変形し引張りが生じる。よって，M-図も同様の方向にかく。

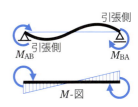

[6] 図に示す(+)，(−)は値の正負を表わし，変形の判別は，p.132「変形の条件」により確認する。

3 C_{AB}, C_{BA} を計算する（後見返し6参照）。

4 式(7)を用い，各材端モーメントの式をかく。

❶ nodal equation of equilibrium

5 **節点方程式**❶をつくる。各節点に集まる材の材端モーメントは釣り合っていなければならず，これらの合計は0とならなければならない（図4）。したがって，節点の数だけ式ができる。

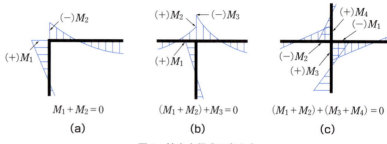

図4　節点方程式の考え方

❷ story equation

6 **層方程式**❷をつくる。各層における柱のせん断力の合計は，その層から最上層までの間に作用する外力の水平力の総和と釣り合っていなければならない（図5(a)）。水平力がない場合は，せん断力の総和だけで0となる（図5(b)）。このことにより，図5(a)の層方程式は式(8)のようになり，次のことがいえる。

a　層の数だけ式ができる。

b　節点に移動のない場合は，層方程式をつくる必要はない。

$$2階\quad P_2-(Q_3+Q_4)=0 \\ 1階\quad (P_1+P_2)-(Q_1+Q_2)=0 \tag{8}$$

❸ p.51表2に従い，柱に生じるせん断力を⇄の記号で表す。

柱の柱頭および柱脚のモーメントの和と柱に生じるせん断力に階高を掛けた総和は0となる。1階の柱を例にあげると式(9)のようになる。

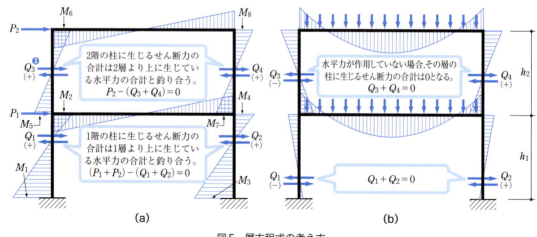

図5　層方程式の考え方

$$(M_1 + M_2) + (Q_1 \times h_1) = 0 \quad \text{より} \quad Q_1 = -\frac{(M_1+M_2)}{h_1}$$
$$(M_3 + M_4) + (Q_2 \times h_1) = 0 \quad \text{より} \quad Q_2 = -\frac{(M_3+M_4)}{h_1} \quad (9)$$

これらを，式(8)の層方程式に代入すると式(10)が求められる。

$$2階 \quad P_2 + \frac{(M_5+M_6)}{h_2} + \frac{(M_7+M_8)}{h_2} = 0$$
$$1階 \quad (P_1 + P_2) + \frac{(M_1+M_2)}{h_1} + \frac{(M_3+M_4)}{h_1} = 0 \quad (10)$$

ここで式(11)のようにある層における柱の柱頭および柱脚のモーメントの総和と，その層に生じる全せん断力に階高を掛けた総和は0となる。この全せん断力に階高を掛けたものを**層モーメント**[1]という。

❶ story moment

$$P_2 h_2 + (M_5 + M_6) + (M_7 + M_8) = 0$$
$$(P_1 + P_2) h_1 + (M_1 + M_2) + (M_3 + M_4) = 0 \quad (11)$$

ここで，$P_2 = Q_3 + Q_4$，$P_1 + P_2 = Q_1 + Q_2$ となり各層の全せん断力を表す。

7 5，6の式を連立させて解くと φ, ψ が求められる。

8 7で求めた φ, ψ を 4 の各式に代入すると，各材端モーメントが求められる。

9 8で求めた値が正しいかどうかを次の点について検討する。

a 各節点で，$\sum M = 0$ がなりたっているか（図4）。

b 各層で，$\sum X = 0$ がなりたっているか（図5）。

例題1 図6(a)のようなラーメンを，力学的に図6(b)のように表す。
柱の剛度 K_c を標準剛度 K_0 とすると k_c は1となるが，このとき上下2本の梁の剛比（k_f, k_r）を計算せよ。

解答… 計算結果を下表に示す。

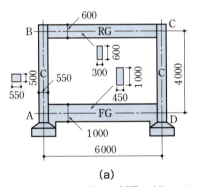
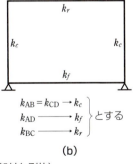

図6 例題1（ラーメンの部材と剛比）

	幅(b) mm	せい(h) mm	材長(ℓ) mm	断面二次モーメント ($I = bh^3/12$)	剛度 ($K = I/\ell$)	各部材の剛比[2] ($k = K/K_0$)
RG	300	600	6 000	$5.40 \times 10^9 \text{mm}^4$	$90 \times 10^4 \text{mm}^3$	$k_r = 0.52$
FG	450	1 000	6 000	$37.5 \times 10^9 \text{mm}^4$	$625 \times 10^4 \text{mm}^3$	$k_f = 3.61$
C	500	550	4 000	$6.93 \times 10^9 \text{mm}^4$	$173 \times 10^4 \text{mm}^3$	$k_c = 1.00$

❷ ここでは $K_0 = K_c = 173 \times 10^4 \text{mm}^3$ とする。

❶ 右の解法は，M_{CB} に式を与え求めているが，他端ピンの部材に対して以下に示す式を用いることもできる。

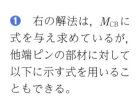

$M_{BC} = k_{BC}(1.5\varphi_B + 0.5\psi_{BC}) + H_{BC}$
$M_{CB} = 0$
$H_{BC} = C_{BC} + 1/2\,C_{CB}$
$\quad = -3Pl/16$
（後見返し6参照）

❷ $\varphi_B = 2EK_0\theta_B$
$\quad = 9\,\text{kN·m}$
$\quad = 9\,000\,000\,\text{N·mm}$

より，
$E = 2.05 \times 10^4\,\text{N/mm}^2$
$K_0 = 173 \times 10^4\,\text{N/mm}^2$
として節点回転角 θ_B を求めると，

$\theta_B = \dfrac{\varphi_B}{2EK_0}$
$\quad = \dfrac{9\,000\,000}{2 \times 2.05 \times 10^4 \times 173 \times 10^4}$
$\quad = 0.000\,13$

となる。これより，部材に生じる節点回転角は，ひじょうに小さな値であることがわかる。

❸ 材端に生じる力は，
せん断力 Q
　↑・↓ (+)，↓・↑ (−)
軸方向力 N
　←・→ (+)，→・← (−)
材端モーメント M
　↻ (+)，↺ (−)
と仮定する。
数値で示された力およびモーメントは，実際に働く向きで表示する。

■ 例題2　図7のラーメンを解け。

解答… ① 与えられた条件から，φ，ψ，C を求める。

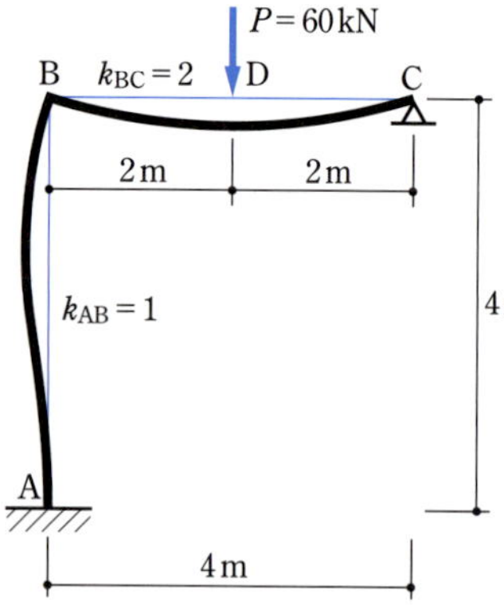

$\theta_A = 0$（固定支点）なので，
　$\varphi_A = 2EK_0\theta_A = 0$
　$M_{CB} = 0$（回転支点）

各材端の相対的な移動がないので，各部材とも部材角は
$\psi_{AB} = \psi_{BC} = 0$ である。

また，$C_{AB} = 0$, $C_{BA} = 0$ である。
$C_{BC} = -\dfrac{Pl}{8} = -\dfrac{60 \times 4}{8} = -30\,\text{kN·m}$
$C_{CB} = \dfrac{Pl}{8} = 30\,\text{kN·m}$

② 式(7)から，各材端モーメントを求める式をつくる。

$M_{AB} = k_{AB}(2\varphi_A + \varphi_B + \psi_{AB}) + C_{AB} = 1(\varphi_B)$　　①
$M_{BA} = k_{AB}(2\varphi_B + \varphi_A + \psi_{AB}) + C_{BA} = 1(2\varphi_B)$　　②
$M_{BC}{}^❶ = k_{BC}(2\varphi_B + \varphi_C + \psi_{BC}) + C_{BC} = 2(2\varphi_B + \varphi_C) - 30$　　③
$M_{CB} = k_{BC}(2\varphi_C + \varphi_B + \psi_{BC}) + C_{CB} = 2(2\varphi_C + \varphi_B) + 30$
$M_{CB} = 0$ より　　$2\varphi_B + 4\varphi_C + 30 = 0$　　④

③ B点における節点方程式を求める。

$M_{BA} + M_{BC} = 0$ より
$6\varphi_B + 2\varphi_C - 30 = 0$　（B点における節点方程式）　　⑤

④ 式④，⑤を連立方程式として解き，φ_B と φ_C を求める。

$\varphi_B = 9$❷　　$\varphi_C = -12$　　⑥

⑤ 式⑥を式①〜④に代入し，各材端モーメントを求める。

$M_{AB} = 1 \times (9) = 9\,\text{kN·m}$
$M_{BA} = 1 \times (2 \times 9) = 18\,\text{kN·m}$
$M_{BC} = 2 \times (2 \times 9 - 12) - 30 = -18\,\text{kN·m}$
$M_{CB} = 2 \times \{9 + 2 \times (-12)\} + 30 = 0$

⑥ 図8(a), (b)のように，ラーメンを各節点で切り離し，その材端に，部材に生じる力や材端モーメントが作用すると考える❸。

図8(a)の力の釣合いから
　$Q_{AB} = -6.75\,\text{kN}$　　$Q_{BA} = -6.75\,\text{kN}$

図8(b)の力の釣合いから
　$Q_{BC} = 34.5\,\text{kN}$　　$Q_{CB} = -25.5\,\text{kN}$

B点の力の釣合いから

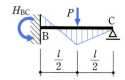

図7　例題2

$N_{BA} = -34.5\,\text{kN}\,(= N_{AB})$ $N_{BC} = -6.75\,\text{kN}\,(= N_{CB})$

7　D点の力は，材端に生じる力・反力による力の釣合いから求められる（図8(c)）。図9に結果を示す。

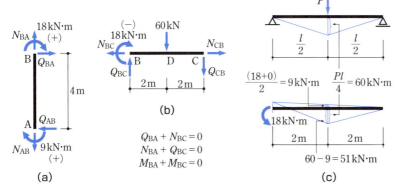

図8　例題2（材端に生じる力の釣合い）

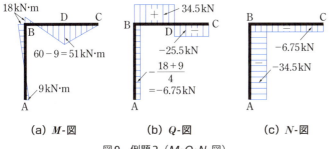

(a) M-図　　(b) Q-図　　(c) N-図

図9　例題2（$M \cdot Q \cdot N$-図）

例題3　図10のラーメンを解け。

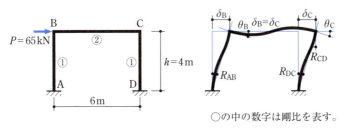

○の中の数字は剛比を表す。

図10　例題3

解答…　1　$\theta_A = 0$, $\theta_D = 0$　したがって，$\varphi_A = \varphi_D = 0$

柱の部材角（$R_{AB} = R_{CD}$）は0ではないが，梁の部材角R_{BC}は0である。ラーメンが対称であるため左右の柱の変形は等しく，梁の変形は点対称である。ゆえに，$\theta_B = \theta_C$, $M_{AB} = M_{DC}$, $M_{BA} = M_{CD}$, $M_{BC} = M_{CB}$であり，各材端モーメントの式は次のようになる。材の中間に荷重がないので，固定端モーメントは0である。

$$M_{AB} = k_{AB}(2\varphi_A + \varphi_B + \psi_{AB}) + C_{AB} = 1(\varphi_B + \psi_{AB}) \quad ①$$

第2節　不静定ラーメン　**145**

$$M_{BA} = k_{AB}(2\varphi_B + \varphi_A + \psi_{AB}) + C_{BA} = 1(2\varphi_B + \psi_{AB}) \quad ②$$

$$M_{BC} = k_{BC}(2\varphi_B + \varphi_C + \psi_{BC}) + C_{BC} = 2(2\varphi_B + \varphi_C)$$

いま，$\varphi_B = \varphi_C$ であるから，$M_{BC} = 2(3\varphi_B)$ ③

[2] 節点における材端モーメントの総和は0でなければならない。このことにより，B点の節点方程式が求まる。

$$M_{BA} + M_{BC} = 0 \qquad 8\varphi_B + \psi_{AB} = 0 \quad ④$$

[3] 図11に示すように，材端に生じる力を仮定し，層方程式を求める。

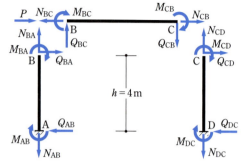

図11 例題3（材端に生じる力の仮定）

$$P + \frac{M_{AB} + M_{BA}}{h} + \frac{M_{DC} + M_{CD}}{h} = 0 \quad （層方程式）❶$$

$$M_{AB} = M_{DC} \qquad M_{BA} = M_{CD}$$

$$2(M_{AB} + M_{BA}) + Ph = 0 \qquad 2(3\varphi_B + 2\psi_{AB}) + 65 \times 4 = 0$$

$$3\varphi_B + 2\psi_{AB} + 130 = 0 \quad ⑤$$

[4] 式④と式⑤を連立方程式として解くと，φ_B，ψ_{AB} が求められる。

$$\varphi_B = +10 \qquad \psi_{AB} = -80 \quad ⑥$$

式⑥を式①〜③に代入し，各材端モーメントを求める。

$$M_{AB} = M_{DC} = 1 \times (10 - 80) = -70 \text{ kN·m}$$

$$M_{BA} = M_{CD} = 1 \times (2 \times 10 - 80) = -60 \text{ kN·m}$$

$$M_{BC} = M_{CB} = 2 \times (3 \times 10) = 60 \text{ kN·m}$$

図12に結果を示す。

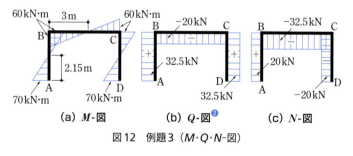

(a) M-図　　(b) Q-図 ❷　　(c) N-図

図12 例題3（$M \cdot Q \cdot N$-図）

問 1 図12(a)の柱の反曲点の位置の求め方を説明せよ。柱のせん断力に，反曲点から材端までの距離を掛けたものと，柱上下材端モーメントの大きさを比較せよ。

❶ →**p.143** 式(10)

❷ →**p.143** 式(9)
せん断力図の求め方（AB材）

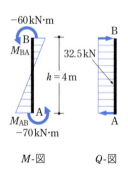

$$Q = -\frac{(-70) + (-60)}{4}$$
$$= 32.5 \text{ kN}$$

BC材，CD材も同様に求める。

問 2 たわみ角法により図13に示すラーメンを解け。

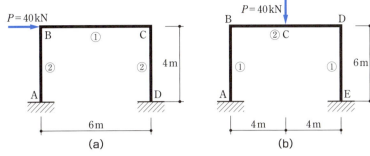

図13　問2（○の中の数字は，剛比を表す）

試してみよう　骨組の模型をつくり荷重を加えて変形について調べてみよう

■**準備するもの**（図(a)）

ストロー3本（長さ210 mm，径6 mm程度），厚紙，はさみ，カッター，定規，接着用テープ，クリップ，画びょう

■**つくってみよう**（1層1スパンの骨組をつくる。）

1. 柱となるストロー2本を図(b)のように切り，切り込みを入れる。
2. 梁となるストロー1本を図(c)のように切り，切り込みを入れる。
3. 1を蛇腹部分で曲げ，図(d)のように組み立て，三角にカットした厚紙をテープで固定する。

■**試してみよう**

4. 机に骨組模型をテープで固定し（図(e)），荷重を加えて変形のようすを見る（図(f), (g)）。

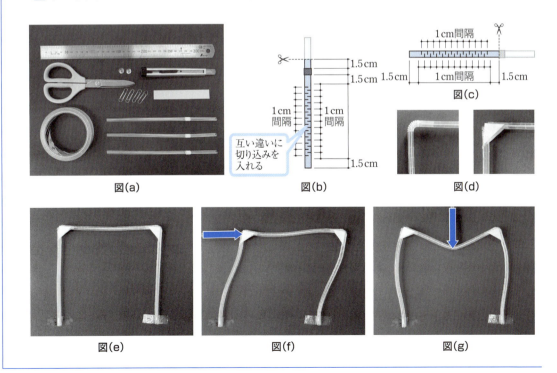

第2節　不静定ラーメン　**147**

2 固定モーメント法

固定モーメント法は，たわみ角法のように連立方程式を解く必要がなく，簡単な図上計算を繰り返し行い，直接，材端モーメントを求める方法である。ここでは，節点が移動しない場合の解き方を学ぶ。

1 固定モーメント法の考え方

固定モーメント法は，解放モーメントを分配し，分配したモーメントを部材他端へ伝え，それを繰り返すことにより材端モーメントを求める手法である。

(a) 解放モーメントの分配 各節点の材端を固定すると**固定端モーメント**[1]を求めることができる。その総和を**不釣合モーメント**[2]といい，不釣合モーメントの逆向きのモーメントを**解放モーメント**[3]という。解放モーメントは，**分配率**（節点に集まる部材の剛比の割合）[4]により各材端に分配され，この値を**分配モーメント**[5]という。

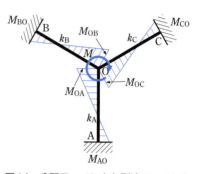

図14 分配モーメントと到達モーメント

(b) 到達モーメント 図14において，たわみ角の式によりOA材の材端モーメントは，$M_{AO} = k_A \cdot \varphi_o$，$M_{OA} = k_A \cdot (2\varphi_o)$ となる。このことにより $M_{AO} = \frac{1}{2} M_{OA}$ が求められ，他端が固定端のときには分配モーメントの $\frac{1}{2}$ が伝わることがわかる。このモーメントを**到達モーメント**[6]という。

[1] FEM(fixed end moment) と表す。
[2] unbalanced moment
[3] release moment
[4] distribution factor
[5] distributed moment

図14において，節点Oの材端モーメントは，p.141のたわみ角の基本式(7)を用いて表すと次のようになる。

$$M_{OA} = k_A(2\varphi_o)$$
$$M_{OB} = k_B(2\varphi_o) \quad ①$$
$$M_{OC} = k_C(2\varphi_o)$$

節点Oの釣合条件により

$$M = M_{OA} + M_{OB} + M_{OC}$$
$$M = 2\varphi_o(k_A + k_B + k_C)$$
$$\varphi_o = \frac{M}{2(k_A + k_B + k_C)}$$

となる。これを式①に代入すると分配モーメントを求めることができる。

$$M_{OA} = \frac{k_A}{(k_A + k_B + k_C)} \times M$$
$$M_{OB} = \frac{k_B}{(k_A + k_B + k_C)} \times M$$
$$M_{OC} = \frac{k_C}{(k_A + k_B + k_C)} \times M$$

　　　　　　分配率を表す

[6] carry-over moment C_1, C_2 のように表す。

2 固定モーメント法の解法手順

固定モーメント法は，以下のような手順で解く（図15）。

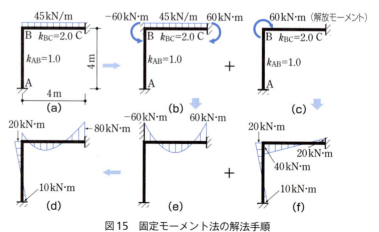

図15 固定モーメント法の解法手順

148　第4章　不静定構造物の部材に生じる力

① 次式より求める。

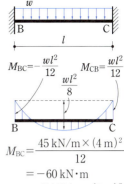

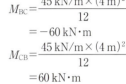

②

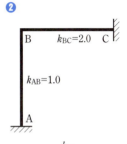

$$DF_{BA} = \frac{k_{AB}}{k_{AB} + k_{BC}}$$
$$= \frac{1.0}{1.0 + 2.0} \fallingdotseq 0.33$$
$$DF_{BC} = \frac{k_{BC}}{k_{AB} + k_{BC}}$$
$$= \frac{2.0}{1.0 + 2.0} \fallingdotseq 0.67$$

1 解放モーメントを求める。

図15のB点で梁BCの材端を固定し固定端モーメント①FEM，不釣合モーメント，解放モーメントを順次求める（図15(b)(e)(c)）。

不釣合モーメント　$M_{BA} + M_{BC} = 0 + (-60\,\text{kN·m}) = -60\,\text{kN·m}$

解放モーメント＝－1×不釣合モーメント＝$60\,\text{kN·m}$

2 分配モーメントを求める（図15(c), (f)）。

分配モーメントはD_1，分配率②をDFで表す。

分配モーメントD_1＝解放モーメント×分配率DF

AB材B点　$D_1 = M_{BA} = 60 \times 0.33 = 20\,\text{kN·m}$

BC材B点　$D_1 = M_{BC} = 60 \times 0.67 = 40\,\text{kN·m}$

3 到達モーメントを求める（図15(f)）。

A支点　$C_1 = M_{AB} = 20 \times \dfrac{1}{2} = 10\,\text{kN·m}$

C支点　$C_1 = M_{CB} = 40 \times \dfrac{1}{2} = 20\,\text{kN·m}$

4 曲げモーメント図を求める（図15(d)）。

図15(b)と(c)を重ね合わせると，最初の荷重状態になることから，各部材の材端モーメントは図15(e)と(f)の材端モーメントを重ね合わせて求めることができ，図15(d)のようになる。

3 計算図表の作成

固定モーメント法は，各部材の材端モーメントを計算するため一般的に計算図表を用いて計算を行う。その例を図16に示す。前述で解説した内容を計算図表にまとめると図17のようになる。

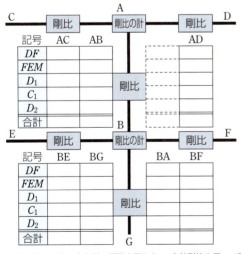

注．1）剛　比：各部材の剛比を記入する。有効剛比を用いて計算する場合は，有効剛比の値を記入する。
　　2）剛比の計：その節点に集まる部材の剛比の合計を記入する。

図16　計算図表の例

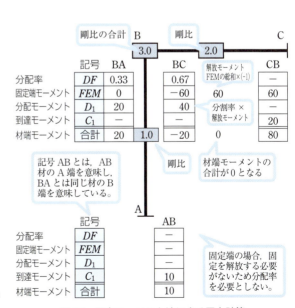

図17　固定モーメント法による図上計算

第2節　不静定ラーメン　**149**

4 有効剛比を利用した解法

❶ effective stiffness ratio

不静定ラーメンに生じる力の計算を簡易化するため，部材端部の支持条件やラーメンに働く荷重の状態により修正された剛比を**有効剛比**❶という。ラーメンの形や荷重の状態が左右対称な場合などは骨組に生じる力も左右対称となるので，有効剛比を用いてラーメンの半分を対象に計算を行えばよい。表1に有効剛比 k_e の値を示す（k_c：柱の剛比，k_b：梁の剛比）。なお，有効剛比を用いて計算を行う場合，部材端相互の到達モーメントの伝達は考えなくてよい。

表1 ラーメンの有効剛比

	対称荷重が作用する場合（節点が移動しない）		逆対称荷重が作用する場合（節点が移動する）	
奇数スパンの場合	k_b	$k_e = 0.5 k_b$	k_b	$k_e = 1.5 k_b$
偶数スパンの場合	$\theta = 0$ k_c	固定 $k_e = 0 \times k_c = 0$	k_c	$k_e = 0.5 k_c$

また，支点の支持条件がピンまたは自由端の場合も有効剛比を用いて計算を行うことができる❷。

❷ 支点の違いによる有効剛比（図18）。

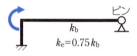

(a) 他端がピンの有効剛比

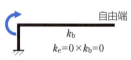

(b) 他端が自由端の有効剛比

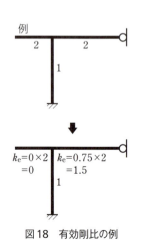

図18 有効剛比の例

例題4 図19のラーメンを固定モーメント法で解け。

解答… ① 有効剛比を求める。

ラーメンに働く荷重の対称性から部材ABの有効剛比を求める。計算するラーメンは奇数スパン対称ラーメンで対称荷重が作用するので，有効剛比は $k_{AB} \times 0.5$ となる。

AB材 $k_e = 1.0 \times 0.5 = 0.5$

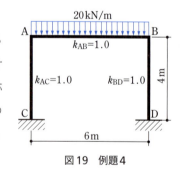

図19 例題4

② 分配率を計算する。

各節点における各部材の分配率 DF を計算し，記入する。

A節点 AC材 $DF = \dfrac{1.0}{1.5} = 0.667$ AB材 $DF = \dfrac{0.5}{1.5} = 0.333$

③ 固定端モーメントを計算する。

荷重が作用する部材の各節点における固定端モーメント FEM を計算し，記入する。荷重が作用していない部材の FEM は0となる。

A 節点 AB 材　　$FEM = -\dfrac{wl^2}{12} = -\dfrac{20 \times 6^2}{12} = -60.0 \,\text{kN·m}$

4　解放モーメントを求める。

不釣合モーメント　$M_{AC} + M_{AB} = 0 + (-60.0) = -60.0 \,\text{kN·m}$

解法モーメント $= -1 \times$ 不釣合モーメント $= 60.0 \,\text{kN·m}$

2回目からは到達モーメントの総和を用い同様の計算を行う。

5　分配モーメントを求める。

分配モーメント $D_1 =$ 解放モーメント $\times$ 分配率 DF

　　節点A　　AB材　　$D_1 = 60.0 \times 0.333 = 20.0$

　　　　　　　AC材　　$D_1 = 60.0 \times 0.667 = 40.0$

6　到達モーメントを求める。

分配モーメントの $\dfrac{1}{2}$ を他端に到達させ、各材端に第1回目の到達モーメント C_1 を記入する。

　　CA材の $C_1 = 40.0 \times \dfrac{1}{2} = 20.0$

7　材端モーメントを求める。

各節点における FEM, D_1, C_1 の合計を求める。これが各部材の材端モーメントになる。

8　材端モーメントの総和が0になることを確認する。

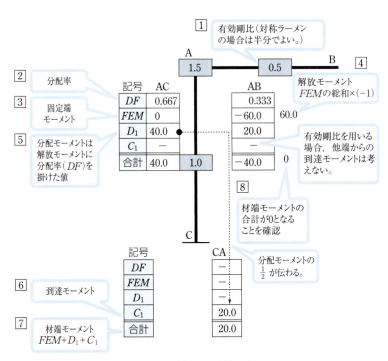

図20　例題4　計算図表

第2節　不静定ラーメン　　151

❶

$M_{AB} = -40$ kN·m　$M_{BA} = 40$ kN·m

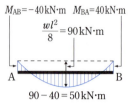

$\dfrac{wl^2}{8} = 90$ kN·m

$90 - 40 = 50$ kN·m

❷　➡ p.143 式(10)

⑨　部材各部に生じる力を求める。

梁中央の曲げモーメントは，梁を単純梁としたときの中央曲げモーメントから両端の材端曲げモーメントの平均値を減じて求める❶。梁両端のせん断力は，両端の材端モーメントが等しい場合は，梁を単純梁としたときの値と同じである。柱のせん断力は，柱頭と柱脚の材端モーメントの和を階高で除して求めることができる❷。

以上より，曲げモーメント図，せん断力図，軸方向力図をかくと図21のようになる。

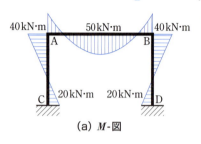
(a) M-図

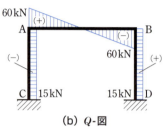
(b) Q-図

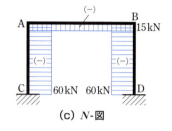
(c) N-図

図21　例題4　$M \cdot Q \cdot N$-図

例題5　図22のラーメンを固定モーメント法で解け。

解答…　① 有効剛比を求める(奇数スパン対称ラーメンで対称荷重)。

　　AB材，CD材 $k_e = 1.0 \times 0.5$
　　　　　　　　　$= 0.5$

② 分配率 DF を求める(節点Aのみ計算例を示す)。

　　AB材 $DF = \dfrac{0.5}{1.0 + 0.5} = 0.333$

　　AC材 $DF = \dfrac{1.0}{1.0 + 0.5} = 0.667$

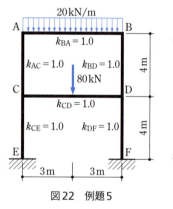

図22　例題5

③ 各節点における固定端モーメント FEM を求める。

　　AB材 $FEM = -\dfrac{wl^2}{12} = -\dfrac{20 \times 6^2}{12} = -60.0$ kN·m

　　CD材 $FEM = -\dfrac{Pl}{8} = -\dfrac{80 \times 6}{8} = -60.0$ kN·m

④ 解放モーメントを求める。

⑤ 分配モーメントを求める(節点Aのみ計算例を示す)。

　　AB材 $D_1 = 0.333 \times 60.0 = 20.0$

　　AC材 $D_1 = 0.667 \times 60.0 = 40.0$

⑥ 到達モーメントの計算(AC材のみ計算例を示す)。

　　AC材 $C_1 = 24.0 \times \dfrac{1}{2} = 12.0$

　　CA材 $C_1 = 40.0 \times \dfrac{1}{2} = 20.0$

7 到達モーメントの総和を計算する。

値がじゅうぶん小さくなるまで4 5 6の計算を繰り返す。

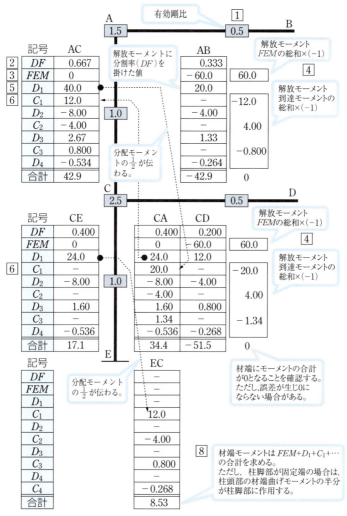

図23 例題5 計算図表

8 材端モーメントを求める。

9 各部材に生じる力を求める（図24）。

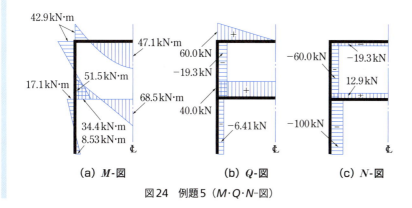

(a) M-図　　(b) Q-図　　(c) N-図

図24 例題5（$M \cdot Q \cdot N$-図）

第2節　不静定ラーメン　153

問 3 図25に示すラーメンを各材の剛比による分配率から M-図を求めよ.

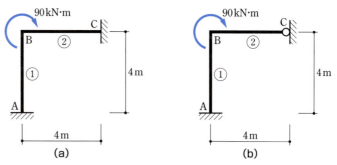

図25 問3（○の中の数字は，剛比を表す）

問 4 図26に示すラーメンを固定モーメント法で解け．

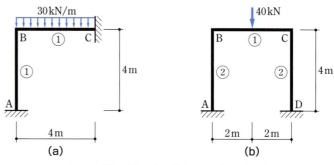

図26 問4（○の中の数字は，剛比を表す）

問 5 図27に示すラーメンは図28のようなM-図，Q-図となることを固定モーメント法により確認せよ．ただし，荷重 w と P による，梁ABおよび梁CDの両端を固定としたときの固定モーメント $FEM = 237\,\mathrm{kN \cdot m}$，梁ABおよび梁CDを単純梁としたときの梁中央の曲げモーメント $M_0 = 406\,\mathrm{kN \cdot m}$，梁両端のせん断力 $Q_0 = 145\,\mathrm{kN}$ とする[❶]．

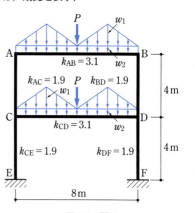

図27 問5

❶ ➡ p.193 例題3

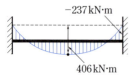

❷ 第6章 p.193 例題3の解答の表の数値を用いて求めた値．

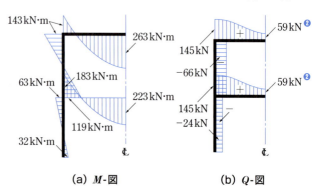

(a) M-図   (b) Q-図

図28 問5（$M \cdot Q$-図）

154 第4章 不静定構造物の部材に生じる力

3 長方形ラーメンの曲げモーメントとせん断力

1 鉛直荷重時の曲げモーメント

梁の曲げモーメントは，単純梁・両端固定梁と考えたときの曲げモーメントの大きさや生じ方が重要なめやすとなる（図29(a)）。

① スパン・荷重が比較的均等の場合には，内柱の曲げモーメントは小さい。しかし，倉庫などの場合で，荷重の状態がかたよるときは荷重が均等と考えた場合に比較して，曲げモーメントが大きくなる部分があるので注意しなければならない。

② 柱の剛比が梁の剛比に比較してひじょうに小さい場合は，梁の曲げモーメントは単純梁と考えたときの曲げモーメントに近づく。逆の場合は両端固定梁と考えたときの曲げモーメントに近づく（図29(b)）。

③ 下層の柱の曲げモーメントは，水平荷重による曲げモーメントに比較して小さい（とくに鉄筋コンクリート構造の場合）。

④ スパンが不規則の場合や，片持梁などがある場合は，均等な場合とかなり異なるので，注意が必要である。

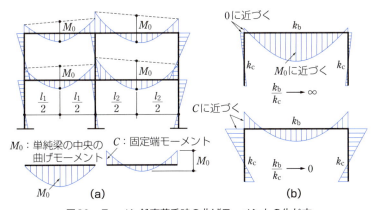

図29　ラーメン鉛直荷重時の曲げモーメントの生じ方

2 水平荷重時の柱の曲げモーメントとせん断力

図30(a)，(b)のような1層の場合，梁の剛比が柱の剛比に比べて大きいほど，柱の反曲点は $\dfrac{h}{2}$ に近づく。逆のときは，反曲点は上端に近づく。

図30(d)，(e)は図(c)と同じ水平力が作用したときの，独立柱の曲げモーメント図とせん断力図である。このとき，最下層の柱脚に生じる材端モーメントの和 $(M_1 + M_2)$ に，柱の軸方向力により生じる偶力のモーメント $N_E l$ を加えたものは，図30(d)の M_I と等しい。

$$M_1 + M_2 + N_E l = M_I$$

また，Q_1は，最下層のせん断力の和（$Q_1 + Q_2$）および水平力の総和と等しい。

$$(Q_1 + Q_2) = (P_1 + P_2 + P_3) = Q_I$$

柱のせん断力に，反曲点から柱上下端までの距離を掛けた値は，柱上下端モーメントと同じ大きさである。

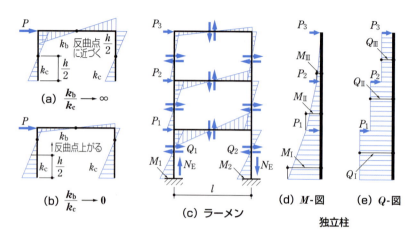

図30　ラーメンの水平荷重時の曲げモーメントとせん断力の生じ方

3　水平荷重時の略算法

比較的，均等なラーメンを解く場合には，たわみ角法や固定モーメント法が，ほかの方法に比べて便利である。しかし，筆算や電卓などで計算する場合には，時間・労力をかなり必要とし，また，誤りもおかしやすい。そこで，多少の誤差はあっても，より簡便に，より正答に近い値が得られるように数多くの計算法がある。それらは**略算法**とよばれ，ここでは，水平荷重時の略算法[1]として，剛比に基づく武藤清のD値法について学ぶ。

❶ 鉛直荷重時の略算法もある。

(a)　D値法　床面の剛性はひじょうに大きく，床は変形することなく，そのままの形で移動すると仮定する。したがって，各階ごとにラーメンや耐震壁の水平変形量が等しくなる。その柱と壁に生じているせん断力の大きさの割合を**せん断力分布係数**[2]という。せん断力分布係数をDで表すことから，D値法という。

❷ coefficient of shear distribution

D値法では，柱・梁の剛比の関係から柱のせん断力分布係数D値および反曲点高比yを求め，耐震壁のせん断力分布係数も考慮して柱・梁の曲げモーメントを求め，せん断力・軸方向力を計算する。

反曲点高比yは，層高hに対する柱の反曲点高h_0[3]の割合である。

❸ 各柱の柱脚から反曲点までの距離。
$h_0 = yh$

●反曲点高比 $y = \dfrac{h_0}{h}$ (12)

(b) 計算手順　　D値法は次の手順により計算する。

① 各柱のせん断力分布係数D値を柱・梁の剛比から求める。柱や梁の剛比を図31に示すように決めたとき，D値は次のように計算する。

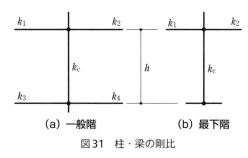

図31　柱・梁の剛比

●柱のせん断力分布係数 $D = ak_c$ (13)

一般階　$a = \dfrac{\bar{k}}{2+\bar{k}}$　　$\bar{k} = \dfrac{k_1+k_2+k_3+k_4}{2k_c}$

最下階　$a = \dfrac{0.5+\bar{k}}{2+\bar{k}}$　　$\bar{k} = \dfrac{k_1+k_2}{k_c}$

② 各柱のせん断力Qを計算する。

●せん断力 $Q = \dfrac{D}{\sum D} \times$（その階の層せん断力）❶   (14)

Q：各柱のせん断力　　$\sum D$：その階のせん断力分布係数の和

③ 各柱の反曲点高比を付3から求める。D値と同様に，その柱の上下端の梁の剛比のほか，上下階の階高，階位置などの影響を受ける。

●反曲点高比 $y = y_0 + y_1 + y_2 + y_3$ (15)

y_0：標準反曲点高比　　　　　y_1：上下の柱の剛比変化による補正値
y_2：上層の層高変化による修正値　y_3：下層の層高変化による修正値

④ 各柱の柱頭・柱脚の曲げモーメントを求める。

●柱頭の曲げモーメント　　$M_上 = Q \times (1-y)h$
●柱脚の曲げモーメント　　$M_下 = Q \times yh$ (16)

⑤ ④から梁端の曲げモーメント❷と梁のせん断力❸を計算する。

⑥ ⑤から各柱の軸方向力❹を求める。

---

❶ 以下のように計算する。
2階の層せん断力
$\sum Q_2 = P_2$
　$= Q_{21} + Q_{22} + Q_{23} + Q_{24}$
1階の層せん断力
$\sum Q_1 = P_2 + P_1$
　$= Q_{11} + Q_{12} + Q_{13} + Q_{14}$

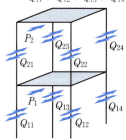

P_i：各階に作用する水平力
$\sum Q_i$：各階に作用する層せん断力
Q_{in}：各柱に作用するせん断力

❷ 梁の曲げモーメント

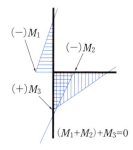

$(M_1+M_2)+M_3=0$

❸ 梁のせん断力

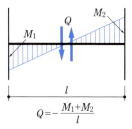

$Q = -\dfrac{M_1+M_2}{l}$

❹ 柱の軸方向力

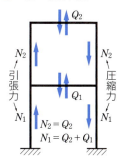

$N_2 = Q_2$
$N_1 = Q_2 + Q_1$

❶ 第6章 p.189 の鉄筋コンクリート構造2階建展望台に水平力が作用するときの計算である。

例題6 図32の建築物の2階部分に218 kN，1階部分に377 kNの地震層せん断力が作用するとき，Y_1ラーメンに生じる曲げモーメントを求めよ❶。

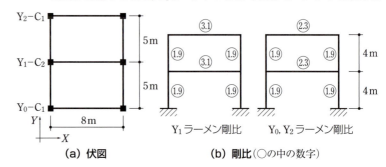

(a) 伏図　　(b) 剛比（○の中の数字）

図32 例題6

解答… ① 各柱の D 値を求める（図33(a)）。

❷ 付3において，$\bar{k}$ の値が表中にない場合は，表の値を補間して求める。

② 各柱の反曲点高比 y を求める❷。$y_1 \sim y_3$ の値は表より0となる。

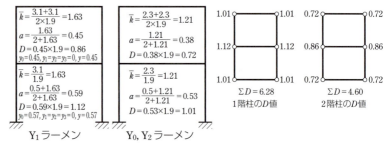

(a) D 値（X方向）と反曲点高比の計算　　(b) D 値（X方向）の一覧

図33 例題6（柱の D 値と反曲転高比（X方向））

③ D 値より各柱に生じるせん断力を求める。

Y_1 ラーメン2階柱のせん断力 $_2Q = \dfrac{0.86}{4.60} \times 218 = 41$ kN

Y_1 ラーメン1階柱のせん断力 $_1Q = \dfrac{1.12}{6.28} \times 377 = 67$ kN

④ 式(16)より各柱の柱頭・柱脚に生じる曲げモーメントを求める。

Y_1 ラーメン2階柱

$_2M_上 = 41 \times (1 - 0.45) \times 4 = 90$ kN・m

$_2M_下 = 41 \times 0.45 \times 4$

$\quad = 74$ kN・m

Y_1 ラーメン1階柱

$_1M_上 = 67 \times (1 - 0.57) \times 4$

$\quad = 115$ kN・m

$_1M_下 = 67 \times 0.57 \times 4$

$\quad = 153$ kN・m

図34に結果を示す。

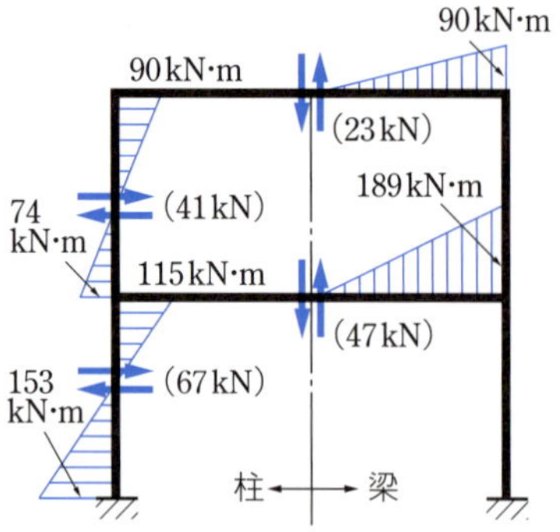

図34 例題6曲げモーメント（せん断力）

問 6 p.147問2(a)に示すラーメンを D 値法で解け。

Let's try　柱材端の状態と反曲点・水平力の関係を考えてみよう

法則1　水平力のかかるラーメンの反曲点は，柱の材端の拘束力が小さい側に移動する（図1）。

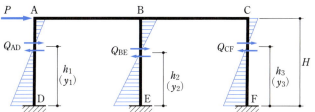

Q_{AD}, Q_{BE}, Q_{CF}：柱にかかるせん断力
$h_1 \sim h_3$：反曲点高さ
$y_1 \sim y_3 = \dfrac{h_1}{H} \sim \dfrac{h_3}{H}$：反曲点高比
柱と梁の剛比は等しいものとする。

図1　水平力がかかる柱の曲げモーメント（柱のM-図）

柱の材端を拘束する力は，固定端が最も大きく，剛接合する梁の数および剛比が大きいほど増加する（p.156 図30(a), (b)参照）。表1に各柱の反曲点高比の関係例を示す。

表1　各柱の反曲点高比の関係

例	反曲点高比 y	要因
1	$y_{1\sim3} > 0.5$	図1の反曲点高比 y は，各柱の柱脚が固定端で拘束する力が柱頭より大きいため0.5よりも大きくなる。
2	$y_2 < y_1 = y_3$	図1の柱BEは，両側柱より剛接合する梁が多く柱頭を拘束する力が大きいため反曲点高比 y が小さくなる。

法則2　水平力のかかるラーメンの柱が負担するせん断力は，材端を拘束する力と剛比が大きいほど増加する（表2）。

表2　各柱のせん断力の関係

例	負担するせん断力 Q	要因
1	$Q_{BE} > Q_{AD} = Q_{CF}$	図1の柱BEは，両側柱のより剛接合する梁が多いため，拘束する力が大きくなり負担するせん断力 Q も大きくなる。

ワーク1　図2は，各階に水平荷重が作用したときに部材に生じる力の中で，柱の曲げモーメントを示したものである。各層の反曲点高比 y の位置0.5を基準にした大小とその要因を，法則1およびp.158例題6を参考に考え，表3にまとめてみよう。ただし，柱および梁の剛比は等しいものとする。

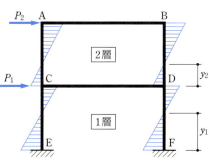

図2　ワーク1

表3　ワーク1

層	反曲点高比 y（不等号）	要因
2層	y_2 □ 0.5	
1層	y_1 □ 0.5	

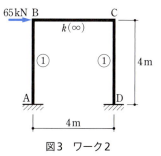

図3　ワーク2

ワーク2　図3のラーメンは，梁の剛比 k が無限大に近づくと仮定した時の図である。その時の M-図を法則1，法則2およびp.145例題3を参考に考えてみよう。また，柱の剛比が異なるときの M-図を予想してみよう。ただし，○の中の数値は剛比を表す。

第2節　不静定ラーメン　**159**

Practice 章末問題

- **1.** 図1に示す不静定構造物をたわみ角法と固定モーメント法で解け。

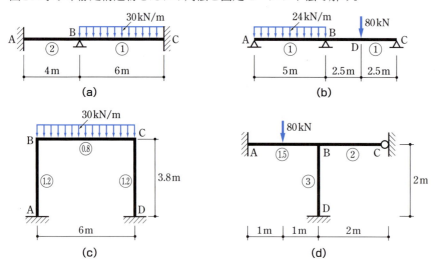

図1 問題1（○の中の数字は剛比を表す）

- **2.** 図2に示す不静定構造物をたわみ角法とD値法で解き，近似値になることを確認せよ。

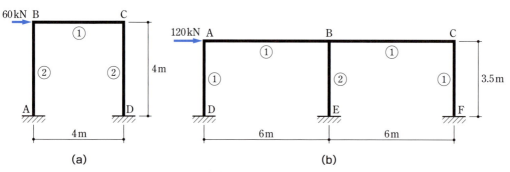

図2 問題2（○の中の数字は剛比を表す）

- **3.** 図3に示すM-図は，各層に水平力が作用したとき生じる各応力の柱の曲げモーメントのみを示したものである。次に示す問題を解け。

  (1) 節点方程式によりM-図を完成させよ。

  (2) M-図よりQ-図を完成させよ。

  (3) (2)のQ-図より層方程式を考え，P_1，P_2を求めよ。

  (4) Q-図よりN-図を完成させよ。

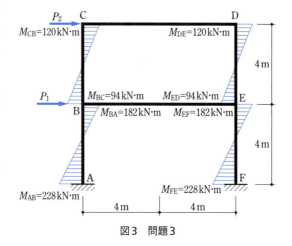

図3 問題3

第 5 章
構造設計の考え方

◎―構造設計と建築物
　（福井県年縞博物館）

Introduction

　前章までは，単純化し理想化した平面的な骨組に生じる力の求め方などの，部材設計の基本的事項について学んだ。
　この章では，これまでの学習内容をもとにして，実際の建築物のより安全で合理的な構造設計の考え方について学び，いろいろな構造形式の構造設計に活用できるようにする。

1節 構造設計の概要

構造設計は，構造物に働く力の流れを考えて骨組を計画し，各部材や接合部に作用する力や骨組や部材に生じる変形を計算し，さまざまな検証法により安全性を確認する一連の仕事をいう。ここでは，これらの計画の方法，計算の方法，検証の方法などの基本を学ぶ。

1 構造設計

❶ safety

❷ serviceability

構造設計の目的は，地震などの自然現象に対する**安全性**❶の確保と，建築物を使用するときに支障となるようなたわみや変形が生じないことや，耐久性が劣化しないような**使用性**❷の確保にある。また建築物のデザインを実現する造形性や，適切な費用でつくるようにする経済性への配慮も必要である。

❸ structural design

構造設計❸とは，構造計画と構造計算を含めた一連の行為をいう。図1～4は設計のプロセスと完成時の建築物である。

 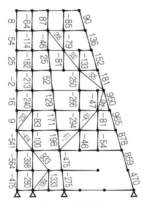 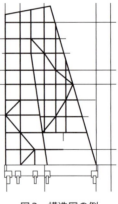 

図1　模型写真の例　　図2　構造計算　　図3　構造図の例　　図4　完成した建築物
　　　　　　　　　　　　　　　　　　（図4の建築物の軸組図）　（日本工業大学百年記念館）

❹ structural planning
　構造計画では部材の組み方を決める。その際に模型により確認することもある。

❺ 建築基準法施行令第36条の3。

❻ structural calculation

構造計画❹とは，安全かつ合理的と想定される建築物の形状，部材の組み方などを決め，設計の方針を立てることをいう。建築物の意匠や使用目的，建築物を支える地盤の状況，荷重の加わり方と力の生じ方，材料の特性などをじゅうぶん考慮し，研究・調査・経験に基づいて，全体の形状，基礎の形式，構造形式，材料などを決定する❺。

構造計算❻とは，建築物が荷重などの外力に対して安全であることを確かめるために，建築物を構成する構造部材に生じる力や変形の状態を計算し，構造部材の断面形状を決定することである。構造部材の

162　第5章　構造設計の考え方

断面形状は強度だけではなく，剛性や納まり❶によって決まることもあり設計者のさまざまな判断が必要である。構造計算の方法や検証の方法は，建築物の構造や規模などに応じて法律で決められているが，より詳細な設計法を選択してもよい。また，法律以外の技術的な資料を基にして設計を行うことがらも多い。

構造設計の内容は，建設前に法律に基づく審査が行われる❷が，ある規模以上の建築物や複雑な建築物の構造計算については，構造計算が複雑なため計算の内容過程が適切であることを確かめるために専門家による審査が必要となる❸。

2　構造設計の流れ

構造設計を時間的な流れで考えると，**基本設計**❹とよばれる段階と**実施設計**❺とよばれる段階とで構成されている。一連の流れを図5のフローに示す。

❶ 部材どうしの取り付き方。

❷ 建築基準法第6条, 6条の2。

❸ 建築基準法第18条の2。

❹ preliminary design

❺ execute design

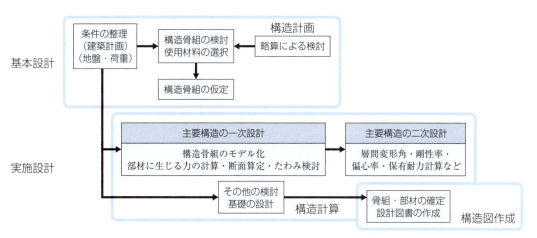

図5　基本設計と実施設計の流れ

基本設計では，建築物の規模や形態，部屋の用途など建築計画のおおよその状況を受け，建築物に使用される構造骨組のアイデアをつくり，構造材料を選択しておおよその骨組を決めていくことを行う❻。この段階ではいくつかの骨組の案をつくって比較検討するため，詳細な構造計算によって検討を行うのではなく，概算（略算）によって検討を行う。たとえば，構造物の一部分を取り出して計算を行うことなどである。構造の検討によって建築計画の内容を修正することもあり，建築計画と構造計画との調整が行われる。

基本設計の段階において，地盤の状況を把握し雪や風など地域に

❻ 骨組のようすを検討したり，複雑な骨組を立体的に確認したりするために，**骨組模型**をつくったりCADによる立体図をつくったりして検討を行うこともある（図1）。

❶ ボーリング調査など現地で行う調査と，土のサンプルを採取して実験室で試験を行う調査がある。

図6 地盤調査の方法

地面の中に鋼管を打ち込み地層の硬さや構成を調べる。

❷ 大都市では広い地域の地形図や地質構成図がまとめられているところもある。

❸ first stage design
❹ second stage design
❺ 稀に生じる地震動ともよぶ。
❻ 極めて稀に生じる地震動ともよぶ。
❼ その層の上下階の水平変位の差。

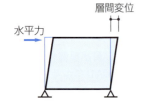

あった荷重条件を設定する。敷地は建築物ごとに固有のものであり，敷地内で**地盤調査**❶を行い（図6），また付近の地盤の状況や地形図❷などによって敷地周辺を含めた地盤の状況を把握する。

実施設計では，基本設計で決定した骨組に対して構造計算を行って断面を決定し（図2），必要な検討を経て最終的な骨組や部材断面を決定し構造図としてまとめる（図3）。構造計算の結果によっては，想定した骨組を修正することもあり，骨組の最終決定に至るまで，何回も計算や検討を行う。主要な構造部材のモデル化と計算・断面算定までの**一次設計**❸と，耐震設計の**二次設計**❹がある。これ以外にも小梁・スラブ・間柱などの設計や基礎の設計が行われる。

3 主要構造の耐震設計

1 耐震設計の目標

建築物に短期間に作用する荷重には積雪や風や地震などがあるが，わが国では地震による影響が大きいため，構造設計においては耐震設計が重要である。通常の耐震設計では，建築物の存続期間に相当する**数十年の間に一度は発生するような地震動**❺に対しては，小さなひび割れなどは許容するが，修復なしに続けて使えるような耐震性を確保する。このための設計を**一次設計**とよぶ。

しかし，**数百年以上に一度発生する可能性のある地震動**❻に対しては，建築物が損傷を受けることもあるが，少なくとも人々の命を守るために，建築物が倒壊しないような耐震性を確保する。このための設計を**二次設計**とよび，より高度な計算や検証を行う。

2 耐震設計の考え方

建築物が地震力（水平力）を受けたときの，加えた水平力と1層分の層間変位❼の関係をグラフに示すと図7(a)のようになる。このとき，鉄筋コンクリートの建築物であれば，耐震壁のある構造（図7(b)）と柱と梁だけで構成されたラーメン構造（図7(c)）では状況が大きく異なる。

いずれも，初期の段階では水平力と層間変位が比例する弾性の状態であり，水平力が増えると部材が**塑性化**をはじめる限界点（弾性限）に達する。それ以降は層間変位が増えてもより大きな水平力に抵抗できるが，構造物によって変形のようすが異なる。

構造Aは，最大耐力までの変形量が小さく，最大耐力に達した後に

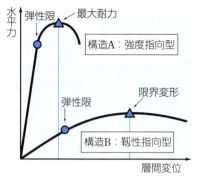
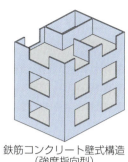
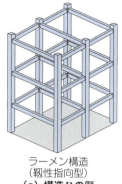

(a) 建築物の性質　　(b) 構造Aの例　　(c) 構造Bの例

図7　水平力と層間変位の関係

急激に水平力に耐えられる力が減る構造物である。このような構造物では，強度を大きくして地震力に抵抗する必要があり，「**強度指向型の構造**」とよぶ。壁の多い鉄筋コンクリート造やブレースの多い鉄骨造がこの種類の建築物となる。

一方，構造Bのように，弾性限を超えてから最大耐力に達するまでに大きな変形が生じ，最大耐力になってからもその力を保ちつつ，さらに大きな変形を生じることのできる構造物がある。弾性限を超えて大きな変形を生じることのできる能力を**靭性**❶という。靭性が大きい構造は，粘りがある構造ともよび，このような構造を「**靭性指向型の構造**」とよぶ。ラーメン構造の建築物がこの種類となる。

一次設計は，構造物が弾性限以下であることを確かめる設計である。二次設計は，構造物が弾性限を超えても，最大耐力以下であることや塑性変形可能な範囲にあることを確かめる設計である。

(a) 一次設計　　**許容応力度計算**❷とよばれる設計を行う。

① 荷重・外力により，建築物の構造部材に生じる力を計算する。
② 構造部材の断面に生じる長期と短期の各応力度を部材に生じる力の組合せにより計算する❸。
③ 各部材に生じる力❹が，許容応力度を超えないことを確かめる。
④ 変形や振動により使用上の支障がないことを確かめる。

(b) 二次設計　　地震に対する安全性の確認をする設計で，地震力に対して建築物が倒壊・崩壊などしないことを検証する。**層間変形角**❺，**剛性率**❻・**偏心率**❼，**保有水平耐力**❽の計算などを行う。二次設計の計算方法は建築物の規模に応じていくつかの種類がある。

❶ ➡p.228

❷ allowable stress design

❸ いままでに学んだ静定梁や不静定ラーメンの計算方法を利用する。
❹ 曲げ・せん断・引張り・圧縮

❺ ➡p.174
❻ ➡p.174
❼ ➡p.175
❽ ➡p.176

第1節　構造設計の概要　　**165**

Chapter 5

2節 荷重および外力の計算

ここでは，保有水平耐力計算・許容応力度等計算や限界耐力計算等における荷重および外力の求め方について学ぶ。これらのほかに，建築物の状況に応じ，土圧・水圧・振動・衝撃による外力を考慮して，荷重の計算をしなければならない。

1 荷重および外力

第1章で学んだように，実際の骨組にはさまざまな荷重および外力が鉛直あるいは水平に，また長期的あるいは短期的に作用する。構造計算では，構造物に作用するこれらの荷重および外力の大きさを求めることが必要である。これを**荷重および外力の計算**という。表1に，荷重および外力により部材に生じる力の組合せを示す。

表1 部材に生じる力の組合せ❶

力の種類	荷重および外力について想定する状態	一般の場合	多雪区域❷の場合
長期に生じる力	常時	$G+P$	$G+P$
	積雪時		$G+P+0.7S$
短期に生じる力	積雪時	$G+P+S$	$G+P+S$
	暴風時	$G+P+W$	$G+P+W$
			$G+P+0.35S+W$
	地震時	$G+P+K$	$G+P+0.35S+K$

G：固定荷重によって生じる力　　P：積載荷重によって生じる力
S：積雪荷重によって生じる力　　W：風圧力によって生じる力
K：地震力によって生じる力

2 固定荷重

固定荷重❸は，建築物各部自体の体積に，その部分の材料の単位体積質量と重力加速度❹を乗じて求める。コンクリートや鉄骨や木材など構造物そのものの重量と屋根材，床材，天井材，壁材などの仕上材の重量を考える。床または壁などの固定荷重は，単位面積あたりの荷重 [N/m²] で表し，柱や梁などの固定荷重は，単位長さあたりの荷重 [N/m] で表す。ふつうは，付1表1に示す値によるか，建築物の実況に応じて計算する。

3 積載荷重

積載荷重❺は，人間や家具などの平均荷重をもとに求める。この荷重は移動可能であり，ふつう，不均一に作用するが，建築物の実況に

---

❶ 建築基準法施行令第82条（保有水平耐力計算用）。

許容応力度等計算も，この表により計算する（建築基準法施行令第82条の6）。限界耐力計算等では，建築基準法施行令第82条の5の表による。

❷ 多雪区域とは，垂直積雪量が1m以上の区域，または積雪の初終間日数（積雪部分の割合が $\frac{1}{2}$ を超える状態が継続する期間の日数）の平年値が30日以上の区域をいう（平成12年建設省告示第1455号第1）。

❸ dead load
建築基準法施行令第84条。

❹ 重力加速度は，実用上は $9.8\,\mathrm{m/s^2}$ を用いる。

❺ live load
建築基準法施行令第85条。

たとえば，書架が密集した図書室では一般の教室より積載荷重が大きくなる。

応じて，単位面積あたりの荷重として計算する。ただし，付1表2に示された室については，実測に基づいた数値が定められている。

この際に，(1)床の設計に用いる数値，(2)大梁・柱または基礎の設計に用いる数値，(3)地震力の計算に用いる数値の3種類の荷重を考える。(1)の積載荷重は，1か所に家具や人間が集中することを考慮した大きな値である。(2)の積載荷重は，大梁で囲われた1グリッドの範囲において全体の荷重を1グリッドの面積で除したものであり，床設計用よりは小さくなる。(3)の積載荷重は，階全体の重量を計算するために用いるものであり，部屋全体の荷重を部屋の面積で除したもので最も小さなものとなる。

4 積雪荷重

積雪荷重[1]は，屋根に雪止めがある場合を除き，式(1)により計算する。なお，雪の積もり方は，地形・風・屋根形状などにより不均等になることもあり，実状に合った荷重分布で計算する。

●積雪荷重　　　$S = dS_u\mu_b$ 　　　　　　　　　(1)

S：積雪荷重 [N/m²] 　　d：垂直積雪量 [m] 　　μ_b：屋根形状係数
S_u：単位荷重 [N/m³]（積雪量1mごとに2 000 N/m²以上[2]）

垂直積雪量dは，日本の各地域において標高や海からの距離などに応じて計算できる式が決められているが[3]，特定行政庁[4]が当該区域の近傍の気象観測地点の積雪量の観測資料に基づき定めることがある。**雪下ろし**を行う場合には，実状を考えて1mまで積雪量を減らすこともできる。しかし，雪下ろしは困難な作業でもあり，実際の積雪を見込んだ設計を行うことがよい。設計荷重の計算に用いる**雪の比重**は，積雪量によって異なり，1m程度までは0.2であるが，1m以上となると雪が圧縮されることで，0.3以上と大きくなる[5]。積雪のようすは屋根の形状にも関係する。雪止めのない勾配のある屋根では，雪が滑り落ちることにより積雪量は少なくなる。これを考慮した係数が屋根面形状係数μ_bであり，式(2)によって計算する。ただし，屋根の勾配が60度を超える場合は，0とすることができる（図1）。

●屋根形状係数　　　$\mu_b = \sqrt{\cos(1.5\beta)}$ 　　　　　(2)

β：屋根勾配（度）

[1] snow load
建築基準法施行令第86条。

[2] 多雪区域では，建築基準法施行令第86条第2項に基づいて，特定行政庁は，これと異なる定めをすることができる。

[3] 平成12年建設省告示第1455号第2。
$d = \alpha l_s + \beta r_s + \gamma$
α, β, γ：区域に応じて定めている数値
l_s：区域の標準的な標高 [m]
r_s：区域の標準的な海率（区域に応じて定められた半径の円の面積に対する，当該円内の海その他これに類するものの面積の割合をいう）

[4] 建築基準法第2条第35号。都道府県知事または建築主事をおく市区町村長をいう。

[5] 多雪区域では，雪の比重はおよそ0.3であり，2mの積雪は0.6mの水の深さに相当する。

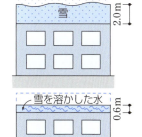

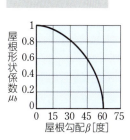

図1 屋根勾配と屋根面形状係数の関係

5 風圧力

風（空気の流れ）の中にある建築物は，圧力を受ける。その圧力を**風圧力**[1]といい，主として気流の速さ，すなわち風速と建築物の形状によって決定される。風圧力は，式(3)で計算する。

● 風圧力　　$P = C_f q$　　[N/m²]　　(3)

C_f：風力係数　　q：速度圧 [N/m²]

風力係数 C_f[2]は，建築物の形状によって決まる係数で，式(4)で定める数値である。ただし，風洞実験の結果に基づく数値でもよい。

● 風力係数　　$C_f = C_{pe} - C_{pi}$　　(4)

C_{pe}：建築物の外圧係数（建物に向かう力の方向を正とする）
C_{pi}：建築物の内圧係数（室内から外に向かう力の方向を正とする）

外圧係数は外壁の外側に生じる圧力を示す係数であり，**内圧係数**は隙間などから建築物の内側に空気が入り込んだり吸い出されたりすることにより，内側に生じる力を示す係数である。なお，風圧力は，すべての風力係数の組合せについて求める。

速度圧[3] q [N/m²] は，建築物を建てる地域の風速とその市街地の状況に基づき，式(5)で計算する[4]。式中の E は，建築物の周囲の状況と高さによって決まる係数[5]の E_r（図2），および平均風速から瞬間的な力を求めるための割増係数の G_f で計算する。

● 速度圧　　$q = 0.6 E V_0^2$　　(5)

E：市街地の状況および建築物の高さによる係数。
$E = E_r^2 G_f$　　$E_r = 1.7(Z_b/Z_G)^\alpha$　[H が Z_b 以下の場合]
　　　　　　　$E_r = 1.7(H/Z_G)^\alpha$　[H が Z_b を超える場合]
　　　　G_f, Z_b [m], Z_G [m], α は付1表7による。

V_0：地域によって定めた風速。30～46 m/s の範囲の数値。

----

❶ wind force
建築基準法施行令第87条第1項。

❷ wind pressure coefficient
平成12年建設省告示第1454号 第3。 ➡ p.299 付1。

❸ velocity pressure

❹ 建築基準法施行令第87条。

❺ 地表付近の風は，構造物や樹木などの凸凹による影響を受ける。そこで，市街地の状況を建築物の密集度合いにより地表面粗度区分で分類する（付1図2，表7参照）。

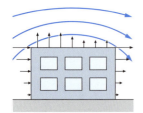

空気の流れが生じて，建築物の表面の外側と内側に圧力が生じる。

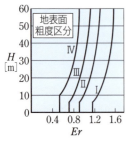

高いほど速度圧は大きくなる
図2　高さと E_r の関係

❻ 第7章第2節（p.235）の鋼構造平屋建工場の風力係数 C_f の計算である。

例題1　地表面粗度区分Ⅲの地域に建築される，図3のような閉鎖型建築物の風力係数 C_f を求めよ[6]。

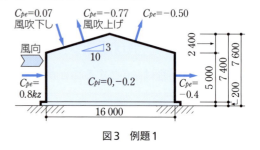

図3　例題1

解答… ① kzの計算（地表面粗度区分Ⅲ）

HとZ_bの大小関係により，kzを求める式が決まる❶。この場合，

Z^* [m]	Z_b [m] (付1表7)	α (付1表7)	H [m]
$0 \sim 5.2$	5	0.20	$\dfrac{7.6+5.2}{2}=6.4$

*当該部分の地盤面からの高さ[m]

❶ 付1表3，表7参照。

$H > Z_b$ かつ， $\begin{cases} Z_b = 5\,\mathrm{m}なので， \\ kz = (Z_b/H)^{2\alpha} = (5/6.4)^{2\times 0.20} = 0.91 \\ Z > Z_b のとき：Z = 5.2\,\mathrm{m}では， \\ kz = (Z/H)^{2\alpha} = (5.2/6.4)^{2\times 0.20} = 0.92 \end{cases}$

kz❷は，地盤面からのZに応じて変化する変分布値であり，安全側の値として$Z = 5.2\,\mathrm{m}$の$kz = 0.92$の等分布値として計算する。

❷ kzの分布図

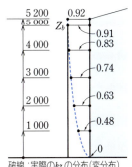

破線：実際のkzの分布（変分布）
実線：計算上のkzの分布（等分布）

② 風力係数C_fの計算（図4）$C_f = C_{pe} - C_{pi}$

	C_{pe}	C_f	
		$C_{pi}=0$のとき	$C_{pi}=-0.2$のとき
風上側壁面	$0.8 \times 0.92 = 0.74$	0.74	0.94
風上側屋根面	0.07^*	0.07	0.27
	-0.77^*	-0.77	-0.57
風下側屋根面	-0.5	-0.5	-0.3
風下側壁面	-0.4	-0.4	-0.2

＊直線補間では，たとえば，図4のような3寸勾配の屋根の風上面のC_{pe}は，次のように計算できる❸。

$\tan\theta = \dfrac{3}{10}$ から，$\theta \fallingdotseq 16.7°$での補間の係数 $\left(\dfrac{16.7-10}{30-10}\right) = 0.335$

正の係数 $a = (0.2-0) \times 0.335 = 0.067 \to 0.07$

負の係数 $b = \{(-0.3)-(-1.0)\} \times 0.335 + (-1.0) = 0.067 \to 0.77$

❸ 直線補間で得られた値をそれぞれ安全側の値として用いる。

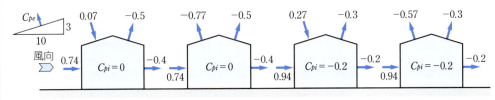

図4 例題1（風力係数）

6 地震力

地震による地面の動きを**地震動**とよぶ。地震動を受けた建築物は，それぞれの部分で質量に比例して**慣性力**（**地震力**❹）が作用し，地面で固定されて水平力を受けたと置き換えることができる。建築物を床レベルで質量が集中しているとみなし，各階の床レベルに水平力が作用し，各層に層せん断力が生じると考える。建築物の各層に対し，その層より上部に作用する水平力の合計（図5）を層に作用する力と考え，**地震層せん断力**❺で与え，式(6)で計算する。

❹ seismic force

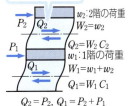

（地震力をそれぞれの層が支えている重量に比例する層せん断力とする）

図5 地震層せん断力

❺ 限界耐力計算法や特別な検証法では別の方法で求める。

●地震層せん断力　　　　$Q_i = W_i C_i$ 　　　　　　　　(6)

Q_i：i層の地震層せん断力［kN］　　C_i：i層の地震層せん断力係数
W_i：i層より上部の固定荷重と積載荷重の和［kN］

地震層せん断力係数 C_i は，地震の生じやすい地域かどうか，また，建築物の弾性域における**固有周期**❶，地盤の性質などによって求まる係数である。地上部分❷は式(7)で計算する。

●地震層せん断力係数　　　$C_i = Z R_t A_i C_0$ 　　　　　(7)

Z：その地方における過去の地震の記録に基づく震害の程度および地震活動，その他地震の性状に応じて1.0～0.7の範囲で国土交通大臣が定める数値で，ふつう**地震地域係数**❸という（付1図3）。

R_t：建築物の振動特性を表すものとして，建築物の弾性域における固有周期（以下，**設計用一次固有周期**）および地盤の種類に応じて求める数値❹（図6）。

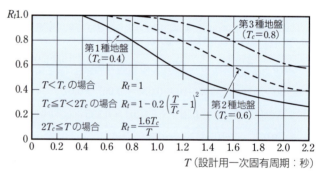

図6　振動特性係数 R_t

A_i：建築物の振動特性に応じて地震層せん断力係数の建築物の高さ方向の分布を表すもので，式(8)および図7によって求める。

$$A_i = 1 + \left(\frac{1}{\sqrt{\alpha_i}} - \alpha_i\right) \frac{2T}{1 + 3T} \tag{8}$$

$\alpha_i = \dfrac{W_i}{W_1}$　　W_iはその階より上部の重量。W_1は地上階の全重量。

T：設計用一次固有周期［秒］　　$T = h(0.02 + 0.01\alpha)$
h：建築物の高さ　　α：木造または鉄骨造の階の高さのhに対する比率
C_0：標準せん断力係数で，許容応力度計算（一次設計）の場合は0.2以上，保有水平耐力計算（二次設計）の場合には1.0以上とする。

❶ natural period
揺れの往復にかかる時間を**周期**とよぶ。建築物には，その重量や剛性によりそれぞれ**固有周期**がある。➡p.289式(1)

❷　地下部分は，建築基準法施行令第88条第4項の式で計算する。

❸　昭和55年建設省告示第1793号第1。

❹　特別の調査または研究の結果に基づく数値にすることができる。昭和55年建設省告示第1793号第2。

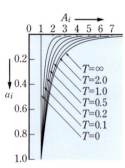

（上部の階ほど地震の揺れが大きくなる）

図7　高さとA_iの関係

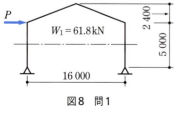

図8　問1

問1　図8の山形ラーメン構造物の軒の位置に作用する地震力Pを求めよ。ただし，$W_1 = 61.8$ kN，$C_1 = 0.2$とする。

問2　p.152第4章例題5の骨組の地震層せん断力Q_2, Q_1を求めよ。ただし，$W_2 = 900$ kN，$W_1 = 1890$ kN，$C_2 = 0.242$，$C_1 = 0.200$とする。

170　第5章　構造設計の考え方

3節 モデル化と部材に生じる力・変位計算

Chapter 5

第2章から第4章で学んだように、建築物を骨組と見なしてさまざまな荷重および外力が作用するものとして構造計算を行う。ここでは建築物のモデル化や構造計算に関する留意事項を学ぶ。

1 主要構造の計算

(a) 部材のモデル化 主要構造[1]とは柱、梁、耐震壁、鉄骨ブレースなど建築物の骨格をなす部位をいう。柱・梁・ブレースは線材として考えてモデル化される。耐震壁は、本来は面状の部材であるが、**マトリックス変位法**[2]などのプログラムで計算を行う場合には、図1のように等価な剛性をもつ一様な断面の線材の部材としてモデル化される。

[1] main structure

[2] 部材に生じる力と変位の関係を決める構成式をもとに、構造物全体の構成式（マトリックス）をつくり、この方程式を解いて部材に生じる力を計算する方法。

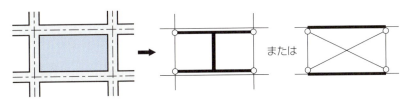

図1 耐震壁のモデル化

図2のように、柱や梁ではハンチがついていたり、袖壁・腰壁・たれ壁などがついていたりするなどで部材の大きさが一様でないこともあるが、その場合も一様な断面の線材として扱い、実態を反映できるように剛性の補正や**剛域**[3]を考えてモデル化される。

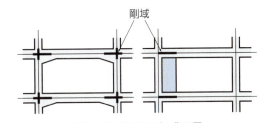

図2 柱、梁のモデル化の図

[3] 部材の変形が生じないと仮定する部分。

建築物は、本来は三次元的なものであり、そのまま三次元の骨組としてモデル化する（立体モデル）場合と、二次元の骨組としてモデル化（平面モデル）する場合がある。平面モデルでは第2章から第4章で学んだ方法により計算ができるが、立体モデルはコンピュータプログラムを利用した計算が前提となる。

(b) 屋根や床のモデル化 鉄筋コンクリート造の屋根や床は、骨組のモデル化のさいにその影響を反映させる。図3のように鉄筋コンクリート造ではスラブの一部が梁と一体となり、梁の部材の剛性（断面

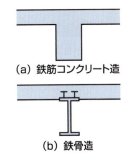

(a) 鉄筋コンクリート造

(b) 鉄骨造

図3 梁と一体化された床スラブ

二次モーメント）を増やす効果があり，これを考慮したモデル化とする。鉄骨造の梁も鉄筋コンクリートのスラブと一体化された場合には同様の考慮を行う。

屋根や床を**鉄筋コンクリート造のスラブ**や**鉄骨造の水平ブレース**を配置して一体とすることは重要である（図4）。このとき，地震力に対する計算では同一レベルの床は一体であると仮定して計算を行う。この仮定を剛床仮定とよび，これによると，建築物の各層の地震力は柱や耐震壁・ブレースの水平剛性に比例して負担されることになる。大きな開口部や吹抜けがあり，床が一体となっていない場合や，ねじれの大きい場合には特別な計算が必要となる。

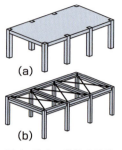

図4　床の一体性の確保

2　変位の計算と検討

構造計算では部材に生じる力とともに変位を求めることができる。鉛直荷重に対しては屋根や床の**鉛直たわみ**[1]をチェックする。強度がじゅうぶんであっても，たわみ量が大きい場合には使用に支障をきたすこともある。RC造や木造の部材では荷重が変わらなくても，時間の経過によって変位が増大する傾向[2]があるので，このことを考慮して変位の検討を行う必要がある。

地震力による水平変位[3]の計算は次節で述べる層間変形角などの検討に必要となる。

3　コンピュータを使った構造計算

これまで学んできた手計算法では，複雑な形の実際の建築物に生じる力を解くことには限界があるため，構造計算にコンピュータを用いることが多い（図5）。実際の建築物は立体的で，各部材には太さや厚さがあり，地盤や杭のことまで考えると，コンピュータを用いて計算する場合でも，さまざまな現象を数値として計算するのは簡単ではない。数値で計算するための**仮定条件**と単純化のための**モデル化**についてよく理解すること，さらに，計算の原理を理解することが重要である。

技術者がコンピュータによる数値計算結果を正しく判断するためには，力学的な感性を養い，模型を使った考察，地震などによる災害現場をみること，構造物の実験など，すべてのことが役立つ。

---

[1] vertical deflection

[2] クリープ現象という（p.109）。設計では，鉄筋コンクリート造のスラブでは16倍，梁では4〜8倍，木造の梁では2倍程度の変位の増大を考慮する。

[3] horizontal displacement

コンピュータを用いて立体的な解析モデルを作成しているところ。

図5　構造計算の例

4節 耐震設計の二次設計

1 法律による検証の分類

　日本の建築物は建築基準法などの法律を満たすように建てられなければならない（p.7参照）。建築物の高さや規模により耐震設計の方法が分かれているが，より詳細な設計法を選択してもよい。

　① **超高層建築物**[1]　過去に起きた地震動記録，人工的に作成した地震動を用いて，建築物の揺れ（振動）のようすを，たとえば$\frac{1}{100}$秒間隔で連続的に計算し（時刻歴応答解析とよぶ），これらの計算結果により建築物の安全性を判断する。

　② **大規模な建築物**[2]　稀な地震動に対して，建築物各部に生じる応力度が許容応力度を超えないこと，各層に生じる変形角がじゅうぶんに小さいことを確かめ，極めて稀な地震動に対して倒壊しないように建築物にじゅうぶんな強さや粘りをもたせること，このときに建築物の各層に生じる変形角が過大にならないことを確認する。

　③ **中規模な建築物**[3]　稀な地震に対する計算法は②と同じであるが，極めて稀な地震に対して建築物が倒壊しないことを確認する計算法が②に比べ簡素化されている。

　④ **小規模な建築物**[4]　構造計算は不要であるが，柱や壁の断面形状などが建築物の規模や形により，あらかじめ決められている。これらの決まりを仕様規定とよぶ。

[1] 建築基準法（以下「法」）第20条第1号。高さが60mを超える建築物。

[2] 法第20条第2号イ。高さ60m以下の建築物で，木構造は，高さ13mを超える，または軒高9mを超えるもの。鋼構造は，4階建て以上などのもの。鉄筋コンクリート構造は，高さ20mを超えるもの，耐力壁等の水平断面積が一定量未満のものをいう。

[3] 法第20条第3号イ。①，②に該当しない建築物で，木構造は，3階建て以上または延べ面積500m²を超えるもの。木構造以外の構造物では，2階建て以上または延べ面積200m²を超えるもの，などをいう。

[4] 法第20条第4号イ。①～③に該当しない規模の小さい建築物。

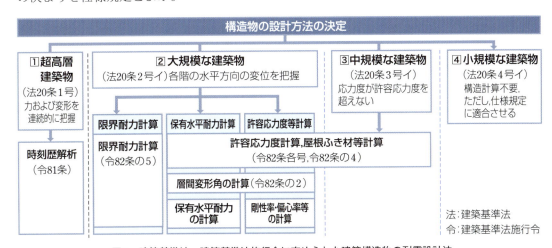

図1　建築基準法・建築基準法施行令に定められた建築構造物の耐震設計法

❶ allowable stress design
限界耐力計算では，材料強度による計算も含む。

2における，極めて稀な地震に対しての計算法には**保有水平耐力計算**と**限界耐力計算**があり，高さが31 m以下の建築物では**許容応力度等計算**❶とよばれる許容応力度計算と構造規定によって代替することができる。

3においては，極めて稀な地震に対して建築物の倒壊を防ぐ計算法として，簡素化された**許容応力度計算**を使うことができる。

2　層間変形角の検討

層間変形角の制限は，稀な地震時の過大な変形を防ぎ，内・外装材，設備など非構造部材が，地震時に主要構造部材の変形についていけずに損傷しないことを目的としている。

層間変形角 θ_i は，各層の層間変位を階高で除した値で，式(1)により計算する。

❷ 特定の部分（内・外装材，設備など）に著しい損傷がない場合は，$\frac{1}{120}$ 以下とすることができる。

●**層間変形角** $\qquad \theta_i = \dfrac{\delta_i}{h_i} \qquad\qquad$ (1)

δ_i：各層の層間変位　　h_i：階高

層間変形角の値は，一次設計用の地震力に対して $\dfrac{1}{200}$ 以下❷とする。図2に，層間変形角の考え方について示す。

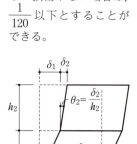

図2　層間変形角

問 1　図2において，$\delta_1 = 3.53$ mm，$\delta_2 = 2.78$ mm，$h_1 = h_2 = 4$ mのとき，1階および2階の層間変形角 θ_1，θ_2 は，それぞれいくらか。また，それぞれの層間変形角が規定値を満足するか確かめよ。

3　剛性率・偏心率などの計算

(a) 剛性率　　**剛性率**❸は建築物の高さ方向の剛性分布のバランスの指標であり，バランスが悪いと，地震時に相対的に剛性が低い階に変形が集中して，その階が壊れやすくなる。図3に，高さ方向の剛性分布の悪い例を示す。

❸ story stiffness ratio
平屋建てでは，$R_s = 1.0$ となる。
➡ p.224 例題2

各階の剛性率 R_{si} は，各階の層間変形角の逆数を建築物全体の層間変形角の逆数の平均値で除した値で，式(2)により計算する。

●**剛性率** $\qquad R_{si} = \dfrac{r_{si}}{r_s'} \qquad\qquad$ (2)

r_{si}：h_i/δ_i（各階の層間変形角の逆数）　　r_s'：各階の r_{si}（$i = 1\sim n$）の平均値

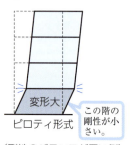

ピロティ形式
（剛性のバランスが悪い例）
図3　高さ方向の剛性分布

問 2　問1において，1階および2階の剛性率はそれぞれいくらとなるか。

(b) 偏心率　　偏心率[1]は，平面的な剛性分布のバランスの指標である。**重心**[2]と**剛心**[3]の位置が平面的にずれていると，建築物の床面の剛心を中心に回転させようとする力が生じる。図4のように，かたよって耐震壁があると，地震時に床面がねじれる。剛心から遠い位置ほど変形量δが大きくなるので，⑤通りには大きな力が作用し，建築物の破壊につながる。

　偏心率R_eは，図4(b)において，重心と剛心を求め，x方向またはy方向のそれぞれについての偏心距離を弾力半径[4]で除した値で，式(3)より計算する。なお，重心と剛心がずれることを**偏心**といい，重心と剛心のずれの距離を**偏心距離**という。

●偏心率　　　$R_{ei} = \dfrac{e_i}{r_{ei}}$　　　　　　　　　　　　(3)

e：偏心距離　　r_{ei}：弾力半径

　剛性率が0.6以上であること，および偏心率が0.15以下であることを同時に満たさない場合は，保有水平耐力計算を行い，極めて稀な地震に対して安全性を検討する[5]。

[1] modulus of eccentricity

[2] center of gravity
　地震力（層せん断力）は，重心の位置に作用する。

[3] center of rigidity
　地震力が作用するときの床面の回転中心。

[4] 平面全体のねじれに対する抵抗能力を表す。
$$r_e = \sqrt{\dfrac{K_R}{\sum D}}$$
K_R：ねじり剛性
$\sum D$：水平剛性
➡p.224〜225 例題3

[5] 建築基準法施行令第82条の3。

(a) 全景

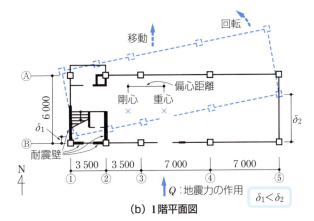
(b) 1階平面図

図4　偏心による建築物のねじれ

(c) その他の構造規定　　建築物の高さが31 m以下で保有水平耐力計算を行わない場合には，剛性率・偏心率の規定以外にそれぞれの**構造種別に応じた構造規定**[6]があり，これを守ることで極めて稀な地震における安全性を確保する。鉄筋コンクリート造では，耐震壁や柱の断面積を一定量以上有することが必要である。鉄骨造では，ブレースを用いた場合に地震力を割り増すことや，柱や梁の断面形状や座屈補剛材の配置の規定を守って靱性を確保することが必要である。

[6] 昭和55年建設省告示第1791号（平成27年改正）。6章と7章に，鉄筋コンクリート構造と鉄骨構造それぞれについて詳細な説明がある。

4 保有水平耐力計算

1 保有水平耐力

建築物の骨組を水平方向に押していくと，骨組を構成する柱・梁は曲げモーメントにより縁の部分から降伏[1]が始まり，やがて全断面が降伏して**全塑性状態**[2]になる（図5）。このときの曲げモーメントを全塑性モーメント M_P とよび，この状態を塑性ヒンジが生じたともいう。ちょうどさびた丁番のように，力をかければ曲がるが，力がかからないとその曲がりを維持する状態である。

[1] yield
塑性変形がはじまる点。部材に生じる応力度とひずみ度との関係が比例関係を示さなくなる状態。

[2] fully plastic state
断面全体が塑性域になった状態。

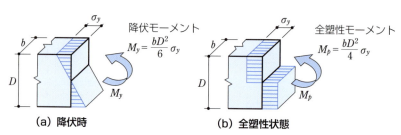

図5 断面の塑性ヒンジの形成

このときの図6のように，骨組に与える変形を徐々に増していく（Q_1）と，塑性ヒンジが増えて（Q_2），やがて水平力が増えず変形のみ増えていく状態になる（Q_3）。この状態を**崩壊機構**が形成されたとよび，このときの水平抵抗力を**保有水平耐力** Q_u という。

耐震壁のある建築物では耐震壁に地震力が集中し，耐震壁が最大耐力に達してその後急激に耐力が低下することで，梁にヒンジができていなくても骨組として最大耐力となってしまうこともある。

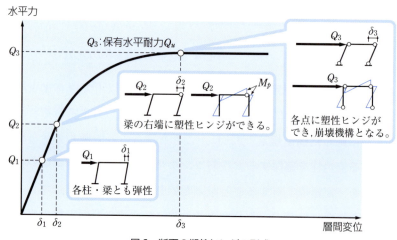

図6 断面の塑性ヒンジの形成

2 必要保有水平耐力

必要保有水平耐力Q_{un}は，大地震に対して，安全を確保するために必要とする最小限の水平方向の耐力（図7）である。必要保有水平耐力は，次の式で求める[1]。これは，建築物が弾性を保つとしたときの大地震時の層せん断力Q_{ud}を構造物の靭性（粘り強さ）[2]に応じて低減する係数D_sや，剛性率や偏心率を考慮した割増係数F_{es}を掛け合わせたものである。

● 必要保有水平耐力　　　$Q_{un} = D_s F_{es} Q_{ud}$ 　　　(4)

D_s：構造特性係数（各階の構造特性を表わすものとして，構造方法に応じた減衰性や靭性を考慮して決める）

Q_{ud}：地震層せん断力（地震力によって生じる水平力）
$Q_{ud} = W_i Z R_t C_0$　　　$C_0 = 1.0$以上
F_{es}：形状係数[3]（各階・各方向の剛性率や偏心率によって決まる。1.0～3.0）

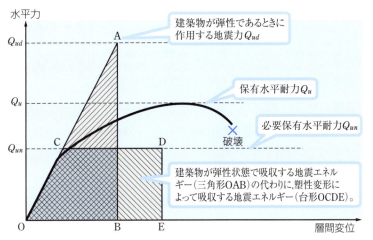

図7　保有水平耐力Q_uと必要保有水平耐力Q_{un}

構造特性係数D_sは，構造方法に応じた減衰性や靭性を考慮して必要保有水平耐力を低減する係数である[4]。図9は鉄筋コンクリート造の耐震壁と骨組，鉄骨造のブレースと骨組とで最大耐力と靭性の大きさがどのように異なるかのイメージを示したものである。

鉄筋コンクリート造では，耐震壁の量が多くなると靭性は小さく，最大耐力は大きくなる傾向にある。D_sの値は，耐震壁の水平力の負担の割合や，柱・梁や耐震壁の配筋などに応じて決まり，0.3～0.55の数値となる。鉄骨造では，ブレースの量が多くなると靭性が小さく，最大耐力は大きくなる傾向にある。D_sの値は，ブレースの水平力の負担の割合や，柱・梁の断面形状やブレースの形状に応じて決まり，0.25～0.50の数値となる。

---

[1] 建築基準法施行令第82条の3
[2] ➡ p.165 図7(a) 建築物の性質

[3] 昭和55年建設省告示第1792号第7。F_{es}は剛性率に応じた数値F_sと偏心率に応じた数値F_eの二つを乗じて計算する（図8）。

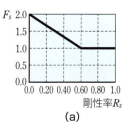
(a)

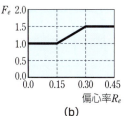
(b)

図8　F_sとF_eの値

[4] 昭和55年建設省告示第1792号第1～第6

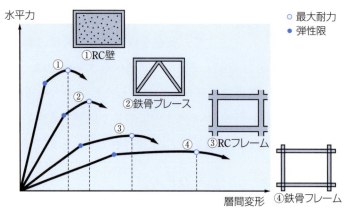

図9 骨組の種類と変形のようす

3 保有水平耐力の計算の流れ

保有水平耐力の計算の主な流れは，次のとおりである。

① 設計用一次固有周期（建築物の高さと構造種別から決める）を略算し，各層に作用する地震力の分布係数 A_i（p.170参照）を求める。

② 各層の地震力の分布に基づき水平力を徐々に増加させ，各層の崩壊機構を検討し，必要保有水平耐力 Q_{un} を求める。

③ 各層の地震力の分布に基づき水平力を徐々に増加させ，最大耐力もしくは限界の層間変形時の耐力から，各層の保有水平耐力 Q_u を求める。

④ 保有水平耐力 Q_u が必要保有水平耐力 Q_{un} 以上であることを確かめる。

4 望ましい崩壊機構の計画

極めて稀に生じる地震に対しては，望ましい崩壊機構となるように計画する。梁と柱のみでできている骨組では，図10(a)のように，できるかぎり多くの梁に塑性ヒンジ❶ができて全体の層が一様に塑性化するような構造計画とすることが望ましい。図10(b)のように，中央に上下層に連続する耐震壁がある骨組では，多くの梁の端部と壁の脚部に塑性ヒンジが生じているもので，望ましい崩壊機構の例である。図11は一部の柱が崩壊して軸力を保持できなくなるもので，建築物の自重により倒壊につながる望ましくない例である。

❶ ➡p.176

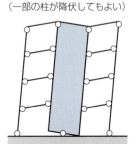

図10 安全上望ましい崩壊機構の例（極めて稀な地震時）
(a) 梁降伏型（一部の柱が降伏してもよい）
(b) 壁曲げ降伏型＋梁降伏型（一部の柱が降伏してもよい）

柱の軸力の保持能力が急激に低下し破壊
→ほかの柱も連鎖的に壊れる
〜は，柱の破壊した箇所を示す。

図11 安全上望ましくない崩壊機構の例（極めて稀な地震時）

第 6 章
鉄筋コンクリート構造

◎―ユニテ・ダビタシオン

Introduction

　鉄筋コンクリート構造は，建築物の構造形式として多用されており，世界一の高さの超高層ビルから，ニュータウンにおける集合住宅まで，幅広い用途の建築物に用いられている。

　この章では，まず鉄筋コンクリート構造の特徴について学ぶ。そして，これを理解したうえで，具体的な建築物を対象として，地震などの自然災害に対して安全で，かつ，ふだん使用するとき支障となるようなたわみや変形が生じないように建築物の構造部材の断面を算定する基本的な計算方法を学ぶ。

　この章を学ぶことにより，簡単な鉄筋コンクリート建築物の構造計算ができるようになることを目標とする。

Chapter 6

1節 鉄筋コンクリート構造

❶ reinforced concrete structure

鉄筋コンクリート構造❶は，コンクリートと鉄筋を組み合わせた複合構造である。ここでは，これを構成するコンクリートと鉄筋の性質についての概要と，鉄筋コンクリート部材の特性を学ぶ。

1 概要

鉄筋コンクリート構造は，コンクリートと鋼材のたがいの欠点を補った，合理的で造形性にすぐれた構造である。建築物の構造形式として学校・病院などの公共の建築物や住宅などに多く用いられている。

とくに，住宅建築の場合，居住者の環境と安定性を守るという目標性能を適度の自重と剛性により満足させることができるため，鉄筋コンクリート構造は，共同住宅における中心的な構造形式である。また，数多くの実験的研究，**地震応答解析**❷手法の進歩，材料の高強度化，施工技術の向上により，30階を超える鉄筋コンクリート構造が都市部における住宅用建物の構造形式として多用されている（図1）。

❷ seismic response analysis
地震時の建築物の挙動を，時間を追って解析的に求めて，建築物の安全性を検証する方法。
➡ p.290

図1 中・高・超高層共同住宅（東京）

2 鉄筋とコンクリート

1 鉄筋

❸ reinforcing bar (rebar)
主筋には，異形鉄筋（deformed bar）が用いられる。

鉄筋❸は鋼材でつくられ，鋼材は引張りにも圧縮にも同じ強さをもち，その強度は一般的なコンクリートの圧縮強度の10倍以上となる性質をもつ。鉄筋コンクリート構造において，鉄筋はおもに引張力を負担する。長期に生じる荷重に対しては降伏点❹に対して余裕をもった強度まで，ま

❹ ➡ p.107

180　第6章　鉄筋コンクリート構造

た，稀に生じる地震などの短期に生じる力に対しては降伏点までの強度を用いて，**弾性限度**以内の設計[1]とする。

表1に，鉄筋コンクリート構造に用いられる鉄筋の断面寸法を示す。鉄筋の**許容応力度**[2]は，JISの規格降伏点をもとに定められ，表2の数値とする。強度の高い鉄筋の長期許容応力度は，コンクリートのひび割れ幅をおさえて，耐久性の確保やたわみなどの使用性能の低下を避けるために，低くおさえられている。

表1　鉄筋の断面寸法[3]

呼び名	単位質量 [kg/m]	公称直径 d[mm]	最外径 D[mm]	公称周長 l[mm]	公称断面積 s[mm²]
D10	0.560	9.53	11	30	71.3
D13	0.995	12.7	14	40	127
D16	1.56	15.9	18	50	199
D19	2.25	19.1	21	60	287
D22	3.04	22.2	25	70	387
D25	3.98	25.4	28	80	507
D29	5.04	28.6	33	90	642
D32	6.23	31.8	36	100	794
D35	7.51	34.9	40	110	957
D38	8.95	38.1	43	120	1140
D41	10.5	41.3	46	130	1340

表2　鉄筋の許容応力度[4]　　　　　　　　　　　　[N/mm²]

	長　期		短　期	
	引張りおよび圧縮	せん断補強	引張りおよび圧縮	せん断補強
SD295	195	195	295	295
SD345	215（*195）	195	345	345

注．＊D29以上の太さの鉄筋に関しては（　）内の数値とする。

2　コンクリート

コンクリートは，骨材をセメントと水からなるセメントペーストで接着したものである。

(a) コンクリートの性質　コンクリートの圧縮強度は，水セメント比により決まる。一般に，水の量は施工時の作業性[5]を確保するために，セメントペーストが硬化するのに必要な量より多い。その余分な水分が乾燥して，コンクリートが収縮したり（乾燥収縮[6]），コンクリート中に微細な空隙ができたりすることがある。

コンクリートは引張力に対して極めて弱い。これは，コンクリート中の微細な空隙が欠陥となることが一因と考えられている。構造計算

[1]　極めて稀に生じる大地震時では，降伏点を超えた塑性変形まで期待して，大地震のエネルギーを吸収する設計を行う。

[2]　→p.108

[3]　日本建築学会「鉄筋コンクリート構造計算用資料集」(2001) による。

[4]　日本建築学会「鉄筋コンクリート構造計算規準・同解説」(2018) による。

[5]　ワーカビリティー (workability) という。

[6]　drying shrinkage

第1節　鉄筋コンクリート構造　**181**

上は引張強度を無視する。このため断面計算にあたっては，第3章で学んだ均一部材とは異なるので，注意が必要である。

また，使用性能の検討などで変形を計算する場合には，コンクリートはクリープ現象❶を考慮する必要がある。これもコンクリート中の空隙が原因と考えられる。

図2に，いろいろな強度のコンクリートの圧縮強度試験結果を示す。鉄筋と違い降伏点がなく，ヤング係数E_cはコンクリート強度によって異なる。コンクリートの場合には，稀に生じる地震などの短期に生じる力に対しても，最大耐力に対して余裕をもった強度までにおさえる❷。

❶ ➡p.109

❷ 極めて稀に生じる大地震においても，最大耐力点に達しないような設計が望ましい。

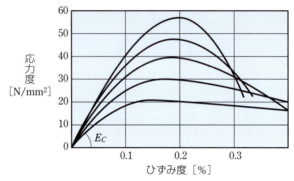

図2　コンクリートの応力度-ひずみ度曲線

部材に生じる力や変形を計算する場合のコンクリートのヤング係数E_c [N/mm²] は，次の式による❸。

❸ $F_c=24\,\text{N/mm}^2$のとき, $E_c=2.27\times10^4\,\text{N/mm}^2$となる。

●コンクリートのヤング係数

$$E_c = 3.35 \times 10^4 \times \left(\frac{\gamma}{24}\right)^2 \times \left(\frac{F_c}{60}\right)^{\frac{1}{3}} \quad (1)$$

❹ specified design strength

F_c：コンクリートの設計基準強度❹ [N/mm²]
γ：コンクリートの気乾単位体積重量 [kN/m³]（強度により 23～24 kN/m³）

(b) コンクリートの許容応力度　　コンクリートの許容応力度は，設計基準強度F_cをもとに表3に定める値とする。

表3　コンクリートの許容応力度❺　　　　　　　　　　　　　　　　　　　　[N/mm²]

	長期			短期		
	圧縮	引張り	せん断	圧縮	引張り	せん断
普通コンクリート	$\frac{1}{3}F_c$	—	$\frac{1}{30}F_c$ かつ $\left(0.49+\frac{1}{100}F_c\right)$ 以下	長期に対する値の2倍	—	長期に対する値の1.5倍

注．F_cは，コンクリートの設計基準強度 [N/mm²] を表す。

❺ 日本建築学会「鉄筋コンクリート構造計算規準・同解説」(2018) による。

3　鉄筋コンクリート

鉄筋とコンクリートが一体となって働くためには，鉄筋とコンクリートが付着していることが必要である。

(a) **鉄筋とコンクリートの一体性**　異形鉄筋を用いることでコンクリートとの一体性を確保し、**付着応力度**[1]により一体性の確認を行う。表4に、異形鉄筋とコンクリートの許容付着応力度[2]を示す。

部材は温度変化によって伸縮するが、鉄筋とコンクリートの線膨張率は、ともに1×10^{-5} [1/℃] 程度なので、同じように伸縮し一体性は保たれる。

[1] bond stress

[2] 日本建築学会「鉄筋コンクリート構造計算規準・同解説」(2018) による。

表4　許容付着応力度　　　　[N/mm²]

異形鉄筋	長期 上端筋	長期 その他の鉄筋	短期
	$\frac{1}{15}F_c$ かつ $\left(0.9 + \frac{2}{75}F_c\right)$ 以下	$\frac{1}{10}F_c$ かつ $\left(1.35 + \frac{1}{25}F_c\right)$ 以下	長期に対する1.5倍

注. 上端筋とは曲げ材にあってその鉄筋の下に300 mm以上のコンクリートが打ち込まれる場合の水平鉄筋をいう。

(b) **ヤング係数比**　図3のような鉄筋コンクリート部材に圧縮力Pが作用しているとき、コンクリートも鉄筋もΔlだけ縮んで、そのひずみ度は両者とも$\varepsilon = \frac{\Delta l}{l}$である。このとき両者に生じる応力度$\sigma$は、フックの法則[3]により、コンクリートと鉄筋のヤング係数をそれぞれE_c, E_sとすると、

　　コンクリート　$\sigma_c = E_c \varepsilon$
　　鉄筋　　　　　$\sigma_s = E_s \varepsilon$

これより、

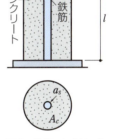

図3　鉄筋コンクリート

[3] ➡ p.104

$$\sigma_s = \frac{E_s}{E_c}\sigma_c = n\sigma_c \quad (2)$$

このnを**ヤング係数比**[4]という。ここで、鉄筋の断面積をa_s、コンクリートの断面積をA_cとすると、

$$P = a_s\sigma_s + A_c\sigma_c = na_s\sigma_c + A_c\sigma_c = (na_s + A_c)\sigma_c \quad (3)$$

つまり、鉄筋は、コンクリートのn倍の働きをすることになる。

実際の断面計算におけるヤング係数比は、コンクリートの設計基準強度F_cに応じて表5に示す値とする。

[4] ratio of Young's modulus

[5] この値は、式(1)から得られるコンクリートのヤング係数を用いて求めた値に比べて大きい値である。これは、コンクリートのヤング係数がクリープによってみかけ上、小さくなることなどを考慮して、断面計算用に定めた値である（日本建築学会「鉄筋コンクリート構造計算規準・同解説」(2018) による）。

表5　ヤング係数比[5]

コンクリート設計基準強度 F_c [N/mm²]	ヤング係数比 n
$F_c \leq 27$	15
$27 < F_c \leq 36$	13

3 鉄筋コンクリート部材の性質

1 曲げ

❶ 平面保持の仮定という。
➡p.111

❷ stress-strain relation

第3章第3節第1項で学んだように，曲げモーメントを受ける部材の断面は，平面を保持して変形し❶，ひずみ度分布は直線となる。均一な弾性材料の場合は，応力度はひずみ度に比例するので，応力度分布も直線分布となる。鉄筋コンクリート部材は，鉄筋とコンクリートからなり均一ではない。また，材料自体はコンクリートが引張力を負担しないので，弾性ではない。ひずみ度分布は直線分布なので，ひずみ度分布に応じた応力度分布は，材料の**応力度-ひずみ度関係**❷から求められる。これと，断面内での曲げモーメントと軸方向力の釣合いにより，断面の応力度の状態が決定できる。

図4のような柱に取り付く梁に，力Pが上から作用し，徐々に増加したときを考える。この状態を模型で示したのが図5である。

図6は，梁の柱仕口面端部の断面の状態を示している。断面のひずみ度分布は，図(a)から図(e)へと大きくなることがわかる。

力Pが小さく，曲げモーメントが小さいうちは，図6(a)のように，圧縮側・引張側コンクリートの応力度が直線的に変化する。鉄筋の応

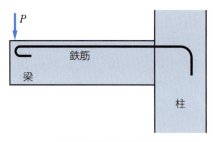

図4 柱に取り付く梁

図5 変形のモデル

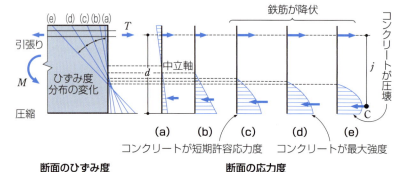

図6 断面のひずみ度と応力度の変化

力度は，ヤング係数比倍となる。

　力を増していくと，引張側コンクリートにひび割れが発生し，引張側コンクリートの応力度が0となる。このときの応力度分布は，図6(b)のようになり，鉄筋の引張力とコンクリートの圧縮力が釣り合う。さらに，力を増していくと，ひび割れが進行し，コンクリートの応力度が0の部分が増えていく。同時に，図6(c)のように鉄筋に生じる応力度は上昇して降伏点に近づき，圧縮側コンクリートの端部の応力度も短期許容応力度に近づく。

　さらに，力を増していくと，図6(d)のように，鉄筋は降伏し，コンクリートは破壊点に近づく。これ以上，力が増すと，図6(e)の状態になり，コンクリートが破壊点に達し，終局状態となる。

　これらの断面の応力度状態に対応するひび割れの状況を，図7に示す。

　図7の梁には，上下に鉄筋があり，力Pを，上下交互に作用させている。ひび割れ形状は，第3章第3節第1項の図8（p.116）に示した主応力線図のA-C間と同じ形状をしている。引張主応力度の働く方向と直交する方向にひび割れが入っている。

　一般に設計で想定している状態は，長期荷重時が図6(b)の状態，短期荷重時が図6(c)の状態である。極めて稀に生じる大地震時においても，図6(e)の状態に至らないようにすることが望ましい。

(a) 図6(b)の状況

(b) 図6(c)の状況

(c) 図6(e)の状況

図7　梁の損傷の進行

2　せん断

せん断力は，正方形要素をひし形に変えるようにずらそうとする力である[1]。この，ひし形の対角方向は伸びることになり，図8のようにコンクリート内部に斜めに引き裂くような引張力（引張主応力度）が発生すると考えるとよい。これに対する補強が**せん断補強**[2]であり，梁では**あばら**

[1] ➡p.114図4

[2] shear reinforcement

❶ stirrup
❷ hoop

筋❶，柱では**帯筋**❷といい，主筋に対して直角に用いて補強する。

せん断ひび割れが生じたあとは，せん断補強筋と主筋とで引張りに働き，ひび割れにはさまれた斜めのコンクリート斜材（部分）が圧縮に働いて，せん断力に抵抗する。つまり，図9のように，せん断補強筋とコンクリートと主筋が，トラスを形成して抵抗している。これを**トラス作用**❸という。梁せいに対して長さの

❸ truss action

短い梁では，図10のように，せん断力は圧縮力としてアーチ状に伝わり，脚部で広がろうとする力に主筋が抵抗する。これを**アーチ作用**❹という。スパンが短いほど，この効果が大きく，コンクリートだけで力を負担できるので，せん断耐力は大きくなる。

❹ arch action

❺ ➡p.206～207
式(14)～(17)

実際の設計では，多くの実験結果から導かれた設計式❺が，おもに使われている。このとき，アーチ作用によるせん断耐力分が，コンクリートのせん断耐力の割増係数として考慮されている。

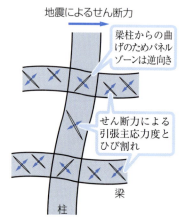

図8　地震時に柱・梁に生じるせん断力とひび割れ

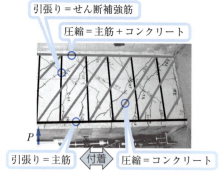

図9　トラスモデルのイメージ

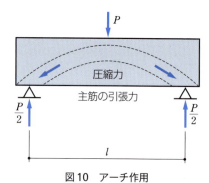

図10　アーチ作用

❻ ポアソン効果という。
➡p.103

❼ transverse reinforcement
柱ではtie（タイ）とよぶこともある。せん断補強筋として働くときは帯筋（hoop）とよぶ。

❽ confined effect

3　軸力

コンクリートを圧縮すると，図11(a)のように，横方向に広がろうとする❻。さらに荷重を加えると，図11(b)のように，中央部では横方向に広がるように破壊する（図11(c)）。この広がりに対して**横補強筋**❼で抵抗させ，圧縮強度を増大させ，最大耐力以降の耐力の低下を緩やかにすることができる。これを**拘束効果**❽という。

186　第6章　鉄筋コンクリート構造

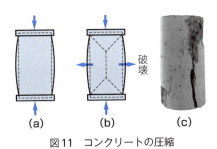

図11　コンクリートの圧縮

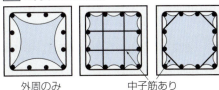

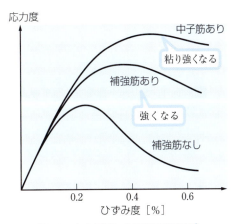

図12　中心圧縮における拘束効果❶

柱などの角柱における拘束効果は，横補強筋と主筋とで効果を発揮する（図12）。横補強筋の間隔が小さく，中子筋❷を使用したものほど，その効果は大きい。

拘束効果により最大耐力以降の耐力の低下を緩やかにすることは，大地震時における建築物の崩壊防止に有効である。耐震壁の付帯柱など，大地震時に大きな軸力を受けるような柱では，せん断補強筋と合わせて拘束筋としての帯筋を入れるようにする。このとき，中子筋を入れることは，さらに内部のコンクリートを拘束することになり，建築物の倒壊を防ぐために効果的である（図13）。

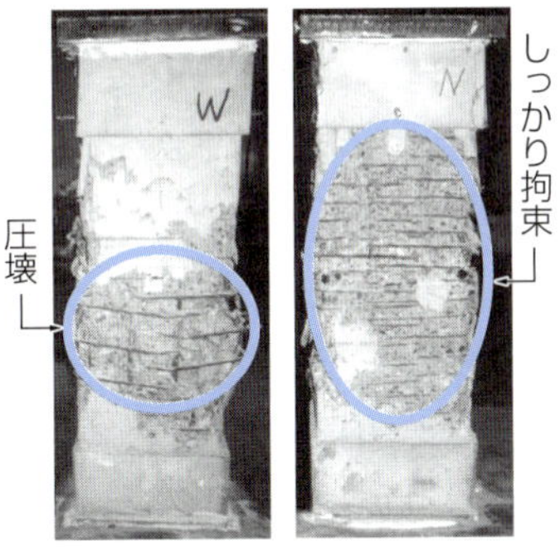

(a) 補強筋あり　(b) 中子筋あり

図13　中心圧縮による破壊

❶　日本建築学会「鉄筋コンクリート造建物の靱性保証型耐震設計指針・同解説」による。

❷　せん断補強筋として働くときは，副帯筋とよぶときもある。

■ 節末問題 ■

1. どうして鉄筋コンクリート構造がなりたつのか説明せよ。
2. 鉄筋の許容応力度とJISの規格降伏点を比較せよ。
3. コンクリートのF_cとは何か。また，許容応力度との関係について説明せよ。
4. 鉄筋コンクリート部材の主筋の役割は何か説明せよ。
5. 鉄筋コンクリート梁のあばら筋の役割は何か説明せよ。
6. 鉄筋コンクリート柱の帯筋の役割は何か説明せよ。

試してみよう　鉄筋コンクリート梁に加わる力と変形

鉄筋コンクリート梁の原理と，加わる力と変形について調べてみよう。

■**準備するもの**（図(a)）
　スチレンボード（コンクリート）
　輪ゴム（鉄筋）
　接着剤（コンクリートと鉄筋の付着）
　画びょう（ピン支持）

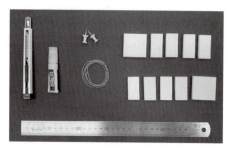

図(a)

■**鉄筋コンクリート梁をつくってみよう**（図(b)）
1️⃣ 切ったスチレンボードをつなげ，半分より下側を輪ゴムで結ぶ（引張強度のないコンクリートと鉄筋）。
2️⃣ スチレンボードと輪ゴムを接着剤で固定する（コンクリートと鉄筋の付着）。

図(b)

■**力を加えてみよう**
つくった梁の両端を画びょうで固定してピン支持にする。
3️⃣ 両端を下向き，上向きに回転させてみよう（図(c)）。
4️⃣ 中央を押してみよう（図(d)）。

■**考えてみよう**
5️⃣ 3️⃣の実験で，どちらに回転しやすい（壊れやすい）だろうか。このことから，どこに鉄筋を入れると，回転しにくく，鉄筋が有効に働くだろうか。
6️⃣ 4️⃣の実験で，すきま（コンクリートのひび割れ）が3️⃣の状態とどのように違うだろうか。違うのはなぜだろうか。曲げモーメントの分布から考えてみよう（図(e)，図(f)）。

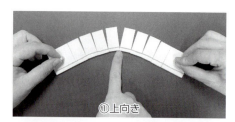

図(c)　　　　　　　　　　　　　図(d)

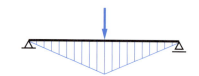

図(e)　M-図（下向き）　　　　図(f)　M-図（下向き）

188　第6章　鉄筋コンクリート構造

2節　許容応力度設計

ここでは，鉄筋コンクリート建築物の部材断面の計算方法の基本として，材料の許容応力度による部材の許容耐力[1]が作用する力より大きいことで安全性を検証する構造計算法を学ぶ。

1　構造計画

対象とする建築物は，東京の洪積層台地（第2種地盤）の公園に建つ，図1に示すような1×2スパン，2階建の展望台である。階段は別途外部につくる。

スパンおよび階高[2]は，図1に示すとおりとする。柱Cの断面は550 mm×550 mm，大梁Gの断面は350 mm×750 mm，小梁Bの断面は350 mm×600 mm，スラブ厚さは150 mmとする。

使用材料は，コンクリート：普通コンクリート，設計基準強度$F_c = 24$ N/mm²，鉄筋：SD345（D19以上），SD295（D16以下）とする。材料の許容応力度[3]は，表1

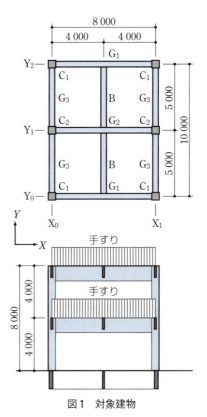

図1　対象建物

[1]　許容耐力の算定には，日本建築学会「鉄筋コンクリート構造計算規準・同解説」(2018)による方法を主として用いる。実設計においては，大臣告示などの別の算定式が使われる場合もあるので，最新の状況に合わせて，要求されている算定法を用いる必要がある。

[2]　構造設計上の階高は，部材断面の重心を通る基準線でとるのが正しいが，ここでは簡便にするため，意匠上の仕上げ階高と同じとする。

[3]　日本建築学会「鉄筋コンクリート構造計算規準・同解説」(2018)による。鉄筋の許容応力度は，基準法では長期が降伏強度の$\frac{2}{3}$となっているが，ここでは丸めた数字となっている。また，コンクリートの短期許容せん断応力度は正確には1.095となるが，小数点以下3桁目を四捨五入して1.10とした。一般的な構造計算では，安全側として荷重は切り上げ，耐力は切り捨てとすることが多いが，本章では四捨五入とする。

表1　材料の許容応力度　　　[N/mm²]

		圧縮 $_sf_c, f_c$	引張 f_t	せん断 $_wf_t, f_s$	付着f_a 曲げ材上端	その他
長期	SD345	215	215	195	1.54	2.31
	SD295	195	195	195		
	コンクリート	8	—	0.73		
短期	SD345	345	345	345	2.31	3.47
	SD295	295	295	295		
	コンクリート	16	—	1.10		

注．1）鉄筋の許容圧縮・引張応力度：$_sf_c, f_t$
　　2）コンクリートの許容圧縮応力度：f_c　　許容せん断応力度：f_s
　　3）あばら筋または帯筋のせん断補強用許容引張応力度：$_wf_t$

による。仕上げは，床は鉄平石敷き（厚さ30 mm＋モルタル平均厚さ30 mm），その他はコンクリート打ち放しとする。

2 準備計算

1 荷重計算

ここでは，建築物の床・梁・柱・壁・仕上げなどの単位面積あたりの荷重wまたは単位長さあたりの荷重w'を求める。一般に，床を先に求め，梁などはスラブの厚さ分を差し引いて計算する。

❶ 本例では，床以外に仕上げがないのでこれのみである。しかし，一般には天井・間仕切りなどの仕上げや屋上の防水層の重量を含める。
❷ 鉄筋コンクリートの単位体積重量24 kN/m³
❸ 日本建築学会「鉄筋コンクリート構造計算用資料集」(2001)の仕上重量表による。
❹ 建築基準法施行令第85条の劇場，その他の場合の固定席でない場合の数値を準用する。
　床スラブ用　3.5 kN/m²
　ラーメン用　3.2 kN/m²
　地震力用　　2.1 kN/m²

① 床❶の固定荷重

　コンクリート厚150 mm　24❷×0.15＝3.6 kN/m²　　⎫
　鉄平石厚30 mm＋モルタル30 mm　1.4 kN/m²❸　　⎬ 5.0 kN/m²
　　　　　　　　　　　　　　　　　　　　　　　　⎭

② 床の設計荷重

床固定荷重に，積載荷重❹を加えたものが床の設計荷重となる。本例の値を表2に示す。

表2　床の設計荷重　[kN/m²]

床スラブ用	ラーメン用	地震力用
8.5	8.2	7.1

③ 柱，梁の固定荷重

スラブ厚分を除いた単位長さあたりの固定重量w'を表3に示す。

表3　柱・梁の単位長さあたりの重量

部材	記号	階	梁幅 b [mm]	梁せい D [mm]	スラブ厚 t [mm]	$b \times (D-t) \times 24$ [m] [m] [kN/m³]	w' [kN/m]
小梁	B	R, 2	350	600	150	0.35×0.45×24＝3.78	3.8
大梁	$G_{1,2}$	R, 2	350	750	150	0.35×0.60×24＝5.04	5.0
柱	$C_{1,2}$	2, 1	550	550	—	0.55×0.55×24＝7.26	7.3

注．手すりw'＝0.2 kN/m

2 部材の剛比

❺ コンクリートは引張り・圧縮とも抵抗するものとみなす。

剛性は，全断面有効❺とした剛性により計算する。通常の鉄筋コンクリートの場合，梁はスラブと一体につくられるので，その剛性はT形梁として計算する。

柱・梁などの部材に生じる力は，構造計算により求めるが，それに用いる部材の

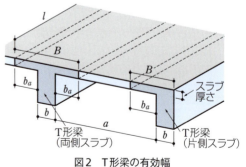

図2　T形梁の有効幅

(a) Ｔ形梁のスラブの有効幅　スラブが梁と一体となって働く部分をＴ形梁の有効幅[1]といい，Bで表す（図2）。Bは梁幅bに，その両側または片側のスラブの部分の協力幅b_aをそれぞれ加えたものとする。協力幅b_aは，次式によって計算する。

[1] effective flange width

[2] 鉛直荷重時は小梁も考えるので，荷重によって有効幅が異なる場合もある。日本ではほとんどの場合，地震力で断面が決まるので，地震時の水平力に対する値で代表することが多い。

●協力幅　　$b_a = \begin{cases} \left(0.5 - 0.6\dfrac{a}{l}\right)a & (a < 0.5l \text{の場合}) \\ 0.1\,l & (a \geq 0.5l \text{の場合}) \end{cases}$　　(1)

a：梁の側面から隣り合っている梁の側面までの距離（水平力作用時は小梁を無視する）[2]
l：ラーメン材または連続梁のスパン

例題1　図1（p.189）に示す建築物のx，y方向の梁の有効幅を求めよ[3]。

[3] 本章の例題では，実際の手計算での構造計算書に従い，表形式で計算過程を記述する（後見返し4「計算表の見方」参照）。

解答…　有効幅Bは，下表のように計算する。

スラブの有効幅　　　　　　　　　　　　　　　　　　　　　　　　　　　　[m]

方向	梁スパン l	梁間隔 L'	梁幅 b	隣接梁幅 b'	$0.5\,l$	$a = L' - \dfrac{b+b'}{2}$	b_a	B 片側	B 両側
x	8.0	5.0	0.35	0.35	4.0	4.65	0.8	1.15	1.95
y	5.0	8.0	0.35	0.35	2.5	7.65	0.5	0.85	1.35

(b) Ｔ形梁の断面二次モーメント　図3に示すようなＴ形梁の断面二次モーメントは，次の式により求める。

●Ｔ形梁の断面二次モーメント　　$I = \phi\dfrac{bD^3}{12} = \phi I_0$　　(2)

ここに　$\phi = 4\alpha - 3\dfrac{\beta^2}{\gamma}$

$\begin{cases} \alpha = 1 + (b_1 - 1)t_1^3 \\ \beta = 1 + (b_1 - 1)t_1^2 \\ \gamma = 1 + (b_1 - 1)t_1 \end{cases}$　　$\begin{cases} b_1 = \dfrac{B}{b} \\ t_1 = \dfrac{t}{D} \end{cases}$

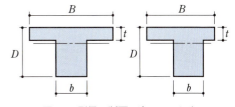

図3　Ｔ形梁の断面二次モーメント

ϕは，矩形断面に対するＴ形断面での断面二次モーメントの割増係数である。片側スラブつきで$\phi = 1.5$，両側スラブつきで$\phi = 2.0$を用いることが多い。

例題2　図1（p.189）に示す建築物のx方向の梁と柱の剛比を求めよ。
解答…　剛比kは，次の表のように計算する。

梁の剛比

梁記号	G_1	G_2
梁幅 b [mm]	350	350
梁せい D [mm]	750	750
スラブ	片側	両側
ϕ	1.5	2.0
$I_0 (\times 10^9)$ [mm^4]	12.3	12.3
$I (\times 10^9)$ [mm^4]	18.5	24.6
スパン長 l [mm]	8000	8000
$K (\times 10^6)$ [mm^3]	2.31	3.08
剛比 $k_B = K/K_0$	2.3	3.1

($K_0 = 1 \times 10^6$ mm^3)

柱の剛比

柱記号	$C_{1,2}$
柱幅 b [mm]	550
柱せい D [mm]	550
$I (\times 10^9)$ [mm^4]	7.6
高さ h [mm]	4000
$K (\times 10^6)$ [mm^3]	1.91
剛比 $k_C = K/K_0$	1.9

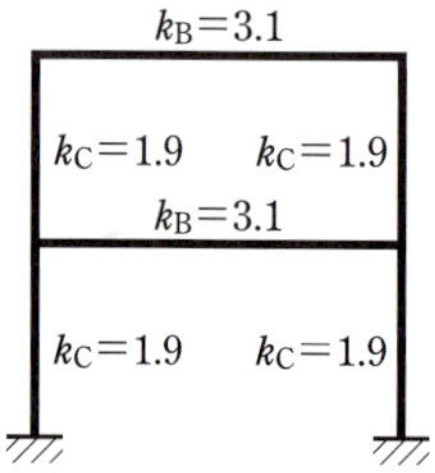

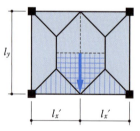

Y_1ラーメン部材剛比一覧

3 鉛直荷重時の梁部材の C, M_0, Q_0

鉛直荷重時に，柱・梁などの各部材に生じる力は，固定モーメント法❶などにより求める。このときに，梁を両端固定としたときの固定端モーメント C と，単純梁としたときの中央モーメント M_0，端部せん断力 Q_0 を求めておくと便利である。

いま，図4のように，各スラブの床荷重が周辺の大梁と小梁に支えられている状況を考えると，G_2 に作用する床荷重は，直接床から加わる部分（▥部分）と，小梁を介して集中荷重として加わる部分（▦部分）とからなる（図5）。この時の C, M_0, Q_0 は，式(3)で与えられる❷。さらに，大梁自重の等分布荷重や，集中荷重として加わる小梁自重などを加えて，合計の C, M_0, Q_0 を求める。

❶ →p.148

❷ その他の場合については，付7参照。

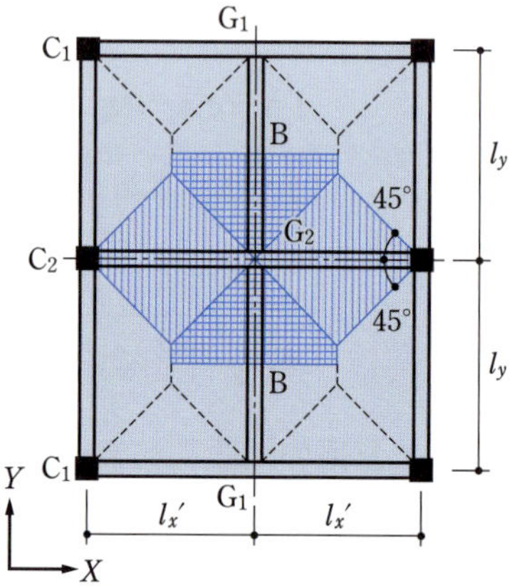

図4 梁に作用する床からの荷重

図5 床梁に生じる力の計算式

● 固定端モーメント　$C = 2\left(\dfrac{\lambda}{8} + \dfrac{5}{192}\right) w l_x'^3$ [kN·m]

● 中央モーメント　$M_0 = \dfrac{\lambda}{2} w l_x'^3$　　　　[kN·m]　　(3)

● 端部せん断力　$Q_0 = 2\left(\dfrac{\lambda}{4} + \dfrac{1}{8}\right) w l_x'^2$ [kN]

w [kN/m^2]　　l_x', l_y [m]　　$\lambda = l_y/l_x'$（梁の両側にスラブがついている場合）

第6章　鉄筋コンクリート構造

例題3 図1（p.189）に示す建築物のG_2に対するC, M_0, Q_0を求めよ。

解答… 次の表に示す（C, M_0, Q_0の計算は後見返し6参照）。

鉛直荷重時の固定端モーメントの算定

梁	荷重状態	荷重種別	l_x' [m]	l_y [m]	λ	w, w', W	C [kN·m]	M_0 [kN·m]	Q_0 [kN]
G_2	A. 床	A	4.0	5.0	1.25	8.2	191	328	115
	B. 小梁自重	B	\multicolumn{3}{c}{$l = 8\,\mathrm{m}$}	19.0❶	19	38	10
	C. 大梁自重	C				5.0	27	40	20
		合計					237	406	145

注．W：集中荷重 [kN]　　w：単位面積あたり荷重 [kN/m²]
　　w'：単位長さあたり荷重 [kN/m]

問 1 図1に示す建築物のG_1梁について，スラブが片側であることと，手すりがあることに注意して，C, M_0, Q_0を求めよ。

4 鉛直荷重時の柱軸方向力

各層柱軸方向力は，柱間中央で区分けした負担面積によって計算する❷。また，軸方向力は，各階高の中央位置で計算する。

表4に，C_2柱に対する具体的な計算例を示す。

表4　柱の鉛直荷重時軸方向力の計算

C_2	荷重種別	\multicolumn{2}{c}{W＝単位荷重×面積または長さ}		$N = \sum W$ [kN]
		w, w'	面積または長さ	W [kN]	
2層の柱	R階床	8.2	5.0×4.0	164.0	
	R階小梁	3.8	(5.0−0.35)/2❸	8.8	
	R階x大梁	5.0	(8.0−0.55)/2	18.6	
	R階y大梁	5.0	(5.0−0.55)	22.3	
	R階手すり	0.2	5.0	1.0	
	柱（2階）	7.3	2.0❹	14.6	
	合計			229.3	230
1層の柱	柱（2階）	7.3	2.0	14.6	
	2階床	8.2	5.0×4.0	164.0	
	2階小梁	3.8	(5.0−0.35)/2	8.8	
	2階x大梁	5.0	(8.0−0.55)/2	18.6	
	2階y大梁	5.0	(5.0−0.55)	22.3	
	2階手すり	0.2	5.0	1.0	
	柱（1階）	7.3	2.0	14.6	
	合計			243.9	474

5 稀に生じる地震時の水平力の計算

鉄筋コンクリート構造では風圧力は地震力に比べて小さいので，一般的には水平力として地震力のみ考えればよい。仕上材の設計などでは，風圧力を考える必要がある。

❶ 小梁の自重
$W = 3.8\,\mathrm{kN/m} \times 2.5\,\mathrm{m} \times 2 = 19.0\,\mathrm{kN}$
が集中荷重として作用する。

❷ 下図参照。

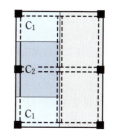

❸ 内法寸法を取ることに注意。柱の断面計算では，軸力を大きめにとることが，安全側の仮定となるとはかぎらないからである（第6章第2節第5項参照）。

❹ 柱の軸方向力は階高の中央で計算するので，階高の半分の長さを用いる。残りは下の層に入れる。

① **各階の重量**（2層の直上のR階，1層の直上の2階）

　各層水平力は，床の位置に集中して作用するものとして扱う。層の中間に生じる地震力は，上下の床に分配されて作用すると考える。

　したがって，各階の重量を計算する場合，柱や壁の自重はあらかじめ上・下の床に振り分けておくとよい。表5に，具体的な計算例[1]を示す。

表5　地震層せん断力算定用重量の計算

| | 荷重種別 | $W =$ 単位荷重×面積または長さ | | | W_i [kN] | $\sum W$ [kN] |
		w, w'	面積または長さ	W [kN]		
2層直上階の重量	R階床	7.1	8.0×10.0	568		
	R階大梁	5.0	$(8.0-0.55) \times 3$ $+(5.0-0.55) \times 4$	201		
	R階小梁	3.8	$(5.0-0.35) \times 2$	35		
	R階手すり	0.2	$20.0 + 16.0$	7		
	2階柱上半分	7.3	2.0×6	88	899	899
1層直上階の重量	2階床	7.1	8.0×10.0	568		
	2階大梁	5.0	$(8.0-0.55) \times 3$ $+(5.0-0.55) \times 4$	201		
	2階小梁	3.8	$(5.0-0.35) \times 2$	35		
	2階手すり	0.2	$20.0 + 16.0$	7		
	2階柱下半分 ＋ 1階柱上半分	7.3	4.0×6	175		
					986	1885

② **地震層せん断力**[2]　　　p.170式(7)により計算する。

　地震地域係数 $Z = 1.0$（東京地方）

　振動特性係数 R_t

　　建築物高さ $h = 4.0\,\mathrm{m} + 4.0\,\mathrm{m} = 8.0\,\mathrm{m}$

　　設計用一次固有周期 $T = 0.02\,h = 0.16$ 秒 $< T_c (= 0.6$ 秒；第2種地盤)

　　したがって，$R_t = 1.0$

　標準せん断力係数 $C_0 = 0.2$（許容応力度設計用）

　表6に，具体的な地震層せん断力 Q_i の計算例を示す。各層直上階の床の位置に作用する水平力 P_i は，得られた層せん断力 Q_i の差として求められる。水平力の分布は上層ほど大きく，逆三角形分布に近い。

表6　地震層せん断力の計算

層	W_i[kN]	$\sum W_i$[kN]	α	A_i	C_i	Q_i[kN]	P_i[kN]
2	899	899	0.48	1.21	0.242	218	218
1	986	1885	1.00	1.00	0.200	377	159

[1]　地震用床荷重を用いることに注意する。

　1層直上階の地震層せん断力算定用重量を床面積で割ると $12.3\,\mathrm{kN/m^2}$ となり，コンクリートの単位重量 $24\,\mathrm{kN/m^3}$ で割ると，$0.51\,\mathrm{m}$ となる。スラブの厚さが $150\,\mathrm{mm}$ ＋仕上げ $60\,\mathrm{mm}$ であり，積載荷重分の見かけの厚さが $90\,\mathrm{mm}$ で，残りの 210 mm は柱梁を床面全体に均した厚さになる。床面積あたりの重量は $12 \sim 15\,\mathrm{kN/m^2}$ 程度となり，構造計画時の略算に使われる。

　一般的には，小規模の建物の方が相対的に外壁などが多くなるので，大きな数字となる。

[2]　付1④地震力参照。

194　第6章　鉄筋コンクリート構造

3 ラーメン部材に生じる力の計算

1 長期荷重時

部材に生じる力を求める計算は，ここでは，固定モーメント法❶により行う。

この場合，積載荷重偏在の影響は小さいので無視し，全スパンとも積載荷重満載の場合を計算する。この場合，対称ラーメンとなるので，有効剛比を用いて半分だけ解けばよい。p.189図1に示す建築物のY_1ラーメンにおける鉛直荷重を算定した曲げモーメント図とせん断力図を図6に示す❷。

問 2 例題2と問1の結果を用いて，Y_0ラーメンの鉛直荷重時の曲げモーメントとせん断力を固定モーメント法を用いて求め，曲げモーメント，せん断力図をかけ。

2 稀に生じる地震時

稀に生じる地震時の水平力による部材に生じる力の計算は，D値法❸を用いる。ここでは，最下層柱脚を固定とした。算定したY_1ラーメンの曲げモーメント図とせん断力と柱軸方向力を図7に示す❹。

問 3 第4章第2節第3項の例題6（p.158）を参考にして，Y_0ラーメンの地震荷重時の曲げモーメントとせん断力をD値法を用いて求め，曲げモーメント，せん断力，軸力図をかけ。

3 力の組合せ

部材の断面算定においては，長期荷重時，稀に生じる地震時（短期：損傷制御），極めて稀に生じる地震時（短期：安全性）のそれぞれの状態に対して作用する力を求める。日本建築学会編「鉄筋コンクリート構造計算規準・同解説」(2018)による構造計算では，断面の検証は，長期荷重時，稀に生じる地震時（短期：損傷制御）に対して行い，極めて稀に生じる地震時に生じる力に対する安全性の検証は，せん断力に対する設計を除いて，構造細則による仕様規定によるものとして算定を省略することが多い。荷重と作用する力の組合せは表7のようになる。

❶ ➡p.148

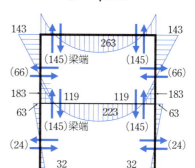

単位[kN·m]，（ ）内はせん断力[kN]
図6 Y_1ラーメンの鉛直荷重時の曲げモーメント，せん断力図

❷ ➡p.154問5図28
❸ ➡p.156

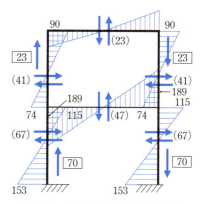

単位[kN·m]，（ ）内はせん断力[kN]
□内は柱軸方向力[kN]
図7 Y_1ラーメンの水平力作用時の曲げモーメント，せん断力，柱軸方向力図❺

❹ ➡p.158例題6図34
❺ 実務における構造計算の地震力は，左右どちらからも作用することを設定するので，各部材には正負のせん断力が交互に生じる。

そのため，せん断力は符号を考えずに，一本の線に両矢印という表し方をすることが多い。

表7 荷重と作用する力の組合せ

	曲げ	軸力	せん断力
長期荷重時	M_L	N_L	Q_L
稀に生じる地震時	$M_L + M_E$	$N_L + N_E$	$Q_L + Q_E$
極めて稀に生じる地震時	（仕様規定）		$Q_L + nQ_E$ あるいは $Q_L + Q_{Eu}$

M_L：長期荷重時のモーメント　　N_L：長期荷重時の軸力
Q_L：長期荷重時のせん断力　　$M_E Q_E N_E$：稀に生じる地震時に生じる力[1]
n：割増係数　　Q_{Eu}：終局状態で部材に生じるせん断力

[1] 地震は両方向から作用するので地震時に生じる力は正負の2種類あることに注意が必要である。

4 曲げを受ける梁

1 梁断面の基本仮定の考え方

鉄筋コンクリート梁が曲げを受けると，引張側の鉄筋が降伏し，その後，圧縮側コンクリートが圧壊して破壊する。この破壊は，一般的に大きな変形まで耐えることができ，予想外の荷重が作用しても，急激に耐力を失うことがないので，望ましい破壊形式である（図8）。

梁断面の計算にあたっては，次の基本仮定を設ける。

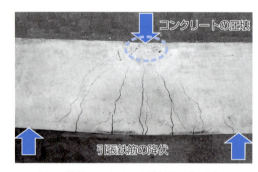

図8　鉄筋コンクリート単純梁の曲げ破壊

① 材軸に直角な断面は変形後も平面を保ち，材軸に直角とする[2]。
② コンクリートの圧縮応力度は，中立軸からの距離に比例する[3]。
③ コンクリートの引張強度は無視する。
④ 断面計算時のコンクリートに対する鉄筋のヤング係数比は，コンクリート設計基準強度F_cに応じた一定値を用いる（p.183表5）。
⑤ 鉄筋は，引張力にも圧縮力にも有効に働く。

2 長方形梁の応力度分布

長方形梁に曲げモーメントMが生じるとき，上で述べた基本仮定を用いると，梁断面内に生じる応力度は図9のようになる[4]。

長方形梁の設計にあたっては，鉄筋とコンクリートに生じる応力度$_s\sigma_t$, $_c\sigma_c$が，それぞれ許容応力度f_t, f_c以下に収まればよい。

[2] 平面保持の仮定 → p.111

[3] 許容応力度設計において，許容応力度以下の圧縮コンクリートの応力度-ひずみ度関係は直線と仮定する。

[4] コンクリートが引張力を負担しないので，引張側は鉄筋のみが力を負担することと，鉄筋の応力度がコンクリートに比べヤング係数比倍されることに注意する。

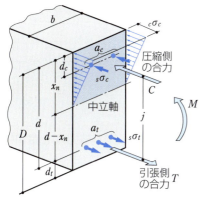

D：梁せい
d：梁の有効せいで，圧縮縁から引張側鉄筋の重心までの距離
j：応力中心距離❶
a_t：引張側鉄筋の断面積
a_c：圧縮側鉄筋の断面積
d_c：圧縮縁から圧縮側鉄筋の重心までの距離
d_t：引張縁から引張側鉄筋の重心までの距離
x_n：圧縮縁から中立軸までの距離

❶ 断面内に生じる圧縮側の合力Cと，引張側の合力Tとの距離をいう。

図9　長方形梁の断面内の応力度

これらの応力度が，許容応力度と比べてどのような状態にあるかで，次の三つの場合が考えられる。

① 引張側鉄筋が少ない場合には，引張側鉄筋の応力度${}_s\sigma_t$が圧縮側コンクリートより先に許容応力度f_tに達する（図10(a)）。

② 引張側鉄筋が多くはいっているか，またはコンクリート強度が小さいときは，圧縮側コンクリートの縁端部の応力度${}_c\sigma_c$が引張側鉄筋より先に許容圧縮応力度f_cに達する（図10(b)）。

③ 引張側鉄筋の応力度${}_s\sigma_t$と圧縮側コンクリートの縁端部の応力度${}_c\sigma_c$が同時に許容応力度f_t, f_cに達する（図10(c)）。このときの引張側鉄筋の断面積a_tを梁断面bdで除して求めた引張鉄筋比❷ $p_t = \dfrac{a_t}{bd}$ を釣合鉄筋比❸といい，p_{tb}で表す。

❷ tension reinforcement ratio
❸ balanced reinforcement ratio

一般的に，圧縮側鉄筋の応力度${}_s\sigma_c$は許容応力度${}_rf_c$より小さい。

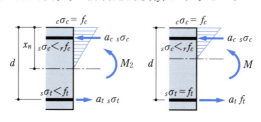

(a) 引張側鉄筋で決まる　(b) 圧縮側コンクリートで決まる　(c) 同時に達する

図10　断面の応力度分布

3　梁の主筋量の計算の考え方

図10を参考に力の釣合いを考えると，梁に作用する軸方向力は0であるから，圧縮応力度の合力Cと引張応力度の合力Tの和は0である。すなわち，$C = T$となり，CとTの距離をjとすると，曲げモーメントMは，次の式となる。

$$M = Cj = Tj \tag{4}$$

ここで，図10(a)のときを考えると，$T = a_t f_t$ から次の式がなりたつ。

$$M = Tj = a_t f_t j \qquad (5)$$

図10(b)の場合には，次の式となる❶。

$$M = Cj = \left(\frac{f_c b x_n}{2} + a_{cs}\sigma_c\right)j \qquad (6)$$

❶ Cは，三角形分布となるコンクリートの圧縮応力度の合力と圧縮鉄筋に働く力の和として求める。

ひずみ度分布から許容応力度に達していない部位の応力度を定め，断面内に生じる力の釣合いからx_n，jを求めることができ，式(5)，(6)は，次の式のように表すことができる❷。

❷ 具体的な計算式は，日本建築学会「鉄筋コンクリート構造計算規準・同解説」(2018) による。

$$M = Tj = C_2 bd^2 \qquad (7)$$

$$M = Cj = C_1 bd^2 \qquad (8)$$

断面形状（D，d，b），使用材料（f_t，f_c）を決め，$\frac{d_c}{d} = 0.1$とすれば，C_1，C_2は，p_tの関数として求められ，図11のような計算図表をつくることができる❸。

❸ $F_c = 24\ \mathrm{N/mm^2}$，SD345の具体的な計算図表を付4に示す。

C_1：圧縮側コンクリートで決まる梁の許容曲げモーメント係数

C_2：引張側鉄筋で決まる梁の許容曲げモーメント係数

p_{tb}：釣合鉄筋比

図11　長方形梁断面計算図表

この計算図表において，C_1，C_2が交差するときのp_tが，図10(c)の状態となる釣合鉄筋比p_{tb}であり，引張側鉄筋と圧縮側鉄筋の比である複筋比❹γにより，その値が異なる。釣合鉄筋比を$\frac{f_c}{f_t}$，γの関数として示したのが図12である。

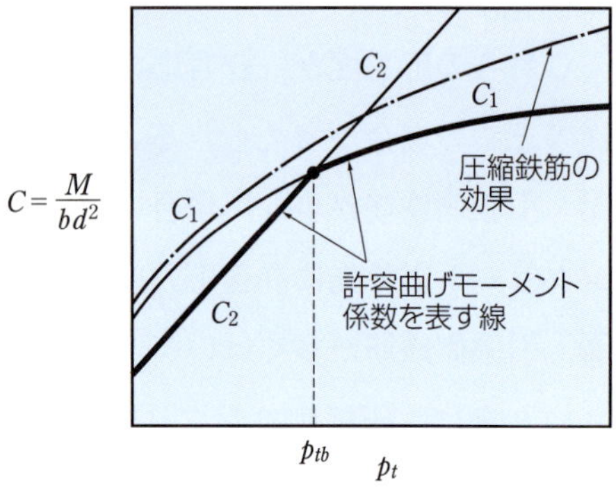

❹ reinforcement ratio of tensile reinforcement to compressive reinforcement

引張鉄筋比がp_{tb}より大きな場合にはC_1が小さく，圧縮側コンク

$$p_{tb} = \frac{1}{2\cdot\left(1+\frac{f_t}{nf_c}\right)\left\{\frac{f_t}{f_c}(1+0.1\gamma)-0.9n\gamma\right\}}$$

圧縮鉄筋位置を圧縮端から0.1 dと仮定

図12　f_c/f_tに応じた釣合鉄筋比

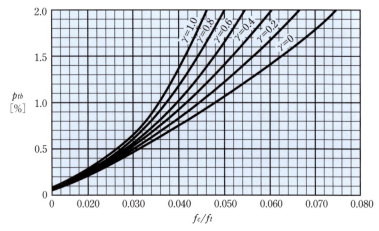

リートの許容応力度により，断面の許容曲げモーメントが定まることになる（図10(b)）。この場合には，p_tの増加に比べ，曲げモーメントの増大が少なく不経済となる。

また，地震時の曲げモーメントに対する断面計算では，大地震時にも建築物が壊れないようにするため，できるだけ変形能力のある鉄筋の許容応力度で断面の許容曲げモーメントが定まるように，引張鉄筋比をp_{tb}以下となるように設計することが望ましい。p_{tb}より大きくなる場合には，無理に鉄筋を入れないで，断面を大きくすることが望ましい。引張鉄筋がp_{tb}を超える場合，圧縮側に鉄筋を入れると，図11に示したようにC_1の値が大きくなってp_{tb}が大きくなり，耐力が上昇し，圧縮側コンクリートのクリープを抑制するので有効である。

引張側鉄筋がp_{tb}以下の場合にはC_2の方が小さく，許容曲げモーメントは，鉄筋の許容応力度で定まり，式(5)で求められる。ここで，図11をもう一度みると，C_2はほぼ直線であり，jを一定値とみなすことができる。実用的な断面では，このjの値は，$0.85d \sim 0.9d$である。これを$\frac{7}{8}d$とすると許容曲げモーメントは，次の式により求められる[1]。

●梁の許容曲げモーメント
$$M = a_t f_t j = a_t f_t \times \frac{7}{8}d \tag{9}$$

問 4 $b \times d\,(D) = 350 \times 630\,(700)$，引張側鉄筋4-D25（SD345），$F_c = 24$ N/mm^{2}の梁の長期と短期の許容曲げモーメントを求めよ。ただし，p_tはp_{tb}以下である。

4 T形梁

鉄筋コンクリート建築物の梁は，スラブと一体につくられるので，スラブの一部を有効幅BとしたT形梁[2]として扱う。T形梁とするのは，図13(a)のように，スラブ側が圧縮となる場合である。図13(b)のように，スラブ側が引張りとなる場合は，長方形梁として扱う。

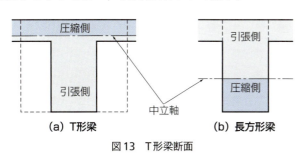

図13 T形梁断面

[1] これは釘抜きを想像するとわかりやすい。下図のように，先端に力を加えて釘を抜こうとしているときの状況を考えると，加える力×距離が作用するモーメント，釘を抜く力が鉄筋に働く引張力で，支点の反力がコンクリートの圧縮力となる。最大の力は，釘が抜ける（鉄筋の引張耐力$a_t f_t$）ときであり，そのときのモーメントは引張耐力に応力中心距離jを乗じたものとなる。これが，式(9)である。もちろん，鉄筋の引張耐力に達する前に，支点であるコンクリートが壊れてしまっては成立しないので，その条件として釣合鉄筋比以下であることが必要である。

[2] →p.190 図2

T形梁ではBが大きいので，ほとんどの場合，下側の鉄筋の引張鉄筋比は，釣合鉄筋比以下になる。そのため，式(9)により断面計算を行うことができる。

5 梁主筋の計算の方法と設計上の注意

梁の主筋は，図14に示す流れ図により求めることができる。必要な鉄筋断面積から，主筋の大きさおよび本数を求め，断面内に配置をかく。

計算結果と並行して，断面計算にあたっては，以下の点を満足する必要がある。

① 長期許容応力度で引張側鉄筋の断面積が決まる場合は，断面積を$0.004bd$以上，または，計算で求められた必要な量の$\frac{4}{3}$倍以上とする。

② 主要な梁は，全スパンにわたり複筋梁とする。

③ 主筋径はD13以上とする。また，主筋の空きは，25 mm以上，かつ，異形鉄筋の径の1.5倍以上とする[3]。

④ 主筋の配置は，特別の場合を除き2段以下とする。

⑤ 梁せいが梁内法スパンの$\frac{1}{10}$以下の場合には，長期変形を計算して，使用上の支障が起こらないことを検証する必要がある[4]。

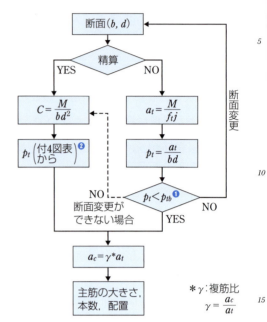

図14 梁の主筋計算の流れ

[1] p.198図12を用いて，$p_t < p_{tb}$となるようなγを求める。このとき，適切な複筋比にならない場合（$\gamma > 1$）などは，断面変更をするか，コンクリート強度を上げるなどの対応をとる。

[2] このときできるだけp.198図11のC_2で決まるようにし，そのとき必要な複筋比γを求めておく。多少の超過はかまわない。そのときは，C_1との交点からp_tを求める。

[3] これにより，断面内に収まる鉄筋本数が制限される。

[4] 建築基準法施行令第82条4号，平成12年建設省告示第1459号。

[5] FloorのFで，階を表す。

[6] 実際の設計では，過去の経験や施工性などを考慮して配筋を定め，その断面の許容曲げモーメントや許容せん断力が部材に生じる力より大きいことを検証する方法もある。ここでは，どのように鉄筋量を計算するかの手順を示す。

計算は，表計算プログラムで連続して行うので，表で示した値を有効数字として電卓などで計算すると，値が異なる場合がある。

> **例題4** 図1（p.189）に示す建築物の2F[5]床梁G_2の，曲げモーメントに対する断面計算を行え。設計用の曲げモーメントは，図6，7（p.195）に示した値とする。使用鉄筋はSD345，D25とする。
>
> **解答…** 梁の曲げモーメントに対する断面計算は，次の表のように行う[6]。

200　第6章　鉄筋コンクリート構造

梁の主筋計算表

ラーメン			Y_1		補足説明
梁記号			$_2G_2$		階別（2階）$\uparrow^{_2G_2}\uparrow$ 種類別を示す。
位置			外端	中央	
長期 M [kN·m]	上		－183	－	図6（p.195）から
	下		－	223	
水平荷重時 M [kN·m]			±189	0	図7（p.195）から
短期 M [kN·m]	上		－372	－	長期＋水平荷重時
	下		6	223	
断面	$b(B)×D$ [mm]		350(1950)×750		仮定断面
	d [mm]		675		注1)
	j [mm]		591		応力中心距離 $j=(7/8)d$
算定断面	長期 a_t [mm²]	上	1441	－	注2) $a_t=\dfrac{M}{f_t\cdot j}$ f_t：引張鉄筋の許容応力度
		下	－	1756	
	短期 a_t [mm²]	上	1826	－	
		下	29	1094	
	$0.004\,bd$ [mm²]		945		長期で引張りを受けるところは p_t が $0.004\,bd$ 以上必要
主筋❶		上	4-D25	2-D25	端部下端，中央部上端の鉄筋は，2本以上とする。注3)
		下	2-D25	4-D25	
設定断面 a_t [mm²]		上	2028	1014	実際に配置した鉄筋の断面
		下	1014	2028	
p_t [%]		上	0.86	－	p_t が $0.004\,bd$ 以上あることを確認。$p_t=a_t/bd$（上），$p_t=a_t/Bd$（下）
		下	－	0.15	
p_{tb} [%]	長期	下	－	0.83	図12（p.198）による。p_t が p_{tb} 以下であることを確認。注4)
	短期	上	1.32	－	

❶ 主筋の例

(a) 両端

(b) 中央

実際の配筋は，写真に示すように柱や直交する梁の主筋との交差を考慮する必要がある。さらに施工性や全体のバランスを考慮して配筋は決められる。最終的には，決定した配筋による許容耐力を求め，これを作用する力と比較して安全性を検証することになる。

また，中央下端の配筋は，両端部の固定度が低下するとモーメントが増大する可能性があるので，余裕のある配筋とすることが望ましい。

柱・梁接合部の施工例

注. 1) 有効せいは，かぶり厚さ50 mm，あばら筋10 mm，主筋25/2 mmとして，73 mm→75 mmを引いて求めた。算定の結果，2段配筋になった場合には，この有効せいの仮定からやり直さないといけない。
2) 中央部の上端筋は，引張力が生じないので算定しない。
3) 長期と短期のうち必要量の大きいほうで決定。釣合鉄筋比以下となるのに必要な γ により，圧縮鉄筋が決定することもある。
4) $f_c/f_t=8/215=0.0372$（長期），$16/345=0.0464$（短期），$\gamma=0.5$，一般的には，T形梁の下端引張りでは，釣合鉄筋比の検証を行う必要はない。

問5 例題4の梁の外端上端の短期の鉄筋量を付4の図表を用いて計算せよ。

問6 例題4において，地震時（水平力作用時）の曲げモーメントが1.5倍になった場合の断面を計算せよ。

第2節　許容応力度設計

5 軸力と曲げを受ける柱

1 柱断面の基本仮定の考え方

柱断面の計算にあたっては，梁と同じ基本仮定を設ける。梁との違いは，曲げモーメントだけでなく，軸方向力が作用する点である。また，わが国のように地震の多い所では，地震によって生じる曲げモーメントは正負交互に生じるので，柱の主筋は対称配筋（複筋比 $\gamma = 1$）とする。超高層建築物や大スパン構造などのとくに軸力が大きくなる建築物では，極めて稀に生じる地震時の安全性の検証が必要となる。

柱に軸方向力 N と曲げモーメント M が同時に生じる場合の状態は，重心から e だけ偏心した点に軸方向力 N が生じた場合と同様に考えることができる[1]。N と M の大きさから，応力度分布には次の二つの場合が考えられる（図15）。

❶ →p.123

① N が小さく，M が大きい場合，すなわち，$e = \dfrac{M}{N}$ が大きい場合は，中立軸が断面内にあって，引張応力度を生じる部分が存在する（図15(a)）。

② M が小さく N が大きい場合は，中立軸が断面外にあって，全断面圧縮応力度となる（図15(b)）。

❷ $\dfrac{N}{A} \pm \dfrac{M}{Z}$ が引張側になるときの条件。
矩形断面では，
$A = bD$
$Z = \dfrac{bD^2}{6}$
$M = Ne$

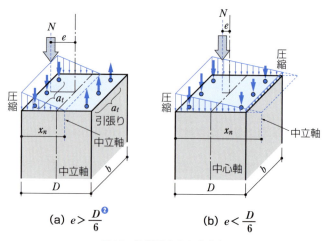

図15 柱断面の応力度分布

2 柱の主筋量の計算

柱の断面設計は，次の三つの場合に対して，安全となるように断面計算をしなければならない。

① 図15(a)において，引張応力度の生じる部分は鉄筋が受けもつ。

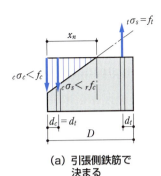
(a) 引張側鉄筋で決まる

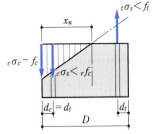
(b) 圧縮側コンクリートで決まる（中立軸が断面内）

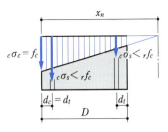
(c) 圧縮側コンクリートで決まる（中立軸が断面外）

図16　柱断面の応力度分布状態

鉄筋量が少ないか，引張応力度が大きい場合は，引張側鉄筋の応力度が圧縮側のコンクリートより先に許容応力度f_tに達する（図16(a)）。

② 図15(a)において，鉄筋量が多いときは**圧縮側コンクリート**の縁端部の応力度が鉄筋より先に許容圧縮応力度f_cに達する（図16(b)）。

③ 図15(b)のように，全断面に圧縮応力度が生じている場合は，圧縮側コンクリートの縁端部の応力度が許容圧縮応力度f_cに達する（図16(c)）。

ここで，圧縮縁から中立軸までの距離をx_n，中立軸比を$x_{n1} = \dfrac{x_n}{D}$，引張側部材縁から鉄筋の重心までの距離をd_t，$d_{t1} = \dfrac{d_t}{D}$，鉄筋断面積をa_t，引張鉄筋比を$p_t = \dfrac{a_t}{bD}$とすると，図16に示した断面内の力の釣合いを解けば，$\dfrac{N}{bD}$と，$\dfrac{M}{bD^2}$の関係として図17が得られる。

x_{n1}とp_tを変化させてM，Nを求めることにより計算図表を作成することができる。$F_c = 24\,\text{N/mm}^2$，SD345に対する具体的な計算図表を付5に示した。実際の柱主筋の計算は直交する2軸について，この図表を用いて図18に示した流れ図で行う。

柱の場合にも，梁と同様に圧縮側コンクリートと引張側鉄筋の両方が同時に許容応力度に達する状況がある。これは，図17における(a)と(b)の交点にあたる。この点は，中立軸比の値によって決定する。この中立軸比を**釣合中立軸比**❷という。図からわかるように，鉄筋量が

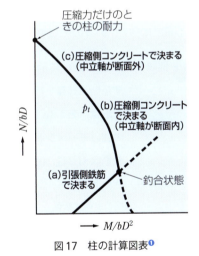
図17　柱の計算図表❶

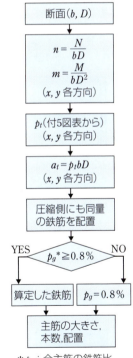
図18　柱の断面計算の流れ

❶ この図表の(a), (b), (c)は，図16に対応している。

柱の軸力は，軸力の増大により曲げモーメントが大きく低下するようになる点（b点のあたり）より，小さな軸力におさえておくと，構造計算上手戻りが少なくてすむ。

*p_g：全主筋の鉄筋比。p.204側注❷参照。

❷ balanced neutral axis ratio

第2節　許容応力度設計　**203**

ある程度あると，釣合状態のときの許容曲げモーメントが最も大きくなる。鉄筋コンクリート柱では，軸力が交点より小さいと軸力の大きいほうが許容曲げモーメントが大きくなる。軸方向力を大きく見積もると，実際の軸力のときより許容曲げモーメントを大きく計算することになり，安全側になるとはかぎらないので，注意が必要である。

3 柱の設計上の注意

柱を設計する場合には，以下の点に注意する。

① 地震時に，曲げモーメントがとくに増大する恐れのある柱では，短期軸方向力を柱のコンクリート全断面積で割った値が，$\frac{1}{3}F_c$ 以下となることが望ましい❶。

② 柱の最小径は，主要支点間距離の $\frac{1}{15}$ 以上とする。

③ 全主筋の鉄筋比 p_g ❷は，0.8％以上とする。

④ 主筋はD13以上，かつ，4本以上とする。

⑤ 主筋の空きは25 mm以上，かつ，異形鉄筋の径（呼び名の数値）の1.5倍以上とする。

梁の場合と同様に，主筋量が多くなりすぎると粘りが小さくなり変形能力が低下するので注意が必要である❸。

❶ 過去の設計例では，長期軸力に対して外柱で $\frac{1}{6}F_c$，中柱で $\frac{1}{4}F_c$ 程度になるように柱断面を定めておくと，構造計算時における手戻りが少なくなるといわれている。耐震壁等でじゅうぶんな耐震性が確保できる場合には，もう少し緩和できる。

❷

p_g が0.8％のイメージ

❸ 変形能力が減少すると，極めて稀に生じる地震に対する安全性の検証時に，必要耐力を大きくする必要がある。
引張鉄筋比 p_t が1％を超えると，脆性部材とみなされる。

p_t が1％のイメージ

例題5

図1（p.189）に示す建築物の1F柱C_2の，軸力と曲げモーメントに対する断面計算を行え。ただし，設計用のX方向の軸力と曲げモーメントは，表4（p.193），図6，図7（p.195）に示す値とする。Y方向の曲げモーメントは別途計算してあり，次表に示す値とする。使用鉄筋はSD345，D22とする。

解答… 柱の曲げモーメントに対する断面計算は，下表のように行う。

柱の主筋計算表

柱記号		$_1C_2$			補足説明
方向		x		y		方向
位置		T	B	T	B	柱頭（T），柱脚（B）
長期	N[kN]	474				Nは表4(p.193)，Mは図6(p.195)から。Y方向は別途計算。
	M[kNm]	63	32	0	0	
地震時	N[kN]	±70		0		図7（p.195）から。Y方向は別途計算。
	M[kNm]	115	153	128	156	
短期	N[kN]	544	404	474	474	長期±地震時軸力
	M[kNm]	178	185	128	156	長期+地震時モーメント
断面	$b \times D$[mm]	550×550				仮定断面
	$bD(10^3)$	303				あとの算定のために計算しておくとよい。
	$bD^2(10^6)$	166				

長期	N/bD [N/mm²]	1.57		付5(a)の図表の縦軸
	M/bD^2 [N/mm²]	0.38	0.00	付5(a)の図表の横軸
	p_t [%]	0.00	0.00	付5(a)の図表より
短期	N/bD [N/mm²]	1.80 1.34	1.57 1.57	付5(b)の図表を使い，二つの軸力のうち，大きくなるほうの組合せ。
	M/bD^2 [N/mm²]	1.11	0.94	
	p_t [%]	0.20	0.12	
	a_t [mm²]	606 2-D22	364 1-D22	$a_t = p_t bD$ 圧縮側にも同量入れる。
	a_g* [mm²]	2420 7-D22→8-D22		0.8％以上，対称配筋になるよう変更する。
主筋 ❶	柱頭	8-D22		最小補強筋量（p_gが0.8％以上）で決定。
	柱脚			

* a_g：全主筋断面積

問7 例題5において，地震時（水平荷重時）の曲げモーメントと軸方向力が1.5倍になった場合の断面を計算しなさい。

6 せん断を受ける梁・柱

1 梁・柱部材

部材の設計は，曲げモーメントだけでなくせん断力に対しても行う必要がある。せん断に対する検討は，表7（p.196）に示したように，長期荷重時，稀に生じる地震時（短期：損傷制御），極めて稀に生じる地震時（短期：安全性）のそれぞれの状態に対して行う。

部材がせん断破壊すると，急激に耐力を失い建築物の崩壊につながることが多い。とくに柱の場合，それより上の床荷重を支えきれなくなり，崩壊して人命にかかわる恐れがある（図19）。

したがって，梁や柱部材は，巨大地震などの予想外の力が作用して鉄筋コンクリート部材が万が一破壊するとしても，せん断破壊ではなく曲げ破壊するように，安全性の検証に重点を置いて設計する。

そのため，安全性の検証を行った場合，稀に生じる地震時（短期：

❶ 柱の配筋例

実際の配筋は，梁の配筋でも記述したが写真に示すように4面から定着される梁の主筋との交差を考慮する必要がある。

柱の配筋例

図19 兵庫県南部地震でせん断破壊した1F柱

損傷制御）の検討は行わなくてもよいことになっている。別途，保有耐力計算などの終局設計を行って安全性の検証をする場合には，短期のせん断力について損傷制御のための検証を行うことになる。ここでは，終局設計を行わないので，短期のせん断力に対しては安全性の検討を行う。

(a) 設計用せん断力

i) 長期応力時の設計用せん断力 Q_D

$$Q_D = Q_L \tag{10}$$

Q_L：設計する梁，柱の長期荷重によるせん断力

ii) 極めて稀に生じる地震時の設計用せん断力 Q_D

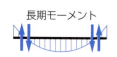

❶ 梁の設計用せん断力は，以下のように考える。

長期モーメント

両端降伏時モーメント

$Q = \dfrac{\Sigma M_y}{l'}$

終局時モーメント

このモーメントの最大勾配が設計用せん断力となる。

梁❶：$Q_D = Q_0 + \dfrac{\Sigma M_y}{l'} \tag{11}$

ここで，$M_y = 0.9 \cdot a_t \cdot f_t \cdot d$，$l'$：梁の内法スパン
　　　a_t：引張り鉄筋断面積　　f_t：鉄筋の短期許容応力度
　　　Q_0：単純梁に対する長期荷重によるせん断力

柱❷：$Q_D = \dfrac{\Sigma M_y}{h'} \tag{12}$

ここで，h'：柱の内法高さ

$M_y = 0.8 a_t \sigma_y D + 0.5 ND\left(1 - \dfrac{N}{bDF_c}\right)$　　$N \leq 0.4 bDF_c$

$M_y = 0.8 a_t \sigma_y D + 0.12 bD^2 F_c$　　$N > 0.4 bDF_c$

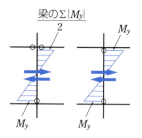

❷ 柱の設計用せん断力は，次の二つのうち小さいほうとする。

梁の $\dfrac{\Sigma |M_y|}{2}$

M_y　　M_y

柱には，一般的に中間荷重がなく，終局時のモーメント分布は直線分布となるため，長期のせん断力を付加する必要はない。

❸ 稀に生じる地震時（損傷制御）の設計用せん断力は $n = 1.0$ として算定する。

設計用せん断力 Q_D は（13）式によってもよい。

$$Q_D = Q_L + nQ_E \tag{13}$$

n：地震力に対するせん断割増係数で，部材のせん断破壊を防ぐための安全率。1.5以上（低層建築物の場合は2.0以上）とする❸。

(b) 鉄筋コンクリート部材の許容せん断力

許容せん断力は，せん断破壊に対する数多くの実験結果から安全側の算定式として，柱・梁それぞれの状態に対して，コンクリートの抵抗分と補強筋の効果分を合わせた次式で求める。

i) 長期荷重時

●梁（せん断ひび割れを許容しない），柱　　$Q_{AL} = bj\alpha f_s \tag{14}$

●梁（せん断ひび割れを許容）　　$Q_{AL} = bj\{\alpha f_s + 0.5 \,_w f_t (p_w - 0.002)\} \tag{15}$

ii) 極めて稀に生じる地震時（安全性）[1]

- ●梁　　$Q_A = bj\{\alpha f_s + 0.5\,_w f_t(p_w - 0.002)\}$　　(16)
- ●柱　　$Q_A = bj\{f_s + 0.5\,_w f_t(p_w - 0.002)\}$　　(17)

j：応力中心距離（$= \frac{7}{8}\cdot d$　　d：部材の有効せい）
b：梁幅（T形梁の場合はウェブ幅）　　f_s：コンクリートの許容せん断応力度
$_w f_t$：あばら筋のせん断用許容引張応力度（式(15)では390 N/mm²以下）
p_w：あばら筋比（図20）　p_w は式(15)では0.6％，式(16)，(17)では1.2％を超える値を用いることはできない。

$\alpha = \dfrac{4}{M/(Qd)+1}$　　かつ　$1 \leq \alpha \leq 2$ [2]

$M/(Qd)$：せん断スパン比
α を求めるときの M と Q は，M_L，Q_L をそれぞれ長期応力時の曲げモーメントとせん断力，M_E，Q_E をそれぞれ地震力による曲げモーメントとせん断力とすると，次のようにする。

① 長期荷重時　　$Q = Q_L$, $M = M_L$
② 短期（損傷制御）時　　$Q = Q_L + Q_E$, $M = M_L + M_E$
③ 短期（安全性）時
　　式(13)による場合②と同じ
　　式(11)，(12)による場合　　$Q = Q_D$, $M = M_y$

(c) せん断補強筋の計算　　図21の流れ図のようにせん断補強筋を計算する。

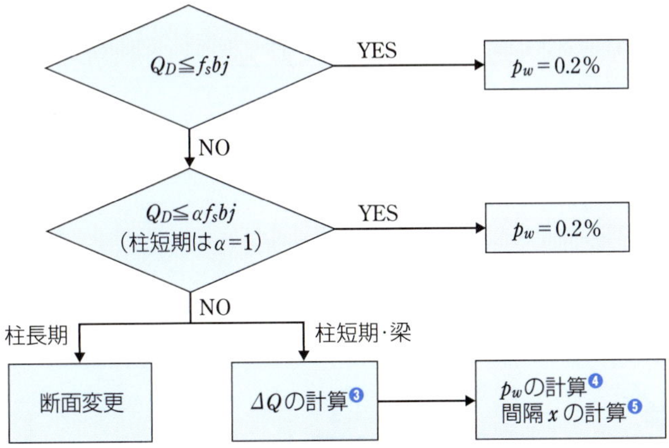

図21　せん断補強筋の計算の流れ

2　柱・梁接合部

柱梁接合部は，極めて稀に生じる地震時（短期：安全性）に対する検討を行う。

(a) 柱梁接合部の設計用せん断力　　水平力を受けるラーメン構造のモーメント図は，図22(a)のようになる。このときの中央の柱梁接

---

[1] 稀に生じる地震時（損傷制御）の許容せん断力は次式となる。

$Q_{AS} = bj\left\{\dfrac{2}{3}\alpha f_s + 0.5\,_w f_t(p_w - 0.002)\right\}$

（柱では $1 \leq \alpha \leq 1.5$）

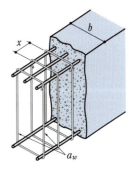

$p_w = \dfrac{a_w}{bx}$
a_w：1組のあばら筋断面積
x：あばら筋間隔

図20　せん断補強筋比

[2] α はアーチ作用（p.186 図10）によってコンクリートで抵抗できる耐力に応じた割増係数である。

[3] Q_D の超過分：ΔQ
$\Delta Q = Q_D - \alpha f_s bj$

[4] $p_w = \dfrac{\Delta Q}{0.5\,_w f_t bj} + 0.002$

[5] $x = \dfrac{a_w}{bp_w}$

合部を取り出して，そこに鉄筋とコンクリートに生じる応力度の合力を書き入れると，図22(b)のようになる。

柱の水平方向の力は，上階では柱にせん断力 Q_c が左から作用し，梁の上端筋の位置で梁モーメントにより左側に鉄筋の引張力 T，右側にはコンクリートと鉄筋の圧縮力 C が作用するので右から左へ大きな水平力が作用する。このため，接合部内のせん断力は柱のせん断力と逆方向になる。

梁の下端筋の位置には梁モーメントにより逆方向の水平力が作用する。モーメントの反曲点位置である柱の階中央から接合部を含んで下層の階中央までの柱部材に作用するモーメントのイメージは図22(c)のようになる。

一般に，階高に比べ梁せいはかなり小さく，モーメントの勾配がせん断力であるので，接合部に作用するせん断力 Q_j は，柱のせん断力と逆方向で，かなり大きな力になる。

（b）柱梁接合部の許容せん断耐力　図22(b)の状態のとき，柱梁のコンクリートの圧縮力から接合部内に生じる圧縮力は図22(d)のようになる。接合部の耐力は，このコンクリートの圧縮束の耐力で定まる

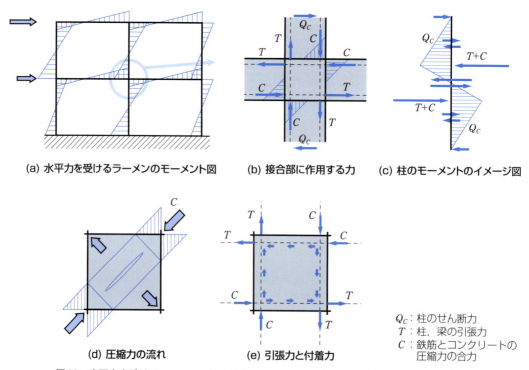

図22　水平力を受けるラーメンの柱梁接合部に作用するせん断力と柱梁接合部内に生じる力

208　第6章　鉄筋コンクリート構造

ことになり，接合部の断面に比例し，接合部内のせん断補強筋の効果は期待できない。接合部は十字形に柱梁が取り付く接合部以外に，図23に示したようなT，ト，L形の形状のものがある。これらの接合部内に形成されるコンクリートの圧縮束は十字形のものと異なり，耐力はそれぞれ0.7，0.5，0.3倍に低下する[1]。

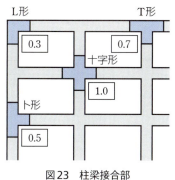

図23 柱梁接合部

一方，十字形接合部を貫通する梁主筋は，図22(e)に示すように一端で引張力が作用し，他端では圧縮力が作用している。この鉄筋は，接合部内で引張力から圧縮力に変遷し，接合部内の鉄筋の付着力によりコンクリートに伝達される。この付着力がなくなると図22(b)のような状態が維持できないため，接合部のせん断耐力が発揮できないことになる。

[1] 接合部の耐力を確保するには，柱の曲げ耐力は梁の曲げ耐力の1.5倍以上を確保する必要があるといわれている。

3 せん断補強の設計上の注意

せん断補強を行う場合，以下の点に注意する。

① せん断補強筋[2]はD10以上またはφ9以上とする。
② せん断補強筋比は0.2%以上とする。
③ せん断補強筋は，主筋を包含して内部のコンクリートをじゅうぶん拘束するように配置し，末端は135°以上に曲げるか，相互に溶接する。
④ 梁あばら筋の間隔は，梁せいの$\frac{1}{2}$以下かつ250 mm以下とする。
⑤ 柱帯筋の間隔は100 mm以下とする。ただし，柱の上下端より最大径の1.5倍または最小径の2倍のいずれか大きい方の範囲外では，帯筋間隔を上記の1.5倍まで増大することができる。
⑥ 柱梁接合部の帯筋間隔は150 mm以下とし，かつ，隣接する柱の帯筋間隔の1.5倍以下とする。

[2] 梁のあばら筋，柱の帯筋および柱梁接合部内の帯筋をいう。

例題6 p.200例題4で曲げモーメントに対する断面計算を行った$_2G_2$梁の，せん断の長期と短期（安全性）の検討に対する断面計算を行え。

解答… 梁のせん断力に対する断面計算は，次ページの表のように行う。

梁せん断補強筋算定例

ラーメン		Y$_1$	補足説明
梁記号		$_2$G$_2$	部材記号を入れる
長期せん断力 [kN]		145	Q_L 図6（p.195）から
地震時せん断力 [kN]		47→94	Q_E 図7（p.195）から 地震時せん断力を2倍に割り増す。
短期せん断力 [kN]		239	$Q_S = Q_L + 2Q_E$
モーメント [kN·m]	長期	183	図6（p.195）から
	短期	372	例題4（p.200）から
断面	$b \times D$ [mm]	350×750	
	d [mm]	675	梁の有効せい
	j [mm]	591	$j = d \times 7/8$
配筋	上	4-D25	例題4（p.200）から
	下	2-D25	
$f_s bj$ [kN] 長（短）		151（228）	コンクリートの許容せん断力
判定		NG❶	短期で不足
せん断補強用	M/Qd	2.87	$= 372/\{(145 + 47) \times 0.675\}$注.
	α	1.03	$= 4/(2.87 + 1)$
	$\alpha f_s bj$ [kN]	234	$= 1.03 \times 228$
	判定	NG	$Q_D > \alpha f_s bj$
	ΔQ [kN]	4.8	$\Delta Q = Q_D - \alpha f_s bj$
	p_w [%]	0.216	$p_w = \{\Delta Q/(0.5 \, _w f_t bj) + 0.002\} \times 100$❷
あばら筋	計算	D10@188	補強筋間隔 $x = a_w/(b p_w)$
	設計	D10@150	適切な数字に丸めた。

注. M/Qd を求めるときの Q は，2倍に割り増さない。地震力によって生じるせん断力と長期せん断力の和とする。

❶ No Good の略。条件を満たすように，さらに検討を続ける事を意味する。

❷ ここではせん断補強筋として D13 以下を用いるので，p.189「第2節第1項構造計画」で示したように使用材料は SD295 となる。この場合，短期のせん断補強用許容応力度 $_w f_t$ は，p.189 表1より 295 N/mm^2 である。

❸ 有効せいは，かぶり厚さ 50 mm と，帯筋 10 mm，および主筋 D22 の中心までの距離 $\frac{22}{2} = 11$ mm の合計 71 mm を 75 mm として，550 mm から差し引いて求めた。

❹ 条件を満たしたことを意味する。

❺ この例題のような純ラーメン構造では，設計用せん断力を降伏曲げモーメントによる式(12)で算定し，さらに靱性を確保するために，柱の最小鉄筋比を技術慣例として 0.3% 以上とする必要がある。この場合は，帯筋は D13@150 となる。

例題7 例題5で曲げモーメントに対する断面計算を行った 1F 柱 C$_2$ の，せん断の長期と短期（安全性）の検討に対する断面計算を行え。

解答… 柱のせん断力に対する断面計算は，下表のように行う。

柱せん断補強筋算定例

ラーメン		Y$_1$	補足説明
柱記号		$_1$C$_2$	部材記号を入れる
長期せん断力 [kN]		24	Q_L 図6（p.195）から
地震時せん断力 [kN]		67→134	Q_E 図7（p.195）から 地震時せん断力を2倍に割り増す。
短期せん断力 [kN]		158	$Q_S = Q_L + 2Q_E$
断面	$b \times D$ [mm]	550×550	
	d [mm]	475❸	柱の有効せい
	j [mm]	416	$j = \frac{7}{8} d$
$f_s bj$ [kN] 長（短）		167（250）	コンクリートの許容せん断力
判定		OK❹	$f_s bj > Q_S$
補強	p_w [%]	0.2❺	最小鉄筋比の制限値
	帯筋	計算	D10@129	補強筋間隔 $x = a_w/(b p_w)$
		設計	D10@100	最小補強筋間隔の制限

問 8 例題6で定まった，梁断面の長期と短期（安全性）の許容せん断耐力 Q_a を求めよ。ただし，$\alpha = 1$ とする。

問 9 例題4における，梁断面の地震時の曲げモーメントおよびせん断力が1.5倍になった場合について，例題6の解答を利用して梁のせん断力に対する補強筋の計算を行え。

7　付着・定着

1　基本的な考え方

鉄筋コンクリート構造の設計では，鉄筋とコンクリートが一体として働くと仮定する。付着の検定では，曲げモーメントの変化する部分（せん断力の作用する部分）で生じる鉄筋とコンクリートの間のずれようとする力により鉄筋の周長に生じる付着応力度が，許容付着応力度以下であることを確認する。さらに，付着・定着の安全性の検定では，部材全体として曲げモーメントに抵抗できることを検定する。

たとえば，図24(a)のように付着長さ l_d の引張鉄筋を有する梁と柱を考える。曲げモーメントの大きい端部に曲げひび割れとせん断ひび割れがはいって，図24(b)のような状態になる。このとき，曲げモーメントの大きい付着検定断面から d の区間では鉄筋の引張応力度 σ_t は一定となり，この力によって梁から引き抜けないこと（付着割裂破壊を起こさないこと），および柱から引き抜けないこと（定着）を検定する。なお，このように引張鉄筋の応力度がある区間で一定に分布することを引張鉄筋のテンションシフトという。

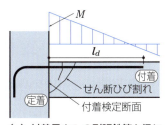
(a) 付着長さ l_d の引張鉄筋と梁に作用している曲げモーメント

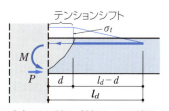
(b) せん断ひび割れによる引張鉄筋のテンションシフト

図24　付着と定着

2　付着

曲げモーメントの変化（せん断力）により生じる局部的な付着応力度（曲げ付着応力度：τ_{a1}）か，有効付着長さにおける平均付着応力度（τ_{a2}）が許容値を超えないことを次の式で検定する❶。

❶ 式(18)は，
鉄筋断面　$A = \dfrac{\pi d_b^2}{4}$
鉄筋周長　$\psi = \pi d_b$
を思い出せば容易に想定できる。

$$\bullet 長期 \quad \tau_{a1} = \frac{Q_L}{\sum \psi \cdot j} \leq {_L}f_a \quad あるいは \quad \tau_{a2} = \frac{{_L}\sigma_t \cdot d_b}{4(l_d - d)} \leq 0.8{_L}f_a$$

$$\bullet 短期 \quad \tau_{a1} = \frac{Q_L + Q_E}{\sum \psi \cdot j} \leq {_S}f_a \quad あるいは \quad \tau_{a2} = \frac{{_S}\sigma_t \cdot d_b}{4(l_d - d)} \leq 0.8{_S}f_a$$

(18)

Q_L：長期荷重時せん断力 　　Q_E：稀に生じる地震時のせん断力
ψ：引張鉄筋の周長 　　d：曲げ材の有効せい 　　j：曲げ材の応力中心距離
l_d：付着長さ（付着検定断面から鉄筋端またはフック開始点までの長さ）
${_L}\sigma_t$：付着検定断面位置における長期荷重時の鉄筋存在応力度[1]
${_S}\sigma_t$：付着検定断面位置における短期荷重時の鉄筋存在応力度
${_L}f_a$：長期許容付着応力度 　　${_S}f_a$：短期許容付着応力度 　　d_b：鉄筋径

[1] 付着検定断面は，以下の断面とする。
　①最大曲げモーメントとなる断面。
　②スパン内で鉄筋を減らす（カットオフ）場合に，カットオフ筋が計算上不要となる断面で，残りの鉄筋に対して検討する[2]。

[2] 保有耐力計算などの終局設計を行って付着割裂破壊に対する安全性の検証をしない場合には，極めて稀に発生する地震時の設計用せん断力に対して，付着割裂破壊に対する検定を別途行う必要がある[3]。

カットオフ筋の必要長さは，必要付着長さの算定を行って決める必要があるが，日本建築学会の「鉄筋コンクリート造配筋指針・同解説」では，図25のように定めている[4]。

[1] 実際に鉄筋に生じている応力度。

[2] モーメントが減少することによって鉄筋本数が減じられると，残りの鉄筋の応力度が大きくなるので，その位置で改めて残された鉄筋の付着の検定が必要になる。

[3] 日本建築学会「鉄筋コンクリート構造計算規準・同解説」(2018) に，主筋間隔やせん断補強筋の効果を考慮した付着割裂耐力に基づく必要付着長さの算定手法が示されている。

[4] 4 m以下の短スパン梁では，カットオフをしないで連続配筋としたほうが，間違いが生じにくく，施工面からもよい。

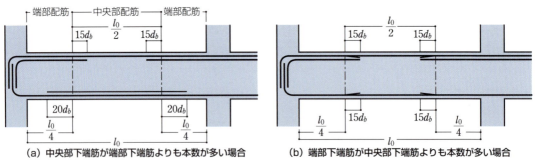

図25　カットオフ筋の必要長さ

3　定着

鉄筋の仕口部への定着は，定着長さ l_a が必要定着長さ l_{ab} より大きいことを検定する。

$$l_a \geq l_{ab} \quad (19)$$

定着長さl_aは，仕口面から鉄筋端までの長さで，標準フックがつく場合は図26の投影定着長さl_{dh}とする。投影定着長さは$8d_b$かつ，150 mm以上とする。直線定着の場合は300 mm以上とする。

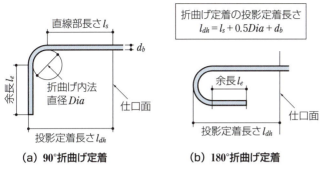

(a) 90°折曲げ定着　　(b) 180°折曲げ定着

図26　投影定着長さl_{ab}

柱梁接合部での必要投影定着長さl_{ab}は，次の式による。

●必要投影定着長さ
$$l_{ab} = \alpha \frac{S\sigma_t d_b}{10 f_b} \qquad (20)$$

α：横補強筋で拘束されたコア内に定着する場合は1.0，そうでない場合は1.25
S：必要定着長さの修正係数❶　　f_b：付着割裂の基準となる強度❷
d_b：鉄筋径 [mm]
σ_t：仕口面における鉄筋の応力度（短期許容応力度を用いることを原則）

4　付着・定着に関する設計上の注意

柱梁接合部への梁主筋の定着は，原則として図27に示すようにする。

① 引張側鉄筋の$\frac{1}{3}$以上は，部材全長に連続して配筋する。
② 引張側鉄筋の付着長さは，300 mmを下まわってはならない。
③ 柱と梁の出隅部分の鉄筋には，末端に必ず標準フックをつける。

❶ 修正係数S

種類			S
直線定着	耐震部材		1.25
	非耐震部材	片持ち形式	
		上記以外	1.0
	その他の部材		
標準フック	耐震部材		0.7
	非耐震部材	片持ち形式	
		上記以外	0.5
	その他の部材		

❷ 付着割裂の基準となる強度。
$$f_b = \frac{F_c}{40} + 0.9$$
F_cはコンクリートの設計基準強度 [N/mm^2]

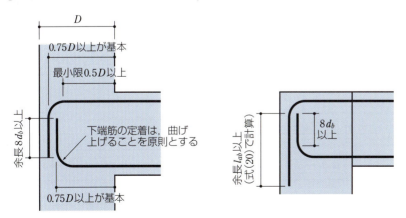

(a) ト形接合部　　　　(b) 出隅(L形)接合部

図27　柱梁接合部への梁主筋の定着の原則

④　折曲げ定着筋の標準フックの余長は，90°折曲げで鉄筋径の8倍以上，135°折曲げで鉄筋径の6倍以上，もしくは180°折曲げで鉄筋径の4倍以上のいずれかとする。折曲げ部の折曲げ内法直径の最小値は，表8による。また，標準フックの鉄筋側面からコンクリート表面までの側面かぶり厚さの最小値は，表9による。

❶　S：式(20)の必要定着長さの修正係数。

表8　標準フックの内法直径

折曲げ角度	鉄筋種類	鉄筋径による区分	鉄筋の折曲げ内法直径[D]
180° 135° 90°	SD295 SD345	D16以下	$3d_b$以上
		D19 ～D41	$4d_b$以上
	SD390	D41以下	$5d_b$以上
90°	SD490	D25以下	
		D29～D41	$6d_b$以上

d_b：定着する鉄筋の呼び名に用いた数値 [mm]

表9　標準フックの側面かぶり厚さ

$S=0.5$とする場合❶	$2d_b$以上かつ 65 mm以上
$S=0.7$とする場合	$1.5d_b$以上かつ 50 mm以上

　　十字形接合部を貫通する鉄筋（通し配筋）は，地震時に接合部の両端で引張力と圧縮力が作用し，接合部内には大きな付着応力度が生じるので，接合部内の定着劣化に留意する必要がある**❷**。

❷　接合部の両端から鉄筋に作用する力は断面積に比例し，接合部内で抵抗する付着力は接合部内の鉄筋の表面積に比例する。断面積は鉄筋径の2乗に比例し，表面積は1乗に比例するので，鉄筋径が太いほど接合部内での定着劣化が大きくなる。

例題8　例題4で求めた$_2G_2$の梁主筋のうち，端部上端筋の曲げ付着応力度の検定を行え。ただし，鉄筋の存在応力度は短期許容応力度とする。

　解答…　曲げ付着応力度の検定は，次の表のように計算する。

曲げ付着の検討

梁　記　号		$_2G_2$	補足説明
位　　置		端部	
$b×D$ [mm]		350×750	
d [mm]		675	部材有効せい
j [mm]		591	曲げ材の応力中心間距離
配筋	上	4-D25	例題4から
	下	2-D25	
長期せん断力 [kN]		145	Q_L　図6（p.195）から
地震時せん断力 [kN]		47	Q_E　図7（p.195）から
短期せん断力 [kN]		192	$Q_S=Q_L+Q_E$
許容付着応力度（上端）[N/mm²]	長期	1.54	表1（p.189）による
	短期	2.31	
曲げ付着	$\sum\psi$ [mm]	320.0	4-D25（4×80 mm）
	$\tau=Q/\sum\psi j$ [N/mm²]　長期	0.77	式(18)左＝145×1000/(320×591)＝0.77（長期）
	短期	1.02	式(18)左＝192×1000/(320×591)＝1.02（短期）
	判定	OK	$\tau<f_a$

問 10　例題8における，梁断面の端部上端筋のカットオフ位置を図25に示した日本建築学会編「鉄筋コンクリート造配筋指針・同解説」によるカットオフ長さから算定しなさい。

214　第6章　鉄筋コンクリート構造

8 スラブ

1 スラブ構造

スラブは，その支持の方法によって図28のように分けられる。

aのように四辺を梁に囲まれたスラブを四辺固定スラブ，bのように三辺を梁に囲まれたスラブを三辺固定スラブ，cのように一辺のみ固定されているものを片持スラブという。

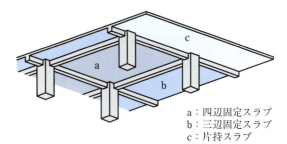

a：四辺固定スラブ
b：三辺固定スラブ
c：片持スラブ

図28 スラブの種類

スラブは床荷重を支え，その荷重を梁や柱を通して基礎へ伝える。したがって，スラブは剛強であることが要求され，過大なたわみやひび割れ，または振動障害を生じないことがたいせつである。そのため，スラブの厚さは表10に示す値以上，かつ，80 mm 以上とする。

表10 スラブ厚制限

支持条件	四辺固定スラブ	片持スラブ
四辺固定	$t = 0.02\left(\dfrac{\lambda - 0.7}{\lambda - 0.6}\right)\left(1 + \dfrac{w_p}{10} + \dfrac{l_x}{10000}\right)l_x$	
片　持		$t = \dfrac{l_x}{10}$

注．1) $\lambda = l_y/l_x$　　l_x：短辺有効スパン[mm]　　l_y：長辺有効スパン[mm]
　　　w_p：積載荷重と仕上荷重の和 [kN/m²]
　　2) 有効スパンとは，梁その他支持する部材間の内法寸法をいう❶。

❶ スラブは周辺の梁に支えられており，構造部材としてのスラブは梁の側面までである。したがって，スラブの断面算定では内法スパンで考えればよい。

2 スラブの曲げモーメント

四辺固定スラブの設計用曲げモーメントは，図29のように考え，次の式により求める。

●単位幅に対するモーメント

短辺　$M_{x1} = -\dfrac{1}{12}w_x l_x^2,\ M_{x2} = \dfrac{1}{18}w_x l_x^2$

長辺　$\begin{cases} M_{y1} = -\dfrac{1}{24}w l_x^2,\ M_{y2} = \dfrac{1}{36}w l_x^2 \\ w_x = \dfrac{l_y^4}{l_x^4 + l_y^4}w\ ❷ \end{cases}$　(21)

❷ この式から分かるように，短辺方向と長辺方向長さの4乗に比例して荷重を分担する。つまり，短辺方向でほとんど負担することになり，配筋は短辺方向に多く入れることになる。

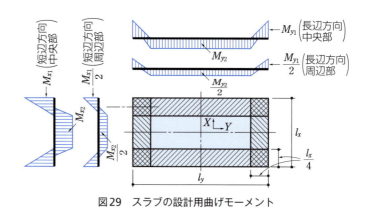

図29 スラブの設計用曲げモーメント

3 スラブの主筋量の計算

スラブの主筋は，式(21)で算定された曲げモーメントに対し単位幅の梁と考えて梁の曲げ略算式[1]により計算する。このとき，鉄筋間隔 s [mm] は，次の式で与えられる。

[1] ➡ p.199 式(9)

●鉄筋間隔
$$s = \frac{0.171\, a_0 d}{M} \tag{22}$$

a_0：使用鉄筋1本の断面積 [mm²]　　d：有効せい [mm]
f_t（長期）= 195 N/mm²（SD295）　　M：1 m 幅の曲げモーメント [kN·m]

4 スラブの設計上の注意

① スラブの鉄筋は，D10以上の異形鉄筋，もしくはϕ6以上の溶接金網を用いる。正負最大の曲げモーメントを受ける部分では，短辺方向 @200 mm（ϕ9以下の溶接金網では @150 mm）以下，長辺方向 @300 mm（ϕ9以下の溶接金網では @200 mm）以下とする。

② スラブ各方向の全幅について，コンクリート断面の0.2％以上の鉄筋量を確保する。

③ 四辺固定スラブで $t < \dfrac{l_x}{30}$，片持スラブで $t < \dfrac{l_x}{10}$ の場合は，クリープを考慮した変形の計算をして，使用上の支障が起こらないことを検証する必要がある[2]。

[2] 建築基準法施行令第82条第4号。平成12年建設省告示第1459号。
　住宅などの設計では，耐力，変形よりも遮音性能などからスラブ厚さが決められることが多い。

5 階段

階段の構造形式にはいろいろな形式があるが，次の二つの設計方法が一般的に用いられる。

① 階段スラブを，壁に支えられた片持梁として設計する。

② 周辺の梁で支えられたスラブとして設計する。

例題9 図1（p.189）に示す建築物の2Fスラブの短辺方向スラブ筋を計算せよ。

解答… スラブ筋は，次の表のように計算する。

スラブ筋計算表

		短辺方向		補足説明
		両端	中央	
₂S₁	l_x [m]	3.65		内法スパン = 4.0 − 0.35
	辺長比 λ	1.27		= l_y/l_x = (5.0 − 0.35)/3.65
	w [kN/m²]	8.5 (w_x = 6.2)		w は表2（p.190） $w_x = \dfrac{l_y^4}{l_x^4 + l_y^4}w$
	M [kNm/m]	−6.9	4.6	$M_{x1} = -\dfrac{1}{12}w_x l_x^2$ $M_{x2} = \dfrac{1}{18}w_x l_x^2$
	t [mm]	150		
	d [mm]	110❶		
	配筋 計算	D10, 13 交互@270	D10@291	= $0.171 a_t d/M$
	配筋 設計	D10, 13 交互@200	D10@200	

問11 例題9のスラブの長辺方向の断面計算を行え。

9 基礎

1 基礎構造

基礎は，基礎スラブ❷と地業（じぎょう）からなり，基礎スラブの計算は，底面積の計算と断面計算である。ここでは，独立フーチング基礎の設計方法について学ぶが，ほかの方式❸も同様に計算できる。

2 基礎スラブ底面積の計算

基礎スラブ底面積の計算は，作用する軸方向力 N（上部構造から伝わる柱軸方向力 N' + 基礎自重 N_F（埋戻し土の自重も含む））による応力度 σ が，地盤の許容応力度（地耐力）f_e を超えないように定める。このときの σ は，底面に一様に分布しているものと考え，次式により計算する。

●基礎スラブ底面積 $\sigma = \dfrac{N}{A} \leqq f_e$ (23)

A：基礎底面積 [m²] = $l \times l'$

また，基礎自重 N_F の値は，鉄筋コンクリートと埋戻し土の単位荷重（単位体積あたりの自重）を含んで 20 kN/m³ として，図30に示す式で求める。

❶ 有効せいは，かぶり厚さ 30 mm と，主筋 D10 の中心までの距離 $\dfrac{10}{2}$ = 5 mm もしくは D13 の中心までの距離 $\dfrac{13}{2}$ = 6.5 mm との合計 35 mm，もしくは 36.5 mm を 40 mm として，150 mm から差し引いて求める。長辺方向ではさらに直交する短辺方向の鉄筋径分小さくなる。

❷ フーチングともいう。

❸ 複合フーチング基礎・連続フーチング基礎。
杭基礎の場合には，パイルキャップとなり，基礎スラブの算定手法とは異なる考え方が必要になる。

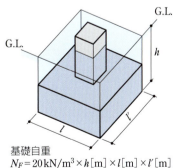

基礎自重
N_F = 20 kN/m³ × h [m] × l [m] × l' [m]

図30 基礎自重の取り方

3 基礎スラブの断面計算

❶ punching shear
柱軸方向力が，基礎スラブを押し抜こうとする力。

長方形基礎スラブの応力度計算断面に作用する設計用せん断力 Q_F，設計用曲げモーメント M_F，柱直下のパンチングシヤー Q_P❶ は，基礎自重を除いた柱軸力 N' に対して，次の式で求める。

$$\frac{Q_F}{N'} = \frac{1}{2}\frac{l-a}{l}$$

$$\frac{M_F}{N'a} = \frac{1}{8}\frac{(l-a)^2}{la} \quad (24)$$

$$Q_P = \left[l\,l' - \left\{ d(a'+a) + aa' + \frac{\pi d^2}{4} \right\} \right] \frac{N'}{l\,l'}$$

$l,\ l',\ a,\ a',\ d$ は図31参照。

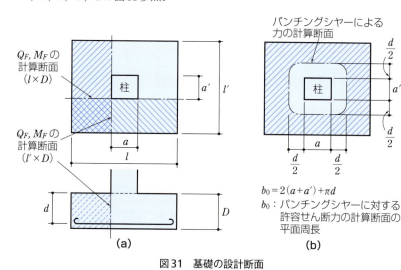

図31 基礎の設計断面

❷ ➡p.199式(9)

曲げモーメントに対する計算は，梁の曲げ略算式❷により計算する。

基礎スラブの許容せん断力 Q_A は，次の式により，$Q_A \geqq Q_F$ となることを検討する。計算断面の幅は全幅をとってよい。

$$Q_A = ljf_s \quad または \quad Q_A = l'jf_s \quad \left(j = \frac{7}{8}d\right) \quad (25)$$

f_s：コンクリートの許容せん断応力度

基礎スラブのパンチングシヤーに対する許容せん断力 Q_{PA} は，次の式から求め，$Q_{PA} \geqq Q_P$ となることを検定する。

$$Q_{PA} = \alpha b_0 jf_s \quad (26)$$

$\alpha = 1.5 \quad b_0 = 2(a+a') + \pi d$（図31(b)参照）

基礎スラブの長辺方向の鉄筋は短辺の幅に等間隔に配置し，短辺方向の鉄筋は，長辺の中央部の短辺の長さに相当する幅の中に，次の式

で求められる鉄筋量を配置し，残りをその両側に等間隔に配置する。

$$\frac{\text{短辺長さ相当幅に入れる鉄筋量}}{\text{短辺方向の鉄筋全所要量}} = \frac{2}{\lambda + 1} \qquad (27)$$

λ：長辺の短辺に対する比

　以上の断面計算は，軸方向力だけを地盤に伝えるものと仮定して計算した。しかし，敷地いっぱいに建築する場合の基礎などは，偏心基礎となることがあり，偏心による曲げモーメントが生じる。この場合には，偏心モーメントによる応力度を加味した設計を行う必要がある。

例題10 図1（p.189）に示す建築物の1F柱C_2直下の，基礎スラブ（フーチング）F_2に対する曲げ，せん断の検定を行い，曲げ補強筋量を計算せよ。柱脚曲げモーメントはすべて基礎梁に伝え，基礎は直圧力❶のみによって計算する。ただし，底面の根入れ深さは1.5 m，地盤の許容地耐力度は長期$f_e = 150\,\text{kN/m}^2$，短期$f_e = 300\,\text{kN/m}^2$，使用鉄筋はSD295とする。

❶ 軸方向圧縮力のこと。

解答… 次の表のように計算する❷。

❷ 実際の設計では，これ以外に，主筋の付着，パンチングシヤーの検討などを行う必要がある。

基礎フーチングの断面算定

		F$_2$		補足説明
		長期	短期	長期は表4（p.193）による。短期＝長期＋地震力＝474＋70＝544
柱からの軸力 [kN]		474	544	
仮定基礎底面 [mm]		2 200 × 2 200		仮定基礎底面
基礎梁＋自重 [kN]		249		＝11.5×(5+4)+20×1.5×2.2×2.2
N [kN]		723	793	（基礎梁重量：11.5 kN/m）
N/A [kN/m^2]		149	164	
判定		OK	OK	$N/A < f_e$
l [mm]		2 200		
a [mm]		550		
D （d）		700 (600)		
j [mm]		525		
N' [kN]		474	544	長期×1.5＞短期→長期で決定
せん断	Q_F/N'	0.375		$= \frac{1}{2} \times \frac{2\,200 - 550}{2\,200} = 0.375 \times N'$
	Q_F [kN]	178	204	
	$\tau = Q_F/lj$ [N/mm^2]	0.15	0.18	＝(178×10^3)/(2 200×525)
		OK	OK	許容せん断応力度(p.189表1)と比較
曲げ	$M_F/N' \cdot a$	0.281		$= \frac{1}{8} \times \frac{(2\,200 - 550)^2}{2\,200 \times 550} = 0.281 \times N' \times 0.55$
	M_F [kN·m]	73	84	
	$a_t = M_F/f_t \cdot j$ [mm^2]	713	543	a_0は鉄筋1本あたりの断面積で，第1節表1(p.181)より，1−D13＝127mm^2
	$n = a_t/a_0$	5.6	4.3	n：鉄筋本数
配　筋		11-D13		@200以内となるようにした

第2節　許容応力度設計　**219**

10 耐震壁

1 耐震壁の剛性の評価

鉄筋コンクリート構造では，耐震壁は地震力の多くを負担する。耐震壁の設計の良否で建築物の耐震性能が決まるといっても過言ではない。

したがって，地震時の耐震壁に作用する力を正確に求めるため，剛性の評価が重要となる。耐力壁の剛性は，柱・梁・壁板を一体と考えて，曲げ変形・せん断変形・回転変形を考慮して計算する。

耐力壁の剛性を略算的な仮定を設けて評価した場合は，耐震壁やそれ以外の柱および梁の部材に生じる力（または設計用地震力）を大きめに計算して断面計算を行うなどの配慮が必要である。

開口を有する耐震壁の剛性は，開口の「投影長さ」「投影高さ」❶を用いた次の式による低減率を乗じて算定する。

$$r_2 = 1 - 1.25 \times 1.1 \times \sqrt{\frac{h_{0p} l_{0p}}{hl}} \quad (28)$$

l：柱（または梁）を含む壁部材の全せい（図32）
l_{0p}：開口部の水平断面への投影長さの和（図32）
h：当該階の壁部材の高さ（下階床から上階床までの距離，図32）
h_{0p}：開口部の鉛直断面への投影高さの和（図32）

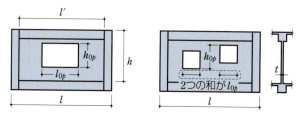

図32 開口のある耐震壁❷

2 耐震壁の断面計算

耐震壁の断面算定は，曲げとせん断に対して行う。

曲げに対しては，作用する軸力と曲げモーメントに対して柱と同様の考え方で算定する❸。せん断力に対しては，稀に生じる地震時の設計用せん断力❹に対して損傷性の検定を，極めて稀に生じる地震時の設計用せん断力❺に対して，安全性の検定を行う。

図32のような耐震壁の損傷性の検定に用いる許容せん断力 Q_A は，壁にせん断ひび割れを発生させない条件から求めた Q_1 と，壁にせん断ひび割れが発生したのちの壁と柱とがいっしょになって，せん断力に抵抗する条件から求めた Q_2 のうちの，大きいほうをとる。

---

❶ 壁内の開口を周辺柱や梁に投影したときの開口の長さのこと。開口部が重なり合ったときに，その長さを重複させないで開口部の大きさを合算するために用いる。

❷ 日本建築学会「鉄筋コンクリート構造計算規準・同解説」(2018) による。

❸ 曲げに対しては，基本的に付帯柱で抵抗させる。したがって，付帯柱は，鉛直荷重と，壁と柱を1本の曲げ棒と考えたときの曲げモーメントによる正負軸力により，圧縮力，引張力（生じる場合）に対する軸力の検討が必要となる。許容耐力は，圧縮の場合はコンクリートの許容圧縮応力度で決まる耐力，引張りの場合は主筋の許容引張応力で決まる耐力とする。

❹ ➡ p.206 式(13)

❺ ➡ p.206 式(12)(13)

ただし，式(12)の適用にあたり，耐震壁に取り付く梁の降伏モーメントから略算で設計用せん断力を算定することはできる。

$$Q_1 = rtlf_s \\ Q_2 = r(Q_w + \sum Q_c) \quad\quad (29)$$

t は壁板の厚さ，r は開口による低減率で，次の内最小値をとる。

$$r_1 = 1 - 1.1 \times \frac{l_{0p}}{l}, \quad r_2 = 1 - 1.1 \times \sqrt{\frac{h_0 l_{0p}}{hl}}, \quad r_3 = 1 - \lambda \frac{\sum h_0}{\sum h}$$

r_1 は開口の幅による低減率，r_2 は開口の見付け面積による低減率，r_3 は図33に示すような縦に開口が連続するときの開口高さによる低減率で，ピロティの直上階あるいは中間階の単層壁では $\lambda = 1$，それ以外では $\lambda = \frac{1}{2}\left(1 + \frac{l_0}{l}\right)$ とする。

ただし，耐震壁として扱えるのは，原則として1スパンごとに算定される r_2 が0.6以上の場合とする[1]。

[1] この範囲を超える場合は，そで壁，腰壁，垂れ壁付きラーメンとして扱う。

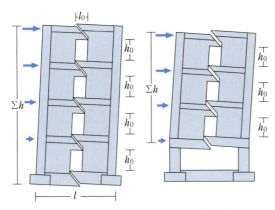

図33　連続する縦開口の破壊イメージ
（日本建築学会「鉄筋コンクリート構造計算規準・同解説」(2018) より作成）

f_s：コンクリートの短期許容せん断応力度 [N/mm^2]
Q_w：無開口の壁筋が負担できる許容せん断力で次式による。
　　$Q_w = p_s t l' f_t$
　　　p_s：壁の直交する各方向のせん断補強筋比 $= a_1/xt$（図34）
　　　　a_1：壁筋1組の断面積 [mm^2]
　　　x：壁筋の間隔 [mm]　　　　　t：壁厚 [mm]
　　$p_s \geq 1.2\%$ のときは1.2%として計算する。
　　l'：壁板の内法長さ
　　f_t：壁筋のせん断補強用短期許容引張応力度 [N/mm^2]
Q_c：壁周辺の柱（1本）が負担できる許容せん断力で次式による[2]。
　　$Q_c = bj\{1.5 f_s + 0.5 {}_w f_t (p_w - 0.002)\}$
　　　p_w：柱のせん断補強筋比
　　$p_w \geq 1.2\%$ のときは1.2%として計算する。

[2] →p.206 式(15)

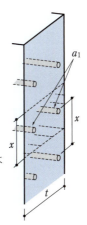

図34　壁補強筋

3 開口隅角部・周辺部に生じる引張力

耐震壁に開口部があると，その隅角部に力が集中する。また，曲げモーメントにより，開口部周辺に引張力が生じる。それらによるひび割れを防ぐため，次の式で求める付加モーメント・付加斜張力に対して，図35に示すような開口部周辺に入れた補強筋[1]と周辺部材の壁筋，柱主筋，梁主筋の負担を考慮して安全性を検証する。

[1] 開口補強筋（日本建築学会「構造用教材」）

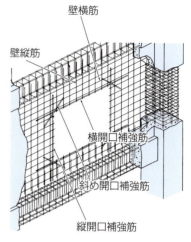

図35　開口部周辺の補強筋の例

$$
\begin{aligned}
&\bullet \text{鉛直方向付加モーメント} &&\frac{h_0}{2} Q_D \\
&\bullet \text{水平方向付加モーメント} &&\frac{l_0}{2} \frac{h}{l} Q_D \\
&\bullet \text{付加斜張力} && T_d = \frac{h_0 + l_0}{2\sqrt{2} \cdot l} Q_D
\end{aligned}
\quad (30)
$$

上式の Q_D は，耐震壁の設計用水平せん断力とする。

4 耐震壁の設計上の注意

① 壁板の厚さは120 mm 以上，かつ，壁の内法高さの $\frac{1}{30}$ 以上とする。

② 壁板のせん断補強筋比は，直交する各方向に関して，それぞれ0.25％以上とする。

③ 壁板の厚さが200 mm 以上の場合は，複筋配置（ダブル配筋）とする。

④ 壁筋は，D10以上の異形鉄筋を用い，間隔は300 mm 以下（千鳥配筋の場合は片面の間隔が450 mm 以下）とする。

⑤ 開口周囲の補強筋はD13以上，かつ，壁筋と同径以上の異形鉄筋とする。

⑥ 壁板周囲の梁については，コンクリート全断面積（スラブ部分を除く）に対する主筋全断面積の割合を0.8％以上とする。

⑦ 開口に近接する柱（開口端から柱端までの距離が300 mm 未満）のせん断補強筋比は原則として0.4％以上とする。

⑧ 柱付き壁（そで壁付き柱）では，柱のせん断補強筋比は原則として0.3％以上とする。

3節 極めて稀に生じる地震に対する安全性の確認

1 耐震性の評価

鉄筋コンクリートの建築物の極めて稀に生じる地震に対する安全性の確認は，高さ20m以下の小規模の建築物の場合，式(1)を満足すればよい[1]。式(1)を満足しない場合は，層間変形角，剛性率・偏心率の検討[2]を行い耐震性を検定することになる。

$$\sum 2.5 \alpha A_W + \sum 0.7 \alpha A_c \geqq ZWA_i \quad (1)$$

A_W：ある階の計算しようとする方向の耐力壁の水平断面積 [mm²]
A_c：計算しようとする階の柱の水平断面積 [mm²]
W：計算しようとする階より上の階の固定荷重と積載荷重の和 [N]
$Z,\ A_i$：第5章第2節第6項（p.170）式(7)。付1図3,4参照。
α：コンクリートの設計基準強度（F_c：N/mm²）による割増係数＝$\sqrt{\dfrac{F_c}{18}}$
（当該数値が$\sqrt{2}$を超えるときは$\sqrt{2}$）

これは，過去の地震被害と壁・柱の量を比較し，ある程度の壁・柱断面があれば，地震時の被害が少なかったことに基づいている（図1）。

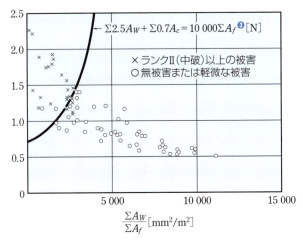

図1 鉄筋コンクリート建物の柱・壁量と地震被害の関係[4]

例題1 図1（p.189）に示す建築物の1Fが，式(1)を満足するか検討せよ。

解答… 柱550mm角で6本，壁なし，$Z=1.0$，$A_i=1.0$，$W_i=1885$ kN
式(1)左辺＝$0.7 \times 550 \times 550 \times 6 = 1270500$
式(1)右辺＝$1 \times 1885 \times 1000 \times 1 = 1885000$
したがって，左辺＜右辺であるから，層間変形角，剛性率，偏心率の検討を行い，耐震性を検定する必要がある[5]。

---

[1] 平成19年国土交通省告示第593号。
[2] ➡p.174
　大規模な建築物ではp.176に示す保有水平耐力計算を行い安全性の検証を行う。

[3] $\alpha=1.0$，$Z=1.0$とし，床面積1m²あたりのWA_iを10 kNと仮定した場合の式。
　A_f：計算しようとする階より上の各階の床面積 [m²]

[4] 国土交通省住宅局建築指導課他
「2007年版建築物の構造関係技術基準解説書」p.341 図6.4-3を単位変更した。

[5] 本来，式(1)は，壁のない建物には適用できない。

2 層間変形角・剛性率・偏心率

層間変形角の検定は，鉄筋コンクリートの建築物の場合にはほとんど問題になることはないが，剛性率の計算に必要である。層間変形角・剛性率・偏心率の制限値[1]を満たし，下記に示した耐震性に関する構造制限[2]のいずれかを満たせば，構造計算が完了となる。

① $\sum 2.5\,\alpha A_W + \sum 0.7\,\alpha A_c \geq 0.75\,ZWA_i$

② $\sum 1.8\,\alpha A_W + \sum 1.8\,\alpha A_c \geq ZWA_i$

$\qquad\qquad\qquad\qquad\qquad\qquad\qquad$ (2)

[1] 建築基準法施行令第82条の2，6。 ➡**p.174**

[2] 昭和55年建設省告示第1791号第三。

例題2 図1（p.189）に示す建築物のx方向層間変形角の逆数および剛性率を求め，層間変形角・剛性率・偏心率の検定を行え。また，耐震性に関する構造制限を満足するかどうか検定せよ。

解答… 層間変形角の逆数r_sおよび剛性率R_sは，次の表のように計算する。

層間変形角の逆数と剛性率計算表

階	x方向		補足説明
	2	1	
$\sum D$	4.60	6.28	第4章第2節図33（p.158）から
$h\,[\mathrm{m}]$	4	4	
$12\,EK_0/h^2\,[\mathrm{kN/mm}]$	17.03	17.03	$E=22.7\times10^3\,\mathrm{N/mm^2}(K_0=1\times10^3\,\mathrm{mm^3})$
$\sum D \times 12\,EK_0/h^2$ $[\mathrm{kN/mm}]$	78.3	106.9	
$Q\,[\mathrm{kN}]$	218	377	第6章第2節表6（p.194）から
$\delta\,[\mathrm{mm}]$	2.78	3.53	$\delta=\dfrac{Q}{\sum D \times 12\,EK_0/h^2}$
r_s	1439	1133	$r_s=h/\delta$，平均$r_s'=1286$ 第5章第4節式
R_s	1.12	0.88	$R_s=r_s/r_s'$：剛性率 (2)(p.174)参照。

上表の計算から，層間変形角の最大値は，r_sの逆数$1/1133$（1階），剛性率R_sの最小値は0.88，偏心率は，建築物が対称で偏心はないので0である。いずれも制限値[3]以下となっている。耐震性に関する構造制限（式(2)）のうち，①，②について1Fを計算すると，

①の式左辺$= 0.7 \times 550 \times 550 \times 6 = 1\,270\,500$

①の式右辺$= 0.75 \times 1 \times 1 \times 1885 \times 1000 = 1\,414\,000$

②の式左辺$= 1.8 \times 550 \times 550 \times 6 = 3\,267\,000$

となり，②を満たしているが①は満たしていない[4]。

[3] 制限値は第5章参照。

層間変形角 $\leq \dfrac{1}{200}$

剛性率 ≥ 0.6

偏心率 $\leq \dfrac{15}{100} = 0.15$

[4] 本例のような壁のないラーメン構造では基本的には靭性のある全体崩壊メカニズムの確保が必要であり，安全性に対するせん断設計を降伏モーメントに基づく設計とし，柱が梁より先に降伏しないような設計とする必要がある。また，式(1)を満たさない場合の柱のせん断補強筋量は，一般に0.3％以上とする。

例題3 図1（p.189）に示す建築物の1F北側に便所を設置し，Y_2構面の1Fに壁を設置することとなった。壁厚を150 mmとして1Fの偏心率を求めよ。ただし，壁のないときの1FC_1柱の荷重（鉛直荷重時の軸方向力）は377 kN，壁と付帯柱を含むY_2構面のD値は，曲げ・せん断，基礎の回転変形を考慮して計算し，12が得られている。また，Y方向のD値は，C_1，C_2柱でそれぞれ，1.18，1.26が得られている。

224 第6章 鉄筋コンクリート構造

解答… 壁増設による壁自重の増加分は，階中央で求める。

$$壁の長さ = 8 - 0.55 = 7.45 \text{ m}$$
$$壁の高さ = 4/2 - 0.75 = 1.25 \text{ m}$$
$$壁厚 = 150 \text{ mm} = 0.15 \text{ m}$$
$$鉄筋コンクリートの単位体積重量 = 24 \text{ kN/m}^3$$
$$N = 7.45 \times 1.25 \times 0.15 \times 24 = 34 \text{ kN}$$

したがって，この建築物の1Fでの荷重と剛性分布は，図2のようになる。

まず，バリニオンの定理を用いて重心・剛心位置を，Y_0軸を基準にして求める（表1）。

Y_0軸から重心までの距離 y_g

$$y_g = \frac{12\,620}{2\,490} = 5.07 \text{ m}$$

Y_0軸から剛心までの距離 y_s

$$y_s = \frac{131.2}{16.26} = 8.07 \text{ m}$$

偏心距離 $e_y = 8.07 - 5.07 = 3.00 \text{ m}$

y方向は対称なので，重心・剛心とも中央となる。重心と剛心の位置を図2に示したが，x方向でかなり大きな偏心となる。

剛心まわりの剛性の断面二次モーメント❶に相当するねじり剛性 K_R を，次の式から求める。

$$K_R = \sum D_{yi} x_i^2 + \sum D_{xi} y_i^2 = 2 \times (1.18 \times 2 + 1.26) \times 4.0^2$$
$$+ 12 \times (10 - 8.07)^2 + 1.12 \times 2 \times (8.07 - 5)^2$$
$$+ 1.01 \times 2 \times 8.07^2$$
$$= 313.2$$

次に，x方向の断面二次半径❷に相当する弾力半径 r_e❸を，次の式から求める。

$$r_e = \sqrt{\frac{K_R}{\sum D}} = \sqrt{\frac{313.2}{16.26}} = 4.39$$

これより x 方向の偏心率 R_{ex} は，第5章第4節第3項（p.175）の式(3)より求められる。

$$R_{ex} = 3.00/4.39 = 0.68$$

この値は，偏心率の制限値0.15をはるかに超えているので，x方向に地震力が作用したときに，Y_0構面が大きく振られると予想される。

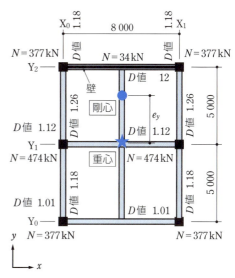

図2　例題3

❶ ➡ **p.94** 式(6), (7)

x_i, y_i：各層の各柱・壁の剛心までの垂直距離。

❷ ➡ **p.98** 式(15)
❸ ➡ **p.175** 側注❹

表1　例題3

構面	距離 l [m]	重量 W [kN]	$W \times l$	D値	$D \times l$
Y_2	10	$377 \times 2 + 34$	7880	12	120
Y_1	5	474×2	4740	1.12×2	11.2
Y_0	0	377×2	0	1.01×2	0
合計		2490	12620	16.26	131.2

鉄筋コンクリート壁式構造の共同住宅であり、内部や外周部にじゅうぶんな壁があるため、上下階で位置がずれる開口やコーナーの開口が可能となっている。

図3 壁式構造の住宅の例

p.189図1の建築物は、柱550 mm角、壁150 mm×7450 mm、$W = 1885 + 34 = 1919$ kN、$F_c = 24$ N/mm² であり、

$$式(1)左辺 = 2.5 \times \sqrt{\frac{24}{18}} \times 150 \times 7450 + 0.7 \times \sqrt{\frac{24}{18}} \times 550 \times 550 \times 6$$
$$= 4\,693\,000$$

式(1)右辺 $= 1 \times 1919 \times 1000 = 1\,919\,000$

となるので、式(1)を満足している。したがって、法規上は偏心率の計算が不要になる。

しかし、例題3で計算したように、偏心率が過大であり、地震時の被害が予測される。鉄筋コンクリート建築物では、**耐震壁の適切な配置と正しい評価**が、耐震性能上、重要である。

壁は耐震強度が高く、これを上手に使うことにより住宅などでは柱・梁の凹凸のない壁式構造（図3）として、快適な空間を形成することができる。

Practice　章末問題

- **1.** 図1（p.189図1を再掲）に示した建築物について、次の(1)～(6)の問題を解け。
  - (1) G_3 梁の剛比、C, M_0, Q_0 を求めよ。
  - (2) 鉛直荷重時に、C_1 柱に作用する軸方向力を求めよ。
  - (3) X_0 ラーメンにおける鉛直荷重時に各部材に作用する力を固定モーメント法によって求め、曲げモーメント図をかけ。
  - (4) X_0 ラーメンにおける地震荷重時に各部材に作用する力を D 値法によって求め、曲げモーメント図をかけ。
  - (5) (1)～(4)の解答を利用して、$_2G_3$ 梁の断面（曲げ、せん断）を計算せよ。
  - (6) (1)～(4)の解答を利用して、$_1C_2$ の断面（曲げ、せん断）を計算せよ。

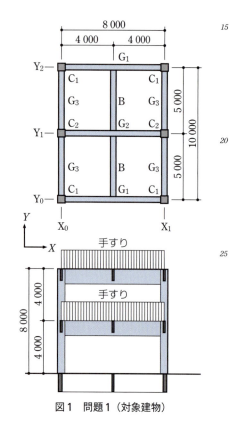

図1　問題1（対象建物）

第7章 鋼構造

◎―旧ルノー配送センター

Introduction

　鋼構造とは，各種の鋼材を用いて加工し，組み立ててつくる構造をいう。鋼構造は，工場・体育館・ドームなどの低層大スパンの建築物から，超高層ビル・タワーまで多くの建築物に用いられ，利用範囲の広い構造である。H形鋼の梁や角形鋼管の柱を組み合わせてビルの構造を構成するラーメン構造のほか，細い部材を組み合わせたトラス構造や吊構造など，さまざまな形の構造を形成することができる。

　この章では，鋼構造に用いられる鋼材の種類や鋼構造の特徴を理解し，具体的な建築物を対象として主要な部材を決定するまでの方法について学び，簡単な鋼構造の許容応力度設計ができるようにする。

Chapter 7

1節 鋼構造

❶ steel structure

ここでは，**鋼構造**❶を構成する鋼材や接合の種類と，その許容応力度および鋼構造の部材・接合部に関する性質について学ぶ。

1 概要

　鋼材の比重は，コンクリートの比重の約3倍の大きさである。しかし，強度が約10倍と高いため部材断面が小さくてすみ，構造体の軽量化が図れる。また，**靱性**(粘り強い性質)をもっているため，地震に対する安全性が高い。この特性を利用して，大きなスパンをかけ渡す必要がある工場や体育館，高い耐震性が必要な超高層建築物などの多くが鋼構造で設計されている（図1）。

❷ buckling

横たわみ

　一方，鋼材は部材としての剛性が低いため，**座屈**❷などを考慮して部材の計算を行い，構造全体の変形に対しても注意して構造設計を行う必要がある。また，接合部などの詳細部の設計では，鋼板が組み立てられるか，溶接できるか，高力ボルトが締められるか，部材・接合部に生じる力が円滑に流れるかなど，納まりに注意する❸。

❸　鋼構造の設計上の留意点
①部材間の納まり
②変形(たわみ・振動)
③強度(部材に生じる力)

図1　鋼構造による骨組形式の例

2 鋼材と許容応力度

1 鋼材

　鋼材に引張力を与えたときの応力度とひずみ度の関係は，鋼種により異なる。図2のように，高強度の鋼材など，明確な降伏点を示さないものもある。

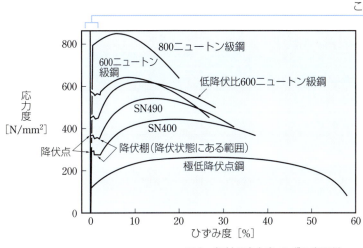
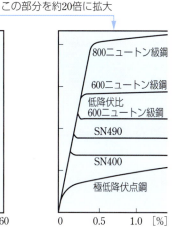

図2 鋼材の応力度-ひずみ度関係

建築構造に使用される鋼材の材質や断面形状および標準寸法などは，JISに定められている。鋼構造に使用する鋼材は，各種の規格にあった信頼性の高いものを使用することが必要である。最もよく使用される鋼材の種類および性質を表1に示す。

表1 鋼材のF値と機械的性質

鋼材の種類	種類の記号❶	F値❷ [N/mm²]	降伏点 [N/mm²]	引張強さ [N/mm²]
建築構造用圧延鋼材 JIS G 3136	SN 400 SN 490	235 325	235〜355 325〜445	400〜510 490〜610
一般構造用圧延鋼材 JIS G 3101	SS 400	235	245以上	400〜510
溶接構造用圧延鋼材 JIS G 3106	SM 490	325	325以上	490〜610

表1の降伏点の最小値をF値とよび，長期と短期の設計用許容応力度をこの値をもとに表2（p.230）のように定めている。なお，表2の許容圧縮応力度および許容曲げ応力度の値は，座屈がないときの値であることに注意する。

2 溶接接合

おもな溶接接合には，引張力・圧縮力・せん断力を伝える**溶込み溶接**❸と，せん断力を伝える**隅肉溶接**❹とがある。鋼材を接合する溶接継目ののど断面❺に対する許容応力度も，接合する鋼材❻の強度のF値を用いて，表2のように与えられている。

❶ それぞれの鋼材で，A，B，Cのランクがあり，Cが最も溶接性，衝撃強さにすぐれている。
❷ 板厚により異なる。表の値は，板厚が40 mm以下のとき。
❸ penetration groove welding

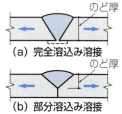

❹ fillet weld

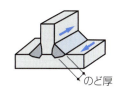

❺ （有効のど厚）×（溶接長さ）で計算される断面である。
❻ 母材（base metal）という。

第1節 鋼構造　229

表2　鋼材・溶接継目の許容応力度❶　　　　　　　　　　[N/mm²]

項目	許容応力度の種別	長期許容応力度	短期許容応力度	SN400, SS400 長期*	SN400, SS400 短期	SN490, SM490 長期*	SN490, SM490 短期
鋼材	許容引張・圧縮応力度 $(f_t \cdot f_c)$**	$F/1.5$	F	156	235	216	325
鋼材	許容曲げ応力度 (f_b)**	$F/1.5$	F	156	235	216	325
鋼材	許容せん断応力度 (f_s)	$F/1.5\sqrt{3}$	$F/\sqrt{3}$	90	135	125	187
溶接継目	隅肉（許容せん断応力度）(f_w)	$F/1.5\sqrt{3}$	$F/\sqrt{3}$	90	135	125	187
溶接継目	溶込み 許容引張・圧縮応力度(f_w)	$F/1.5$	F	156	235	216	325
溶接継目	溶込み 許容せん断応力度 (f_w)	$F/1.5\sqrt{3}$	$F/\sqrt{3}$	90	135	125	187

注．＊SN400の場合は，$\dfrac{F}{1.5} = \dfrac{235}{1.5} = 156.66\,\mathrm{N/mm^2}$となり，小数点以下を切り捨てた。ここで，$F$は鋼材の基準強度（$F$値）である。

＊＊f_c，f_bは座屈を考えないときの値。

❶ 建築基準法施行令第90条および第92条。

問 1　構造用鋼材SN400の長期許容圧縮応力度はいくらか。また，短期許容曲げ応力度はいくらか。ただし，座屈は考えない。

問 2　母材がSN490の，隅肉溶接継手部の長期許容せん断応力度はいくらか。

❷ high-strength bolt
❸ splice plate

3　高力ボルト接合

高力ボルト❷を用いて，母材どうし，または母材と添え板❸の摩擦力により，鋼材を接合する接合方式を摩擦接合とよび，F 10 T 1本あたりの長期許容せん断力R_sを表3に示す❹。図3(a)の場合は1面摩擦，図3(b)の場合は2面摩擦となる。また，許容引張力は，高力ボルトの引張力によって力を伝達する場合に用いる。表3の値は長期の許容耐力であり，短期の許容耐力は表の値の1.5倍となる。

❹ 建築基準法施行令第92条の2。平成12年建設省告示第2466号における高力ボルト2種の場合。

表3　高力ボルトの長期許容耐力

ボルトの等級	ねじの呼び	孔径 [mm]	許容せん断力 R_s [×10³ N] 1面摩擦	許容せん断力 R_s [×10³ N] 2面摩擦	許容引張力 [×10³ N]
F 10 T	M 16	18	30.2	60.3	62.3
F 10 T	M 20	22	47.1	94.2	97.3
F 10 T	M 22	24	57.0	114.0	117.8
F 10 T	M 24	26	67.8	135.6	140.1

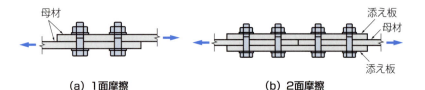

(a) 1面摩擦　　　　　(b) 2面摩擦

図3　高力ボルト摩擦接合の継手

3 部材と性質

柱や梁によく用いられる鋼材の断面は，標準的な形や厚みが決まっており，部材設計がしやすいように，表4や付8，9のような断面性能表が準備されている。

鋼材は，強度が高いので断面積は少なくてすむが，同じ断面積でも断面の形によって曲げ剛性や座屈しやすさが異なる。第3章で学んだように，断面二次モーメント（I_x, I_y）が大きいほど曲げ剛性が高く，長さに対する断面二次半径（i_x, i_y）が大きいほど座屈しにくい。同じような断面積のH形断面（H $600 \times 200 \times 11 \times 17$）と箱形断面（□$300 \times 300 \times 12 \times 12$）を比べると，箱形断面に比べてH形断面は，$x$軸まわりでは断面二次モーメントや断面二次半径が大きいが，y軸まわりでは逆に小さくなっている。この性質を利用して，梁には細幅H形断面，柱には箱形断面または広幅H形断面が用いられることが多い（図4）。

これら以外にも溝形断面，山形断面がある（図4）。また，板を溶接で組み合わせ，H形・箱形など自由に断面をつくることができる。

表5は，鋼構造の部材・接合部の構造設計において注意する項目を整理したものである。

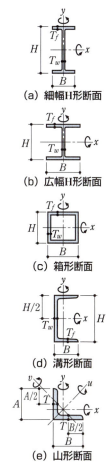

(a) 細幅H形断面
(b) 広幅H形断面
(c) 箱形断面
(d) 溝形断面
(e) 山形断面

図4 鋼材の断面例

表4 代表的なH形断面・箱形断面の断面性能表（付9参照）

断面の種類	$H \times B \times T_w^* \times T_f^*$	断面積 [×10^2 mm²]	単位質量 [kg/m]	断面二次モーメント [×10^4 mm⁴] I_x	I_y	断面二次半径 [mm] i_x	i_y	断面係数 [×10^3 mm³] Z_x	Z_y
H形断面（広幅）	H $200 \times 200 \times 8 \times 12$	63.5	49.9	4720	1600	86.2	50.2	472	160
	H $250 \times 250 \times 9 \times 14$	91.4	71.8	10700	3650	108	63.2	860	292
H形断面（細幅）	H $200 \times 100 \times 5.5 \times 8$	26.7	20.9	1810	134	82.3	22.4	181	26.7
	H $250 \times 125 \times 6 \times 9$	37.0	29.0	3960	294	104	28.2	317	47
	H $300 \times 150 \times 6.5 \times 9$	46.8	36.7	7210	508	124	32.9	481	67.7
	H $350 \times 175 \times 7 \times 11$	62.9	49.4	13500	984	146	39.6	771	112
	H $450 \times 200 \times 9 \times 14$	95.4	74.9	32900	1870	186	44.3	1460	187
	H $600 \times 200 \times 11 \times 17$	131.7	103.0	75600	2270	240	41.6	2520	227
箱形断面（角形鋼管）	□$300 \times 300 \times 12 \times 12$	130.8	103	17500	17500	116	116	1160	1160
	□$300 \times 300 \times 16 \times 16$	168.6	132	21500	21500	113	113	1440	1440

注．＊T_w：ウェブ厚，＊T_f：フランジ厚

表5　部材・接合部に対する構造設計上の注意

項目	代表的部位	形状・変形	説明
骨組の安定	ラーメン架構		柱と梁に生じる力どおりに設計しても，骨組の水平剛性が不足すると，鉛直荷重がかかったときに水平方向に倒れる。梁と柱を剛に接合してラーメン構造とするか，ブレース材を入れて水平方向にも安定にする。
曲げ座屈	柱・トラス材		柱のように圧縮力を受ける部材では，曲げ座屈に注意する。たんに座屈ともいう。
横座屈	梁・柱		せいの高いH形断面部材に曲げをかけると，横に倒れながら低い荷重で壊れる。これを横座屈といい，倒れ止めの部材を取り付けるなどして防止する。
局部座屈	柱・梁		部材断面に幅に対する厚みが薄い板が含まれている場合，これに圧縮や曲げをかけると，板部分が外にはらみ出して壊れることがある。これを局部座屈という。板の厚みに対する幅の比率（幅厚比）を小さくすることにより防ぐことができる。
高力ボルト接合	柱・梁・トラス材		建設現場での部材の接合には，信頼性の高い高力ボルトによる摩擦接合が多く用いられる。設計にはボルトの本数だけでなく，添え板の設計やボルト孔の端あき距離などに注意する。
溶接接合	柱・梁・トラス材		工場での接合には，溶接接合が多く用いられる。溶接接合の性能は溶接技術者の技量や溶接をする環境に大きく影響を受けるため，重要な箇所については，しっかりした管理が必要である。
疲労破壊	繰返し荷重材		普段から数多くの繰返し荷重を受けるような部材では，降伏点以下でも鋼材が突然破断する現象があり，これを疲労破壊という。通常の鋼構造では問題になることは少ないが，工場などのクレーンのレールを受ける材（クレーンガーダー）などでは，疲労破壊の検討を行う必要がある。

▪ 節末問題 ▪

❶ 高力ボルト本数が2本であることを示す。

1. 図3(b)の継手は，高力ボルト2❶-M 20（F 10 T）で接合されている。長期で180 kNの引張力に耐えられるか。ただし，母材および添え板は，じゅうぶん安全なものとする。

2. 同じ長さと材質のH形断面材H 250×250×9×14，H 600×200×11×17，および箱形断面材□300×300×12×12に圧縮力を加えたとき，最も座屈しやすいのはどの部材か。

2節 許容応力度設計

ここでは，鋼構造による典型的な平屋建運動施設を設計例とし，具体的に許容応力度計算による構造計算の方法を学ぶ。荷重計算・部材に生じる力の計算を行い，鋼構造の特徴をふまえ，日本建築学会「鋼構造許容応力度設計規準」❶を使用して，主な部材断面を求める。

❶ 日本建築学会「鋼構造許容応力度設計規準」（2019）

1 構造計画

1 建築物の概要

ここで取り上げる建築物は，東京の洪積層台地（第2種地盤）に建つ平屋建運動施設（梁間16 m，桁行22.5 m，軒高5.2 m，最高高さ7.6 m）とし，屋根および外壁の仕上げは波形鋼板と断熱材，腰壁は鉄筋コンクリート造，出入口ドアは鋼製，開口部はアルミサッシとする。

骨組の構造形式は梁間方向を山形ラーメン構造，桁行方向を**ブレース構造**とし❷，柱脚は**ピン**と仮定する❸。おもな鋼材は，H形鋼を使用する。骨組の略小屋伏図・略軸組図をかき，仮定部材を図1のように設定する❹。

❷ このような建築物は，梁間方向はラーメン構造，桁行方向はブレース構造とすることが多い。

❸ 柱脚はピンと仮定するが，実際は柱脚の形状から完全なピン接合とはならない。そのため，部材の設計にあたっては，柱脚に曲げモーメントが生じることを考慮する。

❹ 梁せいは乾式屋根でスパンの $\frac{1}{45} \sim \frac{1}{30}$（多雪地域を除く），コンクリート床の事務所でスパンの $\frac{1}{20} \sim \frac{1}{15}$ をめどに仮定する。

❺ 材料の許容応力度は，表2（p.230）の数値による。

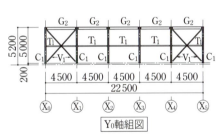

Y₀軸組図

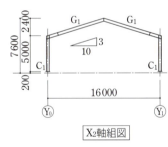

X₂軸組図

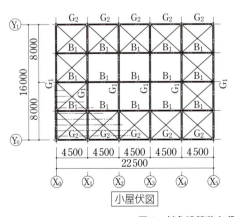

小屋伏図

部材リスト
C₁：H350×175×7×11（SN400B）❺
G₁：H350×175×7×11（SN400B）
G₂：H250×125×6×9（SN400A）
B₁：H200×100×5.5×8（SN400A）
V₁：L65×65×6（SN400A）
T₁：2C100×50×20×2.3

図1 対象建築物と仮定断面

2 準備計算（荷重計算）

（a）固定荷重・積載荷重　　ここでは，建築物の屋根・壁・構造部材（柱・大梁など）などの単位面積，あるいは単位長さあたりの荷重を求める[1]。一般的に，梁などの水平部材は単位面積あたりに置き換えて計算する。

[1] 建築基準法施行令第84条（付1表1による）および日本建築学会「建築物荷重指針・同解説」などを参考に決定する。

鉄骨自重に関しては，概略の仮定断面より重量に余裕をもって計算し，設計終了後にそれ以下に納まっていることを確認する。

[2] ここでは有効数字が3桁程度なので，重力加速度は概数 $9.8\,\mathrm{m/s^2}$ を用いる。

① **屋根（屋根面あたり）の単位荷重**

仕上げ（波形鋼板＋断熱材）：$250\,\mathrm{N/m^2}$　母屋：$50\,\mathrm{N/m^2}$

小梁その他：$150\,\mathrm{N/m^2}$　　　　　　　　大梁：$200\,\mathrm{N/m^2}$

（例）母屋 C100×50×20×2.3（4.06 kg/m），間隔 0.835 m の平均自重は，重力加速度[2]を掛けて

$$4.06 \times 9.8 / 0.835 = 47.7 \rightarrow 50\,\mathrm{N/m^2}\ となる。$$

② **鉛直荷重**　　固定荷重に積載荷重を加えたものが，鉛直荷重となる（表1）。ただし，本設計例の屋根のように，あきらかに屋上の使用が認められない場合は，積載荷重を考慮しなくてもよい。

表1　鉛直荷重[3]　　　　　　　　　　　　　　$[\mathrm{kN/m^2}]$

母屋設計用	小梁設計用	ラーメン用	地震用
0.30	0.45	0.65	0.65

[3] ①の数値から求める。
母屋設計用
$250 + 50 = 300\,\mathrm{N/m^2}$
　　　　　$= 0.30\,\mathrm{kN/m^2}$
小梁設計用
母屋設計用＋小梁その他
　$= 0.30 + 0.15$
　$= 0.45\,\mathrm{kN/m^2}$
ラーメン用と地震用
小梁設計用＋大梁
　$= 0.45 + 0.20$
　$= 0.65\,\mathrm{kN/m^2}$

③ **柱の単位荷重**　　仮定した部材の単位長さあたりの重量を，ある程度割り増した値とする。

柱自重：H 350×175×7×11　　$485\,\mathrm{N/m} \rightarrow 0.6\,\mathrm{kN/m}$

④ **壁の単位荷重**

仕上げ（波形鋼板＋断熱材）：$250\,\mathrm{N/m^2}$ ⎫

胴縁　　　　　　　　　　　：$50\,\mathrm{N/m^2}$ ⎬ $300\,\mathrm{N/m^2}$ ⎫

間柱・水平材・筋かい　　：　　　$150\,\mathrm{N/m^2}$ ⎭ ⎬ $450\,\mathrm{N/m^2} \rightarrow 0.45\,\mathrm{kN/m^2}$

例題1　　図2に示す山形ラーメン屋根1骨組あたりに作用する固定荷重 w_G を求めよ。ただし，骨組の間隔は，図1より 4.5 m である。

[4] 屋根面あたりの荷重を水平面あたりの荷重とする。その場合，$\dfrac{1}{\cos\theta} = \dfrac{10.4}{10} = 1.04$ 倍する。ここでは，数値 1.04 を荷重換算用数値とよぶことにする。

解答…　先に求めた単位面積あたりの設計荷重を用いて，1骨組あたりの固定荷重を求める。

1組水平面あたりの固定荷重 w_G は，

$$w_G = 0.65 \times \left(\frac{1}{\cos\theta}\right)^{[4]} \times 4.5$$
$$= 0.65 \times 1.04 \times 4.5$$
$$= 3.04\,\mathrm{kN/m}\ となる。$$

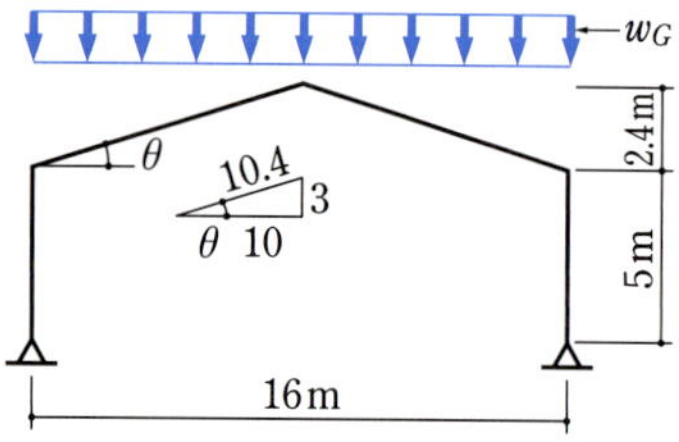

図2　例題1

234　第7章　鋼構造

(b) 積雪荷重（単位面積あたりの積雪荷重）　建設地区域の**垂直積雪量**[1] D は 0.3 m，積雪の設計用単位体積重量は，積雪量 1 m ごとに 2000 N/m^2[2] とする。

> **例題2**　例題1の山形ラーメン1骨組あたりに作用する積雪荷重 w_S を求めよ。
>
> **解答…**　水平面 1 m^2 あたりの積雪荷重は，第5章第2節式(1)(p.167) から求める。
>
> $S = 0.3\,\text{m} \times 2000\,\text{N/m}^3 \times 0.95$[3] $= 570 \rightarrow 600\,\text{N/m}^2$
>
> 骨組に対する荷重の分布状態は，例題1とまったく同じである。w_G を w_S に置き換えればよい。
>
> $w_S = 0.60 \times 4.5 = 2.70\,\text{kN/m}$　となる。

(c) 風圧力　建築物に作用する風圧力を計算するために，風力係数と速度圧を求める。

- **風力係数**　風力係数 C_f は，$C_{pe} - C_{pi}$ より求める。外圧係数・内圧係数および建築物の形状により，いろいろな組合せ[4]が考えられる。桁行方向についても同時に C_f を求めた上で本設計例では，以下，図3のように，代表的な場合の風力係数のみを考える。

　図3(a)の梁間方向に風を受ける場合は，第5章第2節例題1（p.168）で求めたものである。また，図3(b)は，桁行方向に風を受ける場合である[5]。

- **速度圧**　速度圧 q は，p.168式(5)より求める。図3(a)の場合，$V_0 = 30$ m/s のとき速度圧 q は，

$E_r = 1.7 \times \left(\dfrac{6.4}{450}\right)^{0.20} = 0.73$

G_f は $H \leqq 10$ m なので，$G_f = 2.5$

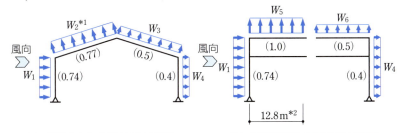

(a) 梁間方向から風を受ける場合　　(b) 桁行方向から風を受ける場合

注．＊1　屋根面の風力係数は，屋根勾配により正（＋）・負（−）両方あるので注意する。
　　＊2　W_5 の範囲は，梁間方向スパン長（16 m）と H の2倍（6.4[6]×2＝12.8 m）の数値のうち，いずれか小さい数値。
　　＊3　ここでは，$H > Z_b$，$Z > Z_b$ とし，風上壁面の C_{pe} を計算している。

図3　風力係数 C_f（風吹上げ，$C_{pi} = 0$ の場合）

---

[1] 区域により値が異なるので，注意が必要である。

[2] 水平面あたりの荷重である。

[3] 屋根形状係数で，$\beta \fallingdotseq 16°$ から
$\mu_b = \sqrt{\cos(1.5\beta)}$
$\quad = \sqrt{\cos 24°} = 0.95$
となる。

[4] 第5章第2節(p.168)で学んだように，複数の状態が発生する。実際の設計では，すべての状態について部材に生じる力を求め，各部材に生じる最大の力を求める必要がある。

[5] 桁行方向に風を受ける場合の外圧係数 C_{pe} は，付1表3, 4による（平成12年建設省告示第1454号第3）。

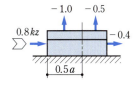

[6] $H = \dfrac{7.6 + 5.2}{2} = 6.4$ m

$$E = E_r^2 G_f = 0.73^2 \times 2.5 = 1.33$$

したがって，速度圧は，

$$q = 0.6\,E V_0^2 = 0.6 \times 1.33 \times 30^2 = 718\,\text{N/m}^2 = 0.72\,\text{kN/m}^2$$

となり，$q = 0.72\,\text{kN/m}^2$ である。

例題3 例題1の山形ラーメン1骨組あたりに作用する風圧力[1]による荷重 w_W を求めよ。

解答… 各面に作用する風圧力による単位面積あたりの荷重 W は，速度圧 q に風力係数 C_f を掛けて求めればよい。なお，通常，桁行方向についても W を求めておく。

$$W_1 = 0.74 \times 0.72 = 0.53\,\text{kN/m}^2, \quad W_2 = 0.77 \times 0.72 = 0.55\,\text{kN/m}^2$$
$$W_3 = 0.5 \times 0.72 = 0.36\,\text{kN/m}^2, \quad W_4 = 0.4 \times 0.72 = 0.29\,\text{kN/m}^2$$
$$W_5 = 1.0 \times 0.72 = 0.72\,\text{kN/m}^2, \quad W_6 = 0.5 \times 0.72 = 0.36\,\text{kN/m}^2$$

1骨組あたりの風圧力による荷重 w_W は，上記の値に骨組の間隔4.5 m を掛けて求める。

$$w_{W_1} = W_1 \times 4.5 = 0.53 \times 4.5 = 2.39\,\text{kN/m}$$
$$w_{W_2} = W_2 \times 4.5 = 0.55 \times 4.5 = 2.48\,\text{kN/m}$$
$$w_{W_3} = W_3 \times 4.5 = 0.36 \times 4.5 = 1.62\,\text{kN/m}$$
$$w_{W_4} = W_4 \times 4.5 = 0.29 \times 4.5 = 1.31\,\text{kN/m}$$

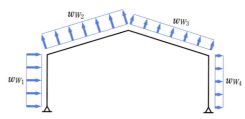

図4　例題3（梁間方向に風を受ける場合）

(d) 地震力　地上部分の地震力は，第5章第2節式(7)(p.170) より求める。まず，梁間方向の地震力は1骨組分を対象とし，鉛直荷重 W_1 [2] は骨組の間隔を4.5 m として，次のように求める[3]。なお，鉛直荷重は，柱の中央位置で区分けした $\dfrac{1}{2}$ より上部の鉛直荷重を計算する。

屋根[4]：$0.65 \times 1.04 \times 16.0 \times 4.5 = 48.7\,\text{kN}$

柱[5]　：$0.60 \times 2.5 \times 2 = 3.0\,\text{kN}$

壁（桁行面）[6]：$0.45 \times 2.5 \times 4.5 \times 2 = 10.1\,\text{kN}$

したがって，$W_1 = 48.7 + 3.0 + 10.1 = 61.8\,\text{kN}$

1層建物なので，第5章（p.170）より $C = 0.2$ とすると，桁行1骨組あたりの地震力は，$Q_1 = W_1 C_1 = 61.8 \times 0.2 = 12.36\,\text{kN}$ となる。

---

[1] ➡ p.168 例題1
ここで，記号 W は，風圧力 wind force の頭文字を表す。

[2] ここでの記号 W は，weight の頭文字を表す。
[3] p.234 表1の地震用の設計荷重を用いることに注意する。
[4] （単位荷重）×（荷重の換算用数値）×（スパン）×（骨組の間隔）
[5] （単位荷重）×（柱の長さ×$\dfrac{1}{2}$）×（本数）
[6] （単位荷重）×（壁の高さ×$\dfrac{1}{2}$）×（骨組の間隔）×（壁面の数）

例題 4 図5に示す建築物全体の桁行方向に作用する地震力 Q_1（軒部に作用するものとする）を求めよ。ただし，地震層せん断力係数 $C_1 = 0.2$ とする。

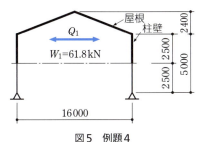

図5 例題4

解答… 設計荷重（p.234 表1）より W_1 を求め，地震力を計算する。

建築物の平面寸法は $16\,\text{m} \times 22.5\,\text{m}$ である。

  屋根：$0.65 \times 1.04 \times 16.0 \times 22.5 = 243.4\,\text{kN}$

  柱　：$0.60 \times 2.5 \times 12 = 18.0\,\text{kN}$

  壁（桁行面）：$0.45 \times 2.5 \times 22.5 \times 2 = 50.6\,\text{kN}$

  壁（妻面）　：$0.45 \times 16.0 \times 2.4 \times \dfrac{1}{2} \times 2 = 17.3\,\text{kN}$

  壁（妻面）　：$0.45 \times 2.5 \times 16.0 \times 2 = 36.0\,\text{kN}$

したがって，$W_1 = 243.4 + 18.0 + 50.6 + 17.3 + 36.0 = 365.3\,\text{kN}$

地震力　$Q_1 = W_1 C_1 = 365.3 \times 0.2 = 73.1\,\text{kN}$

(e) 柱軸方向力（鉛直荷重時の柱軸方向力）　柱軸方向力は，上部・下部に分けて計算する。骨組の間隔は桁行方向 4.5 m，梁間方向 16 m である。

上部　屋根 G❶　：$0.65 \times 1.04 \times 4.5 \times 8.0 = 24.3\,\text{kN}$

  $G + S$❷　：$(0.65 \times 1.04 + 0.60) \times 4.5 \times 8.0 = 45.9\,\text{kN}$

下部　柱　：$0.60 \times 5.0 = 3.0\,\text{kN}$

  壁（桁行面）：$0.45 \times 5.0 \times 4.5 = 10.1\,\text{kN}$

    $G：N = 24.3 + 3.0 + 10.1 = 37.4\,\text{kN}$

    $G + S：N = 45.9 + 3.0 + 10.1 = 59.0\,\text{kN}$

❶ 長期
❷ 積雪時

3 主架構の部材に生じる力の計算

1 ラーメン（梁間）の部材に生じる力の計算

山形ラーメンに作用する各外力による力の計算は，一般に，たわみ角法などにより，各種荷重条件に対するラーメンの不静定反力を求めて行う。

ここでは，鉛直荷重時に，山形ラーメンの反力（V_A, V_E, H_A, H_E）を求める公式❸で反力を計算し，部材に生じる力を求める。

❸ 各種荷重状態において，公式が用意されている。

例題 5 例題1（p.234）の鉛直荷重が作用する山形ラーメンの曲げモーメント・せん断力・軸方向力を求めよ。ただし，図6に示す公式を用いて計算する。

解答… ① 図6の公式により，柱・梁の剛比を求める。

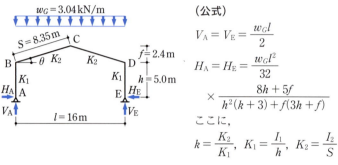

図6　例題5

柱・梁とも H 350×175×7×11 と仮定すれば，$I_1 = I_2$，したがって，$k = \dfrac{h}{S} = \dfrac{5.0}{8.35} = 0.60$

② 反力を求める。

$$V_A = V_E = \frac{w_G \times l}{2} = \frac{3.04 \times 16}{2} = 24.3\,\text{kN}$$

$$H_A = H_E$$
$$= \frac{3.04 \times 16^2}{32} \times \frac{8 \times 5 + 5 \times 2.4}{5^2(0.60 + 3) + 2.4(3 \times 5 + 2.4)} = 9.60\,\text{kN}$$

反力が求められたので，静定ラーメンと同様に，曲げモーメント・せん断力・軸方向力を求める。結果を図7に示す。

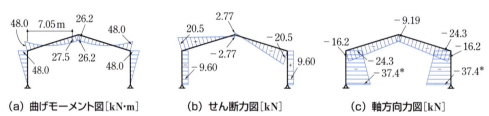

(a) 曲げモーメント図［kN·m］　　(b) せん断力図［kN］　　(c) 軸方向力図［kN］

＊柱下部の軸方向力は，柱と壁（桁行面）の固定荷重（自重）を含めている。

図7　例題5（鉛直荷重による M·Q·N-図）

❶ 荷重状態が鉛直荷重時と同じなので，$\dfrac{2.70}{3.04}$ 倍して求めることができる。

❷ 部材に生じる力の計算プログラムなども用いることができる。ただし，手計算で概数の確認をすることもたいせつである。

その他の荷重条件，積雪荷重❶，風圧力，地震力が作用する場合は，**コンピュータプログラム**❷により求める。

また，例題2の積雪荷重，および風力係数の組合せのうち，例題3など2種類の風圧力，さらに例題4の地震力のそれぞれに対する曲げモーメント・せん断力・軸方向力は図8〜11のようになる。

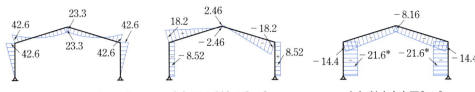

(a) 曲げモーメント図[kN·m]　(b) せん断力図[kN]　(c) 軸方向力図[kN]

＊柱下部の軸方向力は，柱と壁（桁行面）の固定荷重（自重）は含まない。

図8　積雪荷重による M・Q・N-図

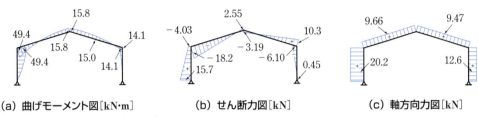

(a) 曲げモーメント図[kN·m]　(b) せん断力図[kN]　(c) 軸方向力図[kN]

注．風吹上げ：風上側の屋根面が負圧になる。

図9　風圧力による M・Q・N-図（1）（風吹上げ，内圧係数＝0の場合）

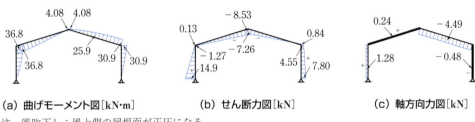

(a) 曲げモーメント図[kN·m]　(b) せん断力図[kN]　(c) 軸方向力図[kN]

注．風吹下し：風上側の屋根面が正圧になる。

図10　風圧力による M・Q・N-図（2）（風吹下し，内圧係数＝－0.2の場合）

(a) 曲げモーメント図[kN·m]　(b) せん断力図[kN]　(c) 軸方向力図[kN]

図11　地震力による M・Q・N-図

なお，荷重および外力により部材に生じる力のみでなく，荷重および外力により生じる部材の変形および節点の変異がコンピュータプログラムにより求められる。

2　ラーメン（梁間）の設計用部材に生じる力

図7～11で求めた曲げモーメント・せん断力・軸方向力は，第2章2節で学んだ荷重および外力により部材に生じる力に相当する。また，これらはすべて弾性計算結果であることから，加算が可能である。

したがって，図7～11で求めた結果を用いて，p.166表1に従い，長

第2節　許容応力度設計　**239**

期・短期で部材に生じる力の組合せを計算する。図7の結果から長期の $G+P$ が求まり，図7と図8の結果から $G+P+S$ が，図7と図9および図10の結果から $G+P+M$ が，図7と図11の結果から $G+P+K$ の組合せが求められる。このようにして求めた部材に生じる力❶の組合せを表2に示す。上で確認したように，長期は公式による反力から，短期はコンピュータプログラムにより，それぞれ部材に生じる力を求めたものである。

❶ 力の向きを考えて，ここでは $M \cdot Q \cdot N$-図が外向きの場合は正，内向きの場合は負として組み合わせる。表2では，このように組み合わせて計算したことにより得られる数値のうち，曲げモーメントについては大きさのみ表示している。
　なお，せん断力と軸方向力は梁にも生じるが，省略する。
❷ 柱下部の値である。

表2　部材に生じる力の組合せ

長・短	部材に生じる力の組合せ	曲げモーメント [kN·m]			柱せん断力 [kN]		柱軸方向力 [kN]❷	
		M_{BC}	M_{CD}	M_{DE}	Q_A	Q_E	N_A	N_E
長期	常時　　　： $G+P$	48.0	26.2	48.0	−9.60	9.60	−37.4	−37.4
短期	積雪時　　： $G+P+S$	90.6	49.6	90.6	−18.1	18.1	−59.0	−59.0
	暴風時*　： $G+P+W$	1.40	10.4	33.9	6.10	10.1	−17.1	−24.8
	暴風時**： $G+P+W$	11.2	22.1	78.9	5.30	17.4	−36.1	−37.9
	地震時　　： $G+P+K$	17.1	26.2	78.9	3.42	15.8	−33.5	−41.3

注．＊図9（風吹上げ，内圧係数＝0の場合）
　＊＊図10（風吹下し，内圧係数＝−0.2の場合）

3　層間変形角の検討

部材に生じる力の計算と同時に，各荷重状態における層間変形角を求め，制限値を満足しているかどうか検討する（表3）。

表3　層間変形角の検討

荷重状態	軒高の水平変位		判定
	δ [mm]	δ/h	
暴風時（吹下し）	34*	1/147	＜1/120
地　震　時	24.8**	1/202	＜1/120

注．＊コンピュータプログラムにより求める。
　＊＊本設計例の場合，軒高の位置における地震時の水平変位 δ は，公式から求めることができる。

【公式：地震時】

$$\delta = \frac{Ph^3}{6EI_C} + \frac{PSh^2}{6EI_B}$$

$h = 5.0\,\text{m} = 5 \times 10^3\,\text{mm}$
P❸ $= 12.36\,\text{kN} = 12.36 \times 10^3\,\text{N}$
$I_B = I_C = 13500 \times 10^4\,\text{mm}^4$
$S = 8.35\,\text{m} = 8.35 \times 10^3\,\text{mm}$
$E = 2.05 \times 10^5\,\text{N/mm}^2$

$$\delta = \frac{12.36 \times 10^3 \times (5.0 \times 10^3)^3}{6 \times 2.05 \times 10^5 \times 13500 \times 10^4} + \frac{12.36 \times 10^3 \times 8.35 \times 10^3 \times (5 \times 10^3)^2}{6 \times 2.05 \times 10^5 \times 13500 \times 10^4}$$

$= 9.30 + 15.5 = 24.8\,\text{mm}$

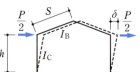

❸ ➡p.170問1

4 桁行軸組に生じる力の計算

本設計例のような梁間方向スパンの大きな建築物の場合，妻面に胴縁受けとして間柱を配置する。暴風時に妻面が受ける風圧力は，胴縁→①間柱→②中間つなぎ梁（小梁と兼用する）→③屋根面筋かい→④軒つなぎ梁（軒桁）→⑤壁面筋かい→基礎→地盤（図12）へ流れるように桁行軸組を構成する。

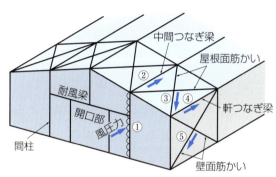

図12　妻面に風圧力が作用するときの力の流れ

　本設計例のような建築物は桁行方向に長いため，桁行方向の設計は地震時で決まることが多い❶。耐震設計の方法によっては，筋かいが負担する水平力の負担比率 β ❷ により，地震力によって生じる力を割り増す必要がある。ここでは，水平力は100%（$\beta=1.0$）筋かいが負担するので，地震力によって生じる力を割り増して設計する。

❶　設計用の力は，風圧力と地震力の両方を計算し，比較して決定する。
❷　昭和55年建設省告示第1791号第2による。
➡p.265

 例題6　図13に示す壁面筋かい構面に作用する地震力 P_1 による軸方向力を求めよ。ただし，建築物全体の地震力は準備計算（p.237例題4）より，$Q_1=73.1\,\text{kN}$ である。また，壁面筋かい構面は4面とする。

解答… 各構面に作用する地震力 P_1 を計算し，各節点や支点での，力の釣合条件を用いて各部材に生じる力を求める。

$$P_1 = \frac{Q_1}{4\text{❸}} = \frac{73.1}{4} = 18.3\,\text{kN}$$

$$V_A = V_D = P_1 \times \alpha\text{❹} \times \frac{h}{l}$$
$$= 18.3 \times 1.5 \times \left(\frac{5}{4.5}\right)$$
$$= 30.5\,\text{kN}$$

$$H_A = P_1 \times \alpha = 18.3 \times 1.5$$
$$= 27.5\,\text{kN}$$

$$N_t = P_1 \times \alpha \times \frac{S}{l}$$
$$= 18.3 \times 1.5 \times \frac{6.73}{4.5} = 41.1\,\text{kN}$$

❸　筋かい構面の数。
❹　α は割増率とし，$\beta=1.0>\dfrac{5}{7}$ により1.5とする。
➡p.265式(1)

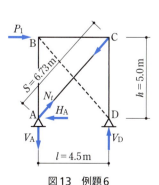

図13　例題6

4 引張材の設計

材軸方向に引張力 N_t だけが生じる材を**引張材**という。本設計例の桁行軸組（ブレース❶構造）のように骨組の構面を三角形につくり，筋かいに引張力を働かせて鋼材の特性である引張力に強いことで耐力を発揮させるため，引張材を配置する。

また，引張材はトラスを構成する部材にも多くみられる。引張材では，高力ボルトなどのファスナ❷による**断面欠損**や，山形鋼❸・溝形鋼❹などの材端を，ガセットプレートの片側のみに接合することで，生じる偏心の影響による部材の耐力低下を考慮して設計する。

❶ brace

❷ fastener
　高力ボルトなど接合金物の総称。

❸ アングルともいう。

❹ チャンネルともいう。

❺ effective sectional area

1 設計式

引張材は，断面欠損による**有効断面積**❺および偏心の影響を考慮した有効断面積に対する引張応力度 σ_t を求め，それが許容引張応力度 f_t 以下となるように，次の式で設計する。

●引張設計式　　$\sigma_t = \dfrac{N_t}{A_n} \leqq f_t$ 　または　 $\dfrac{\sigma_t}{f_t} \leqq 1.0$ 　　　(1)

σ_t：引張応力度 [N/mm²]　　　N_t：引張力 [N]
A_n：有効断面積 [mm²]　　　f_t：許容引張応力度 [N/mm²]（p.230表2による）

2 有効断面積の計算

引張材の材端接合部がボルト接合のときは，高力ボルトなどのファスナによる孔によって断面が欠損するので，部材の全断面積から欠損する面積を差し引いた有効断面積 A_n を求める（図14）。

❻ 孔の正味欠損面積
　$a_0 = d_0 t$
　d_0：孔径 [mm]
　t ：板厚 [mm]

❼ 等価欠損面積 a [mm²] の算定式
① $b \leqq 0.5g$ のとき
　$a = a_0$
② $0.5g < b \leqq 1.5g$ のとき
　$a = (1.5 - b/g)a_0$
③ $b > 1.5g$ のとき
　$a = 0$
　b：孔の材軸方向の間隔 [mm]
　g：ボルト列の間隔
　　　[ゲージ：mm]

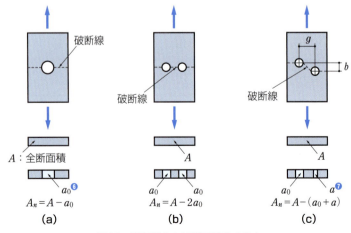

図14　引張材の有効断面積の求め方

有効断面積A_nは，孔をぬって想定される各種の破断線について，図14に示す方法により計算し，その最小のものとする。

　引張材の材端接合部においては，部材重心軸と接合ファスナの中心線をできるだけ一致させて，偏心を避けるようにする。山形鋼や溝形鋼のような単一引張材を，ガセットプレートの片側に取り付けた場合のように，偏心が避けられない場合は，偏心による影響を考慮して設計する。

　通常の場合，図15に示すように，その有効断面から**突出部の$\frac{1}{2}$の断面を減じた断面**[1]によって算定する。

　ただし，図16に示す山形鋼や溝形鋼2本を，ガセットプレートの両側に背中合わせに用いた組立引張材では，偏心による影響は小さいものと考えて考慮しなくてもよい。

[1] 接合ファスナの本数により，突出部の無効な断面積が異なることが，実験などによりあきらかになっている。部材軸方向のファスナ本数が3本以上ならば，妥当な方法となる。

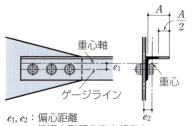

e_1, e_2：偏心距離
　A：等辺山形鋼の突出部高さ
e_1, e_2 ともに偏心しているので影響が大きい。

図15　偏心の大きい場合（単一引張材）

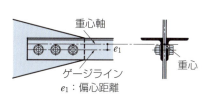

e_1：偏心距離

e_1のみ偏心しているが影響が小さい。

図16　偏心の小さい場合（組立引張材）

3　引張材の設計上の注意

① 形鋼を二つ以上組み合わせる場合には，それを接合するファスナ，断続溶接の材軸方向間隔は適切なものとする。

② 軽微な引張材にかぎり丸鋼とターンバックルを組み合わせたもの（建築用ターンバックル筋かい）を使用できる。

③ 筋かいなどの接合部は，引張材が大地震時に塑性化することを考えて，材端接合部の耐力に余裕をもって設計するようにする。

例題7 p.241例題6の引張材（壁面筋かい）を，等辺山形鋼を用いた単一引張材として設計せよ。端部はガセットプレート Pl-9，高力ボルト M 16（F 10 T）で接合する。使用鋼材はSN 400 Aとする。

解答… 付8による等辺山形鋼の断面積から，p.230表3による高力ボルトの孔による欠損面積を差し引いて，かつ，偏心による影響を考慮して山形鋼を選ぶ。

L $65 \times 65 \times 6 (A = 7.53 \times 10^2 \text{ mm}^2)$ を仮定してみると，高力ボルトはM 16（ボルト孔径＝18 mm）である。

引張材の設計は，次の表のように計算し，図17のようになる。

引張材の設計表

	計　算		補足説明
地震時引張力 N_t [kN]		41.1	例題6 (p.241) から
断面	A_n [mm²]	468	$753 - 18 \times 6 - (65-6)/2 \times 6 = 468$
検討	σ_t [N/mm²]	87.8	$N_t/A_n = 41.1 \times 10^3/468 = 87.8$
	f_t（短期）[N/mm²]	235	
	σ_t/f_t	0.37	< 1.0　OK
高力ボルト	R_s（短期）[kN]	45.3	$30.2 \times 1.5 = 45.3$ (p.230表3より)
	n（本数）*	3**	$41.1/45.3 = 0.91 \rightarrow 3$

注．＊本数は，$n = \dfrac{N_t}{R_s}$ から求める。

＊＊突出部の $\dfrac{1}{2}$ の断面を減じた断面を用いたので，本数は3本とした。

❶ 高力ボルトの端あきは，M 16の場合の制限値28 mm以上（平成12年建設省告示第1464号）より30 mm。高力ボルト間隔は，施工性を考慮し，60 mmとする。

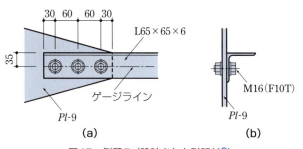

図17　例題7（設計された引張材❶）

試してみよう　有効断面積について調べてみよう

部材断面に高力ボルトの孔があいている場合を想定し，有効断面積について調べてみよう。

■準備するもの（図(a)）

紙または紙テープ（幅 20 mm 程度），カッター，カッティングマット，定規，孔あけパンチ，セロテープ

■つくってみよう

1 紙を用いる場合，幅 20 mm 程度に切る。紙の幅が一定となるように注意する。

2 図(b)のように，1 の紙に鉛筆などで印をつけ，孔あけパンチで孔をあける（図(b)）。

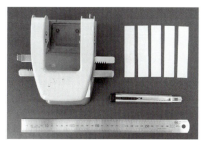

図(a) 準備するもの

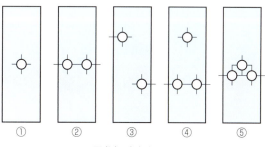

図(b) 孔をあける

■試してみよう

3 図(b)②の紙の一端を机などにセロテープでとめ，他端を定規の面にセロテープでとめる（図(c)）。

4 張り付けた紙をまっすぐに，ゆっくり引っ張る（図(c)）。

5 加える力を少しずつ大きくし，紙が切れるまで続ける（図(d)）。

6 図(e)～(h)のように，孔のあき方が異なる紙でも，3 ～ 5 の作業を行う。

■考えてみよう

7 孔の位置と紙の切れ方には，どのような関係があるか考えてみよう（図(e)～(h)）。

 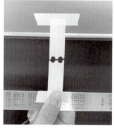

図(c)　　　　図(d)

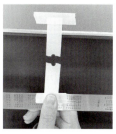 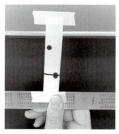 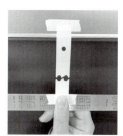 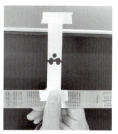

図(e)　　　図(f)　　　図(g)　　　図(h)

第 2 節　許容応力度設計　　245

5 圧縮材の設計

材軸方向に圧縮力 N_c だけが生じる材を，**圧縮材**という。トラスを構成する部材や間柱の長期の状態などがあてはまる。圧縮材は同じ材軸方向に力を受ける材であるが，引張材と異なり**座屈**に対する考慮が必要で，座屈により部材の耐力が低下する。

1 局部座屈

圧縮材の座屈には，全体的な座屈のほかに，圧縮力を生じている薄板状断面の部材で，部分的にしわのように変形する**局部座屈**がある。局部座屈は板の座屈として扱われる。

2 幅厚比の制限

板厚に対する板幅の比（**幅厚比**）が大きいと，圧縮材は部材としての耐力を発揮する前に局部座屈を起こし，座屈崩壊することがある。図18(a)はフランジに，図18(b)はウェブに局部座屈が生じた場合である。このような状況を避けるために，幅厚比の制限が設けられている。

図19は，形鋼のフランジおよびウェブなどの許容応力度設計における幅厚比の制限を示したものである。この制限を満足するものは局部座屈の恐れはないものとし，幅厚比が制限値❶を超える場合は，制限値を超える部分を無効とした断面で検討する。

❶ 制限値は，F値が400 N/mm² の鋼材のものである。490 N/mm² など，鋼材の強度が高くなると制限値はきびしくなる。

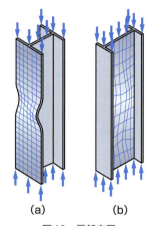

図18 局部座屈

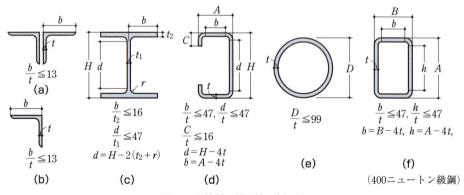

図19 圧縮材の幅厚比の制限値

3　設計式

圧縮材は，断面積に対する圧縮応力度 σ_c を求め，それが座屈を考慮した許容圧縮応力度 f_c 以下となるように，次の式で設計する。

●圧縮設計式　　$\sigma_c = \dfrac{N_c}{A} \leqq f_c$　　または　　$\dfrac{\sigma_c}{f_c} \leqq 1.0$　　　　(2)

σ_c：圧縮応力度 $[\mathrm{N/mm^2}]$　　　N_c：圧縮力 $[\mathrm{N}]$　　　　A：断面積 $[\mathrm{mm^2}]$
f_c：許容圧縮応力度 $[\mathrm{N/mm^2}]$（付10による）

4　座屈を考慮した許容圧縮応力度

座屈が生じる材の許容圧縮応力度は，鋼材そのものの許容圧縮応力度とせず，座屈の影響を考慮した許容圧縮応力度とする。座屈しやすい材ほどその値が小さくなり，座屈しやすいかは細長比 λ によって決まる。

したがって，許容圧縮応力度 f_c（付10）は，材質と細長比 λ に応じて求められるが，座屈の生じる方向を考えて細長比を求め，許容圧縮応力度を決定する[1]。

ただし，圧縮材の細長比 λ は250以下とする。また，柱材では，200以下としなければならない[2]。

(a) 座屈長さ　　単純な支持条件をもつ材の座屈長さは，材長と両端の支持状態により異なる。表4に，代表的な場合を示す。

表4　座屈長さ l_k（l：材長）

材端の支持状態	両端ピン（移動拘束）	両端固定（移動拘束）	一端ピン他端固定（移動拘束）	両端固定（移動自由）	一端ピン他端固定（移動自由）
座屈長さ l_k	l	$0.5\,l$	$0.7\,l$	l	$2\,l$

(b) 座屈軸および許容圧縮応力度の求め方　　圧縮力により材が座屈する方向に直角な軸を，座屈軸とよぶ。たとえば，図20のように，断面の図心を通る二つの主軸のいずれかに一致する。座屈軸の求め方は，座屈の生じる方向を考えて以下のように求める。

[1]　式(2)および付10は圧縮材断面の幅厚比が制限値以内にあり，局部座屈が生じないものとした設計式である。

幅厚比が制限値を超える場合は，局部座屈の影響を考慮して，超える部分を無効として式(2)の断面積 A を求める。

ただし，細長比 λ の計算には全断面積を採用してよい。

[2]　建築基準法施行令第65条。

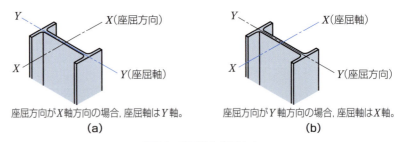

図20　座屈軸と座屈方向

まず，図21(a)のように，どちらの主軸についても座屈長さが等しいときは，弱軸[1]が座屈軸となる。この場合，Y軸が座屈軸となる。

[1] ➡ p.98

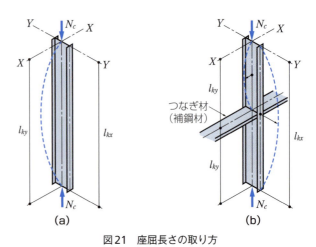

図21　座屈長さの取り方

また，図21(b)のように，主軸方向に座屈長さが異なるときは，X軸を座屈軸とするときの座屈長さはl_{kx}，Y軸を座屈軸とするときの座屈長さはl_{ky}となるから，X軸まわりの断面二次半径i_x，Y軸まわりの断面二次半径i_yを用いて細長比λ_x，λ_yを次の式でそれぞれ求める。

●細長比　　　$\lambda_x = \dfrac{l_{kx}}{i_x}$　　　$\lambda_y = \dfrac{l_{ky}}{i_y}$　　　(3)

このうちλの大きいほうが座屈軸となる。なお，この場合のつなぎ材（横補剛材[2]）は，材の中央部がX軸方向に移動するのをじゅうぶん阻止できるものとする。

[2] 柱（圧縮材）や梁の横座屈を防止する目的で，軸に直交する方向に設置する補剛材である。

したがって，許容圧縮応力度f_cは，図21(a)の場合は，λ_yからf_cを求め，図21(b)の場合は，λ_xとλ_yのうち大きいほうのλからf_cを求める。

例題 8 図22に示す $l_{kx}=4.2$ m, $l_{ky}=2.1$ m, H 200 × 200 × 8 × 12 (SN 400 A) の圧縮材に $N_c=820$ kN (長期) が生じるとき安全か。

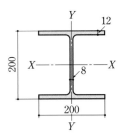

図22 例題8（圧縮材の断面）

解答… 各軸の座屈長さを求め, 座屈軸を決定する。

$$\lambda_x = \frac{l_{kx}}{i_x} = \frac{4\,200}{86.2} = 48.7$$

$$\lambda_y = \frac{l_{ky}}{i_y} = \frac{2\,100}{50.2} = 41.8$$

$\lambda_x > \lambda_y$ であるから, X軸が座屈軸となる。

したがって, $\lambda = \lambda_x = 49$ となり, 付10から許容圧縮応力度は, 以下のようになる。

$$f_c = 136 \text{ N/mm}^2 \text{ (長期)}$$

$$\sigma_c = \frac{N_c}{A} = \frac{820 \times 10^3}{63.53 \times 10^2} = 129 \text{ N/mm}^2 \quad < f_c = 136 \text{ N/mm}^2$$

したがって, 安全である。

5 圧縮材の設計上の注意

圧縮材の設計では, 座屈長さの取り方に注意する（p.247表4）。

① 圧縮材にH形鋼（付9）を使用した場合, 板要素の幅厚比が, p.246図19で示した制限値を超えているものがあるので注意する。

② 引張材と同様に, 材端の接合部で重心軸とゲージラインが一致しないと, 偏心による曲げモーメントが発生する。設計上あきらかに偏心する場合は, 柱のように, 曲げモーメントと圧縮力が生じる部材として設計する。

問 1 $N_c=240$ kN (短期), $A=12\times10^2$ mm² の圧縮材の安全性を確かめよ。ただし, 材質はSN 400 A とし, 座屈の恐れはないものとする。

問 2 図23に示す断面の両軸に対する座屈長さが等しいとき, 座屈軸を求めよ。

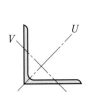 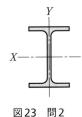 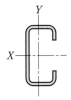

図23 問2

6 梁の設計

[1] girder または beam

梁[1]は，おもに曲げモーメントMとせん断力Qが生じている材である。したがって，強度上からは，曲げモーメントとせん断力に対して検討する。実際の設計では，両方の力に対する検討を同時には扱わず，別々に検討してそれぞれ許容応力度以下であることを確かめる。また，剛性に対する考慮も必要となり，曲げ剛性が小さすぎると，荷重による変形や振動が大きくなるので，鉛直たわみに対しても検討する。

梁には，H形鋼（大梁・小梁）などの形鋼をそのまま用いる形鋼梁や，プレートガーダー・ラチス梁・トラス梁などの組立梁がある。本設計例の主架構の大梁[2]・小梁はもちろんのこと，母屋・胴縁（リップ溝形鋼にて設計されることが多い）などの二次部材も梁材に含まれる。

[2] 山形ラーメンの大梁には曲げモーメント・せん断力・軸方向力が生じるので，柱の設計に準じて行う。

[3] 最大曲げ応力度と同じ。

1 曲げモーメントに対する設計

曲げモーメントが生じている材は，部材断面の縁応力度[3]を求め，それが許容曲げ応力度f_b以下となるように，次の式で設計する（図24(b)）。

●曲げ設計式　　$\sigma_b = \dfrac{M}{Z} \leqq f_b$　　または　　$\dfrac{\sigma_b}{f_b} \leqq 1.0$　　　(4)

σ_b：曲げ応力度 [N/mm²]　　　M：曲げモーメント [N・mm]
Z：断面係数 [mm³]（継手部分は，ボルト孔の欠損を考慮して求める。）
f_b：許容曲げ応力度 [N/mm²]（圧縮フランジが横座屈の恐れがない場合は p.230 表2，横座屈の恐れがある場合は付11による。）

[4] 曲げねじり座屈ともいう。曲げによる圧縮力によって生じる。下図のようなH形鋼や溝形鋼の強軸まわりに曲げを受ける，薄肉開断面材で生じやすい。

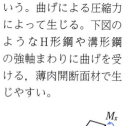
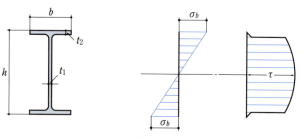

(a)　　　　　(b) 曲げ応力度の分布　(c) せん断応力度の分布
図24　曲げ材（H形鋼梁）の応力度分布

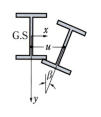

2 許容曲げ応力度

梁に加わる曲げがある限界に達すると，材は横に倒れ，ねじれをともなって小さい荷重で壊れてしまう。これを**横座屈**[4]という。横座屈を生じる材の許容曲げ応力度は，鋼材そのものの許容曲げ応力度とせず，横座屈の

250　第7章　鋼構造

影響を考慮した許容曲げ応力度とする。横座屈しやすいほどその値が小さくなる。横座屈の恐れのない場合❶は，鋼材そのものの許容曲げ応力度とすることができる。

❶ 箱形断面などの閉断面材，H形鋼や溝形鋼の弱軸まわりに曲げを受ける場合は，横座屈は生じない。

❷ 日本建築学会「鋼構造許容応力度設計規準」に示されている式を用いて求めることもできる。

(a) 横座屈を考慮した許容曲げ応力度　梁の設計上の注意（p.253）

に示す幅厚比の制限を満足する材が，強軸まわりに曲げを受ける場合，横座屈の恐れがある許容曲げ応力度 f_b は，以下に示す1および2によって求められる許容曲げ応力度のうち，**大きいほう**の値とする❷。

1 付11(b)㋐による許容曲げ応力度の求め方

㋐による許容曲げ応力度は，$\dfrac{l_b}{i_y'}$ と C を求めてから，f_b を求める方法をいう。

- l_b：圧縮フランジの支点間距離［mm］（図25）
- i_y'：圧縮フランジと，梁せいの $\dfrac{1}{6}$ とからなるT形断面のウェブ軸（Y'軸）まわりの断面二次半径［mm］（図26(b)）
- C：横座屈区間内における，曲げモーメントの変化による補正係数（付11(a)による）。なお，曲げモーメント M が一定のときは $C = 1$ とする。

2 付11(b)㋑による許容曲げ応力度の求め方

㋑による許容曲げ応力度は，$\dfrac{l_b}{i_y'}$ と $\dfrac{i_y' h}{A_f}$（η とする）を求めてから，f_b を求める方法をいう。

- h：梁せい［mm］
- A_f：圧縮フランジの断面積［mm²］（図26(c)）

そのほかは1と同じである。

なお，溝形断面などの荷重面内に対称軸を有しない材で，幅厚比の制限を満足する場合の許容曲げ応力度は，2により求められた値とする。

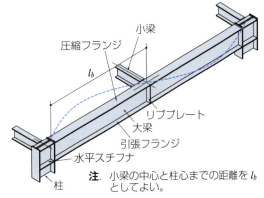

図25　圧縮フランジの支点間距離

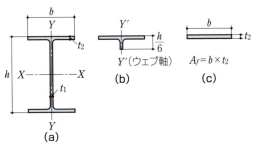

図26　H形断面の f_b に関する諸量

問 3　梁 H 300 × 150 × 6.5 × 9（SN 400 B）の，長期許容曲げモーメントを求めよ。ただし，横座屈の恐れはないものとする。

3 せん断力に対する設計

p.250図24(a)のような断面では，せん断応力度τの分布は図24(c)のようになる。

H形断面の梁では，せん断力Qはウェブに均等に分布するものとして，次の式で設計する。

●せん断設計式　　　$\tau = \dfrac{Q}{A_w} \leqq f_s$　または　$\dfrac{\tau}{f_s} \leqq 1.0$ 　　　(5)

τ：せん断応力度 [N/mm²]　　Q：せん断力 [N]
A_w：ウェブの断面積 [mm²]（$A_w = h_1 \times t_1$）　$h_1 = h - 2 \times t_2$
h：梁せい [mm]　　t_1：ウェブの厚さ [mm]
t_2：フランジの厚さ [mm]
f_s：許容せん断応力度 [N/mm²]（p.230表2による。）

問 4 梁 H 300 × 150 × 6.5 × 9（SN 400 B）の，長期許容せん断力を求めよ。

4 たわみに対する検討

固定荷重および積載荷重により梁に生じる最大たわみは，スパンの $\dfrac{1}{250}$ 以下とする❶。ただし，母屋・胴縁などについては，仕上材の種類によりこの限度を超えることができるが，$\dfrac{1}{200}$ 以下とするのが望ましい。

例題9 本設計例のラーメン（梁間）の設計用の力（p.240表2）を用いて，大梁 H 350 × 175 × 7 × 11❷を設計せよ。ただし，使用材料はSN 400 Bとし，横座屈の支点間距離は，p.233図1より 4.0 m × 1.04 = 4.16 m とする。なお，軸方向力は生じていないものとする❸。

解答… 最大曲げモーメント発生点は，梁端B点である。

① 力：長期 $M_x = 48.0$ kN·m（x軸まわりの曲げモーメント）
$Q_y = 20.5$ kN（y軸方向のせん断力）
短期（積雪時）$M_x = 90.6$ kN·m, $Q_y = 38.7$ kN

長期と短期の許容曲げ応力度の比率は1.5倍により，断面の検討は短期応力で検討する。図27に，対象部分の曲げモーメント図を示す。

② 断面検討：H 350 × 175 × 7 × 11 の断面性能を付9より求め，断面検討は次の表のように計算する。

❶ 床を支える梁については，$\dfrac{D}{l} < \dfrac{1}{15}$（$D$：梁のせい [mm]，$l$：スパン [mm]）の場合には，たわみを計算し，スパンの $\dfrac{1}{250}$ 以下を確認しなければならない（平成12年建設省告示第1459号）。

❷
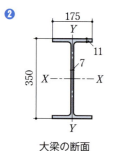
大梁の断面

❸ 通常の水平な梁には，軸方向力は生じない。梁の設計方法を学ぶため，軸方向力は生じないものとする。

図27　例題9

梁の設計表　　　　　　　　（図27に示す大梁のM-図記載部分）

		計算	補足説明
力	曲げ	長期 [kN·m]	48.0	$48.0 \times 1.5 = 72.0 < 90.6$ なので，短期で検討
		短期（積雪時）[kN·m]	90.6	
	せん断	長期 [kN]	20.5	$20.5 \times 1.5 = 30.8 < 38.7$ なので，短期で検討
		短期（積雪時）[kN]	38.7	
断面	A [mm²]		62.91×10^2	付9より
	Z [mm³]		771×10^3	付9より
	i_y' [mm]		4.6×10	付9より
	η		8.35	付9より
曲げ検討	M_2/M_1		-0.28	$M_2/M_1 = -25.3/90.6 = -0.28$
	C		2.02	付11(a)より
	λ		90.4	$l_b/i_y' = 4.16 \times 10^3/(4.60 \times 10) = 90.4$
	f_b ㋐（長期）[N/mm²]		139	付11(b)より，f_b ㋐で決定
	f_b ㋑（長期）[N/mm²]		116	f_b（短期）$= 139 \times 1.5 = 209$
	σ_b [N/mm²]		118	$M/Z = 90.6 \times 10^6/(771 \times 10^3) = 118$
	σ_b/f_b		0.56	$118/209 = 0.56 < 1.0$　OK
せん断検討	A_w [mm²]		22.96×10^2	$(h - 2t_2)t_1 = (350 - 2 \times 11) \times 7 = 2296 = 22.96 \times 10^2$
	τ [N/mm²]		16.9	$Q/A_w = 38.7 \times 10^3/(22.96 \times 10^2) = 16.9$
	f_b（短期）[N/mm²]		135	p.230 表2より
	τ/f_s		0.13	$16.9/135 = 0.13 < 1.0$　OK
たわみ	δ [mm]		22.3 ❶	コンピュータプログラムによる（長期値）
	l [mm]		16000	
	δ/l		1/717	$< 1/250$　OK

❶ 山形ラーメンを単純梁に置き換えたモデルを用いて，以下のように手計算でも概算できる。

$$\delta_0 = \frac{5}{384}\frac{wl^4}{EI}$$
$$= \frac{45 \times 3.04 \times (16 \times 10^3)^4}{384 \times 2.05 \times 10^5 \times 13500 \times 10^4}$$
$$= 93.7 \text{ mm}$$

$$\delta_1 = \frac{Ml^2}{8EI}$$
$$= \frac{48.0 \times (16 \times 10^3)^2}{8 \times 2.05 \times 10^5 \times 13500 \times 10^4}$$
$$= 55.5 \text{ mm}$$

$\delta = \delta_0 - \delta_1 = 38.2$ mm

このモデル化では，コンピュータプログラムより大きい値となっている。

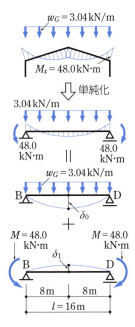

5 梁の設計上の注意

梁の許容応力度設計における幅厚比の制限値❷を，図28に示す。

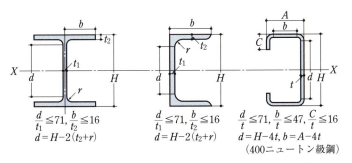

図28　梁がX軸まわりに曲げを受けるときの幅厚比の制限値❷

高力ボルト接合の継手部分は，ボルト孔による断面欠損が発生するため，材の断面性能が局部的に低下する。

したがって，継手部分に生じる力に対しては，低下した断面性能を用いて検討しなければならない。

❷ 制限値はF値が400 N/mm²の鋼材のものである。490 N/mm²など，鋼材の強度が高くなると，制限値はきびしくなる。

問 5 p.252例題9の梁 H 350 × 175 × 7 × 11（SN 400 B）の幅厚比の検討を行え。

7 柱の設計

❶ column
本設計例の大梁のように，柱以外の部材でも軸方向力と曲げモーメントが同時に生じる部材は，柱に準じて設計する。

柱❶は，軸方向力・曲げモーメントおよびせん断力が生じている材である。軸方向力は主として圧縮力であり，引張力が生じる場合もある。柱の断面選定にあたっては，断面二次半径と断面係数の大きなものを使用するほうが有利であるが，筋かいの有無や他の部材との接合，工作の難易度なども考慮し決定する。

柱には，H形鋼・鋼管❷をそのまま用いる形鋼柱・鋼管柱，また，プレート柱・ラチス柱・トラス柱などの組立柱もある。

❷ 丸形あるいは角形の閉鎖断面をもつ鋼材をいう。
➡p.231

1 圧縮力と曲げモーメントに対する設計

圧縮力 N と曲げモーメント M が同時に生じる部材の設計は，部材の許容圧縮応力度に対する N による圧縮応力度の割合と，許容曲げ応力度に対する M による縁応力度❸の割合を合成し，得られた値を1.0と比較して検討する（式(6)）。

❸ 絶対値とする。

試してみよう　梁の座屈について調べてみよう

梁が横方向にたわみ，ねじりをともなって座屈（横座屈）する現象を調べてみよう。
■準備するもの
300 mm程度のなるべく薄い定規（梁）
■試してみよう
1️⃣ 定規の両端をもち，定規の面が垂直になるように固定する（図(a)）。
2️⃣ 定規が左右に倒れないように，定規の上から力を加える。
3️⃣ 力をしだいに大きくするときの定規の動きや変形を観察する。このとき，バランスがくずれると，定規が左右に倒れてしまうこと（横座屈）を確かめる（図(b)）。
■考えてみよう
4️⃣ 横座屈を起こりにくくするためには，どのような方法があるだろうか。

図(a)

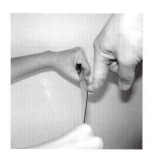

図(b)

式(6)は，圧縮応力度 σ_c と曲げモーメントの圧縮側曲げ応力度 $_c\sigma_b$ を合成した，**圧縮縁応力度**[1]に対する設計式である。

● 柱設計式　　$\dfrac{\sigma_c}{f_c} + \dfrac{_c\sigma_b}{f_b} \leqq 1.0$　　　　　　　　　(6)

σ_c：圧縮応力度［N/mm²］p.247式(2)による。
$_c\sigma_b$：圧縮側曲げ応力度［N/mm²］p.250式(4)による。ただし，非対称断面の場合は，Z を圧縮側断面係数 Z_c とする。
f_c：許容圧縮応力度［N/mm²］（付10による）
　　 細長比 λ などは，圧縮材の設計による。
f_b：許容曲げ応力度［N/mm²］（横座屈の恐れがない場合は p.230 表2，恐れがある場合は付11による。）

[1] 座屈を考慮した場合，許容圧縮応力度 f_c や許容曲げ応力度 f_b は，許容引張応力度 f_t より小さな値となることに注意する。

なお，引張力と曲げモーメントが同時に生じている場合は，式(6)の代わりに，次の式を用いる。

$\dfrac{\sigma_t}{f_t} + \dfrac{_t\sigma_b}{f_b} \leqq 1.0$

σ_t：引張応力度［N/mm²］
$_t\sigma_b$：引張側曲げ応力度［N/mm²］

問 6　H 200 × 200 × 8 × 12（SS 400 B）の柱に $M = 14.5$ kN·m（長期，強軸まわりの曲げモーメント），$N_c = 13.5$ kN が作用しているとき安全か。ただし，$f_c = f_b = 156$ N/mm² とする。

2　せん断力に対する設計

柱のせん断力に対する設計は，梁に準じて p.252 式(5)による。

例題 10　本設計例のラーメン（梁間）の設計用の力（p.240 表2）が作用している柱 H 350 × 175 × 7 × 11 を設計せよ。ただし，使用材料は SN 400 B とし，横座屈の支点間距離は，X 方向は 5.0 m，Y 方向は 2.5 m とする。

解答…　曲げモーメント・軸方向力およびせん断力は，最大値を用いて検討する。最大曲げモーメントは柱頭 B 点，最大軸方向力は柱脚 A 点，せん断力は AB 間（一定値）に生じる（図29）。柱の設計は次の表のように計算する。

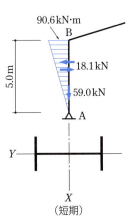

図29　柱の短期（積雪時）の曲げモーメントとせん断力と軸方向力

柱の設計表

		計算		補足説明	
力	軸力	長期 [kN]	37.4	$37.4 \times 1.5 = 56.1$ < 59.0	N, Mとも短期$>$長期$\times 1.5$なので，短期で検討
		短期（積雪時） [kN]	59.0		
	曲げ	長期 [kN·m]	48.0	$48.0 \times 1.5 = 72.0$ < 90.6	
		短期（積雪時） [kN·m]	90.6		
	せん断	長期 [kN]	9.60	$9.60 \times 1.5 = 14.4 < 18.1$なので，短期で検討	
		短期（積雪時） [kN]	18.1		
断面		A [mm²]	62.9×10^2	付9より	
		Z [mm³]	771×10^3	付9より	
		i_x [mm]	14.6×10	付9より	
		i_y [mm]	3.96×10	付9より	
		i_y' [mm]	4.60×10	付9より	
		η	8.35	付9より	
軸力・曲げ検討		λ_x	86	$l_{kx}/i_x = 12\,500❶/146 = 86$	
		λ_y	64	$l_{ky}/i_y = 2\,500/39.6 = 64$	
		f_c（長期） [N/mm²]	101	付10よりf_c（短期）$= 101 \times 1.5 = 151$	
		M_2/M_1	0	$M_2/M_1 = 0/90.6 = 0$	
		C	1.75	付11(a)より	
		λ	54.3	$l_b/i_y' = 2\,500/46 = 54.3$	
		$f_b⑦$（長期） [N/mm²]	150	付11(b)より$f_b①$で決定	
		$f_b①$（長期） [N/mm³]	156	f_b（短期）$= 156 \times 1.5 = 235$	
		σ_c [N/mm²]	9.38	$N/A = 59.0 \times 10^3/(62.9 \times 10^2) = 9.38$	
		σ_b [N/mm²]	118	$M/Z = 90.6 \times 10^6/(771 \times 10^3) = 118$	
		$\sigma_c/f_c + \sigma_b/f_b$	0.56	$\dfrac{9.38}{151} + \dfrac{118}{235} = 0.56 < 1.0$ OK	
せん断検討		A_w [mm²]	23.0×10^2	p.252例題9より	
		τ [N/mm²]	7.88	$Q/A_w = 18.1 \times 10^3/(23.0 \times 10^2) = 7.87$	
		f_s（短期） [N/mm²]	135	p.230表2より	
		τ/f_s	0.06	$7.88/135 = 0.06 < 1.0$ OK	

❶ ラーメンの柱の構面内座屈長さは，柱頭の移動と柱脚ピンにより，安全をみて柱長さの2.5倍とする。なお，ブレース構面は，柱頭の移動は拘束されるため，1.0倍とする。

3 柱脚の設計

柱脚は，柱からの軸方向力・曲げモーメントおよびせん断力を基礎に伝える働きをする。それとともに，柱脚は上部構造にじゅうぶんな耐力がある間は，有害な変形や強度低下が生じないようにしなければならない。軸方向力と曲げモーメントは，ベースプレートに生じる圧縮力とアンカーボルトに生じる引張力により伝達し，せん断力は，ベースプレート下面とコンクリート面との間に生じる摩擦力などによって伝達する。

柱脚の形式は，一般的に，露出型か埋込型に分類される。従来，露出型柱脚は，ピンと仮定して設計することが多かったが，固定度があ

るので回転剛性❶を適切に評価して，柱脚に生じる力を計算し，柱脚の安全を検討する必要がある❷。

（a）露出型柱脚の設計

●ベースプレートの大きさとアンカーボルト本数の計算　柱脚がじゅうぶん補剛されているとき，ベースプレート下面に生じる圧縮応力度の分布は，図30のように，直線分布と仮定することができる。最大圧縮応力度 σ_c ❸がコンクリートの許容圧縮応力度 f_c 以下になるように，ベースプレートの大きさを決める。

また，引張側アンカーボルト群の引張力 T がアンカーボルト群の許容引張力 T_a を超えないように，アンカーボルトの径と本数を決める。

❶ 柱脚の固定度に対する剛性。
❷ 兵庫県南部地震では，露出柱脚部の破壊により崩壊した鉄骨構造物も多かったことから，ここで取り扱う許容応力度設計とは別に，大地震を想定した終局耐力の検討が求められる（建築物の構造関係技術基準解説書，付録1-2.6）。
❸ 圧縮縁応力度

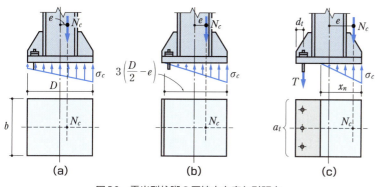

図30　露出型柱脚の圧縮応力度と引張力

ベースプレート下面に生じる最大圧縮応力度および引張側アンカーボルト群に生じる引張力は，次の式で計算する❹。

❹ ➡p.124

① $e \leqq \dfrac{D}{6}$ （図30(a)）のとき

$$T = 0 \qquad \sigma_c = \frac{N_c}{bD}\left(1 + \frac{6e}{D}\right) \tag{7}$$

② $\dfrac{D}{6} < e \leqq \dfrac{D}{6} + \dfrac{d_t}{3}$ （図30(b)）のとき

$$T = 0 \qquad \sigma_c = \frac{2N_c}{3b\left(\dfrac{D}{2} - e\right)} \tag{8}$$

③ $e > \dfrac{D}{6} + \dfrac{d_t}{3}$ （図30(c)）のとき

$$T = \dfrac{N_c\left(e - \dfrac{D}{2} + \dfrac{x_n}{3}\right)}{D - d_t - \dfrac{x_n}{3}}$$

$$\sigma_c = \dfrac{2(N_c + T)}{b x_n} = \dfrac{2 N_c\left(e + \dfrac{D}{2} - d_t\right)}{b x_n\left(D - d_t + \dfrac{x_n}{3}\right)}$$

(9)

T：アンカーボルト群に生じる引張力 [N]

σ_c：ベースプレート下面と基礎コンクリートとの間に生じる最大圧縮応力度 [N/mm²]

N_c：圧縮力 [N]　　e：偏心距離 [mm]　　$e = \dfrac{M}{N_c}$

M：曲げモーメント [N·mm]　　b：ベースプレートの幅 [mm]

D：ベースプレートのせい [mm]　　x_n：中立軸の位置 [mm]

d_t：ベースプレートの引張縁から引張側アンカーボルトまでの距離 [mm]

中立軸の位置 x_n は，付13の図表により求めることができる。

❶ 本設計例は，柱脚をピンとしてラーメンに生じる力を計算しているので，計算上柱脚の曲げモーメント＝0であるが，実際には曲げモーメントが発生する。

柱脚の回転剛性を考慮し，柱頭に生じる力の30%が柱脚に作用すると仮定して設計する。
$M_x = 90.6 \times 0.3$
　　$= 27.2$ kN·m とする。
なお，例題に示した柱脚に生じる力は，積雪時である。

例題11 例題10にて検討した柱の柱脚（図31）に短期の力❶として，$M_x = 27.2$ kN·m，$N_c = 59.0$ kN が生じているとき，ベースプレートの大きさおよびアンカーボルトの径と本数は安全か確認せよ。ただし，使用材料はSN 400 B，コンクリートの短期許容圧縮応力度は14 N/mm²，アンカーボルト（SS 400）の短期許容引張応力度は235 N/mm²とする。

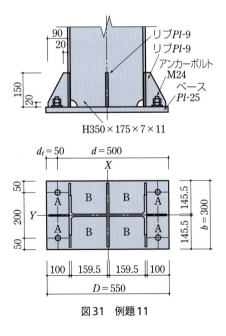

図31　例題11

解答… 柱脚の設計は，次の表のように計算する。

柱脚の設計表

<table>
<tr><th colspan="3">計　算</th><th>補足説明</th></tr>
<tr><td rowspan="3">力</td><td>軸力</td><td>短期（積雪時）[kN]</td><td>59.0</td><td></td></tr>
<tr><td>曲げ</td><td>短期（積雪時）[kN·m]</td><td>27.2</td><td>$90.6 \times 0.3 = 27.2$ ❶</td></tr>
<tr><td>偏心</td><td>e [mm]</td><td>461</td><td>$M/N = 27.2 \times 10^3/59.0 = 461$</td></tr>
<tr><td rowspan="13">断面検討</td><td colspan="2">D [mm]</td><td>550</td><td></td></tr>
<tr><td colspan="2">d [mm]</td><td>500</td><td></td></tr>
<tr><td colspan="2">d_t [mm]</td><td>50</td><td></td></tr>
<tr><td colspan="2">$\dfrac{D}{6} + \dfrac{d_t}{3}$ [mm]</td><td>108</td><td>$550/6 + 50/3 = 108 < e$
したがって，式(9)により検討</td></tr>
<tr><td colspan="2">x [mm]</td><td>186</td><td>$e - D/2 = 461 - 550/2 = 186$</td></tr>
<tr><td colspan="2">x/d</td><td>0.37</td><td>$186/500 = 0.37$</td></tr>
<tr><td colspan="2">p</td><td>0.006</td><td>a_c❷$/bd = 452 \times 2/(300 \times 500) = 0.006$</td></tr>
<tr><td colspan="2">x_n/d</td><td>0.49</td><td>付13より</td></tr>
<tr><td colspan="2">x_n [mm]</td><td>245</td><td>$0.49 \times 500 = 245$</td></tr>
<tr><td colspan="2">T [kN]</td><td>37.8</td><td rowspan="2">式(9)より ❸</td></tr>
<tr><td colspan="2">σ_c [N/mm^2]</td><td>2.63</td></tr>
<tr><td colspan="2">T_a [kN]</td><td>159.3</td><td>ボルト許容引張力$2 \times 53.1$❹$\times 1.5 = 159.3$</td></tr>
<tr><td colspan="2">f_c [N/mm^2]</td><td>14</td><td>コンクリートの短期許容圧縮応力度</td></tr>
<tr><td colspan="3">T/T_a</td><td>0.24</td><td>$37.8/159.3 = 0.24 < 1.0$　OK</td></tr>
<tr><td colspan="3">σ_c/f_c</td><td>0.19</td><td>$2.63/14 = 0.19 < 1.0$　OK</td></tr>
</table>

なお，ベースプレートの厚さは，リブプレートなどにより区画された部分が，基礎からの圧縮力，またはアンカーボルトに生じる引抜力に対して安全であるように設計する。

ベースプレートの許容曲げ応力度❺は，応力度が局部的であることを考慮して，SN 400 Bの場合，181 N/mm^2（長期），271 N/mm^2（短期）を採用してよい。図31のような場合は，A部分でベースプレートの厚さが決まることが多い。

4　柱設計上の注意

圧縮材と同様，座屈長さの決め方に注意する。

幅厚比については，図19（p.246）による。なお，圧縮力と曲げモーメントが同時に生じる柱のウェブでは，実況に応じて幅厚比を大きくできる❻。

柱脚は，一般接合部と同様に耐震設計法において，保有耐力接合か，じゅうぶんな耐力の確保が要求されるので注意する❼。

---

❶ ➡p.258 側注 ❶

❷ 2-M 24の軸断面積，1本あたりの軸断面積は，付12(b)より求める。

❸
$$T = \dfrac{59.0 \left(461 - \dfrac{550}{2} + \dfrac{245}{3}\right)}{550 - 50 - \dfrac{245}{3}}$$
$$= 37.8 \text{ kN}$$
$$\sigma_c = \dfrac{2(59.0 + 37.8) \times 10^3}{300 \times 245}$$
$$= 2.63 \text{ N/mm}^2$$

❹ M 24（SS 400）の許容引張力（長期）は，付12(b)より1本あたり53.1 kN。

❺ SN 400の許容曲げ応力度f_bは，次のように計算する。

長期：$f_b = \dfrac{F}{1.3} = \dfrac{235}{1.3}$
$\qquad = 181 \text{ N/mm}^2$

短期：$f_b = \dfrac{F}{1.3} \times 1.5$
$\qquad = \dfrac{235}{1.3} \times 1.5$
$\qquad = 271 \text{ N/mm}^2$

❻ 日本建築学会「鋼構造許容応力度設計規準」に示されている式を用いることができる。

❼ アンカーボルトは座金を用い，ナット部分の溶接，二重使用など戻り止めを施すほか，定着長さが$20\,d$（d：アンカーボルト径）以上，かつ，先端折り曲げまたは定着金物を使用する（平成12年建設省告示第1456号）。

8 接合部の設計

　鋼構造は一般的に，規格化された各種鋼材を用いて工場で加工し，現場で組み立てることにより架構を形成する。そのため，梁や柱の途中に設ける継手，柱と大梁あるいは大梁と小梁の取付け部の仕口，その他筋かい材の取付け部などの**接合部**[1]が生じる。

❶ joint

1 おもな接合方法

接合の方法は，おもに高力ボルト接合と溶接接合が用いられる。

（a）高力ボルト接合　一般に，部材接合には高力ボルト接合が用いられ，ボルトを強く締め付け，その力により部材間に生じる摩擦力によって，力を伝達する**摩擦接合**とする場合が多い[2]。高力ボルトの許容耐力[3]を付12(a)に示す。

❷ ほかに引張接合がある。
❸ 摩擦接合の場合は，許容せん断力という。

（b）溶接接合　鋼構造において用いられるものは，おもにアーク溶接である。じゅうぶんな注意を払った溶接による接合部は，ほかの接合方法に比べて剛性が高い接合となる。溶接接合は，完全溶込み溶接と隅肉溶接とに大別[4]される。一般に，H形鋼を剛接合する場合には，フランジを完全溶込み溶接，ウェブを隅肉溶接とする場合が多い。

❹ ほかに，部分溶込み溶接・プラグ溶接・スロット溶接などがある。

2 接合部に対する注意

接合方法により，以下のような点を注意する。

（a）高力ボルト接合

① 構造上主要な部材の接合部では，2本以上必要である。

② 摩擦面の状態により耐力が低下するので，その部分の黒皮（鋼材表面に生じる黒い酸化物の層）・浮き錆（さび）・塵埃（じんあい）・油および塗料は取り除き，必要に応じ均質錆を発生させる。

③ ボルト孔中心間距離の最小ピッチは，公称軸径の2.5倍とし，縁端距離も制限[5]が設けられているので注意する。

❺ 平成12年建設省告示第1464号。

（b）溶接接合

① 現場での溶接は，なるべく避けるようにする。

② 完全溶込み溶接は，断続溶接としてはならない。

3 梁継手の設計

高力ボルト接合を用いた梁継手の例を，図32に示す。梁の継手は，なるべく部材に生じる力の大きい箇所を避けて設ける。ふつう，梁継手部に生じる力は，曲げモーメントとせん断力である。この場合，曲げモーメント

は，フランジとウェブの剛性に応じて分割❶されるが，一般に，曲げモーメントはフランジが，せん断力はウェブが，それぞれ分担するものと仮定して計算することが多い。

また，部材に生じる力の計算によって求める力の代わりに，部材の許容耐力により設計することができる❷。この場合は，

$N_f = A_f f_t$ （A_f：フランジ断面積 [mm²]，f_t：許容引張応力度 [N/mm²]）

$Q = A_w f_s$ （A_w：ウェブの断面積 [mm²]，f_s：許容せん断応力度 [N/mm²]）

とし，フランジおよびウェブ接合部の高力ボルトの径と本数を求める。

❶ 曲げモーメントの分割は，部材の断面二次モーメントに対し，フランジとウェブの断面二次モーメントの比率にて分割する。

❷ 全強設計という。

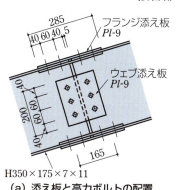

（a）添え板と高力ボルトの配置　　（b）断面

図32　高力ボルト接合による梁継手

例題12　例題9（p.252）において検討した梁 H 350 × 175 × 7 × 11（SN 400 B）の継手部を，部材の許容耐力により設計を行え。ただし，高力ボルトは M 20（F 10 T）を用いる。

解答…　図32に示すフランジ添え板3-Pl-9，ウェブ添え板2-Pl-9を用いる。

[1]　フランジ接合高力ボルト本数 n_f

n_f は，次の式から求める。

$$\text{高力ボルト本数}\quad n_f = \frac{N_f}{R_s} \tag{10}$$

n_f：フランジの高力ボルト本数（本）

R_s：高力ボルトの許容せん断力 [kN]（p.230表3あるいは付12 (a)による。）

N_f❸：部材耐力によるフランジ部分の圧縮力・引張力（$A_f f_t$）[kN]

$A_f = 175 \times 11 = 1\,925\,\text{mm}^2$　　　$f_t = 156\,\text{N/mm}^2$

$N_f = A_f f_t = 1\,925 \times 156 = 300.3 \times 10^3\,\text{N} = 300.3\,\text{kN}$

$R_s = 94.2\,\text{kN}$（二面摩擦：長期）

$n_f = \dfrac{300.3}{94.2} = 3.2\,\text{本}$　　したがって，4本とする。

❸ 継手部に生じる曲げモーメントによって検討する場合は，次の式による。

$$N_f = \pm \frac{M}{j}$$

M：継手部に生じる曲げモーメント [N·mm]

j：フランジの重心間距離 [mm]

❶ 継手部に生じるせん断力によって検討する場合は，その値を用いる。

2 ウェブ接合高力ボルト本数 n_w

n_w は，式(10)の N_f の代わりに $Q^{❶}=A_w f_s$ を用いる。

$h=350\,\text{mm}$，$h_1=350-2\times11=328\,\text{mm}$，$t_1=7\,\text{mm}$

$A_w=328\times7=2\,296\,\text{mm}^2$，$f_s=90\,\text{N/mm}^2$

$Q=2\,296\times90=206.6\times10^3\,\text{N}=206.6\,\text{kN}$，$R_s=94.2\,\text{kN}$

（二面摩擦：長期）

$n_w=\dfrac{Q}{R_s}=\dfrac{206.6}{94.2}=2.2\,\text{本}$　　したがって，3本とする。

  n_w：ウェブの高力ボルト本数（本）

  R_s：高力ボルトの許容せん断力［kN］（p.230表3あるいは付12(a)による）

  Q：部材耐力によるウェブ部分のせん断力［kN］

3 フランジ添え板の検討

フランジ添え板の有効断面積 A_{fs}

$A_{fs}=9\times(175+2\times65)-22\times9\times4=1\,953\,\text{mm}^2$

$\sigma_\text{t}=\dfrac{N_f}{A_{fs}}=\dfrac{300.3\times10^3}{1\,953}=154\,\text{N/mm}^2$　　$<f_t=156\,\text{N/mm}^2$

したがって，安全である。

4 ウェブ添え板の検討

$h_s=200\,\text{mm}$，$t_s=9\,\text{mm}$ より，

$\tau_\text{max}=\dfrac{Q}{A_{ws}}=\dfrac{206.6\times10^3}{2\times9\times(200-22\times3)}=85.7\,\text{N/mm}^2$

$<f_s=90\,\text{N/mm}^2$

  Q：部材耐力によるウェブ部分のせん断力［N］

  A_{ws}：ウェブ添え板の有効断面積［mm²］

  f_s：許容せん断応力度［N/mm²］

したがって，安全である。

▌4　梁仕口の設計

柱と大梁の仕口は**剛接合**と**ピン接合**に大別されるが，剛接合のときは梁に生じる曲げモーメントおよびせん断力を，ピン接合のときはせん断力をじゅうぶんに伝達できるように設計する。なお，剛接合による場合は，溶接接合にするのが望ましい。

　小梁を単純梁として大梁に接合するときはせん断力を，また，連続梁として接合するときは梁の継手に準じて，曲げモーメントも伝達するように設計する。

262　第7章　鋼構造

例題 13 例題9（p.252）で検討した梁 H 350 × 175 × 7 × 11（SN 400 B）の仕口部を，図33に示すように設計した。短期の力❶として $M = 90.6\,\text{kN·m}$，$Q = 38.7\,\text{kN}$ の力が生じているとき，仕口部は安全かどうか検討を行え。ただし，曲げモーメントはフランジから，せん断力はウェブから伝達するものとする。

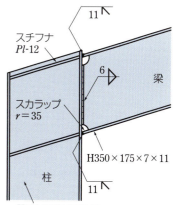

図33 例題13

解答…
1 フランジの完全溶込み溶接の検討

溶接継目に生じる軸方向力を求める。

$j = 350 - 11 = 339\,\text{mm}$，

$M = 90.6\,\text{kN·m} = 90.6 \times 10^6\,\text{N·mm}$

$N_f = \dfrac{M}{j} = \dfrac{90.6 \times 10^6}{339} = 267 \times 10^3\,\text{kN}$

M：仕口部に生じる曲げモーメント［N·mm］
j：フランジの重心間距離［mm］

溶接継目は，$s = 11\,\text{mm}$，$a = s = 11\,\text{mm}$，有効長さ $l = 175\,\text{mm}$，引張力・圧縮力またはせん断力が生じる溶接継目の適否を検討するには，次の式による。

溶接継目設計式　$\rho = \dfrac{P}{\sum (a \times l)} \leqq f_w$　　　　　(11)

ρ：P により溶接継目に生じる応力度［N/mm²］
P：溶接継目に生じる引張力・圧縮力またはせん断力［N］ ここでは，$P = N_f$ とする。
a：有効のど厚［mm］　　l：有効長さ［mm］
$a \times l$：有効断面積［mm²］
f_w：溶接継目の許容応力度［N/mm²］（p.230表2による）

$\rho = \dfrac{267 \times 10^3}{11 \times 175} = 139\,\text{N/mm}^2 < f_w = 235\,\text{N/mm}^2$

したがって，安全である。

2 ウェブの隅肉溶接の検討

隅肉溶接サイズ $s = 6\,\text{mm}$，有効のど厚 $a = 0.7 \times 6 = 4.2\,\text{mm}$

有効長さ❷ $l = 350 - 2 \times 11 - 2 \times 35 - 2 \times 6 = 246\,\text{mm}$

$\rho = \dfrac{38.7 \times 10^3}{2 \times 4.2 \times 246} = 18.7\,\text{N/mm}^2 < f_w = 135\,\text{N/mm}^2$

したがって，安全である。

❶ 例題9において，梁の設計に採用した梁端B点の積雪時の力となる。

❷ 有効長さ＝（梁せい）
－2×（フランジ厚）
－2×（スカラップ）
－2×（溶接サイズ）

5 接合部に対する注意

設計上想定される力が，図34に示すように連続的に伝達されるよう細部の設計に注意する。

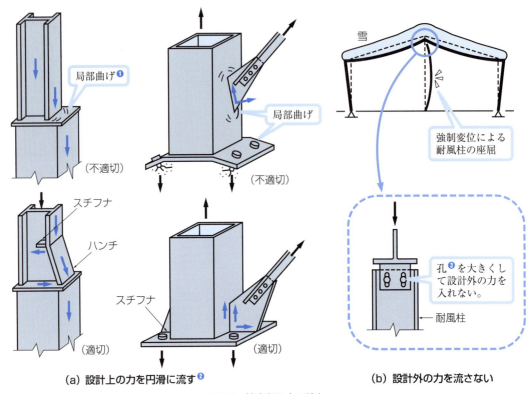

図34 接合部の力の流れ

❶ 曲げによる局部変形。
❷ 接合部の細部の例。梁・柱のフランジが不連続となるような場所では，補強スチフナなどを入れる。
❸ ルーズホールという。
❹ 強度がたりない場合には，仕口パネルの厚さを増すなどの補強をする。日本建築学会「鋼構造許容応力度設計規準」参照。

① 高力ボルト締付けや溶接作業ができるかどうか検討する。
② 圧縮力が生じる添え板などは，座屈しないようにする。
③ 柱と梁で囲まれる部分（仕口パネルという）には，水平荷重時に大きなせん断力が生じるので，検討が必要である❹。

以上により，p.233図1に示す平屋建運動施設の主架構を設計した。なお，母屋や間柱については，梁・柱に準じて設計することができる。また，基礎および基礎梁については，鉄筋コンクリート造として，第6章と同様に設計することが一般的である。

本設計例のような建築物は，積雪や風による荷重および外力が地震と比べて支配的であったが，ビル構造では地震力が支配的となることが多い。3節では，地震力が支配的になる鋼構造の留意点を述べる。

3節 極めて稀に生じる地震に対する安全性の確認

1 地震力による部材に生じる力の割増し

　筋かいを多用した骨組は，ラーメン（剛接骨組）に比べて地震エネルギーの吸収能力が乏しい。そのため，許容応力度設計における筋かい骨組に対しては，次の式の筋かいが負担する水平力の負担比率（β値❶）に応じて，第2節で求めた一次設計用の地震力による部材に生じる力を割り増し❷，耐震性能を高めて，二次設計の代わりとする❸。

●部材に生じる力の割増率

$$\left. \begin{array}{l} \beta \leq \dfrac{5}{7} \text{の場合}\quad 割増率 = 1 + 0.7\beta \\ \beta > \dfrac{5}{7} \text{の場合}\quad 割増率 = 1.5 \end{array} \right\} \quad (1)$$

❶ 各層の層せん断力のうち，筋かいが受けもつせん断力の和の比率。
❷ たとえば，筋かいの分担率が60%の場合は，割増率
　＝ $1 + 0.7\beta$
　＝ $1 + 0.7 \times 0.6 = 1.42$
となる。
❸ このほか，じゅうぶんに塑性化が進行するまで，各種の座屈が生じないよう，よりきびしい幅厚比の制限や横補剛による横座屈の制御を行う。
　大規模な建物に対しては保有水平耐力計算を行う。

2 保有耐力接合

　極めて稀に生じる大地震に対しては，鋼構造物を許容応力度内に設計することは，一般的に不経済である。鋼材のもつ塑性変形を利用し，鋼材が塑性域にはいることを許容し，保有耐力を発揮するまで接合部が破断しないように設計することが一般的である。この方法が，**保有耐力接合**である。この場合，塑性化する部分の繰返し変形能力が確保できるように，柱・梁接合部の細部（図1）を設計することが重要である。

　ラーメン構造では，柱に接合された梁の端部が塑性化することが多いが，この部分に変形能力に乏しい溶接部があることにより，この部分が早期に破断❹するなどの被害が兵庫県南部地震などで多くみられた。このため，梁の端部を補強したり，ハンチ（図1(c)②）を付けることにより，溶接部以外で塑性化させたり，各種の塑性変形能力に富む部材❺（制振部材）を付加したりすることにより，極めて稀に生じる地震の荷重に対しても梁の端部を弾性にとどめる設計などが，試みられるようになっている。

❹ 溶接部を起点とする破断。

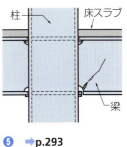

❺ ⇒ p.293

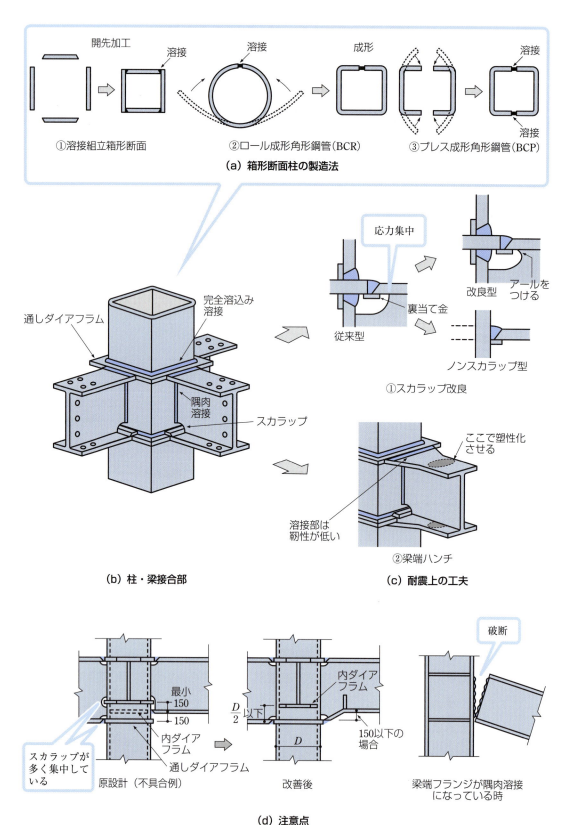

図1 柱・梁接合部の細部

Practice 章末問題

- **1.** $N_t = 100\,\text{kN}$（短期）が生じる引張材を，等辺山形鋼1本で設計せよ（p.243図15参照）。ただし，高力ボルトM16（F10T），材質はSN400Aとする。

- **2.** 以下の柱を座屈荷重の大きい順に並べよ。なお，曲げ剛性EIは一定とする。

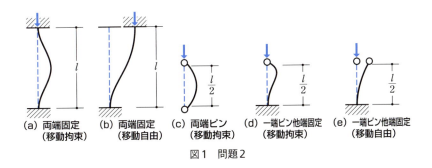

図1　問題2

- **3.** $l = 3.0\,\text{m}$，両端ピン（移動拘束とする），$N_c = 32\,\text{kN}$（長期）が生じる圧縮材を，等辺山形鋼1本で設計せよ。ただし，材質はSN400Aとする。

- **4.** $l_{kx} = 4.0\,\text{m}$，$l_{ky} = 2.0\,\text{m}$で，$N_c = 500\,\text{kN}$（長期）が生じる圧縮材を，H形鋼を用いて設計せよ。ただし，材質はSN400Aとし，$H:B = 2:1$の細幅H形鋼を使用する。

- **5.** 図2のような長期の荷重が作用する梁を，H形鋼を用いて設計せよ。ただし，横座屈は起こさないものとする。材質はSN400Bとし，$H:B = 2:1$の細幅H形鋼を使用する。

- **6.** 横座屈区間$l_b = 3.5\,\text{m}$で，図3のように曲げモーメント（長期）が変化する梁を，H形鋼を用いて設計せよ。なお，$Q = 69\,\text{kN}$（長期）とし，たわみの検討は不要である。ただし，材質はSN400Bとし，$H:B = 2:1$の細幅H形鋼を使用する。

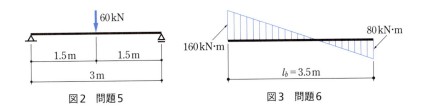

図2　問題5　　　　　図3　問題6

- **7.** 座屈長さを$l_k = 6.0\,\text{m}$として設計するビル用ラーメン構造の柱（角形鋼管□250×250×12（F値235 N/mm^2），$A = 110.5 \times 10^2\,\text{mm}^2$，$Z = 820 \times 10^3\,\text{mm}^3$，$i = 9.63 \times 10\,\text{mm}$）に，$N_c = 150\,\text{kN}$（短期），$M = 50\,\text{kN·m}$（短期）が生じるとき安全かどうか検討せよ。

Practice 章末問題

8. 座屈長さを $l_k = 4.0\,\mathrm{m}$ として設計する工場の柱（H $300 \times 150 \times 6.5 \times 9$ （SS 400）），$A = 46.78 \times 10^2\,\mathrm{mm}^2$，$Z_x = 481 \times 10^3\,\mathrm{mm}^3$，$i_y = 32.9\,\mathrm{mm}$，$i_y' = 38.7\,\mathrm{mm}$）に，$N_c = 200\,\mathrm{kN}$（短期），強軸回り均等曲げモーメント $M_x = 40\,\mathrm{kN \cdot m}$（短期）が生じるときの安全性を以下に従い検討せよ。

(1) 許容圧縮応力度（短期）$f_c \times 1.5$ を求めよ。

(2) 横座屈を考慮し，許容曲げ応力度（短期）$f_{bx} \times 1.5$ を求めよ。ただし，均等曲げなので $C = 1.0$ とする。

(3) $\dfrac{N_c}{A\,(f_c \times 1.5)} + \dfrac{M_x}{Z_x\,(f_{bx} \times 1.5)} < 1.0$ の検定式を用いて，柱の安全性を検討せよ。

9. H $300 \times 150 \times 6.5 \times 9$ の梁の継手を，部材の許容耐力により設計せよ。ただし，上側および下側のフランジ添え板は 3 枚ずつ，ウェブ添え板は 2 枚とし，高力ボルト M 16 （F 10 T）を用いる。材質は SN 400 B とする。

第8章 木構造

◎一まつぼっくり保育園（軸組構法）

Introduction

　この章では，木構造の構造設計の考え方について学ぶ。具体的には，住宅のような小規模な軸組構法を対象に壁量設計とよばれる仕様規定の考え方を学ぶ。

Chapter 8

1節 木構造

木構造は，住宅などの小規模な建築物に適用されることが多いが，規模の大小にかかわらず，これまでの各章で学んだ構造の力学や計画に基づいて木構造の設計を行うことがたいせつである。

ここでは，軸組構法による小規模な木構造に対して，わが国で最も多く使用されている建築基準法による壁量設計[1]・仕様規定[2]に関して学び，その考え方を理解する。

[1] 第2節（p.273）で学ぶ。
[2] 力学的根拠に基づき仕様を規定することで，各種性能を担保している。

1 構造計画

1 軸組構法による木構造

軸組構法[3]は，図1に示すように基礎の上に土台を緊結し，土台の上に柱を立て，その上に横架材をのせ骨組を形成する。土台や横架材の上に床を組み，最上階には屋根をのせる。骨組は横架材に設けられたほぞ孔に柱を差し込む（図1(b)）。ここに筋かい材を用いて，基本はトラス構造とする。梁は連続して折り曲げようとする力を負担できるため，直交する梁も含めて柱に対して押さえ効果を発揮する。接合部では図1(c)，(d)のように必要耐力に応じた金物を使う。住宅などの小規模な木構造[4]の

[3] post and beam construction method

[4] 2階以下，延べ面積500 m² 以下，高さ13 m以下，軒高9 m以下の建築物。

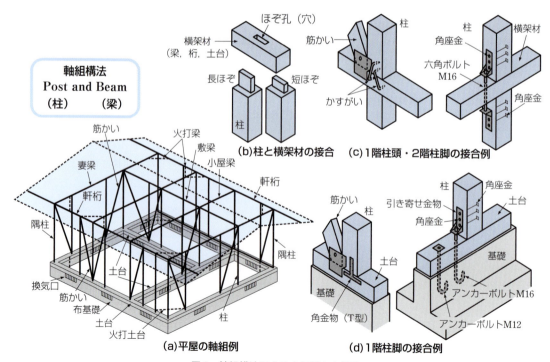

図1　軸組構法による小規模な木構造

場合には，鋼構造などで行うような部材ごとの構造計算は一般的に行われず❶，図2に示す方法がよく用いられている。つまり，仕様規定を満たすことで耐力壁が想定した剛性・耐力を発揮できるようにし，壁量を確保して平面的に釣り合いよく配置する設計法である。軸組構法にかぎらず木構造では，接合部を母材より強くすることは難しいので，必要な強度を確保し，かつ靱性のあるようにする。つまり，木構造の力学的挙動は，接合部の挙動に大きく支配されることになる。

2 鉛直荷重に対する設計

鉛直荷重による力は，図3に示すように流れる。横架材が鉛直荷重を支え，柱がそれを下部に伝える。このとき，柱の軸応力度，横架材の曲げ応力度・せん断応力度・たわみの検討を行う必要がある。木材の繊維方向の許容応力度を表1に示す。柱では，構造耐力上主要な柱の小径は，表2に示すように建物の階数，屋根材や外壁材の仕様に応じて最低限の寸法が定められている❷。横架材では，スパン表が用意されているので，これを用いて使用箇所・条件に対応した断面を選定してもよい。樹種や地域により異なるが，表3に例を示す。このスパン表は，変形も考慮して表1に示した許容応力度を用いてつくられている。

❶ 許容応力度計算，限界耐力計算などの構造計算により構造設計される場合もある。

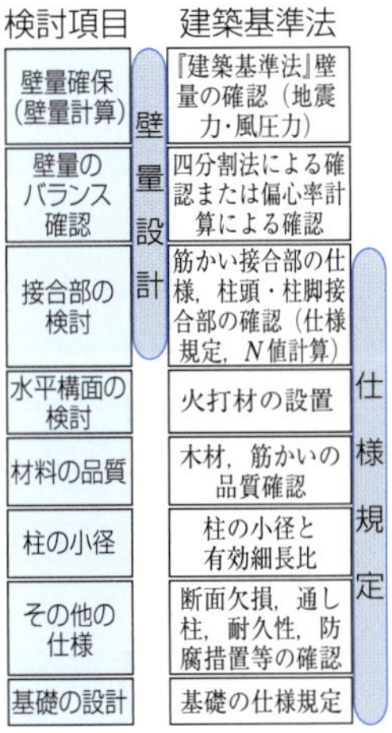

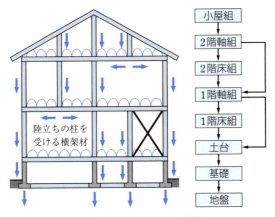

図2 壁量設計・仕様規定による検討項目

❷ 有効細長比が150以下であることも定められている。

図3 鉛直荷重による力の流れ

表1 繊維方向の許容応力度

長期 [N/mm²]				短期 [N/mm²]			
圧縮	引張	曲げ	せん断	圧縮	引張	曲げ	せん断
$\frac{1.1F_c}{3}$	$\frac{1.1F_t}{3}$	$\frac{1.1F_b}{3}$	$\frac{1.1F_s}{3}$	$\frac{2F_c}{3}$	$\frac{2F_t}{3}$	$\frac{2F_b}{3}$	$\frac{2F_s}{3}$

積雪時の許容応力度に対する長期許容応力度（3か月）は長期の1.3倍，短期許容応力度（3日）は短期の0.8倍。

無等級材の基準強度（平成12年建設省告示第1452号）[N/mm²]

	樹種	F_c	F_t	F_b	F_s
針葉樹	あかまつ，くろまつ，べいまつ	22.2	17.7	28.2	2.4
	からまつ，ひば，ひのき，べいひ	20.7	16.2	26.7	2.1
	つが，べいつが	19.2	14.7	25.2	2.1
	もみ，えぞまつ，とどまつ，べにまつ，すぎ，べいすぎ，スプルース	17.7	13.5	22.2	1.8
広葉樹	かし	27.0	24.0	38.4	4.2
	くり，なら，ぶな，けやき	21.0	18.0	29.4	3.0

表2 横架材間の垂直距離に対する柱の小径の割合（柱間隔10 m以下の場合）

	(a) 土蔵造の建築物その他これに類する壁の重量がとくに大きい建築物	(b) (a)の建築物以外の建築物で屋根を金属板、石板、木板その他これらに類する軽い材料でふいたもの	(c) (a), (b)以外の建築物
最上階や平屋建ての柱	$\frac{1}{25}\left(\frac{1}{22}\right)$ 以上	$\frac{1}{33}\left(\frac{1}{30}\right)$ 以上	$\frac{1}{30}\left(\frac{1}{25}\right)$ 以上
その他の階の柱	$\frac{1}{22}\left(\frac{1}{20}\right)$ 以上	$\frac{1}{30}\left(\frac{1}{25}\right)$ 以上	$\frac{1}{28}\left(\frac{1}{22}\right)$ 以上

注. 1) 参考として（ ）内には柱間隔10 m以上、学校、劇場などの場合を示す。
　 2) これらを遵守すると、一般的には、有効細長比は150以下となる。
　　 なお、3階建ての場合は、柱の小径は135 mm以上必要である。

表3 床大梁スパン表の例（1点集中荷重、910 mmモジュールの場合、北海道林産試験場2006年版）

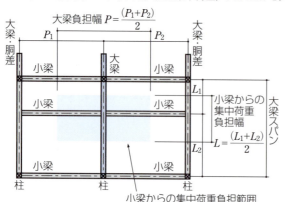

大梁スパン[mm]	大梁負担幅 P [mm]	大梁の材幅[mm]	樹種、大梁のせい[mm] べいまつ	すぎ
2 730	910	105	120	150
		120	120	135
	1 820	105	150	180
		120	135	180
	2 730	105	180	210
		120	180	210
	3 640	105	180	240
		120	180	210

等級：甲種1級構造材

3 水平荷重に対する設計

水平力に対しては、耐力壁により抵抗する。

(a) 平面的な配置 たとえば、図4に示す平面図では、黒い太い線が耐力壁を示している。図4のように重心と剛心が離れていると、地震力を受けたときに破線のようなねじれが生じる。平面的には、重心と剛心の距離が小さくなるように耐力壁を配置するのがよい。

(b) 立面的な配置 耐力壁は基本的に、上下階の耐力壁線を一致させるようにし、図5に示すように下階の耐力壁の直上に耐力壁を配置するか、市松状に配置するのがよい。耐力壁両側の柱が陸立ちになる場合は、それを受ける梁部材の曲げに注意する。

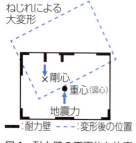

図4 耐力壁の平面的な片寄りによるねじれ

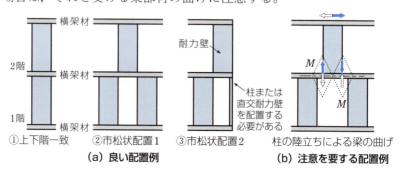

図5 耐力壁の立面的配置

2節 壁量設計

Chapter 8

小規模な木構造の水平力に対する設計でよく用いられている基準法の壁量設計を中心に学ぶ。端的にいうと「必要壁量」≦「存在壁量」であることを確認して水平力に対する抵抗力を確保する設計法である。

1 壁量設計の前提条件

壁量設計の適用にあたり、以下に示す前提条件がある。

① 耐力壁の両側に取り付く柱の柱頭・柱脚接合部が、耐力壁より先に破壊せず、接合部より先に耐力壁が壊れる[❶]。

② 床などの水平構面が、耐力壁に比べてじゅうぶんに剛で強度がある[❷]。

③ 耐力壁が、釣り合いよく配置されている[❸]。

2 必要壁量

水平力に抵抗するためには、必要壁量を満たすように耐力壁を配置しなければならない。

(a) 地震力に対する必要壁量[❹] 地震力に対する必要壁量は図1に示す数値に床面積[❺]を乗じて求めることができる。なお、小屋裏収納がある場合、その水平投影面積が直下階床面積の$\frac{1}{8}$以上ある場合には、図1の右に示す式のaを、それ以下の各階の床面積に加える必要がある。

先にも述べたが、地震力は慣性力であるから、どの方向にも同じように働くので、必要壁量は桁行方向も梁間方向も同じ値となる。

図1の数値は、以下のようにして求める。まず、地震力を第5章第2節「6 地震力」(p.169)に沿って算定して求める[❻]。その後、この地震力に対して壁倍率1(1.96 kN/m)の耐力壁の壁長さに換算し、床面積あたりの必要壁量とする。

❶ 耐力壁が所定の壁倍率を発揮するための必要条件。➡p.271 図2 接合部の検討

❷ 個々の耐力壁がもつ耐力の合計値が建物全体の耐力となるには、靱性のある耐力壁を使用し、水平構面が耐力壁に比べてじゅうぶんに剛な必要がある。➡p.271 図2 水平構面の検討

❸ p.272 図4で説明したように耐力壁が平面的に片寄って配置されると大きなねじれが生じる。➡p.271 図2 壁量のバランス確認

❹ 地震力は慣性力であるから、屋根や壁が重いと地震力が大きくなり、必要な壁量も多くなる。また、重さは床面積に比例するので、床面積あたりの必要壁量が与えられる。2階に作用する水平力は1階に流れるので、2階より1階の方が必要壁量が多くなる。

❺ 基準法で用いる各階の床面積を用いる。

❻ 総2階建てと仮定して求めている。床面積あたりの地震力算定用重量として、木造では1.1〜1.7 kN/m²を仮定している。なお、RCでは12〜15 kN/m²、Sでは7〜10 kN/m²程度である。

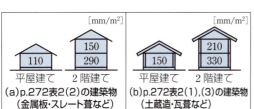

図1 地震力に対する床面積あたりの必要壁量（平成12年建築基準法）
（地盤が著しく軟弱な地域では数値を1.5倍）

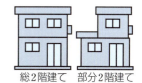

総2階建て　部分2階建て

(b) 風圧力に対する必要壁量　風圧力に対する必要壁量は表1に示す数値に見付面積を乗じて求めることができる。見付面積は，表1に示すように，床面から高さ1.35mの部分を除いた部分である。ベランダなどが取り付く場合には，その部分も見付面積の対象となる。風圧力に対する必要壁量は，地震力に対するそれと異なり，桁行方向と梁間方向で見付面積が同じでない場合は，異なる値となる。

表1　風圧力に対する見付面積あたりの必要壁量

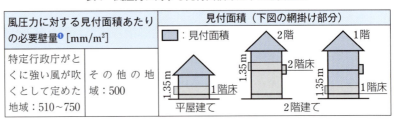

❶ 木造住宅の耐風設計を行うには，桁行方向と梁間方向について，風圧力により2階と1階に作用する層せん断力を求め，これに耐えるように各方向に耐力壁を配置すればよい。風圧力とは，単位面積あたりの風圧力と見付面積の積で求められる。表1に示した数値は，これらの計算を簡便に行うために，強風が吹いたときに2階と1階に作用する層せん断力を，壁倍率が1.0で長さ1mの壁の許容せん断力（1.96kN/m）で除し，各階に必要な壁量を見付面積から容易に求められるようにしたものである。耐震設計のために必要な壁量と比べ，大きいほうの壁量が必要である。

(c) 建物の必要壁量　建物の必要壁量は，(a) および (b) で求めた必要壁量のうち，大きいほうの値となる。

3　存在壁量

存在壁量は，設計しようとした建物に配置した耐力壁に対して，階ごと・方向ごとに存在する（壁長さ）×（壁倍率）の総和で表す。

(a) 壁倍率　耐力壁は，その仕様ごとに強度・剛性・靱性が異なり，その違いを表すために壁倍率が定められている。壁倍率は，長さ1mあたりの強度を表す指標で，壁倍率1.0の許容せん断力は，1.96kN/mである。長さ2.0m，壁倍率3.0の耐力壁の強度は，$1.96 \times 2.0 \times 3.0 = 11.76$ kNである。壁倍率の代表的なものを表2に示す。

(b) 壁長さ　壁長さを求める対象は，検討している方向に平行にあ

❷ 筋かい耐力壁と面材耐力壁を併用した耐力壁の壁倍率はそれぞれの壁倍率を加算して求めてもよいが，5.0を超えることはできない。

表2　代表的な耐力壁の壁倍率

耐力壁の壁倍率					
耐力壁	(a)片筋かい	(b)たすき掛け筋かい	(c)たすき掛け筋かい	(d)面材直張り（大壁）	(e) 併用壁の壁倍率 (a)+(d)=3.5 (b)+(d)=4.5 (c)+(d)=5.0❷
仕様	15mm×90mm以上の木材（大貫筋かい）	15mm×90mm以上の木材（大貫筋かい）	30mm×90mm以上の木材（三ツ割筋かい）	N50釘@150mm以下 構造用合板 7.5mm厚以上	(a)〜(d)と同一の仕様
壁倍率	1.0	2.0	3.0	2.5	最大5.0❷

る耐力壁のみである。これは，検討している方向に直交する耐力壁は，当該方向に対しては耐力を発揮しないからである。

　壁長さは，柱中心間距離のことで，この幅が狭いとせん断変形より曲げ変形が卓越し，壁量設計の前提条件と異なるため，幅には制限がある。一般に，筋かい耐力壁では900 mm以上，構造用合板などの面材耐力壁では600 mm以上のものを耐力壁として算入できることとしている。ただし，面材耐力壁で，隣接する壁が同じ仕様の大壁の場合には，途中に柱が存在するが，連続した端から端までの長さを壁長さと考えることができる。

4 四分割法

耐力壁は釣合いよく配置する必要がある。耐力壁の配置が悪く，重心と剛心が離れるとねじれが生じ，大きな変形を受けることになる。壁量による耐力から剛性に換算して偏心率を計算することにより，耐力壁配置の平面的な釣合いを検討できる。偏心率が0.3以下の場合は，ねじれが大きな問題とならないとされている。偏心率の計算は，やや複雑なので，これより簡便な方法として各階・各方向別に地震力に対してのみ検討する四分割法がある。

（a）側端部分の必要壁量　　平面の外周部にある程度の壁量を確保するためにこの部分の必要壁量を求める。側端部分の必要壁量は，（側端部分の床面積）×（地震力に対する床面積あたりの必要壁量）❶で求めることができる。y方向の地震力に対する検討は，x方向を四分割したときの側端部分を用い，x方向の地震力に対する検討は，y方向を四分割したときの側端部分を用いる（図2）。

（b）側端部分の存在壁量　　当該側端部分にある耐力壁❷のみを拾い出し，（壁倍率）×（壁長さ）の総計を求めることにより，当該側端部分の存在壁量を求めることができる。

（c）壁量充足率と壁率比　　（a），（b）で求めた必要壁量と存在壁量を用いて，側端部分ごとに「壁量充足率」＝（存在壁量）÷（必要壁量）を求める。その後，各階，各方向ごとに「壁率比」＝（小さいほうの壁量充足率）÷（大きいほうの壁量充足率）により求め，壁率比が0.5以上であることを確認する。壁率比が0.5未満であっても，両方の壁量充足率が1.0を超えていればよいとされている❸。

❶ →p.273 図1

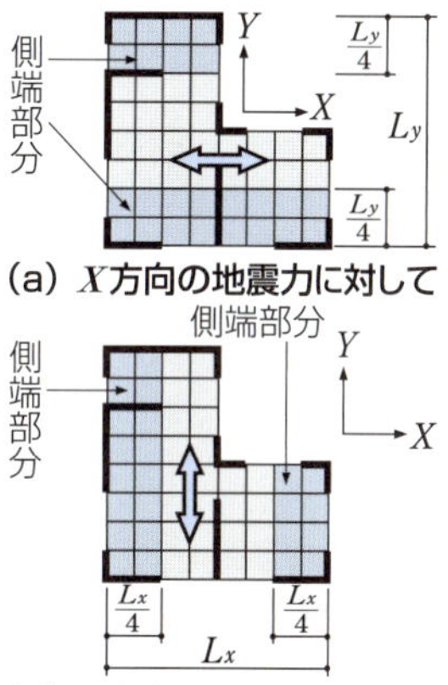

（a）X方向の地震力に対して

（b）Y方向の地震力に対して

図2　地震力の方向と側端部分

❷　側端部分の中に存在する耐力壁はもちろんであるが，線上にある耐力壁も含めて存在壁量を求める。

❸　両側端部でじゅうぶんな壁量があるので多少，偏心していても大丈夫だという意味である。

第2節　壁量設計　**275**

例題 1 図3に示す建築物に対して壁量の確認および，四分割法により耐力壁配置のバランス確認（壁率比の確認）をしなさい。

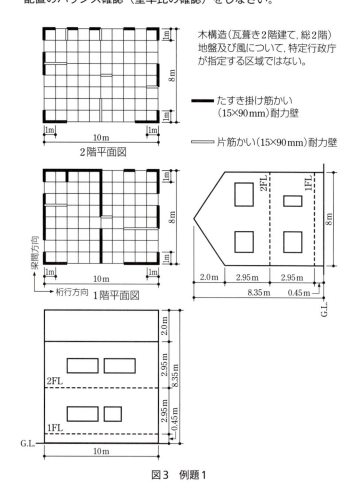

図3 例題1

解答… ① **壁量の確認** 地震力および風圧力に対する必要壁量と存在壁量を比較することにより壁量の確認を行う。まとめたものを表3に示す。

表3 壁量の確認

	地震力に対する検討		風圧力に対する検討				判定	
	床面積あたりの必要壁量 [mm/m²]	必要壁量 [m]	見付面積あたりの必要壁量 [mm/m²]	見付面積 [m²]	必要壁量 [m]	必要壁量 [m]	存在壁量 [m]	判定 必要≦存在	
1階	330	26.4	500	44.4	22.2	26.4	30.0	適合	桁行方向
				65.5	32.75	32.75	38.0	適合	梁間方向
2階	210	16.8		20.8	10.4	16.8	22.0	適合	桁行方向
				36.0	18.0	18.0	20.0	適合	梁間方向

【地震力に対する検討】床面積は $8\,\text{m} \times 10\,\text{m} = 80\,\text{m}^2$ である。
瓦葺きなので図1の右側建物・2階建てより，床面積あたりの必要壁量は，1階で $0.33\,\text{m/m}^2$，2階で $0.21\,\text{m/m}^2$ である。このそれぞれの値

に床面積を乗じて，必要壁量は，

- 1階必要壁量　$0.33\,\mathrm{m/m^2} \times 80\,\mathrm{m^2} = 26.4\,\mathrm{m}$（桁行，梁間）
- 2階必要壁量　$0.21\,\mathrm{m/m^2} \times 80\,\mathrm{m^2} = 16.8\,\mathrm{m}$（桁行，梁間）

【風圧力に対する検討】 表1のその他の地域に該当するので見付面積あたりの必要壁量は$0.5\,\mathrm{m/m^2}$である。

- 桁行方向見付面積は，図4より
  - 1階計算用で　$8 \times (4.55 + 2/2) = 44.4\,\mathrm{m^2}$
  - 2階計算用で　$8 \times (1.6 + 2/2) = 20.8\,\mathrm{m^2}$
- 梁間方向見付面積は，図5より
  - 1階計算用で　$6.55 \times 10 = 65.5\,\mathrm{m^2}$
  - 2階計算用で　$3.60 \times 10 = 36.0\,\mathrm{m^2}$

この見付面積に$0.5\,\mathrm{m/m^2}$を乗じると必要壁量が求められる。

- 桁行方向1階必要壁量　$44.4\,\mathrm{m^2} \times 0.5\,\mathrm{m/m^2} = 22.2\,\mathrm{m}$
- 梁間方向1階必要壁量　$65.5\,\mathrm{m^2} \times 0.5\,\mathrm{m/m^2} = 32.75\,\mathrm{m}$
- 桁行方向2階必要壁量　$20.8\,\mathrm{m^2} \times 0.5\,\mathrm{m/m^2} = 10.4\,\mathrm{m}$
- 梁間方向2階必要壁量　$36.0\,\mathrm{m^2} \times 0.5\,\mathrm{m/m^2} = 18.0\,\mathrm{m}$

【必要壁量】 各階・各方向の必要壁量は，地震力と風圧力それぞれに対して求めた必要壁量の大きいほうである。よって，

- 桁行方向1階必要壁量　$\max(26.4, 22.2) = 26.4\,\mathrm{m}$
- 梁間方向1階必要壁量　$\max(26.4, 32.75) = 32.75\,\mathrm{m}$
- 桁行方向2階必要壁量　$\max(16.8, 10.4) = 16.8\,\mathrm{m}$
- 梁間方向2階必要壁量　$\max(16.8, 18.0) = 18.0\,\mathrm{m}$

【存在壁量】 表2より，$15\,\mathrm{mm} \times 90\,\mathrm{mm}$のたすき掛け筋かいの壁倍率は2.0，$15\,\mathrm{mm} \times 90\,\mathrm{mm}$の片筋かいの壁倍率は1.0である。図3の平面図より，各階・各方向の壁長さを求め，この壁倍率を乗じると存在壁量が求められる。

- 桁行方向1階存在壁量　$2.0 \times 12\,\mathrm{m} + 1.0 \times 6\,\mathrm{m} = 30.0\,\mathrm{m}$
- 梁間方向1階存在壁量　$2.0 \times 19\,\mathrm{m} + 1.0 \times 0\,\mathrm{m} = 38.0\,\mathrm{m}$
- 桁行方向2階存在壁量　$2.0 \times 9\,\mathrm{m} + 1.0 \times 4\,\mathrm{m} = 22.0\,\mathrm{m}$
- 梁間方向2階存在壁量　$2.0 \times 8\,\mathrm{m} + 1.0 \times 4\,\mathrm{m} = 20.0\,\mathrm{m}$

【判定】（必要壁量）≦（存在壁量）であることを確認する。

- 桁行方向1階　　$26.4\,\mathrm{m} \leqq 30.0\,\mathrm{m}$　　　　適合
- 梁間方向1階　　$32.75\,\mathrm{m} \leqq 38.0\,\mathrm{m}$　　　適合
- 桁行方向2階　　$16.8\,\mathrm{m} \leqq 22.0\,\mathrm{m}$　　　　適合
- 梁間方向2階　　$18.0\,\mathrm{m} \leqq 20.0\,\mathrm{m}$　　　　適合

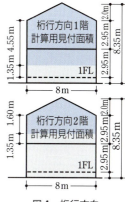

図4　桁行方向

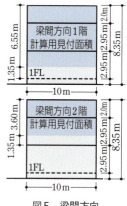

図5　梁間方向

2 壁率比の確認（四分割法）　図6のように側端部分に名称を付け，壁率比の確認を表4に示す。

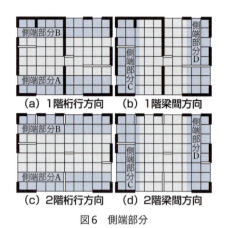

図6　側端部分

表4　壁率比の確認

側端部分			存在壁量 [m]	必要壁量 [m]	壁量充足率	壁率比	判定 ≧0.5
1階	桁行方向	A	10	6.60	1.515	0.71	適合
		B	14	6.60	2.121		
	梁間方向	C	14	6.60	2.121	0.71	適合
		D	10	6.60	1.515		
2階	桁行方向	A	8	4.20	1.905	0.80	適合
		B	10	4.20	2.381		
	梁間方向	C	9	4.20	2.143	0.89	適合
		D	8	4.20	1.905		

1階桁行方向，1階梁間方向，2階桁行方向，2階梁間方向に対して検討を行うにあたり，図6のように側端部分に名称を付けた。表4の1階桁行方向の検討の解説をする。1階桁行方向の検討では図6左上の図にある側端部分A，Bを用いる。側端部分A，Bともに床面積は$2 \times 10 = 20\,m^2$である。

【存在壁量】

・1階側端部分A　$2.0 \times 5\,m + 1.0 \times 0\,m = 10.0\,m$

・1階側端部分B　$2.0 \times 7\,m + 1.0 \times 0\,m = 14.0\,m$

【必要壁量】p.273図1の右側建物・2階建てより，床面積あたりの必要壁量は，1階で$0.33\,m/m^2$である。

・1階側端部分A　$20\,m^2 \times 0.33\,m/m^2 = 6.6\,m$

・1階側端部分B　$20\,m^2 \times 0.33\,m/m^2 = 6.6\,m$

【壁量充足率】壁量充足率は（存在壁量）÷（必要壁量）で表せる。

・1階側端部分A　$10.0\,m \div 6.6\,m = 1.515$

・1階側端部分B　$14.0\,m \div 6.6\,m = 2.121$

【壁率比】壁率比は（小さいほうの壁量充足率）÷（大きいほうの壁量充足率）で表せ，0.5以上であることを確かめる。

・1階桁行方向壁率比　$1.515 ÷ 2.121 = 0.71 ≧ 0.5$　適合

1階梁間方向，2階桁行方向，2階梁間方向に関しても同様に計算できる（表4）。

5　接合部の設計

木造軸組構法では，とくに①筋かい端部接合部，②柱頭・柱脚接合部，③横架材の継手・仕口における設計に注意しなければならない。①，②は水平耐力を発揮するのに必要であり，仕様規定により定められている。③に関しては，基準法では具体的な仕様は定められていないが，許容応力度計算などで性能を確認することはたいせつである。

筋かい端部に用いられる代表的な筋かいプレートおよびその使用方法を図7に示す。

耐力壁両端の柱の接合金物を決定する方法は，①平成12年建設省告示第1460号の仕様により選択する方法（表5），②N値計算法による方法，③構造計算（許容応力度計算）による方法がある❶。

N値計算法では，接合部が有すべき耐力を「接合部倍率N」という値で示す。N値は，当該柱の両側の耐力壁の壁倍率の差や，周辺部材の押さえ効果，長期軸力を考慮して決定する。N値を求めるとき，筋かい❷を用いた耐力壁の場合には，表6に示すような補正が必要となる。筋かいは，圧縮と引張りで強度特性が異なるためである。

（a）平屋の柱，2階建ての2階の柱　式(1)よりN値を求める。

$$N = A_1 × B_1 - L \tag{1}$$

N：接合部倍率
A_1：柱両側の壁の壁倍率の差（ただし，筋かいの場合は補正値を加える）
B_1：周辺部材による押さえ効果を表す係数（出隅の場合0.8，その他の場合0.5）
L：鉛直荷重による押さえ効果を表す係数（出隅の場合0.4，その他の場合0.6）

（b）2階建ての1階の柱　式(2)よりN値を求める。

$$N = A_1 × B_1 + A_2 × B_2 - L \tag{2}$$

N, A_1, B_1：前出
A_2：直上の2階柱両側にある壁の壁倍率の差（ただし，筋かいの場合は補正値を加える）
B_2：2階の周辺部材による押さえ効果を表す係数（出隅の場合0.8，その他の場合0.5）
L：鉛直荷重による押さえ効果を表す係数（出隅の場合1.0，その他の場合1.6）

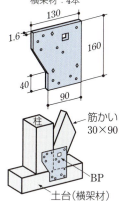

角根平頭ボルト：M12………1本
六角ナット：M12………1個
小型角座金：W2.3×30…1枚
太めくぎ：ZN65……10本
筋かい：3本
柱：3本
横架材：4本

図7　代表的な筋かいプレートとその使用方法

❶　これら三つの方法は，①よりも②，②よりも③の方が，より詳細な計算を行うことになる。よって一般的には，①よりも②，②よりも③のほうが耐力の小さな接合金物になるが，構造計算を必要としない小規模木構造では，①または②の方法を用いている。

❷　平面図には下図のように⊿を使って筋かいの取付き方（向き）を示す。

筋かいの向きを表す記号

たすき掛け筋かいは⊠や⊠で表す。

表5 耐力壁両側の柱-横架材接合部の仕様

柱と横架材の仕口の接合
（平成12年建設省告示1460号）

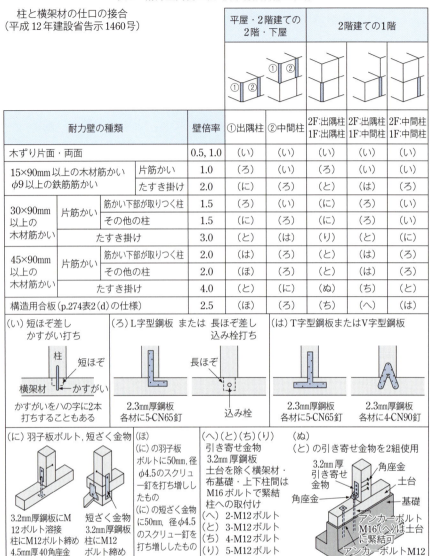

耐力壁の種類			壁倍率	①出隅柱	②中間柱	2F:出隅柱 1F:出隅柱	2F:出隅柱 1F:中間柱	2F:中間柱 1F:中間柱
木ずり片面・両面			0.5, 1.0	(い)	(い)	(い)	(い)	(い)
15×90mm以上の木材筋かい φ9以上の鉄筋筋かい	片筋かい		1.0	(ろ)	(い)	(ろ)	(い)	(い)
	たすき掛け		2.0	(に)	(ろ)	(と)	(は)	(ろ)
30×90mm以上の木材筋かい	片筋かい	筋かい下部が取りつく柱	1.5	(ろ)	(い)	(に)	(ろ)	(い)
		その他の柱	1.5	(に)	(ろ)	(に)	(ろ)	(い)
	たすき掛け		3.0	(と)	(は)	(り)	(と)	(に)
45×90mm以上の木材筋かい	片筋かい	筋かい下部が取りつく柱	2.0	(は)	(ろ)	(と)	(は)	(ろ)
		その他の柱	2.0	(ほ)	(ろ)	(と)	(は)	(ろ)
	たすき掛け		4.0	(と)	(に)	(ぬ)	(ち)	(と)
構造用合板(p.274表2(d)の仕様)			2.5	(ほ)	(ろ)	(ち)	(へ)	(は)

なお、$N=1.0$は、許容耐力では5.3 kNを意味している。これは耐力壁高さ2.7mを仮定しているからである。壁倍率1.0の長さ1mの耐力壁の水平せん断力1.96 kNによるモーメントは、1.96 kN×2.7 m＝5.292 kN・m≒5.3 kN・mとなる。これを柱間隔1mで除すと柱に作用する軸力が求まり、5.3 kN[1]となる。

柱頭・柱脚接合部の設計にN値計算法を用いる場合、耐力壁が直交している交点にある柱の場合は、x, y各方向のN値を計算し、いずれか大きいほうの値を当該柱のN値とする。

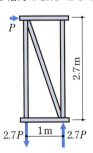

❶ 下図に示すように水平力Pに対して柱に作用する軸力は$2.7P$となる。

表6　筋かいが取り付く柱の壁倍率補正値（太線：対象とする柱）
（a）筋かいが片側から取り付く柱

			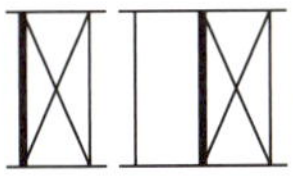
30×90 mmの筋かい	0.5	− 0.5	
45×90 mmの筋かい	0.5	− 0.5	0
90×90 mmの筋かい	2.0	− 2.0	

（b）両側に片筋かいが取り付く柱

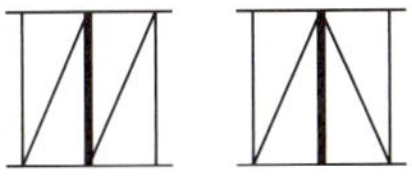

他方の筋かい ＼ 一方の筋かい	30 × 90 mm の筋かい	45 × 90 mm の筋かい	90 × 90 mm の筋かい	
30×90 mmの筋かい	1.0	1.0	2.5	
45×90 mmの筋かい	1.0	1.0	2.5	0
90×90 mmの筋かい	2.5	2.5	4.0	

（c）一方に片筋かい，他方にたすき掛け筋かいが取り付く柱

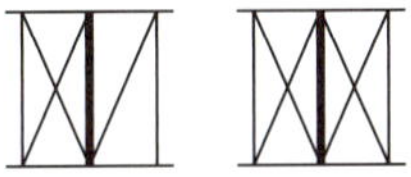

他方のたすき掛け筋かい ＼ 一方の片筋かい	30 × 90 mm の筋かい	45 × 90 mm の筋かい	90 × 90 mm の筋かい	
30×90 mmの筋かい	0.5	0.5	2.0	
45×90 mmの筋かい	0.5	0.5	2.0	0
90×90 mmの筋かい	0.5	0.5	2.0	

例題2 図8のように平屋建てでx方向30×90 mmのたすき掛け筋かい耐力壁（壁倍率3.0）と，y方向に片筋かい45×90 mmと構造用合板を併用した耐力壁（壁倍率$2.0 + 2.5 = 4.5$）が交わる隅柱の柱脚のN値を求めなさい。

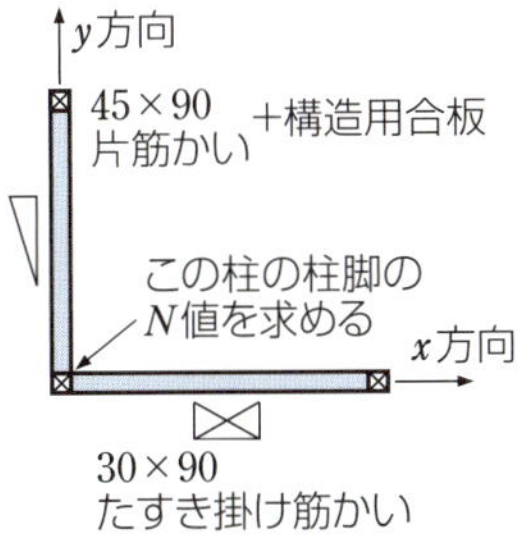

解答… x方向耐力壁の壁倍率は3.0，y方向耐力壁の壁倍率は4.5である。よって，

x方向のN値$= 3.0 \times 0.8 - 0.4 = 2.0$

y方向のN値$= 4.0$❶$\times 0.8 - 0.4 = 2.8$

となり，2.0と2.8の大きいほうが解で，当該柱のN値$= 2.8$となる❷。

図8　x, y両方向に耐力壁が取り付く隅柱

❶ 45×90 mm の片筋かいの場合，表6にもあるように，柱脚部に対する補正値は，-0.5であるから，$A_1 = 4.5 - 0.5 = 4.0$

❷ 以下の表7にN値を当てはめると，金物を選択できる。ここでは，（と）を使用すればよい。

表7　N値と金物

N値	金物（表5参照）	必要耐力[kN]
0.0以下	（い）	0.0
0.65以下	（ろ）	3.4
1.0以下	（は）	5.1
1.4以下	（に）	7.5
1.6以下	（ほ）	8.5
1.8以下	（へ）	10.0
2.8以下	（と）	15.0
3.7以下	（ち）	20.0
4.7以下	（り）	25.0
5.6以下	（ぬ）	30.0

第2節　壁量設計　**281**

6 水平構面

壁量計算は，床の面内の強度・剛性がじゅうぶんにあることを前提としており，偏心率の計算も同様である。図9(a)に示すように根太構法では火打ちを入れ，図(b)に示すように根太なし構法では，厚物の構造用合板を張るなど床の強度・剛性を高める必要がある。吹抜や階段には床が無いので，その周囲の床で補えるようにする必要がある。耐力壁線間の大きな建築物では，とくに注意を要する。

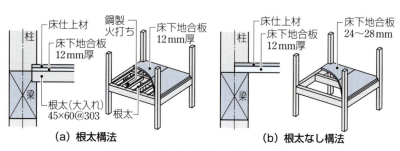

図9 床構面（根太構法，根太なし構法）

7 木材および筋かいの品質

構造耐力上主要な部分に用いる木材の品質は，節，繊維の傾斜，丸身などによる耐力上の欠点がないものでなくてはならない。また原則として，筋かいには欠込みをしてはならない。よって筋かいと間柱の交差部では，筋かいではなく間柱を欠き込む。また，たすき掛け筋かいの交差部では，欠き込まないようにする[1]。

❶ やむを得ず，筋かいを欠き込む場合は，金物で補強する。

8 その他の仕様

柱の断面欠損，通し柱，部材の品質，耐久性，防腐措置などに関して，以下に示す仕様が規定されている。

① 柱の $\frac{1}{3}$ 以上を欠き取る場合は，その部分を補強しなければならない。

② 2階建ての隅柱またはこれに準ずる柱は，通し柱としなければならない。管柱として通し柱と同等以上の補強をしてもよい。

③ 構造耐力上主要な部分でとくに腐食・腐朽・摩損のおそれのあるものには，腐食・腐朽・摩損防止の措置をした材料を用いなければならない。

④ 鉄網モルタル塗りその他軸組が腐りやすい構造である部分の下地には，防水紙その他これに類するものを使用しなければならない。また，構造耐力上主要な部分である柱，筋かいおよび土台のうち，地面から1m以内の部分には，有効な防腐措置を講じるとともに，

必要に応じて，蟻害・虫害を防ぐための措置を講じなければならない。

9 基礎の設計

(a) べた基礎　一般に地盤の長期地耐力が20 kN/m²以上の場合には，べた基礎を用いることができる。床下の湿気や液状化を考えるとべた基礎は有効な場合が多い。一体の鉄筋コンクリート造とし，土台の下には連続した立ち上がり部分を設ける。立ち上がり部の高さは地上部分で300 mm以上，厚さ120 mm以上，底盤の厚さ120 mm以上，根入れ深さ120 mm以上かつ凍結深度よりも深くする。その他，表8に示すような構造とする。

表8　べた基礎を鉄筋コンクリート造とする場合の構造

立ち上がり部の主筋	異形鉄筋12 mm以上を立ち上がりの上下端に1本以上設置。補強筋と緊結
立ち上がり部の補強筋	径9 mm以上の鉄筋を300 mm以下で縦に設置
底盤補強筋	径9 mm以上の鉄筋を300 mm以下で縦横に設置
換気口	周辺を径9 mm以上の鉄筋で補強

（平成12年建設省告示1347号）

(b) 布基礎　一般に地盤の長期地耐力が30 kN/m²以上の場合には，布基礎を用いることができる。一体の鉄筋コンクリート造とし，土台の下には連続した立ち上がり部分を設け，図10に示すような形状とする。すなわち，立ち上がり部の高さは地上部分で300 mm以上，厚さ120 mm以上，底盤の厚さ150 mm以上，根入れ深さ240 mm以上かつ凍結深度よりも深くする。底盤の幅を表9に示す。

(c) 杭基礎　一般に地盤の長期地耐力が20 kN/m²未満の場合には，べた基礎や布基礎のような直接基礎を用いることは適切でなく，杭基礎を設ける。

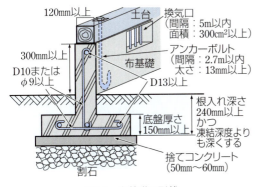

図10　布基礎の形状

表9　地盤の許容応力度と布基礎底盤の幅 [mm]

（基礎杭を用いた場合以外）

地盤の長期許容応力度	平屋建て	2階建て
30 kN/m²以上 50 kN/m²未満	300	450
50 kN/m²以上 70 kN/m²未満	240	360
70 kN/m²以上	180	240

（平成12年建設省告示1347号）

Practice 章末問題

● **1.** 図1に示す建築物に対して，以下の(1)〜(4)について答えよ。

(1) 壁量を確認せよ。

(2) 耐力壁配置の釣合いを確認（四分割法による壁率比の確認）せよ。

(3) Y_1構面における柱❶〜柱❾の柱脚および柱頭の金物をp.280表5を用いて選択せよ。

(4) Y_1構面における柱❶〜柱❾の柱脚および柱頭の金物をN値法を用いて選択せよ。

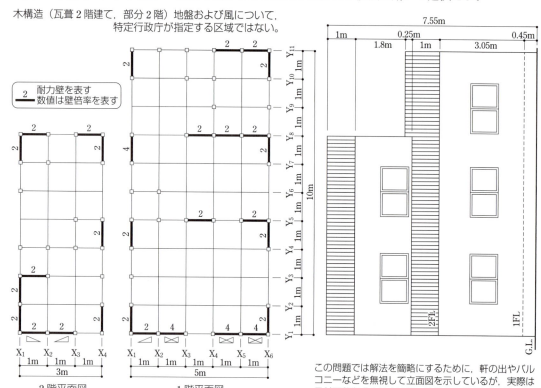

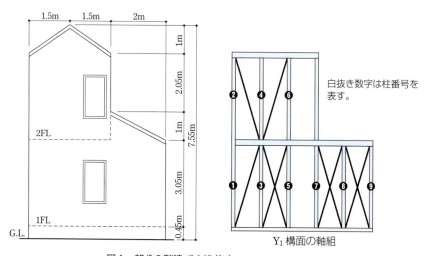

図1 部分2階建て木造住宅

第 9 章
地震被害の低減に向けて

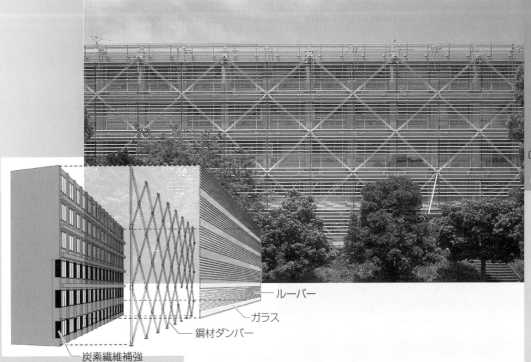

◎―東京工業大学緑が丘1号館 耐震改修

― ルーバー
― ガラス
― 鋼材ダンパー
― 炭素繊維補強

Introduction

　明治以降の日本国内で，建築物に大きな被害をもたらし多くの犠牲者を出したおもな地震には，濃尾地震（1891年）・関東地震（1923年）・兵庫県南部地震（1995年）・東北地方太平洋沖地震（2011年）などがある。

　これらの地震災害から教訓を得て，建築物の耐震設計に対するさまざまな考え方が生まれた。

　この章では，これまでに学んだ構造設計の中で，とくに地震被害を低減するためのさまざまな対策をもり込んだ構造設計について学ぶ。

Chapter 9

1節 耐震構造

わが国は，大地震によってたびたび建築物等に被害を受けてきた。このような地震に対して，将来予想される地震力にじゅうぶん耐える耐力とねばり強さをもつ構造（**耐震構造**❶）をめざした設計をしている。ここでは，第5章で学んだ構造設計の考え方を基礎として，地震に対して建築物がどのように揺れ動くのか，さらに極めて稀に起こる大きな地震に対して，どのような考慮が必要かなど，耐震設計の基礎的な考え方について学ぶ。

❶ earthquake resistant structure

1 地震被害と耐震設計のあゆみ

耐震設計に対する考え方は，大地震を経験し，さまざまな被害を受けて，その教訓をもとにしだいに発展してきた。ここでは，明治時代以降，日本をおそった地震による被害とそれを契機に発展してきた耐震設計のあゆみを図1～3に示す。

❷ magnitude
地震の規模を表す尺度。マグニチュードの数値が1大きくなると，震源から放出される地震のエネルギーは32倍になる。

❸ 建築物の重量の0.1倍相当以上の水平力が作用したときに，柱や梁などの部材応力度が許容応力度以下になるように部材の断面を決める規定。当時の許容応力度は，現在より小さな値が使われていた。

1891年　濃尾地震

岐阜県西部を震源とした内陸地震（M❷=8.0）。愛知県，岐阜県一帯に大被害をもたらした。江戸時代からの古い木造住宅やヨーロッパから輸入した技術によるれんが造の建築物が多数被害を受けた。1892年に震災予防調査会が発足し，調査・研究が進められた。1916年に佐野利器によって発表された「家屋耐震構造論」は，その後の耐震設計に大きな影響を与えた。1919年に市街地建築物法が制定され，同法施行令（1920年）には100尺（約31m）の高さ制限が設けられた。市街地建築物法は後に建築基準法となる。

1890

1940

1923年　関東地震

相模湾を震源とした地震（M=7.9）。横浜，東京など関東南部に大きな被害をもたらし，関東大震災とよばれている。地震後に発生した火災は被害を大きくした。1924年の市街地建築物法施行令の改正では，構造別高さ制限が強化された。また，世界で初めて設計震度（水平震度を0.1以上）❸が規定され，地震による水平力に対する設計に用いられるようになった。

図1　過去の地震被害と耐震設計のあゆみ（1890年～1940年）

286　第9章　地震被害の低減に向けて

1940

1944年　東南海地震
1946年　南海地震

1948年　福井地震

福井平野を震源とした内陸地震（M＝7.1）。福井平野とその周辺に被害をもたらした。全壊家屋が100％に達する集落があったため，気象庁震度階に震度7（激震）が設けられた。1950年に市街地建築物法に代わって建築基準法が施行され，設計震度を0.2以上に引き上げられた。1953年に強震度計（SMAC）による強震観測が始まった。

1964年　新潟地震

新潟県沖を震源とした地震（M＝7.5）。新潟市内で液状化現象による被害，不同沈下や傾斜による建築物被害，石油タンクの大火災などが生じた。一方で，この時期から構造設計にコンピュータを使用した動的解析が導入された。1960年代には高層ビルが建設され，1970年に建築基準法から31mの高さ制限が撤廃された。

1968年　十勝沖地震

三陸沖を震源とした地震（M＝7.9）。青森県を中心に北海道南部，東北地方に被害をもたらした。建築基準法に従って耐震設計された鉄筋コンクリート構造の建築物に被害が生じた。1971年に日本建築学会の「鉄筋コンクリート構造計算規準」が改定され，せん断設計が見直された。

1978年　宮城県沖地震

宮城県沖を震源とした地震（M＝7.4）。被害は宮城県に多く，新興開発地に被害が集中した。さらに，エレベータ，屋上水槽などの設備機器，ガス，水道，電気，通信などの都市機能（ライフライン）にさまざまな障害を起こした。1981年に建築基準法施行令が改正され，一次設計と二次設計（p.163～165）の考え方が導入された。いわゆる新耐震設計基準である。この改正以降の建築物は耐震性が強化された。

1990

図2　過去の地震被害と耐震設計のあゆみ（1940年～1990年）

1995年　兵庫県南部地震

兵庫県淡路島を震源とし神戸市の直下を通る活断層による地震（M＝7.3）。震度7（激震）の地域も生じ，阪神・淡路大震災とよばれている。高速道路高架橋の倒壊が象徴的であったが，建築物にも多くの被害が生じた。その結果，ピロティ（柱だけで壁がなく外部に開かれた階）のある建築物の耐震設計が見直された。1995年に「建築物の耐震改修の促進に関する法律（耐震改修促進法）」が施行，2000年の建築基準法の改正では性能設計が取り入れられた。

2004年　新潟県中越地震

2011年　東北地方太平洋沖地震

東北地方太平洋沖を震源とした，国内観測史上最大規模の地震エネルギーを記録した地震（M＝9.0）。地震動による直接的な建築物被害に比べて，津波による甚大な被害が東北地方の太平洋沿岸にもたらされた。東日本大震災とよばれている。原子力発電所の被災により放射性物質による汚染が問題となっている。

震源地から離れた関東地方でも大きな揺れにより天井の脱落などの被害を受けた。その結果，構造体でない部分（二次部材や非構造部材とよばれる）に対する設計が見直され，天井やエレベーターの脱落防止対策が義務付けられた。

2016年　熊本地震

熊本県熊本地方を震源とした，2016年4月14日以降の一連の地震活動（4月14日：M＝6.5, 4月16日：M＝7.3）。益城町では震度7を2回観測するなど，複数回の大きな揺れを受けた。耐震設計された木構造の建築物でも多くの被害が見られ，地震力に抵抗する柱や壁が上下階で連続していることの重要性が着目された。

2018年　北海道胆振東部地震

図3　過去の地震被害と耐震設計のあゆみ（1990年～2020年）

2 建築物と地震による揺れ

1 地盤と建築物

建築物には，構造物としての剛性や質量により，**固有周期**[1]がある。建築物を一つの質点 m，一つのばね k として表すとしたら，固有周期 T [秒] は，次の式で表される。

● 固有周期　　　$T = 2\pi \sqrt{\dfrac{m}{k}}$　　　　　　　　　　　　(1)

m：建築物の質量 [kg]　　　k：建築物の剛性（ばね定数）[N/m]

式(1)より次のことがいえる。剛性が同じ場合，重い建築物ほど固有周期が長くなり，ゆっくり揺れる。逆に，軽い建築物ほど固有周期が短くなり，速く揺れる。また，質量が同じ建築物では，剛性が低く（柔らかく）なるほど，固有周期が長くなり，ゆっくり揺れる。一般に，同じ高さの建築物では，鋼構造より鉄筋コンクリート構造のほうが，質量が大きいが，剛性はさらに高く（かたく）固有周期が短い。また，超高層ビルや，五重の塔などは固有周期が長い[2]。

建築物の固有周期と地震の揺れの周期が一致すると，建築物の揺れが増幅されて，徐々に大きくなる。この現象を**共振**[3]とよぶ。共振現象が起きると，建築物が激しく揺れ，被害が発生する場合がある。また，建築物が建てられている地盤の性質（たとえば，地盤のかたさなど）によって，地震の揺れの周期が変わってくる。地盤・地形が軟弱地盤，造成地（盛土）などの場合，地震被害が大きくなる傾向がある（図4）。このように，建築物の固有周期と建築物を建てる地盤の性質は，地震による揺れと密接な関係があるので，建設地の地盤の性質をよく調査しなければならない[4]。

[1] natural period
➡ p.170

[2] n 層の建築物において，各層の剛性が k，質量が m であるとき，n 層全体の剛性 K は $\dfrac{k}{n}$，全体の質量 M は nm となる。一層建築物の固有周期は $T = 2\pi \sqrt{\dfrac{m}{k}}$ であるので，n 層全体の固有周期 T_n は，単純化して計算すると，

$T_n = 2\pi \sqrt{\dfrac{M}{K}} = 2\pi \sqrt{\dfrac{nm}{\frac{k}{n}}}$

$= 2n\pi \sqrt{\dfrac{m}{k}} = nT$

となり，一層建築物の固有周期の n 倍であることがわかる。したがって，高層建築物ほど固有周期は長い。

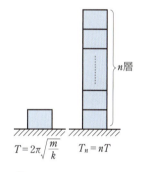

[3] resonance

[4] 設計上想定する地震力を設定する振動特性係数 R_t は，地盤によるかたさおよび建築物の振動特性（または周期）と地震力の関係について表したものである。

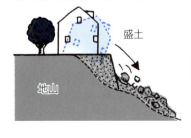

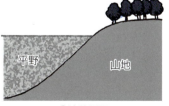
①沖積平野

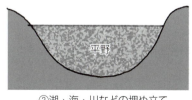
②湖・海・川などの埋め立てによる軟弱地盤

(a) 盛土の崩壊　　　　(b) 地盤の性質の相違

図4　構造物の地震被害に影響を与える地盤・地形

2 建築物の応答

❶ responce

地震や風など変動する外力による建築物の揺れ（振動）を**応答**❶という。地震による応答を求めるとき，建築物全体を図5(c)に示すような1質点系モデルとしたモデル化が用いられる。このモデルは，図5(c)のように質量 m と剛性（＝ばね定数）k で表現される。

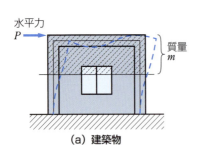 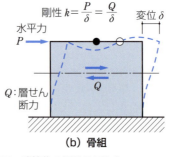 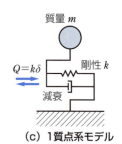

（a）建築物　　　　　　（b）骨組　　　　　　（c）1質点系モデル

図5　建築物の振動モデル化

また，建築物には振動エネルギーを吸収することで揺れを減少させる性質があり，これを**減衰**❷という。この減少の度合いを表す指標として，**減衰定数**❸を用いる。高層建築物の応答の計算には，鋼構造で2％，鉄筋コンクリート造で3％程度❹の減衰定数が用いられることが多い。

❷ damping
ふつう粘性減衰力 Cv を考える。ただし，C は減衰係数，v は相対速度である。

❸ damping factor
減衰係数 C の臨界減衰 C_c に対する比率（C/C_c）

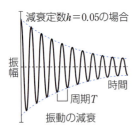

❹ 日本建築学会「建築物の減衰」による。

❺ 設計に主として必要なのは，応答の過程よりもその最大値である。

(a) 応答スペクトル　減衰定数が一定で固有周期が異なる建築物の振動モデルを振動台に並べる（図6）。固有周期の短い低層建築物を左側に，周期の長くなる順番に右側に並べていく。次に，この振動台をある地震動で揺すると，いろいろな固有周期の建築物に地震動が入力する。すると，振動台の動きに応じて振動モデルが揺れる，つまり応答する。このモデルの応答を測定したものが，応答波形である。当然，固有周期の短い振動モデルは，早く揺れ，固有周期の長い振動モデルは，ゆっくり揺れる。それらの振動モデルの最大応答❺ $A_1 \sim A_4$ を求め，その値を周期を示す横軸上のところに，$A_1 \sim A_4$ を縦軸にして点を打つ。それらの点を結んだ曲線を**応答スペクトル**という。応答スペクトルには，変位（揺れの幅），揺れの速度，揺れの加速度の最大値から求めたものがあり，それぞれ，**変位応答スペクトル・速度応答スペクトル・加速度応答スペクトル**（図6）という。応答スペクトルは，地震動による建築物の揺れの程度を示すもので，地盤の状況や地震の特性によりその形が異なる。

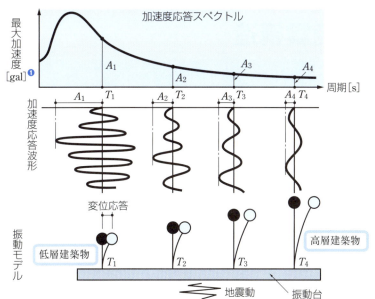

❶ gal（ガル）は，加速度の大きさを表す単位である。
重力加速度 9.806 65 m/s² は，980.665 gal であり，1 gal = 1 × 10⁻² m/s² となる。

図6　加速度応答スペクトル

　図7は加速度応答スペクトルの一例である。加速度応答スペクトルをみることにより，固有周期による建築物の揺れ方の違いや，地震動・地盤の性質などを読み取ることができる。建築物の種類による，おおよその固有周期の違いを図8に示す。

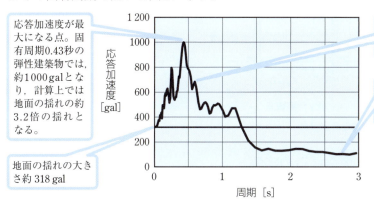

図7　加速度応答スペクトル図の読み方

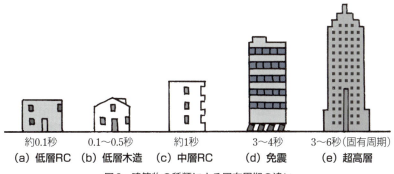

図8　建築物の種類による固有周期の違い

第1節　耐震構造　291

Chapter 9 2節 免震構造

1 免震構造のしくみ

免震構造は、建築物の上部構造と基礎の間などに免震部材を入れた建築構造である。地震時に、従来の耐震構造に比べ、建築物の上部構造の応答加速度や、層間変位を減らすことができる❶（図1）。建築物に入力する地震エネルギーを免震部材（図2）で吸収するため、極めて稀に起こる大地震を受けても、免震部材の点検や取換えを行うだけで建築物の使用が可能である。免震部材には、円盤状のゴムと鋼板を交互にはさんだ積層ゴム❷、鋼棒・鉛・オイル等を使ったダンパー❸などを組み合わせたものが、おもに使われている。

❶ さらに、建築物の固有周期を長くする（長周期化をはかる）ことにより、地震動との共振現象をさける働きもある。
❷ 積層ゴム支承という。
❸ damper
振動エネルギーを吸収する装置。鉛や鋼材を用いたもの、流体や粘性体などを利用したものが使われる。

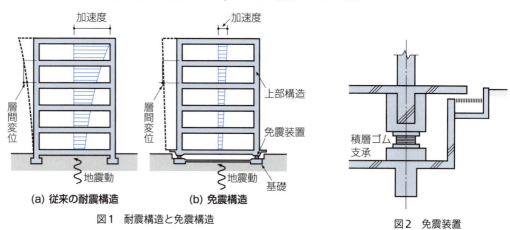

図1 耐震構造と免震構造　　図2 免震装置

2 免震構造の実例

免震構造は、災害時の対策本部となる役所などの公共建築物、病院、計算機センター、美術館、博物館など建築物内部の機器、施設の保護が要求されるものなどに使用される（図3）。最近では集合住宅やホテルにも使用されるようになっている。

図3 免震構造による建築物（首相官邸）

問1 地震動が発生したとき、免震装置の積層ゴム支承やダンパーは、どのような働きによって地震エネルギーを吸収するか、しくみについて述べよ。

問2 免震部材の種類と、それらの特性を調べよ。

3節 制振構造

1 制振構造のしくみ

　制振構造は，振動を抑制する装置や機構が組み込まれた建築構造である。制振構造は，風や地震などによる振動を減らして居住性を高め，大地震時の構造物の安全性を確保することができる。制振の方法には，制振装置を各層に分散して配置する方式と，頂部に集中して配置する方式がある。この制振装置には作動に電気などの動力源を必要としないパッシブ[1]方式と，作動に動力源とコンピュータによる制御が必要なアクティブ[2]方式がある。大地震に対しては図1(a)の各層配置型（パッシブ方式）が用いられることが一般的で，暴風時の居住性向上には，図1(b)の同調質量型を用いることが多い。

2 制振構造の実例

　制振部材として鋼材ダンパーを各層に配置した制振構造の事例を図2に示す。図3は高さ247mの高層ビルで，オイルダンパー，摩擦ダンパー，鋼材ダンパーを用いた各層配置型の事例である。図4は同調質量を使用した建築物の事例で，振り子でぶら下げられたおもりが頂部についており，暴風時の揺れを抑えることができる。

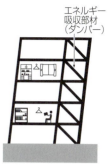

図1　おもな制振構造の方式

[1] passive
　受動的
[2] active
　能動的

図2　各層配置型
（京都外国語大学新4号館）

図3　各層配置型
（虎ノ門ヒルズ）

図4　同調質量型
（横浜ランドマークタワー）

4節 耐震診断・耐震補強

1 耐震診断の考え方

日本の耐震設計法や耐震構造は日々進化し，新しく建てられる建築物の耐震性は高まっているが，既に建てられ使われている建築物の中には耐震性がじゅうぶんでなく，大きな地震に耐えられない建築物が多く残されている。**耐震診断**❶を行い，必要な場合は耐震改修を行わなければならない。

耐震診断には計算の詳しさに応じて一次から三次までの方法がある。過去の大震災を調べると柱や壁の崩壊により，建築物が倒壊することが多いことから，人々のいる空間を壊さないことを第一に重要と考え，一次診断では，各層の柱および壁の断面積などから簡易な計算で耐震性を調べる。二次診断においても，建築物の重量を支える柱および壁に注目し，これらの強度と靱性を評価しつつ各層の耐震性をより詳しく調べる。三次診断では，新しい建築物の設計法と同様に，建築物を柱・壁・梁の骨組として考え，これらの強度と靱性に応じてより詳細に各層の耐震性の診断を行う。

耐震診断の結果，耐震性能に問題がなければ建築物を継続使用するが，問題がある場合は耐震補強，免震化，建替工事などにより所定の耐震性能を確保する必要がある。

2 耐震補強

建築物の耐震診断の結果，補強が必要と判断された場合は，**耐震補強**❷をする。補強計画では，建築物の特性を踏まえて補強後の目標性能を設定し，どの程度の強度と靱性を与えるかの方針を定め，適切な工法を選定する。

補強工法には，強度を増加させる方法や靱性を高める方法などがある。強度を増加させるには，耐震壁を増設する方法（図1(a)），ブレースを入れる方法（図1(b)）などがある。

図2(a)は，鉄筋コンクリート柱が斜めに割れる脆性的な破壊（せん断破壊）の被害例である。このような破壊を防止するには，鉄筋コン

❶ 既存建築物の耐震性の評価については，1968年十勝沖地震後の1973年に官公庁建築物を対象とした「既存RC建物の耐震判定基準」の作成にはじまり，一般化した既存建築物の鉄筋コンクリート構造耐震診断基準は，1977年に，(財)日本特殊建築安全センター（現，(財)日本建築防災協会）で作成された。想定東海地震対策に多用され，その後，1978年宮城県沖地震の経験も加えて1990年に改定され，さらに1995年兵庫県南部地震を経て2001年改訂された。

❷ レトロフィットともいう。古いもの（レトロ）を現在の基準に適応（フィット）させるという意味である。

クリート柱に鋼板や炭素繊維シートを巻き付けて補強する方法（図2(b)）などがある。これは，せん断破壊を抑制し，柱脚や柱頭で曲げ降伏させ，柱を粘り強く変形させることで靭性を高めることができる。

(a) 耐震壁の増設

(b) 鋼製ブレースの増設

図1 強度を増加させる工法の例

(a) 兵庫県南部地震でせん断破壊した柱

(b) 柱の補強の例

図2 靭性を高める工法の例

　耐震補強では，地震を受けたときに損傷が集中しないように，部材の剛性や靭性を考え，建築物全体の釣合いを取りながら耐震性能を向上させる必要がある。部材の補強だけでは目標性能を確保できない場合は，地震入力を低減させる方法もある。免震構造や制振構造を採用することで地震による揺れを抑える方法や，非構造部材を軽量化することで地震荷重を減らす方法などがある。建築物内部の機能をできるだけ残すには，既存部分に隣接して外付けフレームを増設する方法（図3）もある。

　図4は，事前に耐震補強が行われていたため，兵庫県南部地震のさいに，耐震補強の効果が現れ，被害を免れた建築物である。また，歴史的な建築物などは，壁などを増設することができないので，柱や壁にはあまり手を加えず，建築物の外観をそのままにして，免震装置などを導入する技術により，免震構造にして耐震性を高める場合もある（図5）。

問 1 図3は，ブレースを設置することで耐震補強した事例である。これを参考に，耐震補強を行っている建築物を見つけよ。また，補強方法を調べよ。

(a) 改修前　　　　　　　　(b) 改修後

図3　耐震改修補強の例（ブレース補強，上野ビルディング）（竣工　1965年，改修　2007年3月）

事前に耐震補強を行っていたため，1995年兵庫県南部地震による被害を免れた神戸郵船ビル（竣工　1917年5月，改修　1994年3月）

図4　耐震補強により被害の少なかった建築物（神戸郵船ビル）

フランスの建築家ル・コルビュジエが設計した上野の国立西洋美術館（1959年）の基礎部分に免震部材を組み込み，建築物全体を免震構造（1998年）とし，耐震性を高めた。

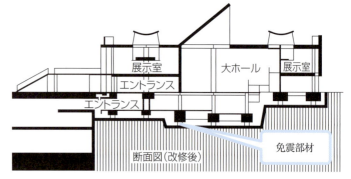

図5　免震構造による耐震補修（国立西洋美術館）

296　第9章　地震被害の低減に向けて

付録

付1 荷重および外力

1 固定荷重

建築物の各部の固定荷重は，表1の単位面積あたり荷重の欄に定める数値に面積を乗じて計算するか，または当該建築物の実況に応じて計算する。

表1(a)　建築物の各部の固定荷重　（建築基準法施行令第84条・抜粋）

建築物の部分	種別			単位面積あたり荷重 [N/m²]	備考
屋根	瓦葺	葺土がない場合		640 (屋根面につき)	下地および垂木を含み，母屋を含まない。
		葺土がある場合		980	
	ガラス屋根			290	鉄製枠を含み，母屋を含まない。
	厚形スレート葺			440	下地および垂木を含み，母屋を含まない。
木造の母屋	母屋支点間の距離	2 m以下		50 (天井面につき)	
		4 m以下		100	
天井	繊維板張り・打上げ板張り・合板張りまたは金属板張り			150	吊木・受木およびその他の下地を含む。
	木毛セメント板張り			200	
	しっくい塗			390	
床	木造の床	板張り		150 (床面につき)	根太を含む。
		畳敷き		340	床板および根太を含む。
		床梁	4 m以下 (梁間)	100	
			6 m以下	170	
			8 m以下	250	
	コンクリートの床の仕上げ	板張り		200	根太および大引を含む。
		フロアリングブロック張り		150	仕上げ厚10 mmごとに，そのmmの数値を乗じるものとする。
		モルタル塗・人造石塗およびタイル張り		200	
壁	木造の建築物の壁の軸組			150 (壁面につき)	柱・間柱および筋かいを含む。
	木造の建築物の壁の仕上げ	木ずりしっくい塗		340	下地を含み，軸組を含まない。
		鉄網モルタル塗		640	
	コンクリート造の壁の仕上げ	モルタル塗および人造石塗		200	仕上げ厚さ10 mmごとに，そのmmの数値を乗じるものとする。
		タイル張り		200	

付録　297

表1（b）　建築物の各部の固定荷重（常用されている値）

建築物の部分	種別	単位面積あたり荷重 [N/m²]		備考
屋根	波板鋼板	屋根面につき	200	母屋・小梁を含まない。
	鉄骨造の母屋・小梁		200	
天井	石膏ボード2枚張り	天井面につき	200	
床	タイルカーペット	床面につき	50	下地モルタルは別途。
	防水押えコンクリート		230	厚さ10 mmに，そのmmの数値を乗じる。
壁	鉄骨造の胴縁・間柱	壁面につき	300	
	波型鋼板		200	胴縁・間柱を含まない。
	ガラス壁		600	サッシを含む。
	押出し成型セメント板（厚さ60 mm）		800	取付金物を含む。
	ALC板（厚さ120 mm）		800	取付金物を含む。

2　積載荷重

（建築基準法施行令第85条による）

　建築物の各部の積載荷重は，当該建築物の実況に応じて計算する。ただし，表2に示した室の床の積載荷重は，それぞれ (1)，(2)，(3) の欄に定める数値に面積を乗じて計算することができる。

表2　積載荷重　　　　　　　　　　　　　　　　　　　　　　　　　　　　　　　　　[N/m²]

室の種類		構造計算の対象	(1) 床の構造計算用	(2) 大梁・柱または基礎の構造計算用	(3) 地震力計算用
(a)	住宅の居室，住宅以外の建築物における寝室または病室		1 800	1 300	600
(b)	事務室		2 900	1 800	800
(c)	教室		2 300	2 100	1 100
(d)	百貨店または店舗の売場		2 900	2 400	1 300
(e)	劇場・映画館・演芸場・観覧場・公会堂・集会場その他これらに類する用途に供する建築物の客席または集会室	固定席	2 900	2 600	1 600
		その他	3 500	3 200	2 100
(f)	自動車車庫および自動車通路		5 400	3 900	2 000
(g)	廊下・玄関または階段		(c) から (e) までにかかげる室に連絡するものにあっては，(e) の「その他」の場合の数値による。		
(h)	屋上広場またはバルコニー		(a) の数値による。ただし，学校または百貨店の用途に供する建築物にあっては，(d) の数値による。		

注．倉庫業を営む倉庫の床は，実況に応じて計算した値が3 900 N/m²未満の場合も3 900 N/m²とする。

3 風圧力（閉鎖型建築物の外圧係数と内圧係数）

図1のような閉鎖型建築物における外圧係数C_{pe}は表3～表5，内圧係数C_{pi}は表6の数値とする。

（建築基準法施行令第87条および平成12年建設省告示第1454号）

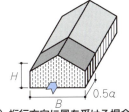

- H：建築物の高さと軒の高さとの平均[m]
- B：風向きに対する見付幅[m]
- a：BとHの2倍の数値のうち，いずれか小さな数値[m]

*屋根面については，張り間方向に風を受ける陸屋根と同じ扱いをする。

(a) 張り間方向に風を受ける場合（表3～表6を用いる）
(b) 桁行方向に風を受ける場合*（表3～表4，表6を用いる）

図1　閉鎖型建築物の形状

表3　壁面のC_{pe}

部位	風上壁面	側壁面 風上端部より0.5aの領域	側壁面 左にかかげる領域以外の領域	風下壁面
C_{pe}	$0.8kz$*	−0.7	−0.4	−0.4

注．＊kzは，次の式で求める。
　HがZ_b以下の場合，$kz=1.0$
　HがZ_bを超える場合でZがZ_b以下の場合，$kz=(Z_b/H)^{2\alpha}$
　HがZ_bを超える場合でZがZ_bを超える場合，$kz=(Z/H)^{2\alpha}$

Z：当該部分の地盤面からの高さ[m]　α，Z_bは，表7を参照。

表4　陸屋根面のC_{pe}

部位	風上端部より0.5aの領域	左にかかげる領域以外の領域
C_{pe}	−1.0	−0.5

表5　切妻屋根面，片流れ屋根面およびのこぎり屋根面のC_{pe}

部位＼θ	風上面 正の係数	風上面 負の係数	風下面
10度未満	—	−1.0	−0.5
10度	0	−1.0	−0.5
30度	0.2	−0.3	−0.5
45度	0.4	0	−0.5
90度	0.8	—	−0.5

この表にかかげるθの数値以外のθに応じたC_{pe}は，表にかかげる数値をそれぞれ直線的に補間した数値とする。ただし，θが10度未満の場合は正の係数を，θが45度を超える場合は負の係数を用いた計算は省略することができる。

表6　閉鎖型建築物のC_{pi}

形式	閉鎖型
C_{pi}	0および−0.2

図2　地表面粗度区分の例（地表面粗度区分Ⅲ）

表7 地表面粗度区分と諸係数

		Z_b[m]	Z_G[m]	α	G_f H[m]≦10	G_f 10<H[m]<40	G_f 40≦H[m]
地表面粗度区分I	都市計画区域外,きわめて平坦で障害物がない地域	5	250	0.10	2.0	直線補間	1.8
地表面粗度区分II	都市計画区域外で,地表面粗度区分I以外の地域,都市計画区域内で,地表面粗度区分IV以外で海岸線または湖岸線までの距離が500メートル以内の地域	5	350	0.15	2.2	直線補間	2.0
地表面粗度区分III	地表面粗度区分I・II・IV以外の地域	5	450	0.20	2.5	直線補間	2.1
地表面粗度区分IV	都市計画区域内で都市化がきわめて著しい地域	10	550	0.27	3.1	直線補間	2.3

4 地震力(地震層せん断力係数のZ, A_i)

(建築基準法施行令第88条および昭和55年建設省告示第1793号)

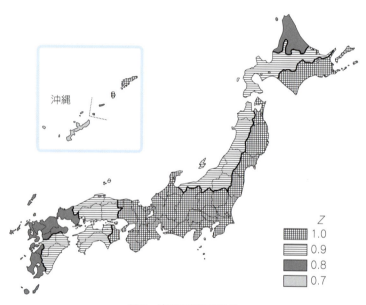

図3 地震の地域係数Z

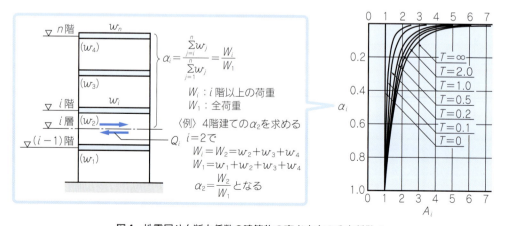

図4 地震層せん断力係数の建築物の高さ方向の分布係数A_i

付2　木材の座屈低減係数 η

（日本建築学会「木質構造設計規準」（2006）による）

$\lambda \leq 30 \cdots \eta = 1$　　　$30 < \lambda \leq 100 \cdots \eta = 1.3 - 0.01\lambda$　　　$100 < \lambda \cdots \eta = 3\,000/\lambda^2$

λ	0	1	2	3	4	5	6	7	8	9
30	1.00	0.99	0.98	0.97	0.96	0.95	0.94	0.93	0.92	0.91
40	0.90	0.89	0.88	0.87	0.86	0.85	0.84	0.83	0.82	0.81
50	0.80	0.79	0.78	0.77	0.76	0.75	0.74	0.73	0.72	0.71
60	0.70	0.69	0.68	0.67	0.66	0.65	0.64	0.63	0.62	0.61
70	0.60	0.59	0.58	0.57	0.56	0.55	0.54	0.53	0.52	0.51
80	0.50	0.49	0.48	0.47	0.46	0.45	0.44	0.43	0.42	0.41
90	0.40	0.39	0.38	0.37	0.36	0.35	0.34	0.33	0.32	0.31
100	0.30	0.29	0.29	0.28	0.28	0.27	0.27	0.26	0.26	0.25
110	0.25	0.24	0.24	0.23	0.23	0.23	0.22	0.22	0.22	0.21
120	0.21	0.20	0.20	0.20	0.20	0.19	0.19	0.19	0.18	0.18
130	0.18	0.17	0.17	0.17	0.17	0.16	0.16	0.16	0.16	0.16
140	0.15	0.15	0.15	0.15	0.14	0.14	0.14	0.14	0.14	0.14
150	0.13									

付3　反曲点高比 y

（日本建築学会「鉄筋コンクリート構造計算用資料集」（2001）による）

$$y = y_0 + y_1 + y_2 + y_3$$

(a)　標準反曲点高比 y_0（逆三角荷重）

層数 m	層位置 n	$\bar{k}$ 0.1	0.2	0.3	0.4	0.5	0.6	0.7	0.8	0.9	1.0	2.0	3.0	4.0	5.0
1	1	0.80	0.75	0.70	0.65	0.65	0.60	0.60	0.60	0.60	0.55	0.55	0.55	0.55	0.55
2	2	0.50	0.45	0.40	0.40	0.40	0.40	0.40	0.40	0.40	0.45	0.45	0.45	0.45	0.50
2	1	1.00	0.85	0.75	0.70	0.70	0.65	0.65	0.65	0.60	0.60	0.55	0.55	0.55	0.55
3	3	0.25	0.25	0.25	0.30	0.30	0.35	0.35	0.35	0.40	0.40	0.45	0.45	0.45	0.50
3	2	0.60	0.50	0.50	0.50	0.50	0.45	0.45	0.45	0.45	0.45	0.50	0.50	0.50	0.50
3	1	1.15	0.90	0.80	0.75	0.75	0.70	0.70	0.65	0.65	0.65	0.60	0.55	0.55	0.55
4	4	0.10	0.15	0.20	0.25	0.30	0.30	0.35	0.35	0.35	0.40	0.45	0.45	0.45	0.45
4	3	0.35	0.35	0.35	0.40	0.40	0.40	0.40	0.45	0.45	0.45	0.45	0.50	0.50	0.50
4	2	0.70	0.60	0.55	0.50	0.50	0.50	0.50	0.50	0.50	0.50	0.50	0.50	0.50	0.50
4	1	1.20	0.95	0.85	0.80	0.75	0.70	0.70	0.70	0.65	0.65	0.55	0.55	0.55	0.55

(b)　上下の梁の剛比変化による修正値 y_1

α_1	$\bar{k}$ 0.5	1.0	2.0
0.4	0.20	0.15	0.05
0.5	0.15	0.10	0.05
0.6	0.10	0.05	0.05
0.7	0.10	0.05	0.05
0.8	0.05	0.0	0.0
0.9	0.0	0.0	0.0

```
k₁    k₂

k₃    k₄
```

注．$\alpha_1 = \dfrac{k_1 + k_2}{k_3 + k_4}$　α_1 は最下層を考えないでよい。また，上梁の剛比が大きいときには，逆数をとって，$\alpha_1 = \dfrac{k_3 + k_4}{k_1 + k_2}$ として y_1 を求め，符号を負（−）とする。

(c)　上層の層高変化による修正値 y_2, 下層の層高変化による修正値 y_3

α_2 上	α_3 下	$\bar{k}$ 0.5	1.0	2.0
2.0		0.10	0.05	0.05
1.8		0.10	0.05	0.05
1.6	0.4	0.05	0.05	0.0
1.4	0.6	0.05	0.0	0.0
1.2	0.8	0.0	0.0	0.0
1.0	1.0	0.0	0.0	0.0
0.8	1.2	0.0	0.0	0.0
0.6	1.4	−0.05	0.0	0.0
0.4	1.6	−0.05	−0.05	0.0
	1.8	−0.10	−0.05	−0.05
	2.0	−0.10	−0.05	−0.05

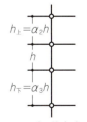

注．y_2：$\alpha_2 = h_上/h$ から求める。

y_3：$\alpha_3 = h_下/h$ から求める。

ただし，最上層については y_2，最下層については y_3 を考えなくてもよい。

付4 長方形梁およびT形梁断面計算図表

（日本建築学会「鉄筋コンクリート構造計算規準・同解説」(2018) による）

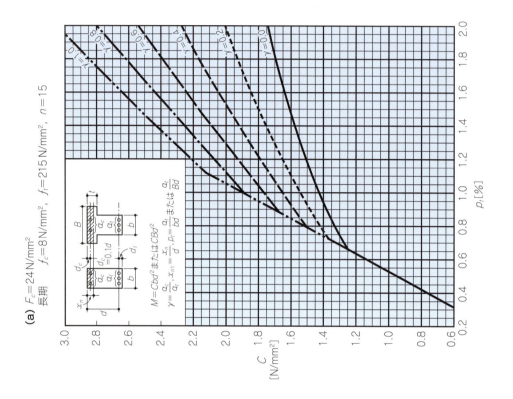

(a) $F_c = 24\,\text{N/mm}^2$ 長期　$f_c = 8\,\text{N/mm}^2$,　$f_t = 215\,\text{N/mm}^2$,　$n = 15$

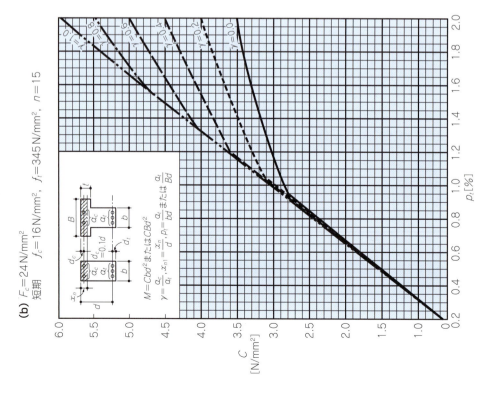

(b) $F_c = 24\,\text{N/mm}^2$ 短期　$f_c = 16\,\text{N/mm}^2$,　$f_t = 345\,\text{N/mm}^2$,　$n = 15$

付 5 長方形柱計算図表

(日本建築学会「鉄筋コンクリート構造計算規準・同解説」(2018)による)

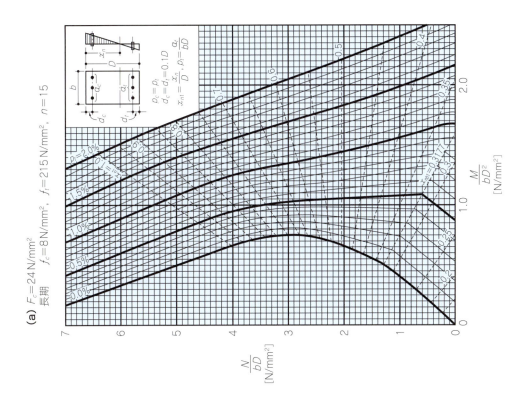

(a) $F_c=24\,\text{N/mm}^2$ 長期 $f_c=8\,\text{N/mm}^2$, $f_t=215\,\text{N/mm}^2$, $n=15$

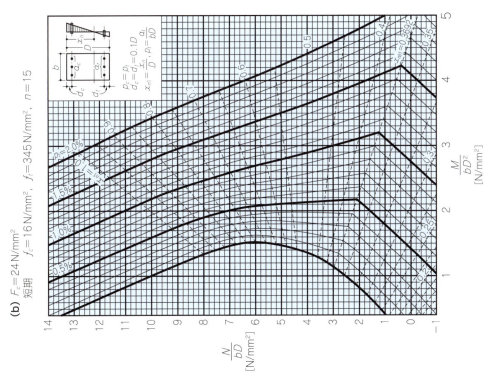

(b) $F_c=24\,\text{N/mm}^2$ 短期 $f_c=16\,\text{N/mm}^2$, $f_t=345\,\text{N/mm}^2$, $n=15$

付録 **303**

付6　鉄筋本数と梁および柱の幅　最小限度の関係表

（日本建築学会「鉄筋コンクリート造配筋指針・同解説」(2010) から作成）

(a)　梁の幅　最小限寸法

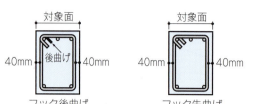

（フック後曲げ，（　）内はフック先曲げ）　　[mm]

主筋	あばら筋	主筋本数 2	3	4	5	6	7
D19	D10	235(195)	290(240)	340(295)	395(345)	445(400)	500(450)
D19	D13	275(215)	330(255)	380(310)	435(360)	485(415)	540(470)
D22	D10	235(200)	295(250)	355(310)	410(365)	470(425)	525(480)
D22	D13	275(220)	335(265)	395(325)	450(380)	510(440)	565(500)
D25	D10	240(210)	305(265)	370(330)	435(400)	505(465)	570(530)
D25	D13	280(225)	345(280)	410(350)	475(415)	540(480)	610(545)
D25	D16	320(245)	385(300)	450(365)	515(435)	585(500)	650(565)

(b)　柱の幅　最小限寸法

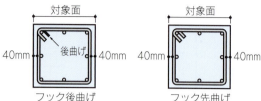

（フック後曲げ，（　）内はフック先曲げ）　　[mm]

主筋	帯筋	主筋本数 3	4	5	6	7	8
D19	D10	285(235)	340(285)	390(340)	445(395)	495(445)	550(500)
D19	D13	320(250)	375(300)	425(355)	480(410)	535(460)	585(515)
D22	D10	295(245)	350(305)	410(360)	465(420)	525(480)	585(535)
D22	D13	330(260)	390(320)	445(375)	505(435)	560(495)	620(550)
D25	D10	305(265)	370(330)	435(395)	500(460)	570(530)	635(595)
D25	D13	340(275)	405(340)	470(405)	540(470)	605(540)	670(605)
D25	D16	380(295)	445(360)	510(425)	575(490)	640(560)	710(625)

付7　鉄筋コンクリート床梁に生じる力の計算図表

（日本建築学会「鉄筋コンクリート構造計算規準・同解説」(2018) による）

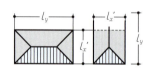

$w\,[\mathrm{N/m^2}]$
$\lambda = \dfrac{l_y}{l_x'}$
$\lambda = 1$

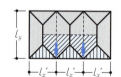

$w\,[\mathrm{N/m^2}]$
$\lambda = \dfrac{l_y}{l_x'}$

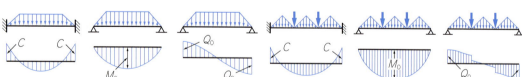

計算式（梁の両側にスラブがついている場合）

$$C = 2\left(\frac{\lambda^2}{24} - \frac{1}{48} + \frac{1}{192\lambda}\right)w l_x'^3$$

$$M_0 = 2\left(\frac{\lambda^2}{16} - \frac{1}{48}\right)w l_x'^3$$

$$Q_0 = 2\left(\frac{\lambda}{4} - \frac{1}{8}\right)w l_x'^2$$

計算式（梁の両側にスラブがついている場合）

$$C = 2\left(\frac{\lambda}{3} + \frac{5}{192}\right)w l_x'^3$$

$$M_0 = 2\left(\frac{\lambda}{2} + \frac{1}{24}\right)w l_x'^3$$

$$Q_0 = 2\left(\frac{\lambda}{2} + \frac{1}{8}\right)w l_x'^2$$

付8　等辺山形鋼の標準断面寸法とその断面積・単位質量・断面特性

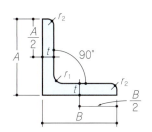
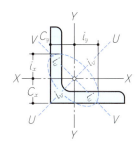

寸法* [mm] A×B	t	r_1	r_2	断面積 [×10^2 mm^2]	単位質量 [kg/m]	重心の位置 [×10 mm] $C_x=C_y$	断面二次モーメント [×10^4 mm^4] $I_x=I_y$	I_u	I_v	断面二次半径 [×10 mm] $i_x=i_y$	i_u	i_v	断面係数 [×10^3 mm^3] $Z_x=Z_y$	単位荷重** [N/m]
45×45	4	6.5	3	3.492	2.74	1.24	6.50	10.3	2.70	1.36	1.72	0.88	2.00	26.9
45×45	4	6.5	3	3.492	2.74	1.24	6.50	10.3	2.70	1.36	1.72	0.88	2.00	26.9
50×50	4	6.5	3	3.892	3.06	1.37	9.06	14.4	3.76	1.53	1.92	0.98	2.49	30.0
50×50	6	6.5	4.5	5.644	4.43	1.44	12.6	20.0	5.23	1.50	1.88	0.96	3.55	43.4
60×60	4	6.5	3	4.692	3.68	1.61	16.0	25.4	6.62	1.85	2.33	1.19	3.66	36.1
60×60	5	6.5	3	5.802	4.55	1.66	19.6	31.2	8.09	1.84	2.32	1.18	4.52	44.6
65×65	6	8.5	4	7.527	5.91	1.81	29.4	46.6	12.2	1.98	2.49	1.27	6.26	58.0
65×65	8	8.5	6	9.761	7.66	1.88	36.8	58.3	15.3	1.94	2.44	1.25	7.96	75.1
75×75	6	8.5	4	8.727	6.85	2.06	46.1	73.2	19.0	2.30	2.90	1.48	8.47	67.2
75×75	9	8.5	6	12.69	9.96	2.17	64.4	102	26.7	2.25	2.84	1.45	12.1	97.7
75×75	12	8.5	6	16.56	13.0	2.29	81.9	129	34.5	2.22	2.79	1.44	15.7	127
90×90	6	10	5	10.55	8.28	2.42	80.7	128	33.4	2.77	3.48	1.78	12.3	81.2
90×90	7	10	5	12.22	9.59	2.46	93.0	148	38.3	2.76	3.48	1.77	14.2	94.0
90×90	10	10	7	17.00	13.3	2.57	125	199	51.7	2.71	3.42	1.74	19.5	130
90×90	13	10	7	21.71	17.0	2.69	156	248	65.3	2.68	3.38	1.73	24.8	167
100×100	7	10	5	13.62	10.7	2.71	129	205	53.2	3.08	3.88	1.98	17.7	105
100×100	10	10	7	19.00	14.9	2.82	175	278	72.0	3.04	3.83	1.95	24.4	146
100×100	13	10	7	24.31	19.1	2.94	220	348	91.1	3.00	3.78	1.94	31.1	187
120×120	8	12	5	18.76	14.7	3.24	258	410	106	3.71	4.67	2.38	29.5	144
130×130	9	12	6	22.74	17.9	3.53	366	583	150	4.01	5.06	2.57	38.7	176
130×130	12	12	8.5	29.76	23.4	3.64	467	743	192	3.96	5.00	2.54	49.9	229
130×130	15	12	8.5	36.75	28.8	3.76	568	902	234	3.93	4.95	2.53	61.5	282

注．＊ JIS G 3192の寸法のうち，製造を中止している寸法は削除し，130 mmサイズを追加した。
　＊＊単位荷重 ＝（単位質量）×9.806 65 m/s^2（重力加速度）による。

付9　H形鋼の標準断面寸法とその断面積・単位質量・断面特性

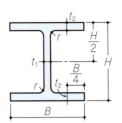
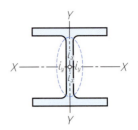

呼称寸法 (高さ×辺)	寸法* [mm] $H \times B$	t_1	t_2	r	断面積 [×10²] mm²	単位質量 [kg/m]	断面二次モーメント [×10⁴ mm⁴] I_x	I_y	断面二次半径 [×10 mm] i_x	i_y	断面係数 [×10³ mm³] Z_x	Z_y	横座屈計算用の断面性能 i_y'** [×10mm]	$\eta = \dfrac{i_y' h}{A_f}$***	単位荷重**** [N/m]
100×100	100×100	6	8	8	21.59	16.9	378	134	4.18	2.49	75.6	26.7	2.75	3.44	166
125×125	125×125	6.5	9	8	30.00	23.6	839	293	5.29	3.13	134	46.9	3.45	3.84	231
150×75	150×75	5	7	8	17.85	14.0	666	49.5	6.11	1.66	88.8	13.2	1.96	5.60	137
150×100	148×100	6	9	8	26.35	20.7	1 000	150	6.17	2.39	135	30.1	2.71	4.46	203
150×150	150×150	7	10	8	39.65	31.1	1 620	563	6.40	3.77	216	75.1	4.15	4.15	305
175×175	175×175	7.5	11	13	51.42	40.4	2 900	984	7.50	4.37	331	112	4.80	4.36	396
200×100	200×100	5.5	8	8	26.67	20.9	1 810	134	8.23	2.24	181	26.7	2.63	6.57	205
200×150	194×150	6	9	8	38.11	29.9	2 630	507	8.30	3.65	271	67.6	4.09	5.87	293
200×200	200×200	8	12	13	63.53	49.9	4 720	1 600	8.62	5.02	472	160	5.50	4.59	489
250×125	250×125	6	9	8	36.97	29.0	3 960	294	10.4	2.82	317	47.0	3.30	7.33	284
250×175	244×175	7	11	13	55.49	43.6	6 040	984	10.4	4.21	495	112	4.72	5.99	428
250×250	250×250	9	14	13	91.43	71.8	10 700	3 650	10.8	6.32	860	292	6.91	4.93	704
300×150	300×150	6.5	9	13	46.78	36.7	7 210	508	12.4	3.29	481	67.7	3.87	8.61	360
300×200	294×200	8	12	13	71.05	55.8	11 100	1 600	12.5	4.75	756	160	5.38	6.59	547
300×300	300×300	10	15	13	118.4	93.0	20 200	6 750	13.1	7.55	1 350	450	8.28	5.52	912
350×175	350×175	7	11	13	62.91	49.4	13 500	984	14.6	3.96	771	112	4.60	8.35	484
350×250	340×250	9	14	13	99.53	78.1	21 200	3 650	14.6	6.05	1 250	292	6.79	6.60	766
350×350	350×350	12	19	13	171.9	135	39 800	13 600	15.2	8.89	2 280	776	9.71	5.11	1 324
400×200	400×200	8	13	13	83.37	65.4	23 500	1 740	16.8	4.56	1 170	174	5.29	8.13	641
400×300	390×300	10	16	13	133.2	105	37 900	7 200	16.9	7.35	1 940	480	8.19	6.66	1 030
400×400	400×400	13	21	22	218.7	172	66 600	22 400	17.5	10.1	3 330	1 120	11.0	5.25	1 687
400×400	414×405	18	28	22	295.4	232	92 800	31 000	17.7	10.2	4 480	1 530	11.2	4.10	2 275
400×400	428×407	20	35	22	360.7	283	119 000	39 400	18.2	10.4	5 570	1 930	11.4	3.42	2 775
400×400	458×417	30	50	22	528.6	415	187 000	60 500	18.7	10.7	8 170	2 900	11.8	2.58	4 070
400×400	498×432	45	70	22	770.1	605	298 000	94 400	19.7	11.1	12 000	4 370	12.3	2.03	5 933
450×200	450×200	9	14	13	95.43	74.9	32 900	1 870	18.6	4.43	1 460	187	5.23	8.40	735
450×300	440×300	11	18	13	153.9	121	54 700	8 110	18.9	7.26	2 490	540	8.16	6.65	1 187
500×200	500×200	10	16	13	112.2	88.2	46 800	2 140	20.5	4.36	1 870	214	5.20	8.13	865
500×300	488×300	11	18	13	159.2	125	68 900	8 110	20.8	7.14	2 820	540	8.10	7.32	1 226

呼称寸法 (高さ×辺)	寸法* [mm] $H \times B$	t_1	t_2	r	断面積 [×10²] mm²	単位 質量 [kg/m]	断面二次モーメント [×10⁴ mm⁴] I_x	I_y	断面二次半径 [×10 mm] i_x	i_y	断面係数 [×10³ mm³] Z_x	Z_y	横座屈計算用の断面性能 $i_y'^{**}$ [×10 mm]	$\eta = \dfrac{i_y' h}{A_f^{***}}$	単位荷重**** [N/m]
600×200	600×200	11	17	13	131.7	103	75 600	2 270	24.0	4.16	2 520	227	5.09	8.98	1 010
600×300	588×300	12	20	13	187.2	147	114 000	9 010	24.8	6.94	3 890	601	8.01	7.85	1 442
700×300	700×300	13	24	18	231.5	182	197 000	10 800	29.2	6.83	5 640	721	7.95	7.73	1 785
800×300	800×300	14	26	18	263.5	207	286 000	11 700	33.0	6.67	7 160	781	7.87	8.08	2 030
900×300	890×299	15	23	18	266.9	210	339 000	10 300	35.6	6.20	7 610	687	7.59	9.83	2 059
900×300	900×300	16	28	18	305.8	240	404 000	12 600	36.4	6.43	8 990	842	7.75	8.31	2 354
900×300	912×302	18	34	18	360.1	283	491 000	15 700	36.9	6.59	10 800	1 040	7.90	7.01	2 775
900×300	918×303	19	37	18	387.4	304	535 000	17 200	37.2	6.67	11 700	1 140	7.96	6.52	2 981

注．　＊JIS G 3192の寸法のうち，製造を中止している寸法は削除し，広幅400シリーズと中幅700～900シリーズを追加した。
　　＊＊ i_y' は，右図参照。
　＊＊＊ A_f は，右図参照。
＊＊＊＊単位荷重＝(単位質量)×9.806 65 m/s²(重力加速度)による。

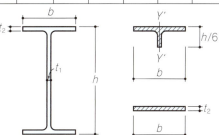

i_y'：圧縮フランジと梁せいの1/6とからなるT形断面のウェブ軸(Y'軸)まわりの断面二次半径 [mm]

A_f：圧縮フランジの断面積 [mm]　$A_f = bt_2$

建築構造用冷間プレス成形角形鋼管（BCP235, 325）　　（$R = 3.5\,t$ で計算）

寸法 [mm] H	B	t	断面積 A [cm²]	質量 W [kg/m]	断面二次モーメント $I_x = I_y$ [cm⁴]	断面二次半径 $i_x = i_y$ [cm]	断面係数 $Z_x = Z_y$ [cm³]
300	300	12	130.8	103	17 500	11.6	1 160
300	300	16	168.6	132	21 500	11.3	1 440
350	350	16	200.6	157	35 800	13.4	2 050
350	350	19	233.0	183	40 400	13.2	2 310
400	400	16	232.6	183	55 200	15.4	2 760
400	400	19	271.0	213	62 800	15.2	3 140
400	400	22	307.7	242	69 500	15.0	3 480
450	450	16	264.6	208	80 600	17.5	3 580
450	450	19	309.0	254	92 200	17.3	4 100
450	450	22	351.7	276	103 000	17.1	4 560
500	500	16	296.6	233	113 000	19.5	4 510
500	500	19	347.0	272	130 000	19.3	5 180
500	500	22	395.7	311	145 000	19.1	5 800
550	550	19	385.0	302	176 000	21.4	6 390
550	550	22	439.7	345	197 000	21.2	7 180
550	550	25	492.8	387	217 000	21.0	7 900
600	600	22	483.7	380	261 000	23.2	8 710
600	600	25	542.8	426	288 000	23.1	9 620
600	600	28	600.3	471	314 000	22.9	10 500

付 10　鋼材の長期に生じる力に対する許容圧縮応力度 f_c

（日本建築学会「鋼構造許容応力度設計規準」から作成）

SN 400，SS 400，SM 400，SSC 400，STK 400，STKR 400　　厚さ $t \leqq 40\,\text{mm}$ の場合

$F = 235\,\text{N/mm}^2$，$E = 2.05 \times 10^5\,\text{N/mm}^2$，$\Lambda = 119.79$（限界細長比 $\Lambda = \sqrt{\pi^2 E/0.6F}$）

λ	f_c	λ	f_c	λ	f_c	λ	f_c	λ	f_c	λ	f_c
1	156	43	140	85	102	127	57.9	169	32.7	211	21.0
2	156	44	139	86	101	128	57.0	170	32.3	212	20.8
3	156	45	139	87	100	129	56.1	171	31.9	213	20.6
4	156	46	138	88	99.1	130	55.3	172	31.6	214	20.4
5	156	47	137	89	98.0	131	54.4	173	31.2	215	20.2
6	156	48	136	90	97.0	132	53.6	174	30.9	216	20.0
7	156	49	136	91	95.9	133	52.8	175	30.5	217	19.8
8	156	50	135	92	94.8	134	52.0	176	30.2	218	19.7
9	155	51	134	93	93.8	135	51.3	177	29.8	219	19.5
10	155	52	133	94	92.7	136	50.5	178	29.5	220	19.3
11	155	53	132	95	91.6	137	49.8	179	29.2	221	19.1
12	155	54	132	96	90.6	138	49.0	180	28.8	222	19.0
13	155	55	131	97	89.5	139	48.3	181	28.5	223	18.8
14	154	56	130	98	88.4	140	47.7	182	28.2	224	18.6
15	154	57	129	99	87.3	141	47.0	183	27.9	225	18.5
16	154	58	128	100	86.3	142	46.3	184	27.6	226	18.3
17	154	59	127	101	85.2	143	45.7	185	27.3	227	18.1
18	153	60	126	102	84.1	144	45.0	186	27.0	228	18.0
19	153	61	125	103	83.0	145	44.4	187	26.7	229	17.8
20	153	62	125	104	82.0	146	43.8	188	26.4	230	17.7
21	152	63	124	105	80.9	147	43.2	189	26.1	231	17.5
22	152	64	123	106	79.8	148	42.6	190	25.9	232	17.4
23	151	65	122	107	78.7	149	42.1	191	25.6	233	17.2
24	151	66	121	108	77.7	150	41.5	192	25.3	234	17.1
25	151	67	120	109	76.6	151	41.0	193	25.1	235	16.9
26	150	68	119	110	75.5	152	40.4	194	24.8	236	16.8
27	150	69	118	111	74.4	153	39.9	195	24.6	237	16.6
28	149	70	117	112	73.4	154	39.4	196	24.3	238	16.5
29	149	71	116	113	72.3	155	38.9	197	24.1	239	16.4
30	148	72	115	114	71.2	156	38.4	198	23.8	240	16.2
31	148	73	114	115	70.2	157	37.9	199	23.6	241	16.1
32	147	74	113	116	69.1	158	37.4	200	23.4	242	15.9
33	147	75	112	117	68.0	159	36.9	201	23.1	243	15.8
34	146	76	111	118	67.0	160	36.5	202	22.9	244	15.7
35	145	77	110	119	65.9	161	36.0	203	22.7	245	15.6
36	145	78	109	120	64.9	162	35.6	204	22.4	246	15.4
37	144	79	108	121	63.8	163	35.2	205	22.2	247	15.3
38	143	80	107	122	62.8	164	34.7	206	22.0	248	15.2
39	143	81	106	123	61.7	165	34.3	207	21.8	249	15.1
40	142	82	105	124	60.7	166	33.9	208	21.6	250	14.9
41	141	83	104	125	59.8	167	33.5	209	21.4		
42	141	84	103	126	58.8	168	33.1	210	21.2		

注．短期に生じる力のときは，表の数値を1.5倍する．

付11　鋼材の長期に生じる力に対する許容曲げ応力度 f_b

（日本建築学会「鋼構造許容応力度設計規準」から作成）

(a) 補正係数 C

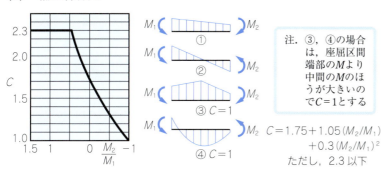

注．③，④の場合は，座屈区間端部の M より中間の M のほうが大きいので $C=1$ とする

$C = 1.75 + 1.05(M_2/M_1) + 0.3(M_2/M_1)^2$
ただし，2.3以下

M_1：座屈区間端部の強軸まわりの曲げモーメントのうち，大きいほうの値
M_2：座屈区間端部の強軸まわりの曲げモーメントのうち，小さいほうの値
M_2/M_1 の符号：共に時計回りを正とする。左図①のとき C は小さくなる。

(b) 許容曲げ応力度 f_b [N/mm²]

SN 400，SS 400，SM 400，SSC 400，STK 400，STKR 400　　$t \leq 40$ mm
$F = 235$ N/mm²，$E = 2.05 \times 10^5$ N/mm²，$\Lambda = 119.79$

㋐　$\lambda = l_b/i_y'$ と C により求まる許容曲げ応力度（破線）
㋑　$\lambda = l_b/i_y'$ と $\eta = i_y' h/A_f$ により求まる許容曲げ応力度（実線）

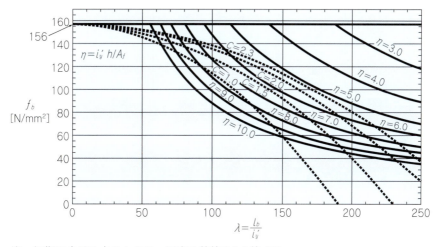

注．短期に生じる力のときは，図表の数値を1.5倍する。

付12　高力ボルトおよびアンカーボルトの許容耐力

(a) 高力ボルトの長期に生じる力に対する許容耐力

（建築基準法施行令第92条の2および平成12年建設省告示第2466号による）

ボルトの等級	ねじの呼び	ボルト軸径 [mm]	ボルト孔径 [mm]	ボルト軸断面積 [mm²]	ボルト有効断面積 [mm²]	締付けボルト張力 [N/mm²]	基準張力 [N/mm²]	許容せん断力 [kN]	許容引張力 [kN]
F10T	M16	16	18	201	157	500以上	500	30.2　60.3	62.3
	M20	20	22	314	245			47.1　94.2	97.3
	M22	22	24	380	303			57.0　114.0	117.8
	M24	24	26	452	353			67.8　135.6	140.1

注．1) 短期に生じる力のときは，表の数値を1.5倍する。
　　2) JIS B 1186

(b) アンカーボルトの長期に生じる力に対する許容引張力

(建築基準法施行令第90条および平成12年建設省告示第2464号による)

ボルトの等級	ねじの呼び	ボルト軸径 [mm]	ボルト孔径 [mm]	ボルト軸断面積 [mm²]	ボルト有効断面積 [mm²]	基準強度 [N/mm²]	許容引張力 [kN]
黒皮 SS400	M16	16	17.5	201	157	185	18.6
	M20	20	21.5	314	245		29.0
	M22	22	23.5	380	303		35.1
	M24	24	25.5	452	353		41.8
強度区分 SS400	M16	16	17.5	201	157	235	23.6
	M20	20	21.5	314	245		36.9
	M22	22	23.5	380	303		44.6
	M24	24	25.5	452	353		53.1
強度区分 4.6 4.8	M16	16	17.5	201	157	240	24.1
	M20	20	21.5	314	245		37.6
	M22	22	23.5	380	303		45.6
	M24	24	25.5	452	353		54.2
強度区分 5.6 5.8	M16	16	17.5	201	157	300	30.1
	M20	20	21.5	314	245		47.1
	M22	22	23.5	380	303		57.0
	M24	24	25.5	452	353		67.8
強度区分 6.8	M16	16	17.5	201	157	420	42.2
	M20	20	21.5	314	245		65.9
	M22	22	23.5	380	303		79.8
	M24	24	25.5	452	353		94.9

注. 1) 短期に生じる力のときは，表の数値を1.5倍する。
2) JIS B 1051

付13　ベースプレート中立軸位置の計算図表

(日本建築学会「鋼構造許容応力度設計規準」による)

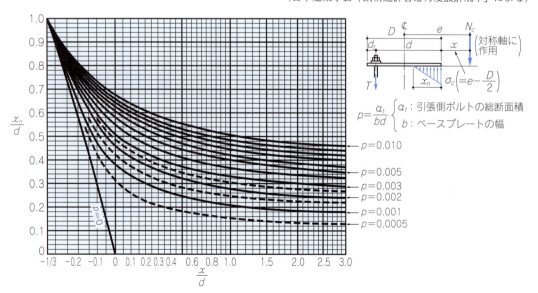

問題の解答

● 第2章・第4章には，応力図をかくための重要な値のみを示す。

第1章　構造物に働く力

第2節
問2 (p.15) (a) 3000　(b) 0.24　(c) 9000
(d) 2500000
問3 (p.15) (a) 4000 N・mm（時計回り）
(b) 0.5 kN・m（時計回り）　(c) 7 kN・m（時計回り）
問4 (p.16) 8 kN・m（反時計回り）
問6 (p.21) 算式解法　$P_X = 150$ N（右向き），
$P_Y = 150\sqrt{3} \fallingdotseq 260$ N（上向き）
問8 (p.23) (a) $R = 7$ kN（下向き）で，P_1 から右
に3mの位置
(b) $R = 4$ kN（上向き）で，P_1 から右に6mの位置
問9 (p.24) $P_A = 150$ N（下向き），
$P_B = 450$ N（上向き）
問10 (p.27) $R = 200\sqrt{2} \fallingdotseq 283$ N（左向き）
問11 (p.28) 算式解法　$P_A = 1.5$ kN（上向き），
$P_B = 2.5$ kN（上向き）
問12 (p.28) $P_A = 5.5$ kN（上向き），
$P_B = 3.5$ kN（上向き）
節末問題 (p.29)
1. (a) $M_A = 4$ kN・m（反時計回り），$M_B = 10$ kN・m
（反時計回り）
(b) $M_A = 6$ kN・m（反時計回り），$M_B = 6$ kN・m（反時
計回り）
2. (1) $R = 6$ kN（上向き），B 軸から左へ2m
(2) $P_A = 2.4$ kN（上向き），$P_B = 3.6$ kN（上向き）
3. 算式解法　$T = 8$ kN，$C = 4\sqrt{3} \fallingdotseq 6.93$ kN

第3節
問1 (p.33) (a) $W = 24$ kN（下向き）で，Aから右
に4mの位置
(b) $W = 18$ kN（下向き）で，Aから右に6mの位置
節末問題 (p.34)
1. (a) 20 kN（下向き）で，Aから右に4.4mの位置
(b) 24 kN（下向き）で，Aから右に3.5mの位置

第4節
問2 (p.37) (a) $V_A = V_B = 3$ kN（上向き）
(b) $V_A = 4$ kN（上向き），$V_B = 5$ kN（上向き）
問3 (p.37) (a) $V_A = V_B = 8$ kN（上向き）
(b) $V_A = 4$ kN（上向き），$V_B = 8$ kN（上向き）
問4 (p.38) $V_A = 2$ kN（下向き），$V_B = 2$ kN（上向
き）
問5 (p.38) $V_B = 3$ kN（上向き），$R_{MB} = 12$ kN・m
（時計回り）
問6 (p.41) (a) $V_A = 4$ kN（下向き），$H_A = 8$ kN（左
向き），$V_B = 4$ kN（上向き）
(b) $V_A = 6$ kN（上向き），$R_{MA} = 18$ kN・m（反時計回
り）
(c) $V_A = 2$ kN（下向き），$V_B = 2$ kN（上向き），
$H_A = H_B = 3$ kN（左向き）
節末問題 (p.42)
(a) $V_A = 5$ kN（上向き），$V_B = 2$ kN（上向き）

(b) $V_A = 0.75$ kN（上向き），$V_B = 3.25$ kN（上向き）
(c) $V_A = 24$ kN（上向き），$V_B = 12$ kN（上向き）
(d) $V_A = 2$ kN（上向き），$V_B = 2$ kN（下向き）
(e) $V_B = 24$ kN（上向き），$R_{MB} = 96$ kN・m（時計回り）
(f) $V_B = 9$ kN（上向き），$R_{MB} = 36$ kN・m（時計回り）
(g) $H_A = 3$ kN（左向き），$V_A = 4$ kN（下向き），
$V_B = 4$ kN（上向き）
(h) $H_A = 4$ kN（左向き），$V_A = 2$ kN（下向き），
$V_B = 5$ kN（上向き）
(i) $V_A = 6$ kN（上向き），$R_{MA} = 6$ kN・m（反時計回り）
(j) $H_B = 5$ kN（左向き），$V_B = 3$ kN（上向き），
$R_{MB} = 2$ kN・m（時計回り）
(k) $V_A = 2$ kN（下向き），$V_B = 2$ kN（上向き），
$H_A = 3$ kN（左向き），$H_B = 1$ kN（左向き）
(l) $V_A = 6$ kN（下向き），$V_B = 6$ kN（上向き），
$H_A = 9$ kN（左向き），$H_B = 3$ kN（左向き）

第5節
問2 (p.45) (a) 静定　(b) 不静定
章末問題 (p.47)
1. (a) $M_A = 12$ kN・m（時計回り），$M_B = 6$ kN・m（反
時計回り）
(b) $M_A = M_B = M_C = M_D = 9$ kN・m（時計回り）
2. (a) $V_A = 4$ kN（上向き），$V_B = 3$ kN（上向き）
(b) $V_A = 1$ kN（上向き），$V_B = 1$ kN（上向き）
(c) $V_A = 4.5$ kN（上向き），$V_B = 7.5$ kN（上向き）
(d) $V_A = 4$ kN（上向き），$V_B = 2$ kN（上向き）
(e) $V_B = 12$ kN（上向き），$R_{MB} = 72$ kN・m（時計回り）
(f) $V_B = 0$，$R_{MB} = 6$ kN・m（反時計回り）
(g) $H_B = 3$ kN（左向き），$R_{MB} = 12$ kN・m（時計回り）
(h) $V_A = 24$ kN（上向き），$R_{MA} = 80$ kN・m（反時計回り）
(i) $H_A = 1.5$ kN（右向き），$V_A = 1.5\sqrt{3} \fallingdotseq 2.6$ kN（上
向き），$R_{MA} = 6\sqrt{3} \fallingdotseq 10.4$ kN・m（反時計回り）
3. (a) $V_A = 3$ kN（上向き），$V_B = 2$ kN（上向き）
(b) $H_A = 6$ kN（左向き），$V_A = 4$ kN（下向き），
$V_B = 4$ kN（上向き）
(c) $V_A = 3$ kN（上向き），$V_B = 3$ kN（下向き）
(d) $R_{MB} = 6$ kN・m（反時計回り）
(e) $H_B = 16$ kN（左向き），$R_{MB} = 64$ kN・m（反時計回
り）
(f) $V_A = 4$ kN（上向き），$V_B = 2$ kN（上向き），
$H_A = 1$ kN（右向き），$H_B = 1$ kN（左向き）
(g) $V_A = 3$ kN（下向き），$V_B = 3$ kN（上向き），
$H_A = 1.5$ kN（右向き），$H_B = 1.5$ kN（左向き）
(h) $V_A = 9$ kN（上向き），$V_B = 9$ kN（上向き），
$H_A = 3$ kN（右向き），$H_B = 3$ kN（左向き）
(i) $V_A = 1$ kN（上向き），$V_B = 11$ kN（上向き），
$H_A = 2$ kN（左向き），$H_B = 2$ kN（左向き）
4. (a) $H_A = 4\sqrt{3} \fallingdotseq 6.93$ kN（左向き），$V_B = 6$ kN（上
向き），$H_B = 6.93$ kN（右向き）
(b) $V_A = V_B = 4$ kN（上向き）
(c) $V_A = 5$ kN（下向き），$H_A = 4$ kN（左向き），
$V_B = 5$ kN（上向き）

問題の解答　**311**

問題の解答

第2章　静定構造物の部材に生じる力

第2節

問1 (p.58) (a) $V_A = V_B = \dfrac{P}{2}$（上向き），$N_{A \sim B} = 0$,

$Q_{A \sim C} = \dfrac{P}{2}$, $Q_{C \sim B} = -\dfrac{P}{2}$, $M_A = M_B = 0$, $M_C = \dfrac{Pl}{4}$

(b) $V_A = 6\,\mathrm{kN}$（上向き），$V_B = 3\,\mathrm{kN}$（上向き），
$N_{A \sim B} = 0$, $Q_{A \sim C} = 6\,\mathrm{kN}$, $Q_{C \sim B} = -3\,\mathrm{kN}$,
$M_A = M_B = 0$, $M_C = 12\,\mathrm{kN \cdot m}$

(c) $V_A = 3\,\mathrm{kN}$（下向き），$V_B = 5\,\mathrm{kN}$（下向き），
$N_{A \sim B} = 0$, $Q_{A \sim C} = -3\,\mathrm{kN}$, $Q_{C \sim B} = 5\,\mathrm{kN}$,
$M_A = M_B = 0$, $M_C = -15\,\mathrm{kN \cdot m}$

問2 (p.59) (a) $V_A = V_B = 2\,\mathrm{kN}$（上向き），
$N_{A \sim B} = 0$, $Q_{A \sim C} = 2\,\mathrm{kN}$, $Q_{C \sim D} = 0$, $Q_{D \sim B} = -2\,\mathrm{kN}$,
$M_A = M_B = 0$, $M_C = M_D = 4\,\mathrm{kN \cdot m}$

(b) $V_A = 2\,\mathrm{kN}$（上向き），$V_B = 2\,\mathrm{kN}$（下向き），
$N_{A \sim B} = 0$, $Q_{A \sim C} = 2\,\mathrm{kN}$, $Q_{C \sim D} = -4\,\mathrm{kN}$, $Q_{D \sim B} = 2\,\mathrm{kN}$,
$M_A = M_B = 0$, $M_C = 4\,\mathrm{kN \cdot m}$, $M_D = -4\,\mathrm{kN \cdot m}$

(c) $V_A = 5\,\mathrm{kN}$（上向き），$V_B = 1\,\mathrm{kN}$（下向き），
$N_{C \sim A} = N_{A \sim B} = 0$, $Q_{C \sim A} = -4\,\mathrm{kN}$, $Q_{A \sim B} = 1\,\mathrm{kN}$,
$M_C = M_B = 0$, $M_A = -4\,\mathrm{kN \cdot m}$

問3 (p.64) (a) $V_A = V_B = \dfrac{wl}{2}$（上向き），$Q_A = \dfrac{wl}{2}$,

$Q_B = -\dfrac{wl}{2}$, $M_{\max} = \dfrac{wl^2}{8}$, $M_A = M_B = 0$

(b) $V_A = V_B = 8\,\mathrm{kN}$（上向き），$Q_A = 8\,\mathrm{kN}$,
$Q_B = -8\,\mathrm{kN}$, $Q_{C左} = 2\,\mathrm{kN}$, $Q_{C右} = -2\,\mathrm{kN}$,
$M_C = M_{\max} = 15\,\mathrm{kN \cdot m}$, $M_A = M_B = 0$

(c) $V_A = V_B = 2\,\mathrm{kN}$（上向き），$Q_{A \sim C} = 2\,\mathrm{kN}$,
$Q_C = 2\,\mathrm{kN}$, $Q_D = -2\,\mathrm{kN}$, $Q_{D \sim B} = -2\,\mathrm{kN}$, せん断力0
の位置$= 3\,\mathrm{m}$（A点より右に），$M_A = M_B = 0$,
$M_C = M_D = 4\,\mathrm{kN \cdot m}$, $M_{\max} = 5\,\mathrm{kN \cdot m}$

問4 (p.65) $V_A = 6\,\mathrm{kN}$（上向き），$V_B = 12\,\mathrm{kN}$（上向き），$Q_A = 6\,\mathrm{kN}$, $Q_B = -12\,\mathrm{kN}$, せん断力0の位置は
A点より右に$5.20\,\mathrm{m}$, $M_{\max} = 20.8\,\mathrm{kN \cdot m}$,
$M_A = M_B = 0$

問5 (p.65) $V_A = 4\,\mathrm{kN}$（下向き），$V_B = 4\,\mathrm{kN}$（上向き），$Q_{A \sim C} = -4\,\mathrm{kN}$, $Q_{C \sim B} = -4\,\mathrm{kN}$, $M_A = M_B = 0$,
$M_{C左} = -12\,\mathrm{kN \cdot m}$, $M_{C右} = 24\,\mathrm{kN \cdot m}$

問6 (p.67) (a) $Q_{A \sim C} = 0$, $M_{A \sim C} = 0$, $Q_{C \sim B} = -4\,\mathrm{kN}$,
$M_C = 0$, $M_B = -16\,\mathrm{kN \cdot m}$

(b) $Q_{A \sim C} = -2\,\mathrm{kN}$, $Q_{C \sim D} = -4\,\mathrm{kN}$, $Q_{D \sim B} = -6\,\mathrm{kN}$,
$M_A = 0$, $M_C = -4\,\mathrm{kN \cdot m}$, $M_D = -12\,\mathrm{kN \cdot m}$,
$M_B = -24\,\mathrm{kN \cdot m}$

問7 (p.68) (a) $Q_A = 0$, $Q_B = -wl$, $M_A = 0$,
$M_B = -\dfrac{wl^2}{2}$

(b) $Q_A = 0$, $Q_B = -8\,\mathrm{kN}$, $M_A = 0$, $M_B = -16\,\mathrm{kN \cdot m}$
(c) $Q_A = 6\,\mathrm{kN}$, $Q_B = -2\,\mathrm{kN}$, せん断力0の位置$= 3\,\mathrm{m}$
（A点より右に），$M_A = 0$, $M_{\max} = 9\,\mathrm{kN \cdot m}$,
$M_B = 8\,\mathrm{kN \cdot m}$

問8 (p.69) (a) $Q_{A \sim B} = 0$, $M_{A \sim B} = -4\,\mathrm{kN \cdot m}$
(b) $Q_{A \sim C} = 0$, $Q_{C \sim B} = -4\,\mathrm{kN}$, $M_{A \sim C} = -2\,\mathrm{kN \cdot m}$,
$M_B = -10\,\mathrm{kN \cdot m}$

問9 (p.69) $Q_A = 0$, $Q_B = -6\,\mathrm{kN}$, $M_A = 0$,
$M_B = -12\,\mathrm{kN \cdot m}$

問10 (p.70) $Q_{A \sim C} = 5\,\mathrm{kN}$, $Q_{C \sim D} = -1\,\mathrm{kN}$,
$Q_{D \sim B} = -4\,\mathrm{kN}$

節末問題 (p.71)

1. (a) $V_A = 4\,\mathrm{kN}$（上向き），$V_B = 2\,\mathrm{kN}$（上向き），
$N_{A \sim B} = 0$, $Q_{A \sim C} = 4\,\mathrm{kN}$, $Q_{C \sim D} = 0$, $Q_{D \sim B} = -2\,\mathrm{kN}$,
$M_A = M_B = 0$, $M_{C \sim D} = 4\,\mathrm{kN \cdot m}$

(b) $V_A = V_B = 4\,\mathrm{kN}$（上向き），$N_{A \sim B} = 0$, $Q_{A \sim C} = 4\,\mathrm{kN}$,
$Q_{C \sim D} = 2\,\mathrm{kN}$, $Q_{D \sim E} = -2\,\mathrm{kN}$, $Q_{E \sim B} = -4\,\mathrm{kN}$
$M_A = M_B = 0$, $M_C = M_E = 4\,\mathrm{kN \cdot m}$, $M_D = 6\,\mathrm{kN \cdot m}$

(c) $V_A = 1\,\mathrm{kN}$（上向き），$V_B = 1\,\mathrm{kN}$（下向き），
$N_{A \sim B} = 0$, $Q_{A \sim C} = 1\,\mathrm{kN}$, $Q_{C \sim D} = -2\,\mathrm{kN}$, $Q_{D \sim B} = 1\,\mathrm{kN}$
$M_A = 0$, $M_C = 2\,\mathrm{kN \cdot m}$, $M_D = -2\,\mathrm{kN \cdot m}$, $M_B = 0$

(d) $V_A = 1.5\,\mathrm{kN}$（上向き），$V_B = 7.5\,\mathrm{kN}$（上向き），
$N_{A \sim D} = 0$, $Q_{A \sim C} = 1.5\,\mathrm{kN}$, $Q_{C \sim B} = -4.5\,\mathrm{kN}$,
$Q_{B \sim D} = 3\,\mathrm{kN}$, $M_A = M_D = 0$, $M_C = 3\,\mathrm{kN \cdot m}$,
$M_B = -6\,\mathrm{kN \cdot m}$

(e) $V_A = 3\,\mathrm{kN}$（上向き），$V_B = 6\,\mathrm{kN}$（上向き），
$N_{A \sim B} = 0$, $Q_{A \sim C} = 3\,\mathrm{kN}$, $Q_{C \sim D} = 0$,
$Q_B = -6\,\mathrm{kN}$, $M_A = M_B = 0$, $M_{C \sim D} = 6\,\mathrm{kN \cdot m}$

(f) $V_A = 4\,\mathrm{kN}$（上向き），$V_B = 2\,\mathrm{kN}$（上向き），
$N_{A \sim B} = 0$, $Q_A = 4\,\mathrm{kN}$, $Q_C = -2\,\mathrm{kN}$, $Q_{C \sim B} = -2\,\mathrm{kN}$,
$M_A = M_B = 0$, $M_C = 6\,\mathrm{kN \cdot m}$, $M_{\max} = 6.53\,\mathrm{kN \cdot m}$（A
点から右へ$2.45\,\mathrm{m}$の位置）

(g) $V_A = 4.5\,\mathrm{kN}$（上向き），$V_B = 6\,\mathrm{kN}$（上向き），
$Q_A = 4.5\,\mathrm{kN}$, $Q_B = -6\,\mathrm{kN}$, $M_A = M_B = 0$,
$M_{\max} = 3.96\,\mathrm{kN \cdot m}$（A点から右へ$1.61\,\mathrm{m}$の位置）

(h) $V_A = 2\,\mathrm{kN}$（下向き），$V_B = 2\,\mathrm{kN}$（上向き），
$N_{A \sim B} = 0$, $Q_{A \sim B} = -2\,\mathrm{kN}$, $M_A = 12\,\mathrm{kN \cdot m}$, $M_B = 0$

(i) $V_A = 1\,\mathrm{kN}$（下向き），$V_B = 1\,\mathrm{kN}$（上向き），
$N_{A \sim B} = 0$, $Q_{A \sim B} = -1\,\mathrm{kN}$, $M_A = M_B = 0$,
$M_{C左} = -2\,\mathrm{kN \cdot m}$, $M_{C右} = -4\,\mathrm{kN \cdot m}$,
$M_{D左} = -6\,\mathrm{kN \cdot m}$, $M_{D右} = 2\,\mathrm{kN \cdot m}$

(j) $V_B = 6\,\mathrm{kN}$（上向き），$R_{MB} = 12\,\mathrm{kN \cdot m}$（時計回り），
$N_{A \sim B} = 0$, $Q_A = 0$, $Q_{C \sim B} = -6\,\mathrm{kN}$,
$M_A = 0$, $M_C = -6\,\mathrm{kN \cdot m}$, $M_B = -12\,\mathrm{kN \cdot m}$

(k) $V_B = 10\,\mathrm{kN}$（上向き），$R_{MB} = 38\,\mathrm{kN \cdot m}$（時計回り），$N_{A \sim B} = 0$, $Q_A = 0$, $Q_{C \sim D} = -6\,\mathrm{kN}$,
$Q_{D \sim B} = -10\,\mathrm{kN}$, $M_A = 0$, $M_C = -6\,\mathrm{kN \cdot m}$,
$M_D = -18\,\mathrm{kN \cdot m}$, $M_B = -38\,\mathrm{kN \cdot m}$

(l) $V_B = 8\,\mathrm{kN}$（上向き），$R_{MB} = 18\,\mathrm{kN \cdot m}$（時計回り），
$N_{A \sim C} = N_{C \sim B} = 0$, $Q_A = 0$, $Q_{C左} = -1.5\,\mathrm{kN}$,
$Q_{C右} = -3.5\,\mathrm{kN}$, $Q_B = -8\,\mathrm{kN}$, $M_A = 0$,
$M_C = -0.75\,\mathrm{kN \cdot m}$, $M_B = -18\,\mathrm{kN \cdot m}$

(m) $V_B = 1\,\mathrm{kN}$（上向き），$R_{MB} = 2\,\mathrm{kN \cdot m}$（時計回り），
$N_{A \sim B} = 0$, $Q_{A \sim C} = 3\,\mathrm{kN}$, $Q_{C \sim B} = -1\,\mathrm{kN}$,
$M_A = -2\,\mathrm{kN \cdot m}$, $M_C = 4\,\mathrm{kN \cdot m}$, $M_B = 2\,\mathrm{kN \cdot m}$

(n) $V_B = 0$, $R_{MB} = 2\,\mathrm{kN \cdot m}$（反時計回り），

$N_{A\sim B}=0$, $Q_{A\sim B}=0$, $M_{A\sim C}=-2\,\text{kN·m}$,
$M_{C\sim D}=-6\,\text{kN·m}$, $M_{D\sim B}=2\,\text{kN·m}$
(o) $V_B=6\,\text{kN}$（上向き），$R_{MB}=12\,\text{kN·m}$（時計回り），
$N_{A\sim C}=N_{C\sim B}=0$, $Q_A=0$, $Q_C=-6\,\text{kN}$,
$Q_{C\sim B}=-6\,\text{kN}$, $M_A=0$, $M_C=-6\,\text{kN·m}$,
$M_B=M_{\max}=-12\,\text{kN·m}$

第3節
問1（p.73） 任意点に生じる力を求める式は省略する。
曲げモーメント図は，軸のどちら側（左，右，上，下）
にかくかを示す（問2，3も同様）。
(a) $V_B=4\,\text{kN}$（上向き），$H_B=0$，$R_{MB}=24\,\text{kN·m}$（時
計回り），$N_{A\sim C}=-4\,\text{kN}$，$N_{C\sim B}=0$，$Q_{A\sim C}=0$，
$Q_{C\sim B}=-4\,\text{kN}$，$M_{A\sim C}=0$，$M_B=-24\,\text{kN·m}$（上）
(b) $V_B=0$，$H_B=8\,\text{kN}$（左向き），$R_{MB}=16\,\text{kN·m}$（反
時計回り），$N_{A\sim C}=0$，$N_{C\sim D}=-8\,\text{kN}$，$N_{D\sim B}=0$，
$Q_{A\sim C}=-8\,\text{kN}$，$Q_{C\sim D}=0$，$Q_{D\sim B}=8\,\text{kN}$，$M_A=0$，
$M_C=-16\,\text{kN·m}$（左と上），$M_D=-16\,\text{kN·m}$（上と
右），$M_B=16\,\text{kN·m}$（左）
(c) $V_B=0$，$H_B=8\,\text{kN}$（左向き），$R_{MB}=16\,\text{kN·m}$（反
時計回り），$N_{A\sim C}=N_{D\sim B}=0$，$N_{C\sim D}=-8\,\text{kN}$，
$Q_A=0$，$Q_C=-8\,\text{kN}$，$Q_{C\sim D}=0$，$Q_{D\sim B}=8\,\text{kN}$，
$M_A=0$，$M_C=-16\,\text{kN·m}$（左と上），$M_D=-16\,\text{kN·m}$
（上と右），$M_B=16\,\text{kN·m}$（左）

問2（p.75）
(a) $V_A=4\,\text{kN}$（下向き），$V_B=4\,\text{kN}$（上向き），
$H_A=4\,\text{kN}$（左向き），$N_{A\sim C}=4\,\text{kN}$，$N_{C\sim D}=0$，
$N_{D\sim B}=-4\,\text{kN}$，$Q_{A\sim C}=4\,\text{kN}$，
$Q_{C\sim D}=-4\,\text{kN}$，$Q_{D\sim B}=0$，$M_A=0$，
$M_C=24\,\text{kN·m}$（右と下），$M_{D\sim B}=0$
(b) $V_A=0$，$H_A=3\,\text{kN}$（左向き），$V_B=4\,\text{kN}$（上向
き），$N_{A\sim D}=0$，$N_{D\sim F}=0$，$N_{F\sim B}=-4\,\text{kN}$，
$Q_{A\sim C}=3\,\text{kN}$，$Q_{C\sim D}=Q_{D\sim E}=0$，$Q_{E\sim F}=-4\,\text{kN}$，
$Q_{F\sim B}=0$，$M_A=0$，$M_C=12\,\text{kN·m}$（右），$M_D=12\,\text{kN·m}$
（右と下），$M_E=12\,\text{kN·m}$（下），$M_F=M_B=0$
(c) $V_A=V_B=2\,\text{kN}$（上向き），$H_A=0$，$N_{A\sim C}=-2\,\text{kN}$，
$N_{C\sim B}=0$，$Q_{A\sim C}=0$，$Q_{C\sim D}=2\,\text{kN}$，$Q_{D\sim B}=-2\,\text{kN}$，
$M_A=0$，$M_C=0$，$M_D=6\,\text{kN·m}$（下），$M_B=0$
(d) $V_A=6\,\text{kN}$（下向き），$V_B=6\,\text{kN}$（上向き），
$H_B=12\,\text{kN}$（左向き），$N_{A\sim C}=6\,\text{kN}$，$N_{C\sim D}=-12\,\text{kN}$，
$N_{D\sim B}=-6\,\text{kN}$，$Q_A=0$，$Q_C=-12\,\text{kN}$，$Q_{C\sim D}=-6\,\text{kN}$，
$Q_{D\sim B}=12\,\text{kN}$，$M_A=0$，$M_C=-36\,\text{kN·m}$（左と上），
$M_D=-72\,\text{kN·m}$（上と右），$M_B=0$

問3（p.77） $V_A=2\,\text{kN}$（下向き），$H_A=4.5\,\text{kN}$（左
向き），$V_B=2\,\text{kN}$（上向き），$H_B=1.5\,\text{kN}$（左向き），
$N_{A\sim D}=2\,\text{kN}$，$N_{D\sim F}=-1.5\,\text{kN}$，$N_{F\sim B}=-2\,\text{kN}$，
$Q_{A\sim C}=4.5\,\text{kN}$，$Q_{C\sim D}=-1.5\,\text{kN}$，$Q_{D\sim F}=-2\,\text{kN}$，
$Q_{F\sim B}=1.5\,\text{kN}$，$M_A=0$，$M_C=9\,\text{kN·m}$（右），
$M_D=6\,\text{kN·m}$（右と下），$M_E=0$，$M_F=-6\,\text{kN·m}$（上
と右），$M_B=0$

節末問題（p.79）
1. (a) $V_B=4\,\text{kN}$（上向き），$H_B=0$，$R_{MB}=8\,\text{kN·m}$
（時計回り），$N_{A\sim C}=0$，$N_{C\sim D}=-4\,\text{kN}$，$N_{D\sim B}=0$，

$Q_{A\sim C}=4\,\text{kN}$，$Q_{C\sim D}=0$，$Q_{D\sim B}=-4\,\text{kN}$，$M_A=0$，
$M_C=8\,\text{kN·m}$（上と左），$M_D=8\,\text{kN·m}$（左と下），
$M_B=-8\,\text{kN·m}$（上）
(b) $V_B=4\,\text{kN}$（上向き），$H_B=0$，$R_{MB}=8\,\text{kN·m}$（時
計回り），$N_{A\sim C}=-2\,\text{kN}$，$N_{C\sim B}=-4\,\text{kN}$，
$Q_{A\sim C}=-3.46\,\text{kN}$，$Q_{C\sim B}=0$，$M_A=0$，$M_C=-8\,\text{kN·m}$
（上と右），$M_B=-8\,\text{kN·m}$（右）
(c) $V_B=6\,\text{kN}$（上向き），$H_B=3\,\text{kN}$（左向き），
$R_{MB}=3\,\text{kN·m}$（時計回り），$N_{A\sim C}=0$，
$N_{C\sim D}=-3\,\text{kN}$，$N_{D\sim B}=-6\,\text{kN}$，$Q_{A\sim C}=-3\,\text{kN}$，
$Q_C=0$，$Q_D=-6\,\text{kN}$，$Q_{D\sim B}=3\,\text{kN}$，$M_A=0$，
$M_C=-6\,\text{kN·m}$（左と上），$M_D=-15\,\text{kN·m}$（上と右），
$M_B=-3\,\text{kN·m}$（右）
(d) $V_A=0.5\,\text{kN}$（下向き），$V_B=0.5\,\text{kN}$（上向き），
$H_B=0$，$N_{A\sim C}=0.5\,\text{kN}$，$N_{C\sim D}=0$，$N_{D\sim B}=-0.5\,\text{kN}$，
$Q_{A\sim C}=0$，$Q_{C\sim D}=-0.5\,\text{kN}$，$Q_{D\sim B}=0$，$M_{A\sim C}=0$，
$M_C=3\,\text{kN·m}$（左），$M_{D\sim B}=0$
(e) $V_A=6\,\text{kN}$（上向き），$H_B=0$，$V_B=6\,\text{kN}$（上向き），
$N_{A\sim C}=-6\,\text{kN}$，$N_{C\sim D}=0$，$N_{D\sim B}=-6\,\text{kN}$，$Q_{A\sim C}=0$，
$Q_C=6\,\text{kN}$，$Q_D=-6\,\text{kN}$，$M_{A\sim C}=0$，$M_{\max}=9\,\text{kN·m}$
（C点から右へ3mの位置，下），$M_{D\sim B}=0$
(f) $V_A=1\,\text{kN}$（下向き），$H_A=2\,\text{kN}$（左向き），
$V_B=1\,\text{kN}$（上向き），$N_{A\sim C}=1\,\text{kN}$，$N_{C\sim D}=1\,\text{kN}$，
$N_{D\sim E}=0$，$N_{E\sim B}=-1\,\text{kN}$，$Q_{A\sim C}=2\,\text{kN}$，$Q_{C\sim D}=0$，
$Q_{D\sim E}=-1\,\text{kN}$，$Q_{E\sim B}=0$，$M_A=0$，$M_C=4\,\text{kN·m}$（右），
$M_{C\sim D}=4\,\text{kN·m}$（右），$M_D=4\,\text{kN·m}$（下），
$M_E=0$，$M_{E\sim B}=0$
(g) $V_A=4\,\text{kN}$（上向き），$V_B=5\,\text{kN}$（上向き），
$H_B=0$，$N_{A\sim C}=-4\,\text{kN}$，$N_{C\sim F}=0$，$N_{F\sim B}=-5\,\text{kN}$，
$Q_{A\sim C}=0$，$Q_{C\sim D}=4\,\text{kN}$，$Q_{D\sim E}=1\,\text{kN}$，$Q_{E\sim F}=-5\,\text{kN}$，
$Q_{F\sim B}=0$，$M_{A\sim C}=0$，$M_D=8\,\text{kN·m}$（下），
$M_E=10\,\text{kN·m}$（下），$M_{F\sim B}=0$
(h) $V_A=8\,\text{kN}$（上向き），$V_B=4\,\text{kN}$（上向き），$H_B=0$，
$N_{A\sim C}=-8\,\text{kN}$，$N_{C\sim E}=0$，$N_{E\sim B}=-4\,\text{kN}$，
$Q_{A\sim C}=0$，$Q_C=8\,\text{kN}$，$Q_{D\sim E}=-4\,\text{kN}$，$Q_{E\sim B}=0$，
$M_{A\sim C}=0$，
$M_{\max}=10.67\,\text{kN·m}$（C点から右へ2.67mの位置，下）
$M_D=8\,\text{kN·m}$（下），$M_{E\sim B}=0$
(i) $V_A=3\,\text{kN}$（上向き），$H_A=0.5\,\text{kN}$（右向き），
$V_B=1\,\text{kN}$（上向き），$H_B=0.5\,\text{kN}$（左向き），
$N_{A\sim C}=-3\,\text{kN}$，$N_{C\sim D}=-0.5\,\text{kN}$，$N_{D\sim F}=-0.5\,\text{kN}$，
$N_{F\sim B}=-1\,\text{kN}$，$Q_{A\sim C}=-0.5\,\text{kN}$，$Q_{C\sim D}=3\,\text{kN}$，
$Q_{D\sim F}=-1\,\text{kN}$，$Q_{F\sim B}=0.5\,\text{kN}$，$M_A=0$，
$M_C=-4\,\text{kN·m}$（左と上），$M_D=2\,\text{kN·m}$（下），
$M_E=0$，$M_F=-4\,\text{kN·m}$（上と右），$M_B=0$
(j) $V_A=2\,\text{kN}$（下向き），$H_A=3\,\text{kN}$（左向き），
$V_B=2\,\text{kN}$（上向き），$H_B=3\,\text{kN}$（左向き），
$N_{A\sim D}=2\,\text{kN}$，$N_{D\sim E}=-3\,\text{kN}$，$N_{E\sim B}=-2\,\text{kN}$，
$Q_{A\sim C}=3\,\text{kN}$，$Q_{C\sim D}=-3\,\text{kN}$，$Q_{D\sim E}=-2\,\text{kN}$，
$Q_{E\sim B}=3\,\text{kN}$，$M_A=0$，$M_C=6\,\text{kN·m}$（右），
$M_D=0$，$M_E=-12\,\text{kN·m}$（上と右），$M_B=0$
(k) $V_A=2.67\,\text{kN}$（下向き），$H_A=6\,\text{kN}$（左向き），

問題の解答　**313**

問題の解答

$V_B = 2.67\,\text{kN}$（上向き），$H_B = 2\,\text{kN}$（左向き），
$N_{A\sim C} = 2.67\,\text{kN}$，$N_{C\sim E} = -2\,\text{kN}$，$N_{E\sim B} = -2.67\,\text{kN}$，
$Q_A = 6\,\text{kN}$，$Q_C = -2\,\text{kN}$，$Q_{C\sim E} = -2.67\,\text{kN}$，
$Q_{E\sim B} = 2\,\text{kN}$，$M_A = 0$，$M_{\text{max}} = 9\,\text{kN·m}$（A点から上へ
3mの位置），$M_C = 8\,\text{kN·m}$（右と下），$M_D = 0$，
$M_E = -8\,\text{kN·m}$（上と右），$M_B = 0$

(l) $V_A = V_B = 4\,\text{kN}$（上向き），$H_A = 4\,\text{kN}$（左向き），
$H_B = 2\,\text{kN}$（左向き），$N_{A\sim D} = -4\,\text{kN}$，$N_{D\sim G} = -2\,\text{kN}$，
$N_{G\sim B} = -4\,\text{kN}$，$Q_{A\sim C} = 4\,\text{kN}$，$Q_{C\sim D} = -2\,\text{kN}$，
$Q_{D\sim E} = 4\,\text{kN}$，$Q_{E\sim G} = -4\,\text{kN}$，$Q_{G\sim B} = 2\,\text{kN}$，$M_A = 0$，
$M_C = 8\,\text{kN·m}$（右），$M_D = 4\,\text{kN·m}$（右と下），
$M_E = 8\,\text{kN·m}$（下），$M_F = 0$，
$M_G = -4\,\text{kN·m}$（上と右），$M_B = 0$

第4節
問2（p.85） A-B部材$4\sqrt{2}\,\text{kN}$（圧縮力），
A-C部材$4\,\text{kN}$（引張力），B-C部材$2\sqrt{2}\,\text{kN}$（引張力），
B-D部材$6\,\text{kN}$（圧縮力），C-D部材$2\sqrt{2}\,\text{kN}$（圧縮力），
C-C′部材$8\,\text{kN}$（引張力）

問3（p.87） 1部材$18\,\text{kN}$（圧縮力），2部材$2\sqrt{2}\,\text{kN}$（引張力），3部材$16\,\text{kN}$（引張力）

節末問題（p.87）
2. (a) A-B材$6\,\text{kN}$（圧縮力），A-C材$3\sqrt{3}\,\text{kN}$（引張力），B-C材0，B-D材$4\,\text{kN}$（圧縮力），B-E材$2\,\text{kN}$（圧縮力），C-E材$3\sqrt{3}\,\text{kN}$（引張力），D-E材$2\,\text{kN}$（引張力）
(b) A-B材$6.67\,\text{kN}$（圧縮力），A-D材$5.33\,\text{kN}$（引張力），B-C材$5\,\text{kN}$（圧縮力），B-D材$1.67\,\text{kN}$（圧縮力），C-D材$2\,\text{kN}$（引張力）

3. (a) 1部材$12\,\text{kN}$（圧縮力），2部材$3\sqrt{2}\,\text{kN}$（引張力），3部材$9\,\text{kN}$（引張力）
(b) 1部材$4\,\text{kN}$（圧縮力），2部材$2\sqrt{2}\,\text{kN}$（圧縮力），3部材$6\,\text{kN}$（引張力）

章末問題（p.88〜90）
1. (a) $V_A = 2\,\text{kN}$（下向き），$V_B = 2\,\text{kN}$（上向き），
$Q_{A\sim B} = -2\,\text{kN}$，$M_A = 0$，$M_B = -8\,\text{kN·m}$
(b) $V_A = 4\,\text{kN}$（下向き），$V_B = 4\,\text{kN}$（上向き），
$Q_{A\sim B} = -4\,\text{kN}$，$M_A = 8\,\text{kN·m}$，$M_B = -8\,\text{kN·m}$
(c) $V_A = 1\,\text{kN}$（下向き），$V_B = 1\,\text{kN}$（上向き），
$Q_{A\sim B} = -1\,\text{kN}$，$M_A = -3\,\text{kN·m}$，$M_B = -9\,\text{kN·m}$
(d) $V_A = 3.25\,\text{kN}$（上向き），$V_B = 2.75\,\text{kN}$（上向き），
$Q_{A\sim C} = 3.25\,\text{kN}$，$Q_{C\sim B} = -2.75\,\text{kN}$，$M_A = -6\,\text{kN·m}$，
$M_B = -4\,\text{kN·m}$，$M_C = 7\,\text{kN·m}$
(e) $V_A = 9.5\,\text{kN}$（上向き），$V_B = 8.5\,\text{kN}$（上向き），
$Q_A = 9.5\,\text{kN}$，$Q_B = -8.5\,\text{kN}$，$M_A = -9\,\text{kN·m}$，
$M_B = -6\,\text{kN·m}$，$M_{\text{max}} = 6.04\,\text{kN·m}$（A点から右へ
3.17mの位置），$M_{\text{中央}} = 6.0\,\text{kN·m}$
(f) $V_A = 4.5\,\text{kN}$（上向き），$V_B = 1.5\,\text{kN}$（上向き），
$Q_{C\sim A} = -2\,\text{kN}$，$Q_{A\sim D} = 2.5\,\text{kN}$，$Q_{D\sim B} = -1.5\,\text{kN}$，
$M_C = 0$，$M_A = -2\,\text{kN·m}$，$M_D = 3\,\text{kN·m}$，$M_B = 0$

2. (a) C点に$5\,\text{kN}$の集中荷重（下向き），D点に$2\,\text{kN}$の集中荷重（下向き），$Q_{A\sim C} = 4\,\text{kN}$，$Q_{C\sim D} = -1\,\text{kN}$，$Q_{D\sim B} = -3\,\text{kN}$
(b) A点に$6\,\text{kN·m}$のモーメント（反時計回り），C点

に$6\,\text{kN}$の集中荷重（下向き），$Q_{A\sim C} = 4\,\text{kN}$，
$Q_{C\sim B} = -2\,\text{kN}$
(c) A点に$4\,\text{kN·m}$のモーメント（反時計回り），B点に$6\,\text{kN·m}$のモーメント（時計回り），梁全体に1.125 kN/mの等分布荷重（下向き），$Q_A = 4.25\,\text{kN}$，
$Q_B = -4.75\,\text{kN}$
(d) A点に$3\,\text{kN}$の集中荷重（右向き），$Q_{A\sim C} = -3\,\text{kN}$，
$Q_{C\sim D} = 0$，$Q_{D\sim B} = 3\,\text{kN}$
(e) A点に$2\,\text{kN}$の集中荷重（下向き），A点からC点上に$4\,\text{kN}$の集中荷重（右向き），$Q_{A\sim C} = 2\,\text{kN}$，
$Q_{C\sim D} = 4\,\text{kN}$，$Q_{D\sim B} = -2\,\text{kN}$
(f) A点に$2\,\text{kN}$の集中荷重（下向き），C点からD点上に$2\,\text{kN}$の集中荷重（上向き），E点に$4\,\text{kN·m}$のモーメント荷重（反時計回り），$Q_{A\sim C} = 2\,\text{kN}$，$Q_{C\sim D} = 0$，$Q_{D\sim B} = 0$

3. (a) $V_A = 5\,\text{kN}$（下向き），$H_A = 4\,\text{kN}$（左向き），
$V_B = 5\,\text{kN}$（上向き），$N_{A\sim D} = 5\,\text{kN}$，$N_{D\sim E} = 0$，
$N_{E\sim B} = -5\,\text{kN}$，$Q_{A\sim C} = 4\,\text{kN}$，$Q_{C\sim D} = 6\,\text{kN}$，
$Q_{D\sim E} = -5\,\text{kN}$，$Q_{E\sim B} = 0$，$M_A = 0$，$M_C = 12\,\text{kN·m}$（右），
$M_D = 30\,\text{kN·m}$（右と下），$M_{E\sim B} = 0$
(b) $V_A = 9\,\text{kN}$（上向き），$H_A = 0$，$V_B = 3\,\text{kN}$（上向き），$N_{A\sim C} = -9\,\text{kN}$，$N_{C\sim E} = 0$，$N_{E\sim B} = -3\,\text{kN}$，
$Q_{A\sim C} = 0$，$Q_C = 9\,\text{kN}$，$Q_{D\sim E} = -3\,\text{kN}$，$Q_{E\sim B} = 0$，
$M_{A\sim C} = 0$，$M_{\text{max}} = 10.125\,\text{kN·m}$（C点より右へ$2.25\,\text{m}$の位置，下），$M_D = 9\,\text{kN·m}$（下），$M_{E\sim B} = 0$
(c) $V_A = 8\,\text{kN}$（上向き），$H_A = 2\,\text{kN}$（左向き），
$V_B = 4\,\text{kN}$（上向き），$N_{A\sim D} = -8\,\text{kN}$，$N_{D\sim F} = 0$，
$N_{F\sim B} = -4\,\text{kN}$，$Q_{A\sim C} = 2\,\text{kN}$，$Q_{C\sim D} = 0$，$Q_D = 8\,\text{kN}$，
$Q_{E\sim F} = -4\,\text{kN}$，$Q_{F\sim B} = 0$，$M_A = 0$，$M_{C\sim D} = 6\,\text{kN·m}$，
$M_{\text{max}} = 14\,\text{kN·m}$（D点より右へ$2\,\text{m}$の位置，下），
$M_E = 12\,\text{kN·m}$（下），$M_{F\sim B} = 0$

4. (a) $V_A = 8\,\text{kN}$（上向き），$H_A = 4\,\text{kN}$（右向き），
$H_B = 4\,\text{kN}$（左向き），$N_{A\sim C} = -8\,\text{kN}$，$N_{C\sim B} = -4\,\text{kN}$，
$Q_{A\sim C} = -4\,\text{kN}$，$Q_C = 8\,\text{kN}$，$Q_B = 0$，$M_A = 0$，
$M_C = -16\,\text{kN·m}$（左と上），$M_B = 0$
(b) $V_A = 3\,\text{kN}$（下向き），$H_A = 9\,\text{kN}$（左向き），
$V_B = 3\,\text{kN}$（上向き），$N_{A\sim C} = 3\,\text{kN}$，$N_{C\sim D} = 0$，
$N_{D\sim B} = -3\,\text{kN}$，$Q_A = 9\,\text{kN}$，$Q_C = 0$，$Q_{C\sim D} = -3\,\text{kN}$，
$Q_{D\sim B} = 0$，$M_A = 0$，$M_C = 18\,\text{kN·m}$（右と下），$M_D = 0$，
$M_{D\sim B} = 0$

5. (a) $V_A = 6\,\text{kN}$（上向き），$H_A = 1.5\,\text{kN}$（右向き），
$V_B = 6\,\text{kN}$（上向き），$H_B = 1.5\,\text{kN}$（左向き），
$N_{A\sim C} = -6\,\text{kN}$，$N_{C\sim E} = -1.5\,\text{kN}$，$N_{E\sim B} = -6\,\text{kN}$，
$Q_{A\sim C} = -1.5\,\text{kN}$，$Q_C = 6\,\text{kN}$，$Q_D = 0$，$Q_E = -6\,\text{kN}$，
$Q_{E\sim B} = 1.5\,\text{kN}$，$M_A = 0$，$M_C = -9\,\text{kN·m}$（左と上），
$M_D = 0$，$M_E = -9\,\text{kN·m}$（上と右），$M_B = 0$
(b) $V_A = 3\,\text{kN}$（下向き），$H_A = 6\,\text{kN}$（左向き），
$V_B = 3\,\text{kN}$（上向き），$H_B = 0$，$N_{A\sim C} = 3\,\text{kN}$，
$N_{C\sim D} = 3\,\text{kN}$，$N_{D\sim E} = 0$，$N_{E\sim B} = -3\,\text{kN}$，$Q_{A\sim C} = 6\,\text{kN}$，
$Q_{C\sim D} = 0$，$Q_{D\sim E} = -3\,\text{kN}$，$Q_{E\sim B} = 0$，$M_A = 0$，
$M_{C\sim D} = 18\,\text{kN·m}$（右），$M_D = 18\,\text{kN·m}$（右と下），
$M_E = 0$，$M_{E\sim B} = 0$

(c) $V_A = 4\,\text{kN}$（上向き），$H_A = 2\,\text{kN}$（左向き），
$V_B = 4\,\text{kN}$（上向き），$H_B = 2\,\text{kN}$（左向き），
$N_{A\sim C} = -4\,\text{kN}$，$N_{C\sim D} = -4\,\text{kN}$，$N_{D\sim E} = -2\,\text{kN}$，
$N_{E\sim G} = -2\,\text{kN}$，$N_{G\sim B} = -4\,\text{kN}$，$Q_{A\sim C} = 2\,\text{kN}$，
$Q_{C\sim D} = -2\,\text{kN}$，$Q_{D\sim E} = 4\,\text{kN}$，$Q_{E\sim G} = -4\,\text{kN}$，
$Q_{G\sim B} = 2\,\text{kN}$，$M_A = 0$，$M_C = 8\,\text{kN·m}$（右），$M_D = 0$，
$M_E = 8\,\text{kN·m}$（下），$M_F = 0$，$M_G = -16\,\text{kN·m}$（上と
右），$M_B = 0$
(d) $V_A = 6\,\text{kN}$（下向き），$H_A = 15\,\text{kN}$（左向き），
$V_B = 6\,\text{kN}$（上向き），$H_B = 3\,\text{kN}$（左向き），
$N_{A\sim C} = 6\,\text{kN}$，$N_{C\sim E} = -3\,\text{kN}$，$N_{E\sim B} = -6\,\text{kN}$，
$Q_A = 15\,\text{kN}$，$Q_C = -3\,\text{kN}$，$Q_{C\sim E} = -6\,\text{kN}$，
$Q_{E\sim B} = 3\,\text{kN}$，$M_A = 0$，$M_{max} = 22.9\,\text{kN·m}$（A点から
上に 3.55 m の位置），$M_C = 18\,\text{kN·m}$（右と下），
$M_D = 0$，$M_E = -18\,\text{kN·m}$（上と右），$M_B = 0$

6. 略

7. (a) 1部材 8 kN（圧縮力），2部材 4 kN（圧縮力），
3部材 $6\sqrt{3}$ kN（引張力）
(b) 1部材 8 kN（圧縮力），2部材 4 kN（圧縮力），
3部材 $6\sqrt{3}$ kN（引張力）
(c) 1部材 14 kN（圧縮力），2部材 $4\sqrt{2}$ kN（圧縮力），
3部材 18 kN（引張力）
(d) 1部材 9 kN（圧縮力），2部材 $3\sqrt{2}$ kN（圧縮力），
3部材 6 kN（引張力）

第3章　部材の性質と応力度

第1節

問1（p.94） 例題1と一致する。
問2（p.95） $13.4 \times 10^6\,\text{mm}^4$
問3（p.97） (a) $3.99 \times 10^8\,\text{mm}^4$ (b) $1.31 \times 10^9\,\text{mm}^4$
問4（p.98） $Z_x = 2.25 \times 10^6\,\text{mm}^3$，
$Z_y = 1.13 \times 10^6\,\text{mm}^3$
問5（p.98） 86.7 mm
問6（p.98） (a) 111 mm (b) 155.8 mm
節末問題（p.99）
1. $x_0 = 100\,\text{mm}$，$y_0 = 125.45\,\text{mm}$
2. $9.54 \times 10^8\,\text{mm}^4$
3. $I_x = 1.14 \times 10^8\,\text{mm}^4$，$I_y = 16.0 \times 10^6\,\text{mm}^4$，
$i_x = 127.54\,\text{mm}$，$i_y = 47.78\,\text{mm}$

第2節

問1（p.101） $10.6\,\text{N/mm}^2$，$10600\,\text{kN/m}^2$
問2（p.101） $4.8\,\text{N/mm}^2$，$4800\,\text{kN/m}^2$
問3（p.103） 縦ひずみ度 $\varepsilon \fallingdotseq 0.209$，横ひずみ度
$\varepsilon' \fallingdotseq -0.063$
問4（p.103） $v \fallingdotseq 0.303$
問5（p.106） $2.06 \times 10^5\,\text{N/mm}^2$
問6（p.106） 0.73 mm
問7（p.106） $8.85 \times 10^3\,\text{N/mm}^2$
問8（p.110） $143\,\text{N/mm}^2$ で安全
節末問題（p.110）
1. 1.47 mm
2. 20.5 kN

第3節

問1（p.119） $\sigma_b = 6.64\,\text{N/mm}^2 < f_b$　安全
問2（p.119） $\sigma_t = 122\,\text{N/mm}^2 < f_t$　安全
問3（p.121） C > B > A
問4（p.123） 128 kN
問5（p.125） $e = 25\,\text{mm}$
節末問題（p.125）
1. 曲げ $\sigma_b = 3.96\,\text{N/mm}^2 < f_b$
せん断 $\tau_{max} = 0.35\,\text{N/mm}^2 \leqq f_s$

$h = 120\,\text{mm} > 1350 \times \dfrac{1}{12} = 112.5$

したがって，たわみの検討はとくに必要ないが，参考
のため，たわみ $\delta_{max} = 1.6\,\text{mm}$

$2 \times \delta_{max} < \dfrac{l}{250}$　安全

第4節

問1（p.129） $\theta_A = \dfrac{wl^3}{24EI}$，$\delta_C = \dfrac{5wl^4}{384EI}$

問2（p.130） $\theta_A = \dfrac{wl^3}{6EI}$，$\delta_A = \dfrac{wl^4}{8EI}$

問3（p.131） $\delta = \dfrac{M_A l^2}{16EI}$

問4（p.131） $\theta_A = -\dfrac{2M_A + M_B}{6EI}l$，$\theta_B = \dfrac{M_A + 2M_B}{6EI}l$

問5（p.133） 2.93 mm（スパン中央）
問6（p.133） 1.64 m
節末問題（p.133）
1. $\theta_A = -\dfrac{Pl^2}{8EI}$，$\delta_A = \dfrac{5Pl^3}{48EI}$

章末問題（p.134）

1. $I = \dfrac{\pi d^4}{64}$，$Z = \dfrac{\pi d^3}{32}$

2. $\pi : 3$（または $1.05 : 1$）

3. $\sigma_t = 181\,\text{N/mm}^2 < f_t$　安全

4. $5.26 : 3.51 : 2.34 : 1.00$

5. 長期 28.1 kN，短期 42.1 kN

6. $h = 401\,\text{mm}$ の矩形断面を用いれば安全。

第4章　不静定構造物の部材に生じる力

第1節

問1（p.137） $R_{MB} = \dfrac{3}{16}Pl$（時計回り），

$V_A = \dfrac{5}{16}P$（上向き），$V_B = \dfrac{11}{16}P$（上向き）

問2（p.138） $V_A = V_B = \dfrac{wl}{2}$（上向き），

$Q_A = \dfrac{wl}{2}$，$Q_B = -\dfrac{wl}{2}$，$M_A = M_B = -\dfrac{wl^2}{12}$，

$M_{max} = \dfrac{wl^2}{24}$（スパン中央）

問3（p.138）
(a) $V_A = V_B = 4\,\text{kN}$（上向き），$Q_{AC} = 4\,\text{kN}$，

問題の解答　**315**

問題の解答

$Q_{CB} = -4\,\text{kN}$, $M_A = M_B = -4\,\text{kN·m}$, $M_C = 4\,\text{kN·m}$

(b) $V_A = V_B = 15\,\text{kN}$（上向き），$Q_A = 15\,\text{kN}$,
$Q_B = -15\,\text{kN}$, $M_A = M_B = -15\,\text{kN·m}$,
$M_{MAX} = 7.5\,\text{kN·m}$

(c) $V_A = 2.5\,\text{kN}$（上向き），$V_B = 5.5\,\text{kN}$（上向き），
$Q_{AC} = 2.5\,\text{kN}$, $Q_{CB} = -5.5\,\text{kN}$, $M_A = 0$, $M_C = 5\,\text{kN·m}$,
$M_B = -6\,\text{kN·m}$

(d) $V_A = \dfrac{3M}{2l}$（上向き），$V_B = \dfrac{3M}{2l}$（下向き），

$Q_x = \dfrac{3M}{2l}$, $M_A = -M$, $M_B = \dfrac{M}{2}$

(e) $V_A = \dfrac{3}{8}\,wl$（上向き），$V_B = \dfrac{5}{4}\,wl$（上向き），

$V_c = \dfrac{3}{8}\,wl$（上向き），$Q_A = \dfrac{3}{8}\,wl$, $Q_{B左} = -\dfrac{5}{8}\,wl$,

$Q_{B右} = \dfrac{5}{8}\,wl$, $Q_C = -\dfrac{3}{8}\,wl$, $M_A = M_C = 0$,

$M_B = -\dfrac{wl^2}{8}$

第2節

問1（p.146） A点から反曲点までの高さをyとする。

$y = \dfrac{M_{AB}}{M_{AB} + M_{BA}} \times h = 2.15\,\text{m}$

M_{AB}, M_{BA} はそれぞれ材端モーメントの絶対値と等しい。

問2（p.147）

(a) $M_{AB} = M_{DC} = -50\,\text{kN·m}$,
$M_{BA} = M_{CD} = -30\,\text{kN·m}$, $M_{BC} = M_{CB} = 30\,\text{kN·m}$
梁のせん断力 $Q_{BC} = -10\,\text{kN}$
柱のせん断力 $Q_{AB} = Q_{CD} = 20\,\text{kN}$
梁の軸方向力 $N_{BC} = -20\,\text{kN}$
柱の軸方向力 $N_{AB} = 10\,\text{kN}$, $N_{CD} = -10\,\text{kN}$

(b) $M_{AB} = 10\,\text{kN·m}$, $M_{BA} = 20\,\text{kN·m}$,
$M_{BD} = -20\,\text{kN·m}$, $M_C = 60\,\text{kN·m}$
梁のせん断力 $Q_{BC} = 20\,\text{kN}$, $Q_{CD} = -20\,\text{kN}$,
柱のせん断力 $Q_{AB} = -5\,\text{kN}$, $Q_{DE} = 5\,\text{kN}$
梁の軸方向力 $N_{BD} = -5\,\text{kN}$
柱の軸方向力 $N_{AB} = N_{DE} = -20\,\text{kN}$

問3（p.154）

(a) $M_{BA} = 30\,\text{kN·m}$, $M_{BC} = 60\,\text{kN·m}$, $M_{AB} = 15\,\text{kN·m}$,
$M_{CB} = 30\,\text{kN·m}$

(b) $M_{BA} = 36\,\text{kN·m}$, $M_{BC} = 54\,\text{kN·m}$, M_{AB} は固定端
のため $18\,\text{kN·m}$, M_C はピン支点のため 0

問4（p.154）

(a) $M_{AB} = 10\,\text{kN·m}$, $M_{BA} = 20\,\text{kN·m}$, $M_{BC} = -20\,\text{kN·m}$,
$M_{CB} = 50\,\text{kN·m}$, $M_{MAX} = 25.94\,\text{kN·m}$（C点より$2.25\,\text{m}$）
梁のせん断力 $Q_B = 52.5\,\text{kN}$, $Q_C = -67.5\,\text{kN}$
柱のせん断力 $Q_{AB} = -7.5\,\text{kN}$
梁の軸方向力 $N_{BC} = -7.5\,\text{kN}$
柱の軸方向力 $N_{AB} = -52.5\,\text{kN}$

(b) $M_{AB} = 8\,\text{kN·m}$, $M_{BA} = 16\,\text{kN·m}$,
$M_{BC} = -16\,\text{kN·m}$, $M_{MAX} = 24\,\text{kN·m}$
梁のせん断力 $Q_B = 20\,\text{kN}$, $Q_C = -20\,\text{kN}$

柱のせん断力 $Q_{AB} = -6\,\text{kN}$, $Q_{CD} = 6\,\text{kN}$
梁の軸方向力 $N_{BC} = -6\,\text{kN}$
柱の軸方向力 $N_{AB} = N_{CD} = -20\,\text{kN}$

問5（p.154）

AB材$FEM = -237\,\text{kN·m}$, CD材$FEM = -237\,\text{kN·m}$,
AB材$D_1 = 109$, AC材$D_1 = 128$, AC材$C_1 = 41.5$,
CA材$C_1 = 64.0$ 値が小さくなるまで計算を繰り返す
と図28のようになる。

問6（p.158）

$D = 0.8$, $\sum D = 1.6$, $Q_{AB} = Q_{CD} = 20\,\text{kN}$
反曲点高比 $y = 0.65$
柱頭$M_{BA} = 28\,\text{kN·m}$, 柱脚$M_{AB} = 52\,\text{kN·m}$
問2と近似した解が求められる。

章末問題（p.160）

1. (a) $M_{AB} = 30\,\text{kN·m}$, $M_{BA} = 60\,\text{kN·m}$,
$M_{BC} = -60\,\text{kN·m}$, $M_{CB} = 105\,\text{kN·m}$,
$Q_{AB} = -22.5\,\text{kN}$, $Q_{B右} = 82.5\,\text{kN}$, $Q_C = -97.5\,\text{kN}$

(b) $M_{AB} = 0$, $M_{BA} = 75\,\text{kN·m}$, $M_{BC} = -75\,\text{kN·m}$,
$M_{CB} = 0$, $Q_A = 45\,\text{kN}$, $Q_{B左} = -75\,\text{kN}$,
$Q_{BD} = 55\,\text{kN}$, $Q_{CD} = -25\,\text{kN}$

(c) $M_{AB} = 33.8\,\text{kN·m}$, $M_{BA} = 67.5\,\text{kN·m}$,
$M_{BC} = -67.5\,\text{kN·m}$, $Q_B = 90\,\text{kN}$, $Q_C = -90\,\text{kN}$,
$Q_{AB} = -26.7\,\text{kN}$, $Q_{CD} = 26.7\,\text{kN}$,
$N_{AB} = N_{CD} = -90\,\text{kN}$, $N_{BC} = -26.7\,\text{kN}$

(d) $M_{AB} = -22.5\,\text{kN·m}$, $M_{BA} = 15\,\text{kN·m}$, $M_C = 0$,
$M_{BC} = -5\,\text{kN·m}$, $M_{BD} = -10\,\text{kN·m}$,
$M_{DB} = -5\,\text{kN·m}$, $Q_A = 43.75\,\text{kN}$, $Q_B = 36.25\,\text{kN}$,
$Q_{BD} = 7.5\,\text{kN}$, $Q_{BC} = 2.5\,\text{kN}$

2. (a) $M_{AB} = -75\,\text{kN·m}$, $M_{BA} = -45\,\text{kN·m}$,
$M_{BC} = 45\,\text{kN·m}$, $Q_{AB} = Q_{CD} = 30\,\text{kN}$, $Q_{BC} = -22.5\,\text{kN}$,
$N_{AB} = 22.5\,\text{kN}$, $N_{CD} = -22.5\,\text{kN}$, $Q_{BC} = -30\,\text{kN}$

(b) $M_{DA} = -60\,\text{kN·m}$, $M_{AD} = -45\,\text{kN·m}$,
$M_{AB} = M_{BA} = 45\,\text{kN·m}$, $M_{BC} = M_{CB} = 45\,\text{kN·m}$,
$M_{CF} = -45\,\text{kN·m}$, $M_{FC} = -60\,\text{kN·m}$,
$M_{BE} = -90\,\text{kN·m}$, $M_{EB} = -120\,\text{kN·m}$,
$Q_{AD} = Q_{CF} = 30\,\text{kN}$, $Q_{EB} = 60\,\text{kN}$, $Q_{AB} = Q_{BC} = -15\,\text{kN}$,
$N_{DA} = 15\,\text{kN}$, $N_{CF} = -15\,\text{kN}$, $N_{EB} = 0$, $N_{AB} = -90\,\text{kN}$,
$N_{BC} = -30\,\text{kN}$

3. (1) $M_{CD} = 120\,\text{kN·m}$, $M_{BE} = 276\,\text{kN·m}$

(2) $Q_{CD} = -30\,\text{kN}$, $Q_{BC} = 53.5\,\text{kN}$, $Q_{BE} = -69\,\text{kN}$,
$Q_{AB} = 102.5\,\text{kN}$

(3) 層方程式より，2階$P_2 = 107\,\text{kN}$，1階$P_1 = 98\,\text{kN}$

(4) $N_{BA} = 99\,\text{kN}$, $N_{CB} = 30\,\text{kN}$, $N_{CD} = -53.5\,\text{kN}$,
$N_{BE} = -49\,\text{kN}$, $N_{DE} = -30\,\text{kN}$, $N_{EF} = -99\,\text{kN}$

第5章　構造設計の考え方

第2節

問1（p.170） $P = 12.36\,\text{kN}$
問2（p.170） $Q_2 = 218\,\text{kN}$, $Q_1 = 378\,\text{kN}$

第4節

問1（p.174） $\gamma_1 = 1/1133 < 1/200$,
$\gamma_2 = 1/1439 < 1/200$

問2 (p.174) 1階0.881, 2階1.12

第6章　鉄筋コンクリート構造

第2節

問1 (p.193) $C = 133\,\text{kN·m}$, $M_0 = 225\,\text{kN·m}$, $Q_0 = 83\,\text{kN}$

問2 (p.195) 梁端モーメント　2F：88 kN·m
1F：109 kN·m
梁中央モーメント　2F：136 kN·m　1F：116 kN·m,
柱端モーメント　2F：柱頭88 kN·m, 柱脚71 kN·m
1F：柱頭38 kN·m　柱脚19 kN·m,
梁せん断力　2F：83 kN　1F：83 kN,
柱せん断力　2F：40 kN　1F：14 kN

問3 (p.195) 梁端モーメント　2F：75 kN·m
1F：161 kN·m
柱端モーメント　2F：柱頭75 kN·m　柱脚61 kN·m
1F：柱頭100 kN·m　柱脚143 kN·m,
梁せん断力　2F：19 kN　1F：40 kN,
柱せん断力　2F：34 kN　1F：61 kN,
柱軸力　2F：19 kN　1F：59 kN

問4 (p.199) 長期240 kN·m, 短期386 kN·m

問5 (p.201) 例題4と同じ

問6 (p.201) 梁外端　上端：5 D-25　下端：2-D 25,
梁中央　上端：2 D-25　下端：4-D 25

問7 (p.205) 14-D 22（短期で決定）

問8 (p.211) 長期 $Q_a = 162\,\text{kN}$, 短期 $Q_a = 231\,\text{kN}$

問9 (p.211) D 13 @ 150

問10 (p.214) 内法スパン $l_0 = 7450$　梁主筋D 25
$d_b = 25$, カットオフ長さ $\dfrac{l_0}{4} + 15\,d_b = 2260\,\text{mm}$

問11 (p.217) 両端：D 10, D 13交互@ 250　中央：D 10 @ 250

章末問題 (p.226)

1. (1) 剛比3.7, $C = 36\,\text{kN·m}$, $M_0 = 57\,\text{kN·m}$, $Q_0 = 38\,\text{kN}$

(2) 2階：132 kN, 1階：279 kN

(3) $_2\text{G}_3$　モーメント　外端：21 kN·m　中央：25 kN·m　内端：42 kN·m, せん断力　外端：33 kN　内端：42 kN, $_1\text{C}_1$　モーメント　柱頭：8 kN·m　柱脚：4 kN·m, せん断力　3 kN

(4) $_2\text{G}_3$　モーメント　外端：165 kN·m, 内端：103 kN·m, せん断力　54 kN, $_1\text{C}_1$　モーメント　柱頭：106 kN·m　柱脚：130 kN·m, せん断力　59 kN, 軸力78 kN, $_2\text{C}_1$　モーメント　柱頭：72 kN·m　柱脚：59 kN·m, せん断力　33 kN, 軸力24 kN

(5) 主筋：全長上下とも2-D 25　せん断補強筋：D 10 @ 200

(6) 主筋：8-D 22　せん断補強筋：D 10 @ 100

第7章　鋼構造

第1節

問1 (p.230) $f_c = 156\,\text{N/mm}^2$, $f_b = 235\,\text{N/mm}^2$

問2 (p.230) $f_w = 125\,\text{N/mm}^2$

節末問題 (p.232)

1. 長期許容引張力 = 188.4 kN > 180 kN　安全

2. H 600 × 200 × 11 × 17

第2節

問1 (p.249) $\sigma_c = 200\,\text{N/mm}^2 < f_c = 235\,\text{N/mm}^2$　安全

問2 (p.249) 山形鋼は V 軸, H形鋼とリップ溝形鋼は Y 軸

問3 (p.251) 75.0 kN·m

問4 (p.252) 165.0 kN

問5 (p.254) $\dfrac{b}{t_2} = 7.95 < 16$, $\dfrac{d}{t_1} = 43.1 < 71$

問6 (p.255) $\sigma_c/f_c + {}_c\sigma_b/f_b = 0.01 + 0.20 = 0.21 < 1.0$　安全

章末問題 (p.267〜268)

1. L 65 × 65 × 6

2. (d) → (a) = (c) → (b) = (e)

3. L 90 × 90 × 6

4. H 300 × 150 × 6.5 × 9

5. H 250 × 125 × 6 × 9

6. H 400 × 200 × 8 × 13

7. $\sigma_c/f_c + {}_c\sigma_b/f_b = 0.07 + 0.26 = 0.33 < 1.0$　安全

8. (1) $\lambda = \dfrac{4000}{329} = 121.6$

$f_c × 1.5 = 62.8 × 1.5 = 94.2\,\text{N/mm}^2$

(2) $f_{bx} × 1.5 = 110 × 1.5 = 165\,\text{N/mm}^2$

(3) $0.46 + 0.51 = 0.97 < 1.0$　安全

9. フランジ添え板断面（片側）150 mm × 6 mm（1枚）, 60 mm × 9 mm（2枚）, ウェブ添え板断面240 mm × 6 mm（2枚）, $n_f = 4$ 本, $n_w = 3$ 本

第8章　木構造

章末問題 (p.284)

1. (1) 壁量の確認

1階 x 方向　必要壁量24.55 m　存在壁量28.00 m
1階 y 方向　必要壁量16.50 m　存在壁量18.00 m
2階 x 方向　必要壁量 9.45 m　存在壁量10.00 m
2階 y 方向　必要壁量 4.41 m　存在壁量12.00 m

(2) 壁率比の確認

1階 x 方向　0.63　　　1階 y 方向　0.57
2階 x 方向　1.00　　　2階 y 方向　1.00

(3)(4) 接合部金物の選択

❶柱脚：N値（と）, 告示（と）　柱頭：不要
❷柱脚：不要　柱頭：N値（ほ）, 告示（ほ）
❸柱脚：N値（い）, 告示（と）柱頭：N値（い）, 告示（と）
❹柱脚：N値（い）, 告示（と）柱頭：N値（い）, 告示（ろ）
❺柱脚：N値（へ）, 告示（と）柱頭：N値（へ）, 告示（と）
❻柱脚：N値（へ）, 告示（と）柱頭：N値（ろ）, 告示（ろ）
❼柱脚：N値（ろ）, 告示（ち）柱頭：N値（ろ）, 告示（ち）
❽柱脚：N値（い）, 告示（に）柱頭：N値（い）, 告示（に）
❾柱脚：N値（と）, 告示（と）柱頭：N値（と）, 告示（と）

■ 索引

あ

アーチ作用 ・・・・・・・・・・・・・186
圧縮応力度 ・・・・・・・・・・・・・101
圧縮側コンクリート ・・・・・203
圧縮材 ・・・・・・・・・・・・・・・・・246
圧縮強さ ・・・・・・・・・・・・・・・108
圧縮縁応力度 ・・・・・・・・・・・255
圧縮力 ・・・・・・・・・・・・・・・・・・51
あばら筋 ・・・・・・・・・・・・・・・185
安全性 ・・・・・・・・・・・・・・・・・162
安全率 ・・・・・・・・・・・・・・・・・109
安定 ・・・・・・・・・・・・・・・・・・・43
安定構造物 ・・・・・・・・・・・・・・43

い

一次設計 ・・・・・・・・・164, 165
移動支点 ・・・・・・・・・・・・・・・・31

え

鉛直荷重 ・・・・・・・・・・・・・・・・11
鉛直たわみ ・・・・・・・・・・・・・172

お

応答 ・・・・・・・・・・・・・・・・・・290
応答スペクトル ・・・・・・・・・290
応力度 ・・・・・・・・・・・・・・・・・100
応力度-ひずみ度関係 ・・・・184
応力度-ひずみ度曲線 ・・・・106
帯筋 ・・・・・・・・・・・・・・・・・・186

か

回転支点 ・・・・・・・・・・・・・・・・31
解放モーメント ・・・・・・・・・148
解放モーメントの分配 ・・・148
外力 ・・・・・・・・・・・・・・・・・・・10
荷重 ・・・・・・・・・・・・・・・・・・・11
加速度応答スペクトル ・・・290
形の安定 ・・・・・・・・・・・・・・・・43
片持梁 ・・・・・・・・・・・・・・・・・・56
滑節点 ・・・・・・・・・・・・・・・・・・32
仮定条件 ・・・・・・・・・・・・・・・172
仮定断面 ・・・・・・・・・・・・・・・118
壁長さ ・・・・・・・・・・・・・・・・・274
壁倍率 ・・・・・・・・・・・・・・・・・274
壁量 ・・・・・・・・・・・・・・・・・・275
壁量設計 ・・・・・・・・・・・・・・・273
壁量充足率 ・・・・・・・・・・・・・275
慣性力 ・・・・・・・・・・・・・・・・・169

き

基礎 ・・・・・・・・・・・・・217, 283
基本設計 ・・・・・・・・・・・・・・・163
CAD ・・・・・・・・・・・・・・・・・・163

強軸 ・・・・・・・・・・・・・・・・・・・98
共振 ・・・・・・・・・・・・・・・・・・289
強度指向型 ・・・・・・・・・・・・・165
局部座屈 ・・・・・・・・・・・・・・・246
曲率 ・・・・・・・・・・・・・・・・・・112
曲率半径 ・・・・・・・・・・・・・・・112
許容応力度 ・・・・・108, 122, 181
許容応力度計算 ・・・・・165, 174
許容応力度等計算 ・・・・・・・174
許容応力度設計 ・・・・・・・・・189
許容座屈応力度 ・・・・・・・・・122
許容曲げ応力度 ・・・・・・・・・250

く

杭基礎 ・・・・・・・・・・・・・・・・・283
偶力 ・・・・・・・・・・・・・・・・・・・15
クリープ ・・・・・・・・・・・・・・・109

け

限界耐力計算 ・・・・・・・・・・・174
減衰 ・・・・・・・・・・・・・・・・・・290
減衰定数 ・・・・・・・・・・・・・・・290

こ

剛域 ・・・・・・・・・・・・・・・・・・171
鋼構造 ・・・・・・・・・・・・・・・・・228
鋼材 ・・・・・・・・・・・・・・106, 228
剛心 ・・・・・・・・・・・・・・・・・・175
剛性率 ・・・・・・・・165, 174, 224
剛節 ・・・・・・・・・・・・・・・・・・・32
剛接合 ・・・・・・・・・・・・・・・・・262
構造規定 ・・・・・・・・・・・・・・・175
構造計画 ・・・・・・・・・・・・・・・162
構造計算 ・・・・・・・・・・・・・・・162
構造設計 ・・・・・・・・・・・・・・・162
拘束効果 ・・・・・・・・・・・・・・・186
剛体 ・・・・・・・・・・・・・・・・・・・92
剛度 ・・・・・・・・・・・・・・・・・・140
剛比 ・・・・・・・・・・・・・・・・・・141
降伏点 ・・・・・・・・・・・・・・・・・107
降伏比 ・・・・・・・・・・・・・・・・・108
合力 ・・・・・・・・・・・・・・・・・・・17
高力ボルト ・・・・・・・・・230, 260
固定荷重 ・・・・・・・10, 166, 234
固定支点 ・・・・・・・・・・・・・・・・31
固定端 ・・・・・・・・・・・・・・・・・・31
固定端モーメント
・・・・・・・・・・・・・・・140, 148
固定モーメント法
・・・・・・・・・・・・・・・139, 195
固有周期 ・・・・・・・・・170, 289
コンクリート ・・・・・・・・・・・108

コンピュータプログラム
・・・・・・・・・・・・・・・・・・・238

さ

材端モーメント ・・・・・・・・・139
座屈 ・・・・・・・・・120, 228, 246
座屈軸 ・・・・・・・・・・・・・・・・・122
座屈長さ ・・・・・・・・・120, 247
算式解法 ・・・・・・・・・・・・・・・・17
算式条件 ・・・・・・・・・・・・・・・・26

し

軸組構法 ・・・・・・・・・・・・・・・270
軸方向力 ・・・・・・・・・・・・51, 86
軸方向力図 ・・・・・・・・・・・・・・53
支持の安定 ・・・・・・・・・・・・・・43
地震層せん断力 ・・・・・・・・・169
地震層せん断力係数 ・・・・・170
地震地域係数 ・・・・・・・・・・・170
地震動 ・・・・・・・・・・・・・・・・・169
地震力 ・・・・・・・・10, 169, 236
実施設計 ・・・・・・・・・・・・・・・163
質量 ・・・・・・・・・・・・・・・・・・・13
支点 ・・・・・・・・・・・・・・・・・・・30
地盤 ・・・・・・・・・・・・・・・・・・289
地盤調査 ・・・・・・・・・・・・・・・164
四分割法 ・・・・・・・・・・・・・・・275
弱軸 ・・・・・・・・・・・・・・・・・・・98
周期 ・・・・・・・・・・・・・・・・・・170
重心 ・・・・・・・・・・・11, 92, 175
重力 ・・・・・・・・・・・・・・・・・・・11
重力加速度 ・・・・・・・・・・・・・・13
主応力線 ・・・・・・・・・・・・・・・116
主応力度 ・・・・・・・・・・・・・・・116
主応力面 ・・・・・・・・・・・・・・・116
主軸 ・・・・・・・・・・・・・・・・・・・98
主要構造 ・・・・・・・・・・・・・・・171
小規模な建築物 ・・・・・・・・・173
使用性 ・・・・・・・・・・・・・・・・・162
示力図 ・・・・・・・・・・・・・・・・・・21
靭性 ・・・・・・・・・・・・・・・・・・228
靭性指向型 ・・・・・・・・・・・・・165

す

水圧 ・・・・・・・・・・・・・・・・・・・10
垂直応力度 ・・・・・・・・101, 112
垂直積雪量 ・・・・・・・・・・・・・235
水平力 ・・・・・・・・・・・・・・・・・・11
図式解法 ・・・・・・・・・・・・・・・・17
図式条件 ・・・・・・・・・・・・・・・・26
図心 ・・・・・・・・・・・・・・・11, 93
隅肉溶接 ・・・・・・・・・・・・・・・229
スラブ ・・・・・・・・・・・・・・・・・215

せ

制振構造 ・・・・・・・・・・・・・・・293
静定 ・・・・・・・・・・・・・・・・・・・43
静定構造物 ・・・・・・・・・・・・・・44
静定ラーメン ・・・・・・・・・・・・72
積載荷重 ・・・・・・・・・・・10, 234
積雪荷重 ・・・・・・・・・・・10, 235
設計用一次固有周期 ・・・・・170
設計用せん断力 ・・・・・・・・・206
接合部 ・・・・・・・・・・・・・・・・・260
切断法 ・・・・・・・・・・・・・・・・・・80
節点 ・・・・・・・・・・・・・・・・・・・30
節点法 ・・・・・・・・・・・・・・・・・・80
節点方程式 ・・・・・・・・・・・・・142
全塑性状態 ・・・・・・・・・・・・・176
せん断応力度 ・・・・・・・・・・・101
せん断ひずみ ・・・・・・・・・・・102
せん断ひずみ度 ・・・・・・・・・103
せん断補強 ・・・・・・・・・・・・・185
せん断補強筋 ・・・・・・・・・・・207
せん断力 ・・・・・・・・・・・51, 57
せん断力分布係数 ・・・・・・・156

そ

層間変形角
・・・・・・・・165, 174, 224, 240
層方程式 ・・・・・・・・・・・・・・・142
層モーメント ・・・・・・・・・・・143
添え板 ・・・・・・・・・・・・・・・・・230
速度圧 ・・・・・・・・・・・・・・・・・168
速度応答スペクトル ・・・・・290
塑性 ・・・・・・・・・・・・・・・・・・105
塑性域 ・・・・・・・・・・・・・・・・・107
存在壁量 ・・・・・・・・・・・・・・・274

た

大規模な建築物 ・・・・・・・・・173
耐震構造 ・・・・・・・・・・・・・・・286
耐震診断 ・・・・・・・・・・・・・・・294
耐震壁 ・・・・・・・・・・・・・・・・・220
耐震補強 ・・・・・・・・・・・・・・・294
縦ひずみ ・・・・・・・・・・・・・・・102
縦ひずみ度 ・・・・・・・・・・・・・102
たわみ ・・・・・・・・・・・・・・・・・126
たわみ角 ・・・・・・・・・・・・・・・126
たわみ角法 ・・・・・・・・・・・・・139
たわみ曲線 ・・・・・・・・111, 126
たわみの検討 ・・・・・・・・・・・118
短期に生じる力 ・・・・・・・・・110
単純せん断 ・・・・・・・・・・・・・101
単純梁 ・・・・・・・・・・・・・・・・・・56
弾性 ・・・・・・・・・・・・・・・・・・105
弾性域 ・・・・・・・・・・・・・・・・・107

318 索引

弾性曲線 ···············126
弾性係数 ···············105
弾性限度 ········107, 181
弾性座屈応力度 ········122
弾性体 ················105
短柱 ·················120
断面一次モーメント ······92
断面係数 ···············97
断面欠損 ···············242
断面寸法 ···············118
断面二次半径 ···········98
断面二次モーメント ······94
断面の核 ···············124

ち
力 ····················12
力の移動性 ·············13
力の大きさ ·············12
力の合成 ···············17
力の作用線 ·············12
力の作用点 ·············12
力の三角形 ·············18
力の3要素 ·············12
力の尺度 ···············13
力の図示 ···············13
力の多角形 ·············21
力の単位 ···············13
力の釣合条件 ···········25
力の符号 ···············14
力の分解 ···············17
力の平行四辺形 ·········18
力の方向と向き ·········12
力のモーメント ·········14
中規模な建築物 ········173
柱脚 ·················256
柱軸方向力 ············237
中立軸 ················112
中立面 ················112
長期に生じる力 ········110
超高層建築物 ··········173
長柱 ·················120

つ
疲れ ··················109

釣合い ················25

て
D値法 ··········156, 195
定着 ·················212
鉄筋 ·················182
鉄筋コンクリート ·······182

と
土圧 ··················10
到達モーメント ········148
トラス作用 ············186
トラスを解く ···········80
溶込み溶接 ············229

な
内的不安定 ·············43

に
二次設計 ········164, 165

ぬ
布基礎 ················283

は
柱 ··············205, 254
破断点 ················107
幅厚比 ················246
梁 ··············205, 250
梁を解く ···············56
反曲点 ················133
反力 ···········35, 57, 86

ひ
ひずみ硬化域 ··········107
ひずみ度 ··············102
引張応力度 ············100
引張材 ················242
引張強さ ··············107
引張力 ·················51
必要壁量 ··············273
必要保有水平耐力 ······177
比例限度 ··············107
疲労 ·················109

ピン ············32, 233
ヒンジ ················32
ピン支承 ···············31
ピン接合 ··············262
ピン節点 ···············32

ふ
不安定 ·················43
不安定構造物 ···········43
風圧力 ·······10, 168, 235
風力係数 ··············168
部材 ··················11
部材角 ················140
部材のモデル化 ········171
不静定 ·················43
不静定構造物 ···········44
不静定次数 ·············44
不静定力 ··············136
縁応力度 ··············112
付着 ·················211
付着応力度 ············183
フックの法則 ··········104
物体の重さ ·············13
不釣合モーメント ······148
ブレース構造 ··········233
分配モーメント ········148
分力 ··················17

へ
壁率比 ················279
ベクトル ···············12
べた基礎 ··············283
変位応答スペクトル ····290
偏心 ···········122, 175
偏心荷重 ··············123
偏心距離 ········123, 175
偏心率 ·······165, 175, 224

ほ
ポアソン比 ············103
崩壊機構 ··············176
骨組 ··················11
骨組模型 ··············163
保有水平耐力 ·····165, 176

保有水平耐力計算 ·······174
保有耐力接合 ··········265

ま
曲げ応力度 ············112
曲げ剛性 ··············113
曲げ材 ················111
曲げモーメント ···52, 57, 62
摩擦接合 ··············260
マトリックス変位法 ·····171

め
免震構造 ··············292

も
モーメント ············14
モデル化 ··············172
元たわみ ··············122

や
ヤング係数 ············105
ヤング係数比 ··········183

ゆ
有効剛比 ··············150
有効断面積 ············242

よ
溶接接合 ········229, 260
横座屈 ················250
横ひずみ ··············103
横ひずみ度 ············103
横補強筋 ··············186
余力 ·················136

り
リッター法 ·············85
略算法 ················156

ろ
ローラー支承 ···········31
露出型柱脚 ············257

●本書の関連データが web サイトからダウンロードできます。

本書を検索してください。

■監修

東京工業大学教授
竹内　徹

■編修

東京工業大学教授
五十嵐規矩夫

石岡恒一

金箱構造設計事務所
金箱温春

工藤俊喜

小泉　渉

東京工業大学教授
坂田弘安

西尾正人

東京工業大学准教授
西村康志郎

本橋まり子

実教出版株式会社

写真提供・協力──(株)大林組　鹿島建設(株)　(公財)角川文化振興財団　金箱構造設計事務所　(株)構造計画研究所　(株)構造システム　神戸市　国土交通省　(国研)防災科学技術研究所　佐武直紀氏　(株)新建築社　都立中央図書館　日本建築学会　日本設計(株)　PIXTA　毎日新聞社　三菱地所(株)　吉見吉昭氏

表紙デザイン──エッジ・デザインオフィス
本文基本デザイン──難波邦夫

First Stage シリーズ

2024 年 9 月 30 日　初版第 1 刷発行

新訂建築構造設計概論

Ⓒ著作者　和田　章
　　　ほか11名（別記）

●発行者　実教出版株式会社
　　　代表者　小田良次
　　　東京都千代田区五番町5

●印刷者　中央印刷株式会社
　　　代表者　日岐浩和
　　　東京都豊島区高松1-10-2

●発行所　実教出版株式会社
　〒102-8377　東京都千代田区五番町5
　電話〈営業〉　(03)3238-7765
　　　〈企画開発〉(03)3238-7751
　　　〈総務〉　(03)3238-7700
　https://www.jikkyo.co.jp

無断複写・転載を禁ず。Printed in Japan

ISBN 978-4-407-36472-9

計算表の見方

　　構造設計における部材の断面算定計算は，多くの部材について同じ計算を する必要がある。そのため，実際の構造設計における構造計算では，表形式 で計算を進めることが多い。そこで，本書の第6，7章の計算例でも，実際 の構造計算書に準じて，計算の流れを表形式で与えている。ここでは，この 表の見方を説明する。

　　下図は，第6章に用いられている鉄筋コンクリート梁の断面計算表 （p.201）の一部である。この表は大きく3列に分かれており，一番左 が計算しようとする項目，中央が計算値である。右端は，この教科書用 に示した計算の具体的根拠もしくは補足説明であり，実際の構造計算書 では表示されることはない。各項目のもう少し詳しい説明は表中にふき だしで示した。

第6，7章の例題で用いられる計算表の見方

部材の記号を書いてどの部材に対する計算かを明らかにする。

部材の位置によって生じる力が違う場合，それを区別する。

梁の主筋計算表

					補足説明
ラーメン		Y_1			$_2G_2$ ← 階別（2階）を示す。→ 種類別を示す。
梁　記　号		$_2G_2$			
位　　置		外端	中央		
長期M [kN·m]	上	-183	$-$		図6（p.195）から
	下	$-$	223		
水平荷重時M[kN·m]		±189	0		図7（p.195）から
短期M [kN·m]	上	-372	$-$		長期+水平荷重時
	下	6	223		
断面	$b(B)\times D$[mm]	350（1950）×750			仮定断面
	d[mm]	675			注1)
	j[mm]	591			応力中心間距離 $j=(7/8)d$

部材に生じる力を，長期・短期および上・下の位置に，それぞれの数値を示す。

実際の設定値，あるいは計算結果（単位は左に示した単位に変換されている）

設定した，もしくは計算しようとする項目（定義した記号を使うことが多い）

| 計算しようとする項目 | 数値もしくは計算値 | 計算の根拠もしくは補足説明 |

見返し—4

断面性状表

断面形	断面積 A	X軸から縁までの距離 y	断面二次モーメント I_x	断面係数 Z_x	断面二次半径 i_x
	bh	$\dfrac{h}{2}$	$\dfrac{bh^3}{12}$	$\dfrac{bh^2}{6}=\dfrac{Ah}{6}$	$\dfrac{h}{\sqrt{12}}=0.289h$
	bh	h	$\dfrac{bh^3}{3}$	—	$\dfrac{h}{\sqrt{3}}=0.577h$
	$\dfrac{bh}{2}$	$y_1=\dfrac{2}{3}h$ $y_2=\dfrac{h}{3}$	$\dfrac{bh^3}{36}$	$Z_1=\dfrac{bh^2}{24}$ $Z_2=\dfrac{bh^2}{12}$	$\dfrac{h}{\sqrt{18}}=0.236h$
	$\dfrac{\pi d^2}{4}$	$\dfrac{d}{2}$	$\dfrac{\pi d^4}{64}$	$\dfrac{\pi d^3}{32}=\dfrac{Ad}{8}$	$\dfrac{d}{4}$
	$bh-b_1h_1$	$\dfrac{h}{2}$	$\dfrac{bh^3-b_1h_1^3}{12}$	$\dfrac{bh^3-b_1h_1^3}{6h}$	$\sqrt{\dfrac{bh^3-b_1h_1^3}{12(bh-b_1h_1)}}$

見返し—5